公司理财学系列教材
Corporate Finance Series

公司理财学原理

Corporate Finance Principle

（第二版）

熊楚熊　刘传兴　赵晋琳／编著

立信会计出版社
LIXIN ACCOUNTING PUBLISHING HOUSE

图书在版编目(CIP)数据

公司理财学原理 / 熊楚熊,刘传兴,赵晋琳编著.
—2 版. —上海:立信会计出版社,2018.1
ISBN 978 - 7 - 5429 - 5684 - 2

Ⅰ.①公… Ⅱ.①熊… ②刘… ③赵… Ⅲ.①公
司—财务管理 Ⅳ.①F276.6

中国版本图书馆 CIP 数据核字(2018)第 018829 号

策划编辑　　黄成艮
责任编辑　　黄成艮

公司理财学原理(第二版)
Gongsi Licaixue Yuanli

出版发行	立信会计出版社			
地　　址	上海市中山西路 2230 号		邮政编码	200235
电　　话	(021)64411389		传　　真	(021)64411325
网　　址	www.lixinaph.com		电子邮箱	lxaph@sh163.net
网上书店	www.shlx.net		电　　话	(021)64411071
经　　销	各地新华书店			
印　　刷	常熟市梅李印刷有限公司			
开　　本	787 毫米×1 092 毫米	1/16		
印　　张	23.25			
字　　数	500 千字			
版　　次	2018 年 1 月第 2 版			
印　　次	2018 年 1 月第 1 次			
印　　数	1—3 100			
书　　号	ISBN 978 - 7 - 5429 - 5684 - 2/F			
定　　价	46.00 元			

如有印订差错,请与本社联系调换

前　言

在市场经济条件下,首先,公司本身就是一种特殊的商品,它必须为其投资人的价值增值服务。在公司价值增值过程中,公司必须面对不同的市场,公司要能在复杂多变的市场环境中生存和发展,就必须充分利用不同市场所提供的机会,按最经济的成本筹集资金,把有限的资源投向收益最大的领域,在追求最大的收益的同时,有效控制企业的风险,使企业价值最大化。其次,公司还必须为公司的各种外部和内部利益主体的经济利益服务,而公司财务正是与企业相关的各种外部和内部利益主体经济利益的交汇点,公司筹资、投资、盈利分配等一切财务活动都会直接涉及不同利益集团切身的经济利益;这决定了在公司理财中,必须研究如何依法正确处理公司的各种财务关系。正是由于公司财务活动的复杂化、涉及利益主体的多元化,才使得公司理财的内容日渐丰富,相关的理论层出不穷,实务工作越来越复杂。公司理财工作的复杂化,自然对公司财务管理人员的要求越来越高。为了适应培养现代公司理财人员的需要,我们撰写了这套教材,希望能对我国的公司理财教育有所帮助。

为了能系统地反映国内外公司理财理论和实务的现状,我们在借鉴国内外各种版本的优秀公司理财学教材和研究公司理财的最新研究成果的基础上,结合我国公司理财的实务和我们多年来在公司理财方面的理论研究成果和教学经验,推出了由《公司理财学原理》和《公司中级理财学》两本书组成的公司理财学系列教材。本套教材在内容组织方面的基本特征是:从原理到实务,环环相扣,步步深入,对公司理财学的内容进行了全面的探讨;并尽可能采用通俗易懂的语言,对复杂的公司理财问题进行讲解。为了能理论联系实际,提高实际操作技能,本套教材中的法规和案例都尽可能地结合我国公司理财的实际,不少素材更是直接来自于我国公司理财的实践。本套教材在每章前面都有本章简介、学习目标、要求了解和掌握的基本内容,在章后有思考与练习,以便于读者学习理解公司理财的基本理论和方法。本套教材在正式出版之前先后在工商管理学、会计学、财务管理学、经济学、金融学、国际贸易学等专业的本科学生,以及 MBA 和其他经济管理类的研究生中进行过广泛的试用,并在公司总经理、财务经理以及其他中层管理干部的继续教育中多次使用,反应和效果均良好。希望本套教材的出版能对学习公司理财学的有关人员提供帮助。

本教材重点从公司管理的角度讨论公司理财的基本原理和方法,并简要介绍筹资、投资和盈利分配等公司理财的主要内容;《公司中级理财学》是在本教材的基础上重点探讨公司在筹资、投资、盈利分配等方面的基本理论与方法,是对公司理财具体内容的详细讲解。《公司理财学原理》与《公司中级理财学》这两本教材中关于公司理财内容方面略有重复,其原因是考虑到一些专业的学生可能只学习《公司理财学原理》,而不再学习公司财务方面的课程,因此,有必要对前者的内容进行完整的介绍。对于要进一步学习《公司中级理财学》的学生,则可以省略《公司理财学原理》中关于公司筹资、投资和盈利分配方面的内容,将这部分内容留在《公司中级理财学》中去学习。对于会计和财务管理专业的学生来说,如果在其他学科中已经学习过诸如全面预算、财务制度设计等方面的知识,则《公司理财学原理》中的这些部分可以不再学习。我们相信,学生在学习完本套教材之后,将具备从事公司理财的必要知识和技能。

为了方便教学,本书配有 PPT 教学课件和习题参考答案等资料,授课老师可发 E-mail 至 Chenggen 765@163.com 联系索取。

由于公司理财学内容庞杂,涉及面较广,其理论与实务的发展也十分迅速,这些因素都将会使本教材的谬误在所难免,希望读者能对本教材提出宝贵意见,以便我们进一步地修改与完善。

编　者

2013 年 6 月

目　　录

第一章 公司的特征

【本章提要】 公司是公司理财的主体,从事公司理财,首先应该对公司的基本特征有充分的认识,只有在此基础之上,才能做到依法理财。本章将重点讨论我国公司法律方面的问题,为进一步学习公司理财奠定基础。

【学习目标】 通过本章学习,要求掌握和了解如下内容:(1)了解公司的基本特征和分类。(2)了解我国《公司法》的基本内容。(3)了解有限责任公司组织机构的特征。(4)了解股份有限公司组织机构的特征。(5)了解公司章程的意义与作用。

第一节 公司概述

一、公司的基本特征

在我国,公司是依照《中华人民共和国公司法》(以下简称《公司法》)设立的企业法人,这表明公司具有如下特征。

(一)公司是企业的一种组织形式

公司作为企业的一种组织形式,具有各种企业所共有的属性。企业的基本属性就是把人、财、物等诸要素有机结合起来,自主地从事经济活动的、具有营利性的商品经济组织。我国《公司法》第三条指出:公司是企业法人,有独立的法人财产,享有法人财产权。公司以其全部财产对公司的债务承担责任。有限责任公司的股东以其认缴的出资额为限对公司承担责任;股份有限公司的股东以其认购的股份为限对公司承担责任。

(二)公司是具有法人资格的企业

该特征表明,公司既不同非法人的企业,如承担无限责任的私人独资企业和合伙企业;又不同于非企业的法人,如国家机关法人、事业单位法人和社会团体法人。法人是指具有民事权利能力和民事行为能力、依法独立享有民事权利和承担民事义务的组织。

(三)公司是依照《公司法》设立的

在我国,公司必须依照《公司法》规定的条件和程序设立,这是公司有别于其他企业法人之处。我国《公司法》所称公司是指依照《公司法》在中国境内设立的有限责任公司和股份有限公司。制定《公司法》的基本目的是规范公司的组织和行为,保护公司、股东和债权人的合法权益,维护社会经济秩序。

需要指出的是,目前在我国设立公司,除了需服从《公司法》规定之外,还必须遵守其他有关法律、行政法规的规定。《公司法》第六条规定:设立公司,应当依法向公司登记机关申请设立登记。相关方面的法律、法规主要有《全民所有制企业法》、《合伙企业法》、《私人独资企业法》、《乡镇企业法》、《中外合资企业法》、《中外合作经营企业法》、《外资企业法》、《乡村集体所有制企业条例》、《城镇集体所有制企业条例》、《私营企业暂行条例》以及各种行政规定等。

二、公司的分类

对于公司,可以按不同的标准进行多种分类。在这里只强调按投资者对公司所负责任进行分类。在《公司法》中,责任是公司所有者的责任,该责任又主要是对公司债务的责任。按投资者承担的责任标准,可以将公司分为如下五类。

(一)无限责任公司

无限责任公司是指公司所有者对公司债务承担无限的连带赔偿责任的公司。在这类公司中,所有投资者无论其出资额多少,均不能只按其原投入公司的投资金额对公司债务负责,还必须用投资于公司之外的私有财产对公司所负债务负责,即对公司的债务承担连带赔偿责任。

(二)有限责任公司

有限责任公司是指公司所有者只对公司债务承担有限责任的公司。所谓有限责任,是指以所有者投入公司的资本金为限额的责任。在这类公司中,所有投资者均以其投入公司的投资金额为限对公司债务承担责任。当投资金额不足以偿还公司债务时,投资者不需要用投资于公司之外的私有财产来偿债。

(三)两合公司

两合公司是指由承担无限责任的投资者和承担有限责任的投资者所组成的公司。在该类公司中,承担无限责任的投资者要用投资于公司之外的私有财产对公司债务承担连带的无限赔偿责任,而承担有限责任的投资者则只以其原投资金额为限对公司债务承担有限赔偿责任。

(四)股份有限公司

股份有限公司是指公司所有资本被分为金额相等的股份的公司。在这类公司中,所有股东均只以其所持股份为限对公司的债务承担有限赔偿责任。

(五)股份两合公司

股份两合公司是指公司的所有股东被分为无限责任股东和有限责任股东两类的公司。其中,无限责任股东要用投资于公司之外的私有财产对公司债务承担连带的无限赔偿责任,而有限责任股东则以其所持股份为限对公司债务承担有限赔偿责任。

目前,我国的《公司法》所指公司仅包括有限责任公司和股份有限公司两类。其他组织形式的企业则由其他企业法规所规定。

公司除了可按所负责任分类之外,还可按多种标准进行分类。比如,按公司国籍的不同,可分为本国公司、外国公司、跨国公司等;按公司在控制与被控制关系中所处的地位不同,可分为母公司和子公司;按公司在管辖与被管辖关系中所处的地位不同,可分为总公司和分公司;按公司所处行业不同,可分为工业类公司、商业类公司、建筑类公司、金融类公司、综合类公司等。

第二节 《公司法》的主要内容

制定《公司法》的基本目的是规范公司的组织和行为,保护公司、股东和债权人的合法权益,维护正常的社会经济秩序。

一、《公司法》的主要原则

根据《中华人民共和国公司法》的规定,我国《公司法》主要有以下六项原则。

(一)出资者所有权与企业法人财产权相分离

出资者所有权与企业法人财产权相分离。公司股东作为出资者按投入公司的资本额享有所有者的资产受益、参与重大决策和选择管理者等权利。有限责任公司的股东以其认缴的出资额为限对公司承担责任;股份有限公司的股东以其认购的股份为限对公司承担责任。公司享有由股东投资形成的全部法人财产权,依法享有民事权利,承担民事责任。公司的合法权益受法律保护,不受侵犯。

(二)公司自主经营、自负盈亏

公司以其全部法人财产,依法自主经营,自负盈亏。公司在国家宏观调控下,按照市场需求自主组织生产经营,以提高经济效益、劳动生产率和实现资产保值和增值为目的。

(三)内部管理体制

公司实行权责分明、管理科学、激励和约束相结合的内部管理体制。设立公司必须依法制定公司章程。公司章程对公司、股东、董事、监事、高级管理人员具有约束力。

公司股东应当遵守法律、行政法规和公司章程,依法行使股东权利,不得滥用股东权利损害公司或者其他股东的利益,不得滥用公司法人独立地位和股东有限责任损害公司债权人的利益。公司股东滥用股东权利给公司或者其他股东造成损失的,应当依法承担赔偿责任。公司股东滥用公司法人独立地位和股东有限责任,逃避债务,严重损害公司债权人利益的,应当对公司债务承担连带责任。

公司的控股股东、实际控制人、董事、监事、高级管理人员应当遵守法律、行政法规和公司章程,不得利用其关联关系损害公司利益。违反前述规定,给公司造成损失的,应当承担赔偿责任。

公司股东会或者股东大会、董事会的决议内容违反法律、行政法规的无效。股东会或者股东大会、董事会的会议召集程序以及表决方式违反法律、行政法规或者公司章程，或者决议内容违反公司章程的，股东可以自决议作出之日起 60 日内，请求人民法院撤销。

（四）设立公司必须符合法定的条件和程序

设立有限责任公司、股份有限公司，必须符合《公司法》规定的条件，必须制定公司章程。设立公司，应当依法向公司登记机关申请设立登记。符合《公司法》规定的设立条件的，由公司登记机关分别登记为有限责任公司或者股份有限公司；不符合《公司法》规定的设立条件的，不得登记为有限责任公司或者股份有限公司。法律、行政法规规定设立公司必须报经批准的，应当在公司登记前依法办理批准手续。公众可以向公司登记机关申请查询公司登记事项，公司登记机关应当提供查询服务。

依法设立的公司，由公司登记机关发给公司营业执照。公司营业执照签发日期为公司成立日期。公司营业执照应当载明公司的名称、住所、注册资本、实收资本、经营范围、法定代表人姓名等事项。其中，公司以其主要办事机构所在地为住所。公司营业执照记载的事项发生变更的，公司应当依法办理变更登记，由公司登记机关换发营业执照。

依照《公司法》设立的有限责任公司，必须在公司名称中标明有限责任公司或者有限公司字样；依照《公司法》设立的股份有限公司，必须在公司名称中标明"股份有限公司"或者"股份公司"字样。

有限责任公司变更为股份有限公司，应当符合《公司法》规定的股份有限公司的条件；股份有限公司变更为有限责任公司，应当符合《公司法》规定的有限责任公司的条件。有限责任公司变更为股份有限公司的，或者股份有限公司变更为有限责任公司的，公司变更前的债权、债务由变更后的公司承继。

（五）公司必须依法经营，其合法权益受法律保护

公司的经营范围由公司章程规定，并依法登记。公司的经营范围中属于法律、行政法规规定须经批准的项目，应当依法经过批准。公司应当在登记的经营范围内从事经营活动。公司依照法定程序修改公司章程并经公司登记机关变更登记，可以变更其经营范围。

公司从事经营活动，必须遵守法律、行政法规，遵守社会公德、商业道德，诚实守信，接受政府和社会公众的监督，承担社会责任。公司的合法权益受法律保护，不受侵犯。

（六）保障公司职工的合法权益

公司必须保护职工的合法权益，依法与职工签订劳动合同，参加社会保险，加强劳动保护，实现安全生产。公司应当采用多种形式，加强公司职工的职业教育和岗位培训，提高职工素质。

公司职工依照《中华人民共和国工会法》组织工会，开展工会活动，维护职工合法权益。公司应当为本公司工会提供必要的活动条件。公司工会代表职工就职工的劳动报酬、工作时间、福利、保险和劳动安全卫生等事项依法与公司签订集体合同。公司依照宪

法和有关法律的规定,通过职工代表大会或者其他形式,实行民主管理。

公司研究决定改制以及经营方面的重大问题、制定重要的规章制度时,应当听取公司工会的意见,并通过职工代表大会或者其他形式听取职工的意见和建议。

二、有限责任公司的基本规定

(一)有限责任公司的设立

1. 设立有限责任公司,股东须符合法定人数

《公司法》第23条规定,有限责任公司由50个以下股东出资设立。

2. 设立有限责任公司,必须订立公司章程

有限责任公司章程应当载明下列事项:公司名称和住所;公司经营范围;公司注册资本;股东的姓名或者名称;股东的出资方式、出资额和出资时间;公司的机构及其产生办法、职权、议事规则;公司法定代表人;股东会会议认为需要规定的其他事项。股东应当在公司章程上签名、盖章。

3. 有限责任公司注册资本

有限责任公司的注册资本为在公司登记机关登记的全体股东认缴的出资额。法律、行政法规对有限责任公司注册资本的最低限额有较高规定的,从其规定。

4. 有限责任公司股东出资形式的规定

股东可以用货币出资,也可以用实物、知识产权、土地使用权等可以用货币估价并可以依法转让的非货币财产作价出资;但是,法律、行政法规规定不得作为出资的财产除外。对作为出资的非货币财产应当评估作价,核实财产,不得高估或者低估作价。股东应当按期足额缴纳公司章程中规定的各自所认缴的出资额。股东以货币出资的,应当将货币出资足额存入有限责任公司在银行开设的账户;以非货币财产出资的,应当依法办理其财产权的转移手续。股东不按照前述规定缴纳出资的,除应当向公司足额缴纳外,还应当向已按期足额缴纳出资的股东承担违约责任。

有限责任公司成立后,发现作为设立公司出资的非货币财产的实际价额显著低于公司章程所定价额的,应当由交付该出资的股东补足其差额;公司设立时的其他股东承担连带责任。

5. 有限责任公司应当向股东签发出资证明书

有限责任公司成立后,应当向股东签发出资证明书。出资证明书应当载明下列事项:公司名称;公司成立日期;公司注册资本;股东的姓名或者名称、缴纳的出资额和出资日期;出资证明书的编号和核发日期。出资证明书由公司盖章。

有限责任公司应当置备股东名册,记载下列事项:股东的姓名或者名称及住所;股东的出资额;出资证明书编号。记载于股东名册的股东,可以依股东名册主张行使股东权利。公司应当将股东的姓名或者名称及其出资额向公司登记机关登记;登记事项发生变更的,应当办理变更登记。

6. 有限责任公司的股东权利

股东有权查阅、复制公司章程、股东会会议记录、董事会会议决议、监事会会议决议和财务会计报告。股东可以要求查阅公司会计账簿。股东要求查阅公司会计账簿的，应当向公司提出书面请求，说明目的。公司有合理依据认为股东查阅会计账簿有不正当目的，可能损害公司合法利益的，可以拒绝提供查阅，并应当自股东提出书面请求之日起 15 日内书面答复股东并说明理由。公司拒绝提供查阅的，股东可以请求人民法院要求公司提供查阅。

股东按照实缴的出资比例分取红利；公司新增资本时，股东有权优先按照实缴的出资比例认缴出资。但是，全体股东约定不按照出资比例分取红利或者不按照出资比例优先认缴出资的除外。

公司成立后，股东不得抽逃出资。

（二）有限责任公司的组织机构

1. 有限责任公司股东会

有限责任公司股东会由全体股东组成，股东会是公司的权力机构，依照《公司法》行使职权。

股东会行使下列职权：决定公司的经营方针和投资计划；选举和更换非由职工代表担任的董事、监事，决定有关董事、监事的报酬事项；审议批准董事会的报告；审议批准监事会或者监事的报告；审议批准公司的年度财务预算方案、决算方案；审议批准公司的利润分配方案和弥补亏损方案；对公司增加或者减少注册资本作出决议；对发行公司债券作出决议；对公司合并、分立、解散、清算或者变更公司形式作出决议；修改公司章程；公司章程规定的其他职权。股东以书面形式对上述所列事项一致表示同意的，可以不召开股东会会议，直接作出决定，并由全体股东在决议文件上签名、盖章。

股东会会议分为定期会议和临时会议。定期会议应当依照公司章程的规定按时召开。代表 1/10 以上表决权的股东、1/3 以上的董事、监事会或者不设监事会的公司的监事提议召开临时会议的，应当召开临时会议。

召开股东会会议，应当于会议召开 15 日前通知全体股东；但是，公司章程另有规定或者全体股东另有约定的除外。股东会应当对所议事项的决定作成会议记录，出席会议的股东应当在会议记录上签名。

股东会会议由股东按照出资比例行使表决权；但是，公司章程另有规定的除外。

股东会的议事方式和表决程序，除《公司法》有规定的外，由公司章程规定。股东会会议作出修改公司章程、增加或者减少注册资本的决议，以及公司合并、分立、解散或者变更公司形式的决议，必须经代表 2/3 以上表决权的股东通过。

2. 有限责任公司董事会

有限责任公司设董事会，其成员为 3 人至 13 人。董事会设董事长 1 人，可以设副董事长。董事长、副董事长的产生办法由公司章程规定。

董事任期由公司章程规定,但每届任期不得超过3年。董事任期届满,连选可以连任。董事任期届满未及时改选,或者董事在任期内辞职导致董事会成员低于法定人数的,在改选出的董事就任前,原董事仍应当依照法律、行政法规和公司章程的规定,履行董事职务。

董事会对股东会负责,行使下列职权:召集股东会会议,并向股东会报告工作;执行股东会的决议;决定公司的经营计划和投资方案;制订公司的年度财务预算方案、决算方案;制订公司的利润分配方案和弥补亏损方案;制订公司增加或者减少注册资本以及发行公司债券的方案;制订公司合并、分立、解散或者变更公司形式的方案;决定公司内部管理机构的设置;决定聘任或者解聘公司经理及其报酬事项,并根据经理的提名决定聘任或者解聘公司副经理、财务负责人及其报酬事项;制定公司的基本管理制度;公司章程规定的其他职权。

董事会会议由董事长召集和主持;董事长不能履行职务或者不履行职务的,由副董事长召集和主持;副董事长不能履行职务或者不履行职务的,由半数以上董事共同推举1名董事召集和主持。

董事会的议事方式和表决程序,除《公司法》有规定的外,由公司章程规定。董事会应当对所议事项的决定作成会议记录,出席会议的董事应当在会议记录上签名。董事会决议的表决,实行一人一票。

3. 有限责任公司经理

有限责任公司可以设经理,由董事会决定聘任或者解聘。经理对董事会负责,行使下列职权:主持公司的生产经营管理工作,组织实施董事会决议;组织实施公司年度经营计划和投资方案;拟订公司内部管理机构设置方案;拟订公司的基本管理制度;制定公司的具体规章;提请聘任或者解聘公司副经理、财务负责人;决定聘任或者解聘除应由董事会决定聘任或者解聘以外的管理人员;董事会授予的其他职权。公司章程对经理职权另有规定的,从其规定。经理列席董事会会议。

股东人数较少或者规模较小的有限责任公司,可以设1名执行董事,不设立董事会。执行董事可以兼任公司经理。执行董事的职权由公司章程规定。

4. 有限责任公司监事会

有限责任公司设立监事会,其成员不得少于3人。股东人数较少或者规模较小的有限责任公司,可以设1~2名监事,不设监事会。监事会应当包括股东代表和适当比例的公司职工代表,其中职工代表的比例不得低于1/3,具体比例由公司章程规定。监事会中的职工代表由公司职工通过职工代表大会、职工大会或者其他形式民主选举产生。监事会设主席1人,由全体监事过半数选举产生。监事会主席召集和主持监事会会议;监事会主席不能履行职务或者不履行职务的,由半数以上监事共同推举1名监事召集和主持监事会会议。董事、高级管理人员不得兼任监事。

监事的任期每届为3年。监事任期届满,连选可以连任。监事任期届满未及时改选,或者监事在任期内辞职导致监事会成员低于法定人数的,在改选出的监事就任前,原监事仍应当依照法律、行政法规和公司章程的规定,履行监事职务。

监事会、不设监事会的公司的监事行使下列职权:检查公司财务;对董事、高级管理人员执行公司职务的行为进行监督,对违反法律、行政法规、公司章程或者股东会决议的董事、高级管理人员提出罢免的建议;当董事、高级管理人员的行为损害公司的利益时,要求董事、高级管理人员予以纠正;提议召开临时股东会会议,在董事会不履行本法规定的召集和主持股东会会议职责时召集和主持股东会会议;向股东会会议提出提案;依法对董事、高级管理人员提起诉讼;公司章程规定的其他职权。

监事可以列席董事会会议,并对董事会决议事项提出质询或者建议。监事会、不设监事会的公司的监事发现公司经营情况异常,可以进行调查;必要时,可以聘请会计师事务所等协助其工作,费用由公司承担。

监事会每年度至少召开一次会议,监事可以提议召开临时监事会会议。监事会的议事方式和表决程序,除《公司法》有规定的外,由公司章程规定。监事会决议应当经半数以上监事通过。监事会应当对所议事项的决定作成会议记录,出席会议的监事应当在会议记录上签名。

监事会、不设监事会的公司的监事行使职权所必需的费用,由公司承担。

(三)一人有限责任公司的特别规定

一人有限责任公司,是指只有一个自然人股东或者一个法人股东的有限责任公司。

一个自然人只能投资设立一个一人有限责任公司。该一人有限责任公司不能投资设立新的一人有限责任公司。一人有限责任公司应当在公司登记中注明自然人独资或者法人独资,并在公司营业执照中载明。

(四)有限责任公司的股权转让

有限责任公司的股东之间可以相互转让其全部或者部分股权。股东向股东以外的人转让股权,应当经其他股东过半数同意。股东应就其股权转让事项书面通知其他股东征求同意,其他股东自接到书面通知之日起满30日未答复的,视为同意转让。其他股东半数以上不同意转让的,不同意的股东应当购买该转让的股权;不购买的,视为同意转让。经股东同意转让的股权,在同等条件下,其他股东有优先购买权。两个以上股东主张行使优先购买权的,协商确定各自的购买比例;协商不成的,按照转让时各自的出资比例行使优先购买权。公司章程对股权转让另有规定的,从其规定。

人民法院依照法律规定的强制执行程序转让股东的股权时,应当通知公司及全体股东,其他股东在同等条件下有优先购买权。其他股东自人民法院通知之日起满20日不行使优先购买权的,视为放弃优先购买权。

转让股权后,公司应当注销原股东的出资证明书,向新股东签发出资证明书,并相应修改公司章程和股东名册中有关股东及其出资额的记载。对公司章程的该项修改不需再由股东会表决。

有下列情形之一的，对股东会该项决议投反对票的股东可以请求公司按照合理的价格收购其股权：公司连续 5 年不向股东分配利润，而公司该 5 年连续盈利，并且符合规定的分配利润条件的；公司合并、分立、转让主要财产的；公司章程规定的营业期限届满或者章程规定的其他解散事由出现，股东会会议通过决议修改章程使公司存续的。自股东会会议决议通过之日起 60 日内，股东与公司不能达成股权收购协议的，股东可以自股东会会议决议通过之日起 90 日内向人民法院提起诉讼。

自然人股东死亡后，其合法继承人可以继承股东资格；但是，公司章程另有规定的除外。

三、股份有限公司的基本规定

（一）股份有限公司的设立

1. 设立股份有限公司，发起人须符合法定人数

设立股份有限公司，应当有 2 人以上 200 人以下为发起人，其中须有半数以上的发起人在中国境内有住所。股份有限公司发起人承担公司筹办事务。发起人应当签订发起人协议，明确各自在公司设立过程中的权利和义务。

2. 设立股份有限公司必须订立公司章程

股份有限公司章程应当载明下列事项：公司名称和住所；公司经营范围；公司设立方式；公司股份总数、每股金额和注册资本；发起人的姓名或者名称、认购的股份数、出资方式和出资时间；董事会的组成、职权和议事规则；公司法定代表人；监事会的组成、职权和议事规则；公司利润分配办法；公司的解散事由与清算办法；公司的通知和公告办法；股东大会会议认为需要规定的其他事项。

3. 股份有限公司的两种设立方式

股份有限公司的设立，可以采取发起设立或者募集设立的方式。发起设立，是指由发起人认购公司应发行的全部股份而设立公司；募集设立，是指由发起人认购公司应发行股份的一部分，其余股份向社会公开募集或者向特定对象募集而设立公司。

4. 设立股份有限公司的出资规定

股份有限公司采取发起设立方式设立的，注册资本为在公司登记机关登记的全体发起人认购的股本总额。法律、行政法规对股份有限公司注册资本的最低限额有较高规定的，从其规定。

5. 股份有限公司股东拥有的权利

股份有限公司股东拥有的权利主要包括：选择董事，对重大事项的表决，股东按照出资比例分取红利，公司新增资本时，股东可以优先认缴出资。股东在公司登记后，不得抽回出资，可以自由转让股票。股东有权查阅公司章程、股东名册、公司债券存根、股东大会会议记录、董事会会议决议、监事会会议决议、财务会计报告，对公司的经营提出建议或者质询。

（二）股份有限公司的组织机构

1. 股东大会

股份有限公司股东大会由全体股东组成,股东大会是公司的权力机构,依照《公司法》行使职权。前述关于有限责任公司股东会职权的规定,适用于股份有限公司股东大会。股东大会应当每年召开一次年会。有下列情形之一的,应当在两个月内召开临时股东大会:董事人数不足法律规定人数或者公司章程所定人数的 2/3 时;公司未弥补的亏损达实收股本总额 1/3 时;单独或者合计持有公司 10% 以上股份的股东请求时;董事会认为必要时;监事会提议召开时;公司章程规定的其他情形。

股东大会会议由董事会召集,董事长主持;董事长不能履行职务或者不履行职务的,由副董事长主持;副董事长不能履行职务或者不履行职务的,由半数以上董事共同推举一名董事主持。董事会不能履行或者不履行召集股东大会会议职责的,监事会应当及时召集和主持;监事会不召集和主持的,连续 90 日以上单独或者合计持有公司 10% 以上股份的股东可以自行召集和主持。

召开股东大会会议,应当将会议召开的时间、地点和审议的事项于会议召开 20 日前通知各股东;临时股东大会应当于会议召开 15 日前通知各股东;发行无记名股票的,应当于会议召开 30 日前公告会议召开的时间、地点和审议事项。单独或者合计持有公司 3% 以上股份的股东,可以在股东大会召开 10 日前提出临时提案并书面提交董事会;董事会应当在收到提案后 2 日内通知其他股东,并将该临时提案提交股东大会审议。临时提案的内容应当属于股东大会职权范围,并有明确议题和具体决议事项。股东大会不得对通知中未列明的事项作出决议。

无记名股票持有人出席股东大会会议的,应当于会议召开 5 日前至股东大会闭会时将股票交存于公司。

股东出席股东大会会议,所持每一股份有一表决权。但是,公司持有的本公司股份没有表决权。股东大会作出决议,必须经出席会议的股东所持表决权过半数通过。但是,股东大会作出修改公司章程、增加或者减少注册资本的决议,以及公司合并、分立、解散或者变更公司形式的决议,必须经出席会议的股东所持表决权的 2/3 以上通过。

《公司法》和公司章程规定公司转让、受让重大资产或者对外提供担保等事项必须经股东大会作出决议的,董事会应当及时召集股东大会,由股东大会就上述事项进行表决。

股东大会选举董事、监事,可以依照公司章程的规定或者股东大会的决议,实行累积投票制。

股东可以委托代理人出席股东大会会议,代理人应当向公司提交股东授权委托书,并在授权范围内行使表决权。

股东大会应当对所议事项的决定作成会议记录,主持人、出席会议的董事应当在会议记录上签名。会议记录应当与出席股东的签名册及代理出席的委托书一并保存。

2. 股份有限公司董事会

股份有限公司设董事会,其成员为 5～19 人。董事会成员中可以有公司职工代表。董事会中的职工代表由公司职工通过职工代表大会、职工大会或者其他形式民主选举产生。前述关于有限责任公司董事任期的规定,适用于股份有限公司董事。前述关于有限责任公司董事会职权的规定,适用于股份有限公司董事会。

董事会设董事长 1 人,可以设副董事长。董事长和副董事长由董事会以全体董事的过半数选举产生。董事长召集和主持董事会会议,检查董事会决议的实施情况。副董事长协助董事长工作,董事长不能履行职务或者不履行职务的,由副董事长履行职务;副董事长不能履行职务或者不履行职务的,由半数以上董事共同推举 1 名董事履行职务。

董事会每年度至少召开两次会议,每次会议应当于会议召开 10 日前通知全体董事和监事。代表 1/10 以上表决权的股东、1/3 以上董事或者监事会,可以提议召开董事会临时会议。董事长应当自接到提议后 10 日内,召集和主持董事会会议。董事会召开临时会议,可以另定召集董事会的通知方式和通知时限。

董事会会议应有过半数的董事出席方可举行。董事会作出决议,必须经全体董事的过半数通过。董事会决议的表决,实行一人一票。

董事会会议,应由董事本人出席;董事因故不能出席,可以书面委托其他董事代为出席,委托书中应载明授权范围。

董事会应当对会议所议事项的决定作成会议记录,出席会议的董事应当在会议记录上签名。

董事应当对董事会的决议承担责任。董事会的决议违反法律、行政法规或者公司章程、股东大会决议,致使公司遭受严重损失的,参与决议的董事对公司负赔偿责任。但经证明在表决时曾表明异议并记载于会议记录的,该董事可以免除责任。

3. 股份有限公司经理

股份有限公司设经理,由董事会决定聘任或者解聘。前述关于有限责任公司经理职权的规定,适用于股份有限公司经理。

公司董事会可以决定由董事会成员兼任经理。

公司不得直接或者通过子公司向董事、监事、高级管理人员提供借款。公司应当定期向股东披露董事、监事、高级管理人员从公司获得报酬的情况。

4. 股份有限公司监事会

股份有限公司设监事会,其成员不得少于 3 人。监事会应当包括股东代表和适当比例的公司职工代表,其中职工代表的比例不得低于 1/3,具体比例由公司章程规定。监事会中的职工代表由公司职工通过职工代表大会、职工大会或者其他形式民主选举产生。

监事会设主席 1 人,可以设副主席。监事会主席和副主席由全体监事过半数选举产生。监事会主席召集和主持监事会会议;监事会主席不能履行职务或者不履行职务的,由监事会副主席召集和主持监事会会议;监事会副主席不能履行职务或者不履行职务的,由半数以上监事共同推举一名监事召集和主持监事会会议。董事、高级管理人员不得兼任监事。

前述关于有限责任公司监事任期的规定,适用于股份有限公司监事。前述关于有限责任公司监事会职权的规定,适用于股份有限公司监事会。

监事会行使职权所必需的费用,由公司承担。

监事会每6个月至少召开一次会议。监事可以提议召开临时监事会会议。监事会的议事方式和表决程序,除《公司法》有规定的外,由公司章程规定。监事会决议应当经半数以上监事通过。监事会应当对所议事项的决定作成会议记录,出席会议的监事应当在会议记录上签名。

（三）上市公司组织机构的特别规定

上市公司,是指其股票在证券交易所上市交易的股份有限公司。上市公司在1年内购买、出售重大资产或者担保金额超过公司资产总额30%的,应当由股东大会作出决议,并经出席会议的股东所持表决权的2/3以上通过。

上市公司设立独立董事,具体办法由国务院规定。上市公司设立董事会秘书,负责公司股东大会和董事会会议的筹备、文件保管以及公司股东资料的管理,办理信息披露事务等事宜。

上市公司董事与董事会会议决议事项所涉及的企业有关联关系的,不得对该项决议行使表决权,也不得代理其他董事行使表决权。该董事会会议由过半数的无关联关系董事出席即可举行,董事会会议所作决议须经无关联关系董事过半数通过。出席董事会的无关联关系董事人数不足3人的,应将该事项提交上市公司股东大会审议。

（四）股份有限公司的股份发行和转让

1. 股份发行

股份有限公司的资本划分为股份,每一股的金额相等。公司的股份采取股票的形式。股票是公司签发的证明股东所持股份的凭证。

股份的发行,实行公平、公正的原则,同种类的每一股份应当具有同等权利。同次发行的同种类股票,每股的发行条件和价格应当相同;任何单位或者个人所认购的股份,每股应当支付相同价额。

股票发行价格可以按票面金额,也可以超过票面金额,但不得低于票面金额。股票采用纸面形式或者国务院证券监督管理机构规定的其他形式。股票应当载明下列主要事项:公司名称;公司成立日期;股票种类、票面金额及代表的股份数;股票的编号。股票由法定代表人签名,公司盖章。发起人的股票,应当标明"发起人股票"字样。

公司发行的股票,可以为记名股票,也可以为无记名股票。公司向发起人、法人发行的股票,应当为记名股票,并应当记载该发起人、法人的名称或者姓名,不得另立户名或者以代表人姓名记名。公司发行记名股票的,应当置备股东名册,记载下列事项:股东的姓名或者名称及住所;各股东所持股份数;各股东所持股票的编号;各股东取得股份的日期。发行无记名股票的,公司应当记载其股票数量、编号及发行日期。

国务院可以对公司发行《公司法》规定以外的其他种类的股份,另行作出规定。

股份有限公司成立后,即向股东正式交付股票。公司成立前不得向股东交付股票。公司发行新股,股东大会应当对下列事项作出决议:新股种类及数额;新股发行价格;新股发行的起止日期;向原有股东发行新股的种类及数额。

公司经国务院证券监督管理机构核准公开发行新股时,必须公告新股招股说明书和财务会计报告,并制作认股书。

公司发行新股,可以根据公司经营情况和财务状况,确定其作价方案。公司发行新股募足股款后,必须向公司登记机关办理变更登记,并公告。

2. 股份转让

股东持有的股份可以依法转让。股东转让其股份,应当在依法设立的证券交易场所进行或者按照国务院规定的其他方式进行。

记名股票,由股东以背书方式或者法律、行政法规规定的其他方式转让;转让后由公司将受让人的姓名或者名称及住所记载于股东名册。股东大会召开前20日内或者公司决定分配股利的基准日前5日内,不得进行前述规定的股东名册的变更登记。但是,法律对上市公司股东名册变更登记另有规定的,从其规定。无记名股票的转让,由股东将该股票交付给受让人后即发生转让的效力。

发起人持有的本公司股份,自公司成立之日起1年内不得转让。公司公开发行股份前已发行的股份,自公司股票在证券交易所上市交易之日起1年内不得转让。

公司董事、监事、高级管理人员应当向公司申报所持有的本公司的股份及其变动情况,在任职期间每年转让的股份不得超过其所持有本公司股份总数的25%;所持本公司股份自公司股票上市交易之日起1年内不得转让。上述人员离职后半年内,不得转让其所持有的本公司股份。公司章程可以对公司董事、监事、高级管理人员转让其所持有的本公司股份作出其他限制性规定。

公司不得收购本公司股份。但是,有下列情形之一的除外:减少公司注册资本;与持有本公司股份的其他公司合并;将股份奖励给本公司职工;股东因对股东大会作出的有关公司合并、分立决议持异议,要求公司收购其股份的。公司因上述前3项的原因收购本公司股份的,应当经股东大会决议。公司依照前述规定收购本公司股份后,属于第1项情形的,应当自收购之日起10日内注销;属于第2项、第4项情形的,应当在6个月内转让或者注销。公司为将股份奖励给本公司职工收购的本公司股份,不得超过本公司已发行股份总额的5%;用于收购的资金应当从公司的税后利润中支出;所收购的股份应当在1年内转让给职工。

公司不得接受本公司的股票作为质押权的标的。

记名股票被盗、遗失或者灭失,股东可以依照《中华人民共和国民事诉讼法》规定的公示催告程序,请求人民法院宣告该股票失效。人民法院宣告该股票失效后,股东可以向公司申请补发股票。

上市公司的股票,依照有关法律、行政法规及证券交易所交易规则上市交易。上市公司必须依照法律、行政法规的规定,公开其财务状况、经营情况及重大诉讼,在每个会计年度内半年公布一次财务会计报告。

四、公司董事、监事、高级管理人员的资格和义务

(一)公司董事、监事、高级管理人员的资格

《公司法》对公司的董事、监事、高级管理人员的资格和义务作出了详细的规定。

明确指出有下列情形之一的,不得担任公司的董事、监事、高级管理人员:无民事行为能力或者限制民事行为能力;因贪污、贿赂、侵占财产、挪用财产或者破坏社会主义市场经济秩序,被判处刑罚,执行期满未逾 5 年,或者因犯罪被剥夺政治权利,执行期满未逾 5 年;担任破产清算的公司、企业的董事或者厂长、经理,对该公司、企业的破产负有个人责任的,自该公司、企业破产清算完结之日起未逾 3 年;担任因违法被吊销营业执照、责令关闭的公司、企业的法定代表人,并负有个人责任的,自该公司、企业被吊销营业执照之日起未逾 3 年;个人所负数额较大的债务到期未清偿。

公司违反上述规定选举、委派董事、监事或者聘任高级管理人员的,该选举、委派或者聘任无效。董事、监事、高级管理人员在任职期间出现上述所列情形的,公司应当解除其职务。

(二)公司董事、监事、高级管理人员的义务

董事、监事、高级管理人员应当遵守法律、行政法规和公司章程,对公司负有忠实义务和勤勉义务。董事、监事、高级管理人员不得利用职权收受贿赂或者其他非法收入,不得侵占公司的财产。

董事、高级管理人员不得有下列行为:挪用公司资金;将公司资金以其个人名义或者以其他个人名义开立账户存储;违反公司章程的规定,未经股东会、股东大会或者董事会同意,将公司资金借贷给他人或者以公司财产为他人提供担保;违反公司章程的规定或者未经股东会、股东大会同意,与本公司订立合同或者进行交易;未经股东会或者股东大会同意,利用职务便利为自己或者他人谋取属于公司的商业机会,自营或者为他人经营与所任职公司同类的业务;接受他人与公司交易的佣金归为己有;擅自披露公司秘密;违反对公司忠实义务的其他行为。董事、高级管理人员违反前述规定所得的收入应当归公司所有。

董事、监事、高级管理人员执行公司职务时违反法律、行政法规或者公司章程的规定,给公司造成损失的,应当承担赔偿责任。股东会或者股东大会要求董事、监事、高级管理人员列席会议的,董事、监事、高级管理人员应当列席并接受股东的质询。董事、高级管理人员应当如实向监事会或者不设监事会的有限责任公司的监事提供有关情况和资料,不

得妨碍监事会或者监事行使职权。董事、高级管理人员违反法律、行政法规或者公司章程的规定,损害股东利益的,股东可以向人民法院提起诉讼。

第三节 公司章程

在公司管理的实际工作中,公司章程有着十分重要的作用,是公司的投资者、经营者以及管理者们必须重视的法律文件。在这里仅对公司章程的基本特征、意义和主要内容进行介绍。

一、公司章程的特征

公司作为营利性组织,是由人和财产根据规则建立起来的。这些规则既包括市场经济运行中的客观规律,也包括一些人为制定的规则。后者又可以区分为两类:一类是由法律加以规定,主要是《公司法》;另一类是由契约或者其他形式的协议约定,主要是公司章程。在这两类规则中,公司章程是根据《公司法》制定的,在公司法制度中占有重要的地位。当然公司章程要产生法律上的效力,必须依照《公司法》的规定来制定,否则,公司章程无效。

公司章程是指就公司组织及运行规范,对公司性质、宗旨、经营范围、组织机构、活动方式、权利义务分配等内容进行记载的基本文件,是公司设立时,必须向公司登记机关提交的法律文件之一。公司章程还是规范公司组织形式和行为准则的最重要法律文件。我国《公司法》明确规定:"设立公司必须依法制定公司章程。公司章程对公司、股东、董事、监事、高级管理人员具有约束力。"从公司章程存在的目的和表现形式看,它具有以下几个方面的特征:

(1)公司章程首先反映或体现的是公司股东的意志,是实现公司股东权益的最直接保障。

(2)公司章程必须具备法定的书面形式要件,在公司设立或变更时必须向有关政府部门进行公示登记,以便国家和社会对公司组织或行为进行监督管理。

(3)制定公司章程的目的是为了规范公司的内部组织和经营行为,是实现公司法人治理的操作规程。

(4)公司章程的部分内容是《公司法》强行规定的内容;部分内容是公司股东或管理机构根据公司的实际情况自行制定的,它是国家公司法律制度的具体落实和补充。

二、公司章程的意义

公司章程就是体现公司股东意志,旨在实现公司法人治理的一项具有法律意义的规范性文件,同时也是国家通过立法形式所颁行的公司法律制度的具体落实和补充性法律文件。它既是公司成立的基础,也是公司赖以生存的灵魂,对公司的成立及运营具有十分重要的意义。

（一）公司章程是公司设立的最基本条件和最重要的法律文件

各国公司立法均要求设立公司必须订立公司章程，公司的设立程序从订立章程开始，到设立登记结束。公司章程是公司对政府作出的书面保证，也是国家对公司进行监督管理的主要依据。

（二）公司章程是确定公司权利、义务关系的基本法律文件

公司章程一经有关部门批准即对外产生法律效力。公司依章程享有各项权利，并承担各项义务，符合公司章程的行为受国家法律保护，违反章程的行为就要受到干预和制裁。公司章程作为一种行为规范，不是由国家，而是由公司股东依据《公司法》自行制定的。《公司法》是公司章程制定的依据。《公司法》只能规定公司的普遍性的问题，不可能顾及各个公司的特殊性。而每个公司依照《公司法》制定的公司章程，则能反映本公司的个性，为公司提供行为规范。

（三）公司章程是公司实行内部管理的基本法律依据

公司章程规定了公司组织和活动的原则及细则，它是公司内外活动的基本准则。它规定的股东权利与义务和确立的内部管理体制，是公司对内进行管理的依据。公司章程是一种法律外的行为规范，由公司自己来执行，无须以国家强制力来保障实施。当出现违反公司章程的行为时，只要该行为不违反法律、法规，就由公司自行解决。公司章程作为公司内部的行为规范，其效力仅及于公司和相关当事人，而不具有普遍的效力。

（四）公司章程是公司进行对外经济交往的基本法律依据

公司章程是公司向第三者表明信用和相关人了解公司组织和财产状况的重要法律文件。公司章程向外公开申明的公司宗旨、营业范围、资本数额以及责任形式等内容，为投资者、债权人和第三人与该公司进行经济交往提供了条件和资信依据，便于相关人了解公司的组织和财产状况，便于公司与第三人间的经济交往。

三、关于公司章程法律性质的理论解释

关于公司章程的法律性质，主要有"契约说"（或称"合同说"）、"自治法说"、"宪章说"等三种学说。

（一）公司章程契约说

公司章程契约说认为，公司章程是股东之间在平等协商基础上就设立和管理公司的权利义务达成的文件，是股东自由意志的体现。公司章程契约说受非成文法系的英美学者推崇，其来源与经济学家提出的"公司契约论"相关。公司契约论把公司看作是一种体现着个人之间契约关系网的法律机制，因此公司本质上是合同性的。而公司章程既可以是由公司设立相关者通过面对面的谈判逐一达成的（适应于有限责任公司）；又可以是一个格式化条款的合同，想加入公司股东行列的当事人只有在"接受"与"不接受"之间作出

承诺(适合于股份有限公司)。

(二)公司章程自治法说

公司章程自治法说认为,公司章程是公司股东为规范公司组织形式和行为准则而订立的书面法律文件,是公司股东为了经营和管理公司而给自己制定的法律。公司章程自治法说受到成文法系国家的学者的推崇。其来源与欧洲大陆的"契约自定法"观念直接相关,即"当事人依法订立的协议在当事人之间产生相当于法律的效力"的观念。该种理论实际上是"公司章程契约说"的自动延伸,但又弥补了契约说的一些不足和缺陷。

(三)公司章程宪章说

公司章程宪章说认为,公司章程实际上是公司的设立者为实现公司设立的目的而为公司的内部组织和管理活动所制定的根本性或纲领性制度。公司章程宪章说实际上是借鉴国家治理行为中"民主宪政"理论的一种类比性的说法。该说将公司类比成一个国家,将公司内部的管理组织部门或结构设置比喻成国家不同的机关或职能部门,将保障公司正常运行的制度比喻成国家的法律。这样,公司章程的地位对公司而言就相当于宪法对于一个国家,公司章程对公司的作用就相当于宪法对于一个国家的作用。

四、公司章程的基本内容

公司章程的基本内容由《公司法》规定的必须载明的内容和公司自己任意性规定的内容两大部分组成。有关《公司法》规定的必须载明的内容在前面讨论《公司法》的主要内容时已经涉及,现在重点讨论公司章程中公司自己的任意性规定。

依据《公司法》相关规定,公司章程内容除了《公司法》要求的强制性条款外,还包括大量的任意性规定。这些规定主要是关于公司治理结构中关于公司内部管理机构设置、董事长和副董事长产生办法、董事任期、董事会或监事会的议事方式和表决程序、总经理的职权、股东的表决权等事项的规定,关于公司的股权结构安排、股权转让、从业经营等事项的规定。

任意性规定的内容应该注意平衡与公司相关的各方主体利益,实现公司内部和谐与外部和谐的统一。公司作为市场经济条件下的存在物,其存在必然涉及公司股东、管理者和员工、公司债权人、国家和社会公众等各方群体的利益。尽管公司章程是由公司股东或设立者制定的,其所反映的主要是公司股东的意志,体现公司经营为公司股东谋取收益的现实需求,但是公司章程内容必须平衡公司股东、管理者和员工、公司债权人、国家(指公司必须合法经营、接受政府监管)和社会公众(指公司必须维护消费者利益,承担保护环境、安置就业等社会责任)等各方群体的利益,实现公司内部和谐与外部和谐的统一。

公司章程任意性规定的内容,除非与国家现行法律、行政法规规定内容相冲突,法律都认可其对公司、股东、董事、监事、高级管理人具有强制性约束力。这就要求,公司的股东和发起人在制定公司章程时,必须考虑周全,规定得明确详细,同一条款不能有多种理解。公司章程中对各方面内容的具体规定,不仅弥补了《公司法》规定之不足,而且还为实现现代企业制度创造了必要条件。

思 考 与 练 习

一、复习思考题

1. 公司有哪些基本特征? 应该如何进行分类?
2. 如何认识我国《公司法》的基本内容?
3. 有限责任公司设立条件有哪些? 其组织机构有什么基本的特征?
4. 股份有限公司设立条件有哪些? 其组织机构有什么基本的特征?
5. 为什么要订立公司章程?
6. 公司章程有哪些主要内容?

二、单项选择题

1. 设立有限责任公司时,全体股东的货币出资金额(　　　)。
   A. 必须高于有限责任公司注册资本的 20%
   B. 可以低于有限责任公司注册资本的 30%
   C. 必须高于有限责任公司注册资本的 50%
   D. 不得低于有限责任公司注册资本的 30%

2. 以下选项中,属于有限责任公司股东会职权的是(　　　)。
   A. 决定公司的经营方针和投资计划
   B. 制订公司的年度财务预算方案、决算方案
   C. 制订公司的利润分配方案
   D. 决定公司的经营计划和投资方案

3. 以募集方式设立的股份有限公司,发起人认购的股份不得少于公司股份总数的(　　　)。
   A. 30%
   B. 35%
   C. 20%
   D. 40%

4. 有限责任公司股东向股东以外的人转让股权,应当经其他股东(　　　)同意。
   A. 1/3 以上

  B. 2/3 以上

  C. 过半数

  D. 1/4 以上

5. 有限责任公司董事会的成员数为(　　)人。

  A. 3～13

  B. 5～13

  C. 2～13

  D. 3～12

6. 以下选项中,是有限责任公司董事会的职权的是(　　)。

  A. 决定有关董事的报酬事项

  B. 对发行债券做出决议

  C. 修改公司章程

  D. 决定公司的经营计划和投资方案

7. 设立一人有限责任公司的最低注册资本额为(　　)万元人民币。

  A. 10

  B. 15

  C. 3

  D. 8

8. 股份有限公司全体发起人的首次出资额不得低于(　　)。

  A. 20%

  B. 25%

  C. 30%

  D. 15%

9. 股份有限公司注册资本的最低限额为(　　)万元人民币。

  A. 500

  B. 10

  C. 3

  D. 50

  10. 认为公司章程是股东之间在平等协商基础上就设立和管理公司的权利与义务达成的文件,是股东自由意志体现的是(　　)。

  A. 公司章程自治法说

  B. 公司章程宪章说

  C. 公司章程契约说

  D. 公司章程管理说

三、多项选择题

1. 有限责任公司股东的出资形式包括( )。

A. 货币资金

B. 实物

C. 知识产权

D. 土地使用权

2. 有限责任公司的组织机构包括( )。

A. 股东会

B. 董事会

C. 监事会

D. 工会

3. 符合( )的条件时,有限责任公司应当召开临时股东大会。

A. 代表 1/10 以上表决权的股东提出

B. 1/3 以上的董事提出

C. 监事会提出

D. 不设监事会的公司的监事提出

4. 有限责任公司的下列事项中,必须经代表 2/3 以上表决权的股东通过的有( )。

A. 修改公司章程

B. 增加或减少注册资本

C. 公司合并、分立、解散或者变更公司形式的决议

D. 审议批准董事会的报告

5. 有( )的情形之一的,对股东会该项决议投反对票的股东可以请求公司按照合理的价格收购其股权。

A. 公司连续 5 年不向股东分配利润

B. 公司合并、分立、转让主要财产

C. 公司章程规定的营业期限届满

D. 公司章程规定的解释事由出现

6. 股份有限公司出现( )的情形的,应当在 2 个月内召开临时股东大会。

A. 董事人数不足公司法规定的人数

B. 董事人数不足公司章程所定人数的 2/3

C. 公司未弥补的亏损达实收资本总额 1/3

D. 单独或合计持有公司 10% 以上股份的股东请求

7. 股份有限公司的( )的股东可以在股东大会召开 10 日前提出临时提案。

A. 单独持有公司 3% 以上股份

B. 单独持有公司 5% 以上股份

C. 合计持有公司 5% 以上股份

D. 单独持有公司 2% 以上股份

8. (　　) 可以提议召开股份有限公司临时董事会议。

A. 代表 1/10 以上表决权的股东

B. 1/3 以上董事

C. 1/3 以上监事

D. 监事会

9. 公司有(　　)的情形之一的可以收购本公司股份。

A. 减少公司注册资本

B. 与持有本公司股份的其他公司合并

C. 将本公司股份奖励给本公司职工

D. 操纵股份的需要

10. 下列人员中,不得担任公司董事、监事、高级管理人员的有(　　)。

A. 无民事行为能力

B. 因贿赂被判处刑罚已逾 5 年

C. 个人所负数额较大的债务到期未清偿

D. 限制民事行为能力

11. 公司法规定,公司的董事、监事、高级管理人员不得有(　　)的行为。

A. 挪用公司资金

B. 将公司资金以其个人名义或者以其他个人名义开立账户存储

C. 违反公司章程的规定与本公司订立合同或者进行交易

D. 未经公司同意利用职务便利为自己或他人谋取属于公司的商业机会

四、判断题

1. 有限责任公司股东之间不可以相互转让其全部或者部分股权。　　　　　(　　)

2. 有限责任公司股东向股东以外的人转让股权,不需经其他股东同意。　　(　　)

3. 有限责任公司股东可以自公司成立之日起 3 年内缴足注册资本额。　　　(　　)

4. 股份有限公司董事会成员中必须设有职工代表。　　　　　　　　　　　(　　)

5. 股份有限公司的监事会中必须设有职工代表。　　　　　　　　　　　　(　　)

6. 上市公司董事与董事会会议决议事项所涉及的企业有关联关系的,应当对该项事项行使表决权。　　　　　　　　　　　　　　　　　　　　　　　　　　　(　　)

7. 股份有限公司监事会每年召开两次。　　　　　　　　　　　　　　　　(　　)

8. 公司可以接受本公司的股票作为质押标的。　　　　　　　　　　　　　(　　)

9. 股东可以用货币出资，也可以用实物、知识产权、土地使用权等出资。　　（　　）

10. 一人有限责任公司股东可以分期缴纳公司章程所规定的出资额。　　（　　）

11. 股份有限公司的发起人应当在 20 日内主持召开公司创立大会。　　（　　）

12. 上市公司在 1 年内购买、出售重大资产或者担保金额超过公司资产总额 30% 的，应当由股东大会作出决议，并经出席会议的股东所持表决权的 2/3 以上通过。　　（　　）

13. 一人有限责任公司也要设立股东会。　　（　　）

第二章　公司理财的目的及特征

【本章提要】　公司是营利性的组织,在它的经营中一刻都离不开理财,在本章中重点探讨公司理财的目的及其特征,公司理财学与其他相关学科间的关系,并简述公司理财的方法体系。

【学习目标】　通过本章学习,要求掌握和了解如下内容:(1)了解公司不同组织机构的财务权限。(2)了解公司财务机构在公司组织机构中的位置。(3)掌握公司组织形式、管理结构与公司理财目的的关系。(4)掌握财务与公司理财的基本内容。(5)掌握公司理财的各种目的,及其相互之间的关系。(6)掌握公司理财学与其他学科之间的关系。(7)掌握公司理财的方法体系。

第一节　公司理财与公司财务机构

一、公司理财权限的分配

从第一章公司特征的讨论中,不难看出,公司作为一个营利性的组织,其最高的理财权限掌握在公司股东会手中,公司董事会在公司股东会的授权之下也享有较大的理财权限,公司经理一般只掌握公司日常经营活动所必需的理财权限,而公司财务人员则是公司董事会或经理聘请的协助公司管理具体财务活动的专业人士。一般而言,公司理财权限按照以下的规则分配。

(一)股东会的理财权限

在公司中,股东会是公司理财的最高决策机构,按照《公司法》和公司章程,股东会拥有的理财权限如下:

决定是否增加公司资本,增加多少公司资本以及增加公司资本的方式,具体地说包括决定是向社会公众发行股份还是向现有股东配售股份,向现有股东派送红股还是以公积金转增股本等。

决定是否减少公司注册资本,减少多少注册资本及减少公司注册资本的方式。

决定是否发行公司债券,发行何种债券以及如何发行公司债券。

决定是否回购本公司的股票,回购公司股票后的处理。

决定公司是否应该分立、合并、解散和清算等重大的资产重组。

决定公司的利润分配方案和弥补亏损方案。

决定是否变更募股资金投向。

决定是否关联交易及其合理性。

决定是否同意收购或出售资产事项。

决定是否变更会计师事务所。

决定董事会和监事会成员的报酬和支付方法。

审议公司年度预算方案、决算方案。

审议公司年度报告,等等。

(二)董事会的理财权限

董事会的理财权限来自于公司股东大会的授权,该授权应符合以下原则:授权应以股东大会决议的形式作出;授权事项、权限、内容应明确,并具有可操作性;不应授权董事会确定自己的权限范围或幅度。具体地说,董事会的理财权限如下:

决定公司的经营计划和投资方案;董事会运用公司资产进行对外投资包括但不限于委托理财投资、短期对外投资、国债投资、股票投资、长期股权投资、项目投资,单项投资权限为:公司投资额不超过公司最近一个会计年度经审计的合并报表净资产值的某个百分比;若达到或超过该百分比,则须报请股东大会审议。

董事会决定公司进行资产出售、收购和置换行为的权限限于:出售、收购和置换入的资产总额不超过公司最近一个会计年度经审计的合并报表总资产的某个百分比;出售、收购和置换入的资产净额(资产扣除所承担的负债)不超过公司最近一个会计年度经审计的合并报表净资产的某个百分比;出售、收购和置换入的资产在最近一个会计年度所产生的主营业务收入不超过公司最近一个会计年度经审计的合并报表主营业务收入的某个百分比;若按上述任何一项标准计算出的比例超过该百分比,则董事会应按中国证监会《关于上市公司重大购买、出售、置换资产若干问题的通知》规定的程序报请股东大会审议批准。

制订公司的年度财务预算方案、决算方案。

制订公司的利润分配方案和弥补亏损方案。

制订公司增加或者减少注册资本、发行债券或其他证券及上市方案。

拟订公司重大收购、回购本公司股票或者合并、分立和解散方案。

在股东大会授权范围内,决定公司的风险投资、资产抵押及其他担保事项;董事会应确定其运用公司资产所作出的风险投资权限,建立严格的审查和决策程序;重大投资项目应当组织有关专家、专业人员进行评审,并报股东大会批准。

向股东大会提请聘请或更换为公司审计的会计师事务所。

公司以其资产或信用为第三人提供担保的必须经过董事会或股东大会批准。担保的数额在公司最近一期经审计后净资产的某个百分比以内的担保事项,必须经董事会 2/3

以上多数批准方可作出;超出该权限的,应当报股东大会批准。公司不得为控股股东及公司持股 50%以下的其他关联方、任何非法人单位或个人债务提供担保,不得直接或间接为资产负债率超过 70%的被担保对象提供债务担保。

（三）公司经理的理财权限

公司经理的理财权限是由公司董事会授予的,公司经理负责组织实施董事会决议。具体地说,公司经理的理财权限包括:

主持公司的生产经营管理工作,并向董事会报告工作。

组织实施董事会决议、公司年度经营计划和投资方案。

拟订公司职工的工资、福利、奖惩制度,决定公司职工的聘用和解聘。

经董事会授权,代表公司处理对外事宜和签订包括投资、合作经营、合资经营、借款等在内的经济合同。

向董事会或者监事会报告公司重大合同的签订、执行情况,资金运用情况和盈亏情况,并必须保证该报告的真实性。

提请董事会聘任或者解聘公司副总经理、财务负责人。

（四）公司财务部门的理财权限

公司财务部门是协助公司经理管理公司财务的专业部门,它的理财权限是公司经理授予的,在实务中,财务部门的理财权限主要集中在流动资产和负债方面。具体地说,公司财务部门的理财权限包括:

根据董事会和经理的决议,编制公司年度经营计划和制订投资方案。

为公司年度经营计划和投资方案的落实,组织资金、控制资金的投放、降低成本和增加收益等具体的工作。

对公司年度经营计划的完成情况进行核算和考核,向公司股东会、董事会、经理报告公司财务预算的执行情况。

按照规定编制公司的财务报告,并保证财务报告的真实性。

从上述关于公司理财权限的讨论可以看出,公司理财并不只是公司财务部门的工作,而是公司股东会、董事会、经理部门等机构的重要工作。公司财务部门只是负责执行公司股东会、董事会、经理的各项财务决策和提供财务咨询以及从事具体财务工作的部门。因此,本书所讲的公司理财是站在公司的立场上进行的理财,而不是站在公司财务部门立场上的理财。

二、公司财务机构在公司组织机构中的位置

公司财务部门是公司的一个重要职能部门,它的主要职责有二:一是为执行公司股东会、董事会、经理的各项财务决策,组织和分配资金、进行投资核算和监督、完成各项盈利分配;二是为公司提供财务咨询服务,编制各种财务计划和方案。不同组织形式、业务类型、所处行业、生产经营规模的公司,其财务机构在组织结构的位置是有差别的。下面对

此进行简单的讨论。

（一）小公司财务部门的设置与权限

一般而言，规模较小的公司，由于较多地采用集权方式进行管理，且财务工作又相对简单，因此，往往不存在独立的财务机构，其财务机构多是与会计机构合二为一的，财务工作也常与会计工作混淆在一起，由同样的人员担任。财务部门的工作重点主要是资金的收付、商业信用的管理等，很少涉及资金的筹集和重大投资等事项。所涉及的一些简单财务事项，也往往是由公司的主要负责人处理，财务人员的理财权限较小。

（二）大公司财务部门的设置与权限

在大型企业，特别是在大型股份有限公司中，一方面由于企业规模较大，分权管理成为一种常见的管理方式；另一方面由于财务事务复杂，财务工作的专业性增强。因此，常常需要设立独立的财务机构来管理公司的财务活动，其结果是财务部门与会计部门分离，财务管理的权限也有所增大，它不但负责日常的财务收支和商业信用管理工作，而且还要负责公司重大的筹资、投资和盈利分配事项。典型的股份有限公司财务组织机构可用图2-1表示。

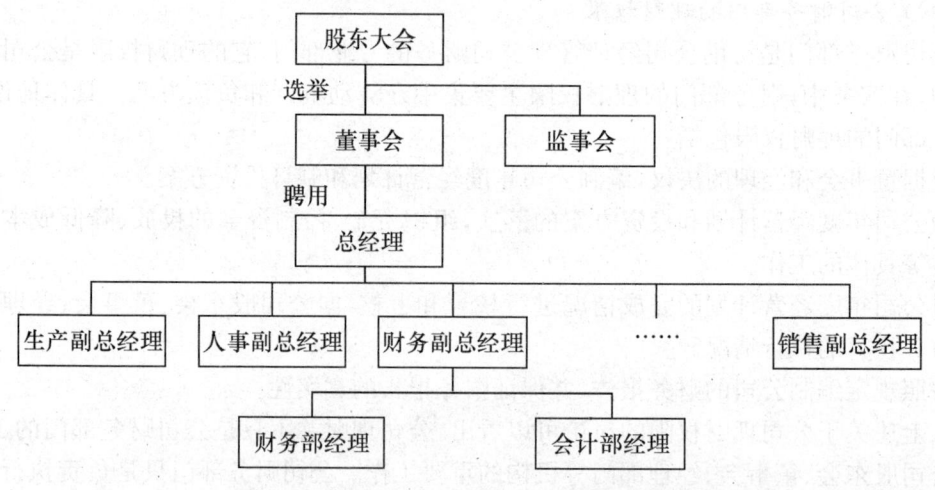

图 2-1　典型的股份有限公司财务组织机构图

财务副总经理，或总会计师，或财务总监，是公司的最高财务负责人，直接对公司总经理负责，协助总经理管理公司的财务和会计工作。在财务副总经理之下设有财务部经理和会计部经理，分别管理财务部和会计部的具体事务。其中，财务部主要负责与管理和控制公司资金运动有关的工作，具体包括资金筹集、资金分配、投资、现金管理、信用管理、盈利分配、资金预算、财务计划的编制、资金的日常管理、处理各种财务关系等方面的工作；会计部主要负责提供有关公司财务活动过程和结果的信息，以及有利于对公司财务活动进行控制的信息，具体内容包括财务会计、成本会计、管理会计、税务会计等。

第二节　公司理财的目的

一、公司组织形式、管理结构与公司理财目的的关系

（一）公司理财目的的定义

公司理财目的，或称公司理财目标，是指公司进行财务活动所要达到的根本目的，是评价公司财务活动是否合理的标准。公司理财目的决定着公司理财的基本方向。公司理财目的与公司的组织形式、管理结构等密切相关。公司的组织形式、管理结构等因素直接影响到与公司相关的各利益集团及其各利益集团的利益来源，利益集团的不同和各利益集团的利益来源的不一致必然会对公司理财的目的产生直接的影响。不同的公司组织形式存在着不同利益主体，不同的管理结构导致不同利益主体之间的利益矛盾形式的变化，公司理财目的正是各种利益主体利益斗争的产物。

（二）不同组织形式公司的理财目的

1. 独资公司的理财目的

在独资公司中，由于股权结构单一，出资人利益主体也相应单一。所有的经营风险都由出资者个人承担，所有经营利益也均归出资者个人占有。从管理结构来看，独资公司的所有权和经营权往往混合在一起，所有者与管理者之间的利益矛盾并不突出，公司理财的目的就是出资者资本增值的目的。

2. 合伙公司的理财目的

在合伙公司中，股权结构较独资公司复杂，合伙人之间不可避免地存在一定的利益矛盾，且在管理结构上，不可能全部合伙人都直接参与公司管理，这又形成了参与管理的合伙人与一部分未参与管理的合伙人之间的利益矛盾，这时公司理财的目的便出现了多元化的趋势。公司理财的目的需要用合同的形式来加以规定。

3. 有限责任公司的理财目的

在有限责任公司中，随着企业规模进一步扩大和股东人数进一步增多，所有权与经营权的分离更加不可避免，除股东间矛盾日益复杂之外，所有者与管理者的矛盾也日趋激烈，这些利益矛盾必然导致公司理财目的多元化。公司在理财过程中必然需要考虑主要为哪一利益主体服务的问题。但在有限责任公司中，公司股份的转让所受限制还较多，股东的利益也主要依赖于公司所创造的收益，从公司外部获取的利益尚不占重要的位置。因此，公司理财目的之争还主要局限于所有者与所有者、所有者与管理者之间的利益争斗。

4. 股份有限公司的理财目的

在股份有限公司中，除公司股东更加多元化之外，还由于公司股份的转让所受限制较少，股份转让频繁，股东利益来源除了依靠公司的经营收益之外，还在相当大的程度上依

赖于股份在股票市场上的转让价格,即股东利益来源多元化。此外,在股份有限公司中,股份的种类也多元化了,除了常见的普通股之外,还存在着诸如优先股、认股权证、优先认股权等形式的股票或准股票。就是在同一类股票中,也可能还存在不同级别或不同发行对象的股票。这些现象的存在,必然会引起公司理财目的的多元化。比如在公司理财中必须考虑究竟应为哪一类股东服务为主的问题。在股份有限公司中,还由于随着股东数量的增多,参与公司管理的股东人数的比例也越来越低,所有权与经营权的分离程度更加扩大,所有者与所有者、所有者与经营者的利益冲突也日益激烈。这些都为确定公司理财的目的带来了新的课题。

(三)不同管理形式公司的理财目的

除前述不同组织形式的公司存在公司理财目的的差异之外,同一组织形式但不同管理形式的公司也会存在着不同的理财目的。比如,当一家公司采用分权式的管理方式,授予公司内部各个部门一定的财权,甚至将独立的公司变为集团公司,这样,上级公司、下级公司、公司内各个部门就有了不同的经济利益,相应的,母公司和子公司、总公司和分公司、公司与公司内部各个部门在各自的理财目的上就会存在着差异。一般而言,母公司、总公司和公司管理当局希望公司的整体利益最大化,而子公司、分公司和公司内部各个部门则希望其局部利益最大化。这也为确定公司理财的目的带来了新的课题。

总之,公司理财的目的不仅是一个理论问题,而且是一个在公司理财中必须解决的实际问题。由于按不同的理财目的进行理财,会产生不同的理财结果,因此,在公司理财中必须重视对公司理财目的的研究。下面,将分别讨论公司理财的不同目的。

二、公司理财的基本目的

公司理财的基本目的是公司开展财务活动的出发点和归宿。如前所述,它受与公司相关的各种利益主体利益矛盾的影响。一般而言,如果某利益主体能将其目的作为公司理财的目的,那么该利益主体的经济利益就最容易得到实现。根据公司理财的实践,具有代表性的公司理财的基本目的主要有以下几种。

(一)完成计划

以完成计划为基本目的的财务管理,可进一步分为以完成国家计划为目的的财务管理和以完成上级公司计划为目的的财务管理两大类。

1. 以完成国家计划为目的的财务管理

以完成国家计划为目的的财务管理目的在计划经济年代比较普遍。当时,企业并不是一个独立的商品生产者,而只是国家机关的附庸,其本身并没有独立的财权、物权和人权,也没有独立的经济利益。它被要求一切按国家计划行事,其经济利益也与完成国家计划任务的好坏密切联系在一起。完成计划有奖,未完成计划则受罚。当时国家计划是以产品计划为中心的包括生产技术财务计划在内的全面计划,该计划从国家整体上考虑经济效益,而并不与企业的经济效益相联系,因此,企业在执行该计划时既无权也不需全面考虑如何提高企业经济效益的问题。对企业而言,提高经济效益的途径就是降低成本,特别是通过提高劳动生产率来降低成本。为了配合国家对企业的计划管理,企业财务管理中采用了三段资金平衡的资金调度方法、可比成本降低率任务考核的方法,以及国家计划任务完成情况的考核分析方法,等等。随着计划经济被市场经济所取代,以完成国家计划为目的的财务管理已不复存在。

2. 以完成上级公司计划为目的的财务管理

现在,以完成上级公司计划为目的的财务管理,仅存于以完成总公司或母公司计划为目的的分公司或子公司的财务管理之中。总公司或母公司通过编制计划限制分公司或子公司的财权,要求分公司或子公司以完成总公司或母公司计划为其财务管理的目的,并按计划完成情况的好坏对分公司或子公司进行奖罚,使分公司或子公司的经济利益与总公司或子公司的计划紧密相连,其基本目的是为了保证总公司或母公司的经济效益最大化。以完成总公司或母公司计划为目的的分公司或子公司的财务管理在现代大公司中极为普遍,故也应成为公司理财目的研究的内容之一。

(二) 利润最大化

1. 利润最大化的定义

利润是企业经济效益的一种表现形式,具体地看,是按权责发生制和收入与费用的配比原则计算出的公司全部收入与全部成本和费用之差。利润最大化,包括利润额最大化和利润率最大化两类指标。其中,利润率最大化,是利润指标与某种形式的投资的比率,如总资产利润率、净资产利润率等。

2. 以利润最大化作为理财目的的优点

从经济学的角度看,经济学家多以利润最大化这一概念来分析企业行为和评价企业业绩,认为经营企业的目的就是追求最大利润,按这种思路,公司理财的目的也就自然应该是利润最大化。

从会计学的角度看,利润是可以通过财务会计体系计算出来的财务指标,利润的确定具有可操作性。而行为目的的可计量性,是控制行为的前提条件。因此,以利润最大化作为公司理财目的,具有可操作性。

从利益对不同利益主体经济利益影响的角度看,利润在一定程度上反映了企业的经济效益,不同利益主体的经济利益都与利润指标有关。它既是国家税收的基础,又是股东获取投资回报的基础,还是经营者和职工获取经济利益的基础;此外,利润还是企业资本积累和扩大再生产的源泉。

正因为如此,利润才广受人们的关注,将利润最大化作为公司理财的目的才长期以来普遍被人们所接受。

3. 以利润最大化作为理财目的的缺点

但是,以利润最大化为公司理财的目的至少存在着如下一些缺陷:

第一,利润最大化没有充分考虑风险问题,可能会导致企业在进行财务决策时采纳利润最大化但风险也最大化的方案,将企业推入极端危险的境地。

第二,利润产生的方式多种多样,既可以通过正常的增加收入和降低成本的发生取得,也可以通过选择会计政策的方法取得,比如可以通过追加应收账款的投入来增加会计账面销售收入,也可以通过扩大无效生产、追加产成品存货的投入来降低会计账面成本,还可以通过减少必要的维修成本、科技开发成本等等方法来减少会计账面成本,使会计账面利润最大化。但这种会计账面利润的增加不会给公司带来任何的好处,而只会使企业产生不必要的现金流出,给企业的生产经营带来不利的影响。

第三,利润并不代表投资者的全部利益,它代表的更多是经营者的利益,因为经营者的收入在更大的程度上与利润相关。比如,在实行按利润计提经营者奖金的条件下,经营者的利益多少就密切地与企业利润的高低相关。在这种情况下,很容易促使经营者利用各种方法增加利润,导致企业行为短期化,最终损害到投资者的利益。

第四,利润是按权责发生制计算的,它与按收付实现制计算的现金净流入量并不相等,很难与货币的时间价值相联系,因此,以利润作为决策目标,容易导致决策失误。正是由于利润最大化存在着各种缺点,因此对投资者而言,以利润最大化为公司理财的目的,效果并不理想。

（三）企业价值最大化

1. 企业价值的定义

在市场经济条件下,企业本身就是一种可以在产权市场上出售的特殊商品,作为一种商品,它就有价值。企业价值是指企业对其所有者而言的价值,具体地说,是指企业能为其所有者带来的盈利能力的价值。企业价值是企业盈利能力和风险水平的函数,即企业价值＝f（盈利能力,风险水平）。该函数最一般的表达式是企业价值等于企业未来现金净流入量的折现值。

2. 以企业价值最大化作为理财目的的优点

以企业价值作为企业经营的目的,考虑的因素比利润最大化多。要使企业价值最大化的目标得以实现,公司在经营过程中,除了要考虑企业的盈利能力之外,还要考虑企业的风险水平,以及市场对企业价值的评价。即以企业价值作为企业经营的目的,不但要求企业在经营中关注企业内部的经营问题,而且还要求企业关注企业的外部问题。企业外部的社会评价会直接影响到企业价格,而企业价格是投资者获利的最直接的表现。

企业价格是企业在产权市场上换手的价格。企业价格首先受企业价值的影响,其次还受产权市场上供求关系的影响。供求关系虽受众多因素的影响,但不可避免地受社会对企业盈利能力和风险水平评价的影响。当社会普遍认为某企业盈利能力高和风险水平低时,供求关系将会向有利于供的方面转化,从而导致该企业价格上涨;反之,则下跌。社会对企业盈利能力和风险水平的评价除影响到供求关系之外,还会影响到企业经营环境。比如,当社会普遍认为某企业盈利能力低和风险水平高时,该企业的筹资环境就会趋于恶劣;反之,则趋优。企业经营环境会直接制约企业的经营活动,对企业盈利能力和风险水平产生影响。这样,就又影响到企业价值、社会评价和企业价格,形成一种周而复始的循环。每一次循环都会产生不同的企业价值和企业价格,直接影响到投资者、债权人、客户、内部职工、国家等与企业相关的各种利益主体经济利益的实现。这种循环关系可用图[①]2-2 简示。

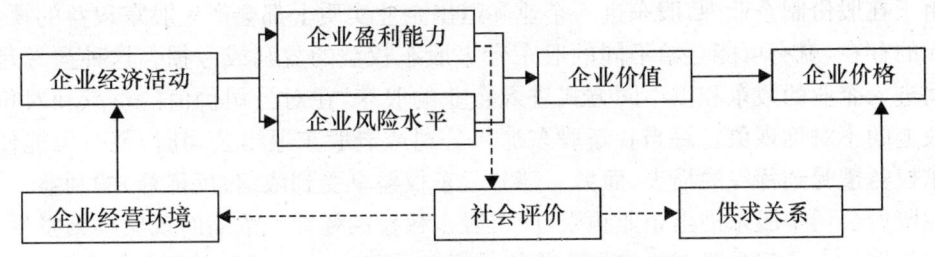

图 2-2　企业经济活动与企业价值和价格的循环关系图

注:图中"——"为直接影响,"- - - -"为间接影响。

由于将企业价值最大化作为企业经营的目标,考虑了众多的内容,其内涵极为丰富,它摆脱了利润最大化的局限,有利于企业长期稳定的发展。因此,将企业价值最大化作为公司理财的目的是现代公司理财学中极力推崇的观点。

3. 以企业价值最大化作为理财目的的缺点

以企业价值最大化为公司理财的基本目的,虽然从理论上讲有很多优点,但它仍有若干的不足之处。其中最主要的不足之处是企业价值难以准确的计量。如果以抽象的企业价值作为公司理财的目的,那么,可能由于其可操作性差,而无法在具体的理财过程中实施。如果以具体的企业价格作为公司理财的目的,那么又可能由于市场价格的不稳定性,而使公司理财无所适从。

另外,完全站在投资者的立场上看,企业价值最大化未必就会使股东权益最大化。因为,随着股东的不断进入和退出企业,必然产生股东间的利益再分配,这种再分配可能会给一部分股东带来利益,而给另一部分股东带来损失。但以企业价值最大化作为公司理财的目标并没能揭示这一现象。

尽管如此,由于企业价值最大化考虑了收益与风险的平衡问题,因此,就是运用模糊管理,其效果也要优于利润最大化目的。

(四)股东财富最大化

1. 股东财富的定义

股东利益的来源包括股利收益和资本收益两个方面,股利收益是指股东凭借手中的股份从公司分得的股利,资本收益是指股东持有股份的现实价值或出售股份所得与购买

① 熊楚熊.市场经济条件下财务报表分析重心及其相应体系[J].深圳大学学报:人文社会科学版,1999(1).

股份所费之间的差额。股东财富是企业价值和股东结构的函数,即股东财富＝f(企业价值,股东结构)。以股东财富最大化作为公司理财的目的,就是要求公司通过科学和合理的理财使现有股东的财富达到最大化。

2. 以股东财富最大化作为理财目的的优点

由于在股份制企业中,股东进入企业和退出企业实质上都会产生股东权益的再分配,再分配的存在,就有可能会给不同的股东带来股东权益的盈利或亏损。这种盈亏是指不同时间进入企业的股东和以不同方式进入企业的股东,在对公司价值的贡献和对价值的要求权上的不对称现象。每当有新股东加入公司或老股东退出公司时,就有可能使一部分股东权益遭受到稀释的损失,而另一部分股东权益享受到浓缩(反稀释)的利益。显然,由于在股份公司中股东进出企业频繁,使得股东权益的稀释和浓缩的现象频繁发生,这说明企业价值最大化仅是股东财富最大化的前提条件之一。为了保证股东财富最大化目标的实现,在公司理财中除了应关心企业价值最大化之外,还应关心企业价值在不同股东之间的分配问题,以确保公司现有股东的权益的最大化。以股东财富最大化作为公司理财目标比企业价值最大化目标的内涵更加丰富,更有利于保证投资者的利益,因此,它是现代公司理财中被广泛认可的公司理财目的。

3. 以股东财富最大化作为理财目的的缺点

以股东财富最大化作为公司理财的目的也有其不足之处。

首先,股东财富与企业价值一样,难以准确计量。如果以抽象的股东财富作为公司理财的目的,那么,可能由于其可操作性差,而无法在具体的理财过程中实施。如果以具体的股份的市场价格作为公司理财的目的,那么又可能由于市场价格的不稳定性,而使公司理财无所适从。

其次,该理财目的只强调了股东,特别是现有股东的利益,而忽视了其他利益集团的利益。如果利益关系处理不当,有可能产生各利益集团之间,甚至现有股东与潜在股东之间、老股东与新股东之间的利益冲突,使公司生产经营受到不利的影响。

虽然以股东财富最大化为公司理财的目的有这些缺点,但是它从更全面的角度考虑了公司股东的利益,有利于保护股东利益,因此,应该将股东财富最大化作为公司理财的基本目的。

(五) 其他的理财目的

在公司实际理财过程中除了上述各种理财目的之外,还存在诸如职工福利最优化、经营者考核指标最大化等理财目的。所谓职工福利最优化,是指在公司理财过程中,公司理财均围绕着如何提高职工福利这一中心来运转。以职工福利最优化作为公司理财目的的现象,在我国国有企业中十分常见,这与国有企业的职工代表大会管理体制密切相关。所谓经营者考核指标最大化,则是指在公司理财过程中,公司理财均围绕如何帮助经营者完成其经营任务这一中心来运转。虽然这些公司理财目的均是非公开公布的,但在实际中确实存在,因此也需要引起理财者的注意。

（六）不同的理财目的的区别和联系

前述利润最大化、企业价值最大化和股东财富最大化三种公司理财目的既是相互矛盾的，又是相互统一的。利润最大化、企业价值最大化和股东财富最大化的区别与联系，就是利润、企业价值和股东财富指标的区别与联系。

1. 三者之间的区别

利润、企业价值和股东财富的区别，从考虑的利益主体来看，存在着一定差别，其中，利润指标和企业价值指标与众多的利益主体相关，而股东财富最大化则只与股东的利益密切相关。从计算考虑的因素来看，股东财富考虑的因素最多，企业价值次之，利润考虑的因素最少。

2. 三者之间的联系

利润、企业价值和股东财富之间的联系，具体地看就是利润是计算企业价值的基本前提之一，而企业价值又是确定股东财富的基本前提之一。当公司风险不变时，利润最大化就代表着企业价值最大化；而当股东结构不发生变化时，企业价值最大化就代表着股东财富最大化。因此，在本书以后的讨论中，主要以企业价值最大化为中心来讨论公司理财中的基本理论和方法；在涉及股东结构变化的情况下，则进一步以股东财富最大化为中心来讨论公司理财中的相关问题。

三、公司理财目的的多元化和阶段性

在实际公司理财中，由于公司利益主体的多元化，以及公司的发展处于不同的阶段，必然导致公司理财目的的多元化和阶段性。下面分别对公司理财目的的多元化和阶段性进行讨论。

（一）公司理财目的的多元化

1. 公司理财目的多元化的必要性

虽然公司理财的基本目的是企业价值最大化，且从理论上分析，企业价值最大化对与企业相关的各种利益主体均是有利的。虽然，从投资者之外的利益主体来看，企业价值最大化可能与其自身利益最大化的关系并不直接，如职工可能因过分关心近期的工资和福利，而感觉不到企业价值最大化与职工福利最优化之间的关系；债权人可能因过分注重企业的还款能力，而感觉不到企业价值最大化与其债权安全完整性的关系；经营者可能因过分注意考核指标或考核指标与企业价值最大化联系不紧密，而感觉不到企业价值最大化与其切身经济利益相关；企业的客户则可能只关心所获产品和服务的数量和质量，而忽视企业价值最大化与其经济利益之间的密切关系；等等。这表明，在公司理财中，为了达到企业价值最大化的目的，就必须协调与企业相关的各种利益主体的经济利益，尽可能使各种利益主体的经济利益趋向于一致。通过减少矛盾，增加同一性，来完成企业价值最大化的目的。与企业相关的各种利益主体的经济利益协调结果必然会使公司理财目的出现多元化。

2. 不同利益主体之间的利益协调

公司所有者与其经营者之间的利益协调,要求所有者放弃部分既得利益,将放弃的利益用于奖励经营者,使经营者的报酬同企业价值最大化或股东财富最大化的基本目的相联系,促使经营者在经营过程中自觉地采用能使企业价值最大化的方案。常见的激励措施,如"股票期权"、"绩效股"等等,就是公司所有者与经营者之间利益协调所产生的公司理财目的多元化的结果。

公司所有者与公司债权人之间的利益协调,可能要求所有者放弃自己认为有利可图但债权人认为无利可图的一些最优的投资或筹资机会,而选用一些非最优的投资或筹资机会,这样可能会给企业价值最大化带来不利的影响。在公司投资或筹资时因考虑债权人的利益而选用非最优方案,也是公司理财目的多元化的表现。

公司所有者与公司职工之间的利益协调,就是要求所有者在追逐企业价值最大化的过程中,充分考虑到职工的利益,适当地增加职工的工资、福利和培训费用,将职工福利增长与企业价值最大化放在同等重要的位置,使职工福利能随企业价值的增长而增长。这也是公司理财目的多元化的表现。

公司与其客户之间的利益协调,要求公司从多方位保护消费者的权益,不能只顾降低成本而损害消费者的利益。公司为了保护消费者的权益,可能会在一定程度上增加成本、减少利润,进而影响到企业价值最大化目标的实现。但应该说这种影响只是短期的,从长期来看,公司将从这种理财目的的多元化中受惠,最终使企业价值最大化的目标得以实现。

当然,公司理财目的的多元化除了上述的定义之外,还可以按公司财务活动的各个环节划分为筹资目的、投资目的、盈利分配目的,以及一些更细微环节的理财目的。不过本节不研究这方面的内容。

(二) 公司理财目的的阶段性

由于任何公司总是处于某一个生产经营阶段,而在不同生产经营阶段的公司工作重点是有区别的,相应地公司理财重心也是不一致的,具体到公司理财目的来看也就不尽相同。

在公司初创时期,公司理财的具体目的主要应是关注公司筹资的来源结构、筹资数量和筹资成本。因为公司的资金来源结构,特别是股权结构,将在未来长期地对公司价值最大化目标的实现产生影响。研究公司的股权结构就是设计公司的未来。筹资的数量和成本直接关系到投资的效益性。在公司初创期,公司抵御风险的能力较低,因此,公司必须十分关注该问题,以保证公司顺利渡过初创期。

在公司成长期,公司股权结构已经定型,产品也有了相对成熟的市场,公司理财的具体目的将从关注公司的生存转变为如何加快公司的发展。因此,在该阶段,公司理财的具体目的主要应是研究如何确保筹集足够的资金以满足公司扩张的需要。

在公司成熟期,公司生产经营规模已经定型,产品生产技术和市场也已经成熟,公司进入了收获期。在该阶段,公司理财的具体目的主要应是平衡公司经营过程中的收益和风险,解决盈利分配以及剩余收益的投资等方面的问题,促使公司尽可能地延长成熟期,获得更多的收益。

在公司衰退期,公司产品生产技术已经落后,市场也正在逐步丧失,公司亏损日益严重,公司面临着或转向求生或坐以待毙这样两种选择。因此,在该阶段,如果公司试图转向求生,那么公司理财的具体目的应是研究如何充分利用现有资源,以确保公司转向过程中的资金需要;如果公司不打算继续经营,那么公司理财的目的则应是研究如何将公司资产以高价变现,以减少亏损,保证股东财富最大化。

当然,公司理财目的的阶段性,还可以从目标实施期限的长短来分,将公司理财目的分为长期目的、中期目的和短期目的。但本书在这里不打算讨论这种分类。

四、公司理财目的与社会责任

(一)社会责任对公司理财目的的影响

确定公司理财目的必须考虑公司所肩负的社会责任。具体地说,就是当公司以企业价值最大化或股东财富最大化作为理财目的时,应该将公司的经济目标与应承担的社会责任相联系,分析公司的理财目的和由此引起的理财活动能否给整个社会带来好处。如果能使整个社会受益,那么就应该坚持该目的;如果不能给整个社会带来好处,甚至给整个社会带来不利,那么就应该调整该理财目的和相应的理财活动。即将公司的经济目标与社会责任统一起来。

(二)公司理财目的与社会责任的一致性

公司理财目的不外有诸如利润最大化、企业价值最大化、股东财富最大化,等等。公司的社会责任主要有给国家提供税收;给社会提供所需的产品和服务;保护消费者的合法权益;为社会提供就业机会;遵纪守法,维护正常的社会经济秩序;节约使用社会资源,保护生态环境,控制污染;支持社会公益事业;等等。

从公司理财目的与公司所负的社会责任中可以看出,在许多情况下,公司理财目的与其所负的社会责任是统一的。如果公司经营效益好,那么公司为国家所提供的税收也就会多;而公司的经营效益之所以好,必定是其产品或服务受到社会消费者的认同,即为社会提供了所需的产品和服务,并在保护消费者权益方面做得较好;公司经济效益越大,为社会所提供的就业机会才可能越多。另外,公司如想长期地取得较好的经济效益,就必须依法经营,维护正常的社会经济秩序。这说明公司理财目的与其所负的社会责任在多数情况下是统一的。

(三)公司理财目的与社会责任的不一致性

公司理财目的在一些情况下也可能会与其所负的社会责任产生矛盾。比如,公司为了降低生产成本,就可能忽略对社会资源的节约,忽视对生态环境的保护进而造成污染,以及不热心社会公益事业,等等。因此,社会应加强对公司不利于社会行为的制约,使公司能在完成自身理财目的的同时,自觉完成所承担的社会责任。

第三节　公司理财的基本内容和特征

一、公司财务

公司财务是指公司资金运动和由资金运动所引发的公司与各有关利益主体之间的经济利益关系,该经济利益关系又称为财务关系。要认识公司财务的特征,就应该了解公司的资金运动和由资金运动所引发的各种财务关系。由于股份有限公司是组织形式最为复杂、各种财务关系最为全面的公司,因此,我们将以股份有限公司为例来分析公司的资金运动和由资金运动所引发的各种财务关系。并在此基础上,进一步讨论公司理财的特征。公司的现金流转运动可用图①2-3来加以表示。

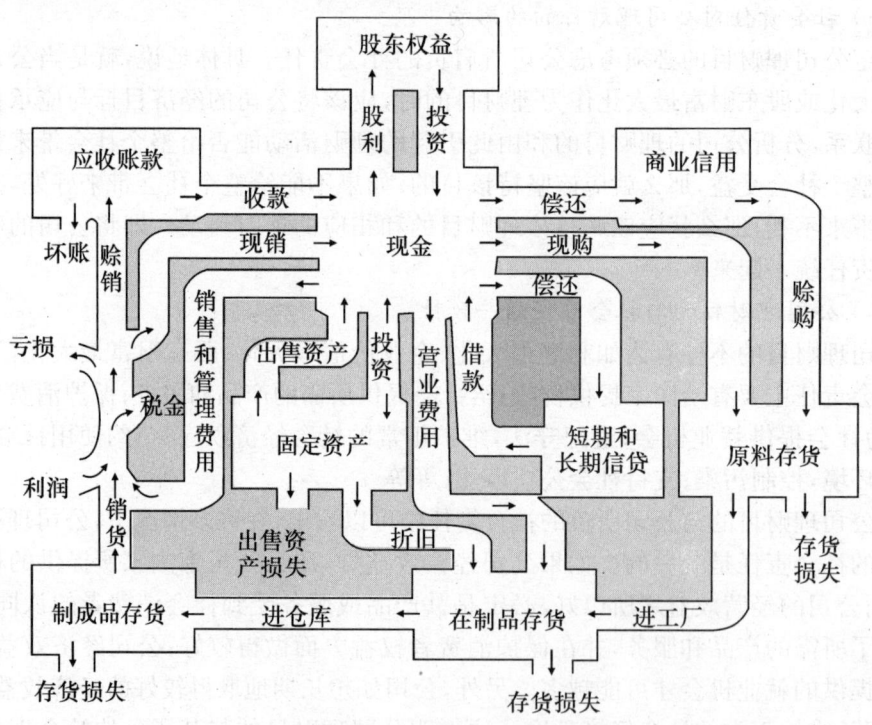

图 2-3　公司现金流转运动

图 2-3 是用现金运动来表示资金运动。由于现金运动是资金运动的主要形式,现金收付是连接各次资金循环的纽带,每一次现金的支付表示一次资金循环的开始,每一次现

---

① 小克利夫顿·H·克雷普斯.财务管理[M].上海财经学院翻译组,译.北京:中国财政经济出版社,1981:33.

金的收回表示一次资金循环的结束,因此,图 2-3 较完整地表示了公司资金运动的全过程。

图 2-3 表明公司资金运动可分为资金筹集(资金流入公司)、资金运转(资金在公司内部的循环和周转)和盈利分配(资金流出公司)三个主要阶段。

在资金筹集阶段,公司通过发行股票获得自有资金,通过借款获得负债资金。公司自有资金(或称自有资本)和负债资金构成了公司资金的最基本的来源。公司除了存在正式签订合同的负债筹资之外,还存在一些未正式签订负债合同的短期负债,如随着原材料采购而发生的应付账款筹资,随公司经营过程而发生的应付税金筹资,以及其他诸如应付工资、应付租金等形式的应付费用筹资,等等。从这里可以看出,公司资金筹集是公司一项连续不断的理财活动,是保证公司生产经营活动得以正常进行的基础。

在资金运转阶段,公司首先将现金转变为各种非现金资产,如固定资产、原材料等等。原材料通过加工先变为在制品,然后再变为产成品;产成品通过销售先变为应收账款,再转变为现金。而固定资产、无形资产等长期资产则先通过折旧或摊销进入产成品成本或作为期间费用,再通过销售过程,最后转变为现金。公司所发生的各种人工、管理、营销等费用也通过各种形式进入产成品成本和期间费用,最后从销售中收回。公司通过一段时间的经营,重新获取的现金量将与原始投入的现金量有所不同,一般而言,现金量会发生增加。重新流回的资金可分为补偿公司生产经营耗费的资金和增值部分的资金,补偿耗费的资金部分直接留存于公司,参加公司生产经营的下一个循环;资金的增值部分则通过分配,一部分以诸如上缴税金、支付股利等形式流出公司的生产经营环节,另一部分则留存于公司之中,继续参与公司的生产经营过程。公司资金就是这样不断地循环和周转。

在盈利分配阶段,公司的一部分资金增值额流出了企业,不再参与公司资金的循环和周转;而分配后剩余的那部分资金增值额则继续留在企业,参与公司的生产经营过程。资金增值额的分配过程可用图 2-4 简示。

二、公司理财的主要内容

公司理财,或称公司财务管理,是对公司财务活动的管理。它受公司财务活动的特征所制约,根据上述公司财务活动的特征,公司理财的主要内容也相应地包括公司筹资、公司投资和盈利分配三大内容。

(一) 公司筹资

市场经济条件下的股份有限公司,其资金来源的渠道极为多元化。公司资金在除分为股权资金和负债资金之外,还存在介于股权资金和负债资金之间的可转换为股权资金的负债资金,以及以认股权证等形式存在的潜在股权资金等。

就股权资金而言,有普通股、优先股。其中,各类股票又分为多种不同的类型,如普通

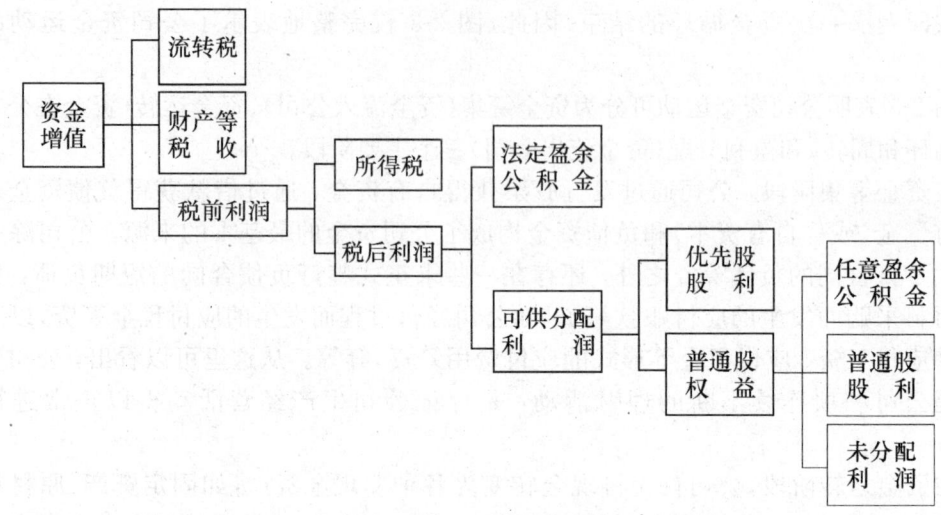

图 2-4　资金增值额的分配

股票按持有者的身份划分,可分为国家股、法人股、个人股、外资股;按是否可流通划分,可分为流通股和非流通股;按享受的盈利分配权和参与决策权的大小划分,可分为 A 级普通股票和 B 级普通股票等等。而优先股票则可按股利是否可以累积划分,可分为可累积优先股票和不可累积优先股票;按是否可以参与剩余股利分配划分,可分为可参与剩余分配的优先股票和不可参与剩余分配的优先股票;按是否可以转换为普通股票划分,可分为可以转换为普通股票的优先股票和不可以转换为普通股票的优先股票。

就负债资金而言,有公司直接对外发行的各类债券,也有公司通过向金融机构借款而形成的负债,还有在生产经营过程中产生的诸如应付账款、应交税金、应付工资等各种形式的流动负债。公司的负债资金还可以按偿债期限的长短划分,分为长期负债和短期负债;按是否有担保划分,分为担保负债和信用负债;按负债是否存在账面利息划分,分为有账面利息的负债和无账面利息的负债,等等。

就介于股权资金和负债资金之间的可转换为股权资金的负债资金和以认股权证等形式存在的潜在股权资金而言,其形式也多种多样,如可转换债权、认股权证、优先认股权等。这些选择性证券的形式灵活多样,筹资管理复杂。

公司从不同渠道获取的资金,其资金成本的高低和所承受的风险大小也不相同。为了保证公司理财目的的实现,公司必须研究筹资问题。研究公司筹资问题,不仅是研究如何及时和足额地筹集满足公司生产经营活动中所需资金量的问题,而且还要研究如何权衡各种资金来源的成本和风险,并通过将它们有机配合起来,以获得最佳的资金结构的问题。总之,公司筹资是确保企业价值最大化目标实现的前提,是公司理财研究的最重要内容之一。

（二）公司投资

市场经济条件下的股份有限公司,其投资渠道极为多元化。公司既可以向传统生产经营领域投资,也可以根据需要和可能进行其他项目的投资。如可以将公司暂时闲置的资金用于债券投资、股票投资等形式的证券投资,以获取较高的收益;也可以根据公司长远发展的需要,进行直接的股权投资,促进企业联合,以取得竞争优势。公司还可以购买诸如工业产权、技术专利和无形资产等,以增加企业的生产技术水平和发展后劲。总之,在市场经济条件下,随着资金、技术、产权等市场的建立和完善,公司的投资也必然多元化和复杂化。

公司投资不仅要考虑投资项目的收益和风险,通过投资项目的收益和风险的权衡来选择最佳的投资方案;而且还要从公司整体出发,考虑公司的整体资产结构,并综合考虑公司的资产结构与资金来源结构的匹配问题,以使公司在追逐收益的过程中能将风险保持在可控范围之内。

具体地说,公司投资包括流动资产投资、固定资产投资、无形资产投资,以及对外的长期和短期投资等等。其中,每一类投资均可以进一步分为多种更具体的投资。流动资产投资,可以分为现金持有、应收账款投资、存货投资等多类投资。对这些投资还可以进一步再进行细分,如存货投资可以进一步分为原材料存货投资、在制品存货投资、产成品存货投资等等。固定资产投资可以分为房屋建筑物投资、机器设备投资等等。无形资产投资可以分为工业产权投资、技术专利投资、商标使用权投资和其他无形资产投资等等。对外投资可以分为债权投资和股权投资等等。总之,资产负债表资产方的一切项目,以及其更明细的项目均属于公司投资研究的对象。

公司投资是公司盈利和价值增值的基础,如果公司不投资,公司的生产经营活动便无法开展,也不可能取得盈利和获得价值增值,那么,公司也就失去了存在的必要性。因此,虽然投资存在风险,但是仍然需要进行投资。但是,公司如果发生投资失误,特别是严重的投资失误,那么,公司则可能因此而破产倒闭。正是由于投资对公司的极端重要性,投资才成为公司理财研究的最重要内容之一。

（三）盈利分配

利润是公司生产经营的最终财务成果,投资者向公司投资就是为了使其资本获得增值。公司将获取的利润按投资者所占股份的比例分给投资者,是投资者享受其资本增值的一种最常见的表现形式,是各种投资者均十分关心的问题。

公司在一定时期内获取的利润总是有限的,公司将利润以股利形式分配给投资者之后,公司的留存收益将会减少。公司的留存收益也代表着投资者的利益,留存收益越多,股东未来的资本增值的潜力就越大,即股票的内在价值和市场价格的上涨潜力就越大。这样,在公司获取利润之后,就需要研究盈利分配的问题。一般来讲,在资金市场体系健全的情况下,盈利分配的方式和方法不仅会影响到投资者的股利收益,而且还会影响到股票的市场价格,即影响到投资者的资本收益。在股份有限公司中,由于股东人数众多,对股利收益和资本收益的要求千差万别,任何盈利分配方案均会对不同股东的经济利益带来不同性质的影响。因此,公司盈利分配备受各类股东的关注。

　　盈利分配除了会对股东经济利益产生影响之外,还由于在股份有限公司中与公司有利害关系的利益集团众多,各自的经济利益来源并不完全一致,盈利分配方案还会对不同利益集团的经济利益带来性质不同的影响。因此,公司盈利分配还广受各类与企业相关的利益集团的关注。

　　由于盈利分配不仅涉及股东财富最大化和企业价值最大化的问题,而且还是协调不同股东之间利益关系、股东与债权人之间的利益关系、股东与经营者之间的利益关系、股东与公司职工之间的利益关系、公司与国家之间的利益关系、股东眼前利益与长远利益之间的利益关系,以及股东与公司之间利益关系的重要手段,因此是公司理财研究的重要内容之一。

第四节　公司理财学研究的范围

一、广义财务管理和狭义财务管理

　　公司财务管理有广义和狭义之分。广义的财务管理包括了图 2-3 中资金运动的全部内容,即包括了公司资金筹集、资金(现金和非现金)运转和盈利分配的全过程;狭义的财务管理则只包含资金筹集、现金运转和盈利分配过程。所谓现金运转,是指直接与现金收付有关的资金运转,如用现金和信用购买各种资产、向公司客户提供和收取商业信用、税金和其他各种费用的支付,以及以各种形式收回现金,等等。

　　狭义财务管理,实际上是将财务管理作为一种与生产、供应、营销、劳工、技术等管理平行的管理活动。在这种思路下,财务人员被视为一种具体的业务管理人员,他们仅履行资金筹集、现金运转和盈利分配等方面的财务管理职能,而对非现金形态存在的各种资金,如原材料、在制品、产成品、固定资产、无形资产等,不再进行实际控制。

　　广义财务管理,除了包含上述狭义财务管理的全部内容之外,还试图将财务管理的触角延伸到会对现金运动产生影响的一切领域,如物资供应、产品生产和销售、固定资产管理、生产成本控制等领域。它认为财务管理不仅是一种具体的业务管理,而且是一种运用价值手段对企业进行控制的综合管理。相应地,财务管理人员也就成为身兼具体管理和综合管理的高层次管理人员。

　　本书无意对广义财务管理和狭义财务管理观点的正确性进行讨论,而只是根据财务管理教学规律讨论按广义财务管理和狭义财务管理两种不同观点安排教材体系和内容的合理性。根据上述两种财务管理的观点,按广义财务管理观点安排财务管理教材,其教材体系和内容显然要比按狭义财务管理观点安排的教材体系和内容复杂得多。因为按广义财务管理观点安排教材,教材中除了狭义财务管理教材的全部内容之外,至少还应包括物资供应、产品生产和销售、固定资产管理、生产成本控制等方面的内容。

　　为了合理安排财务管理教材体系和内容,有必要探讨财务管理学科与其他相关学科的关系。

二、财务管理与其他相关学科的关系

　　与财务管理学科最密切的学科主要有会计学科和金融学科,以下将简约讨论财务管理学科与会计学科和金融学科之间的关系。

　　(一)财务管理与会计学科的关系①

　　与财务管理关系最密切的学科应是会计学科,这两个学科除了存在着深刻的历史渊源之外,还由于在公司实务中两者总是紧密联系在一起的。特别是在小公司中,财务管理与会计往往无法分开。从公司实务来看,不仅不少公司的组织结构是将财务部门与会计部门合二为一,以财务部或会计部的名称命名;而且在财务或会计部门内的工作人员也往往身兼财务与会计两种工作,在我国这些工作人员多以会计命名。这些现象充分说明了财务与会计之间的紧密关系。因此,有必要对财务与会计两者间的关系进行分析探讨。

　　除财务管理之外,财务会计、管理会计和会计分析等会计学科都与图 2-3 所示的资金运动过程有关。为了建立合理的财务管理教材体系,有必要弄清楚这些会计学科究竟研究的是资金运动中的哪些内容? 它们与财务管理之间存在着何种关系? 以下按这种思路对这些会计学科与财务管理学科之间的关系进行分析。

　　1. 财务会计

　　财务会计是对企业资金筹集、运转、分配等全部过程和结果的事后反映。它的主要目的有二:一是向企业外部各相关利益集团提供企业生产经营活动过程和结果的财务信息,以利于这些利益集团监督企业的生产经营活动并作出正确的投资或信贷等方面的决策。二是对企业管理当局提供有利于经营管理的基本财务信息。财务会计研究的是如何反映资金运动,是一个提供企业财务活动过程和结果信息的信息系统。财务管理研究的是如何管理或控制资金运动。因此,企业财务管理虽然要使用财务会计所提供的信息,但它并不能涵盖财务会计的内容。

　　2. 管理会计

　　管理会计由决策计划会计和执行会计两大分支所组成,是一个对内提供有利于经营决策和控制信息的会计信息系统。首先,通过对企业环境的预测和对企业内部条件的研究,提供能使企业各种资源在既定外部环境条件下得到最优配置和可以取得最大经济效益的决策信息;其次,在计划执行过程中,提供有关责任中心责任完成情况的信息,以利企业管理当局控制不利行为,确保企业计划的完成。在我国学术界,有不少人认为管理会计应属财务管理中的一个分支,即坚持广义财务管理的观点。姑且不谈这种观点的正确与否,仅从学科教材的安排来看,要做到这一点也是不可能的。因为这样做,一方面会使财

---

　　① 熊楚熊.股份公司理财学原理[M].广州:广东高等教育出版社,1993.

务管理教材的内容过于庞杂,另一方面又会使财务管理教材体系混乱。从事实上看,虽然企业的物资管理、生产管理、劳工管理、销售管理、设备管理、质量管理等等都会涉及企业的资金运动,但想将这些专业管理全部纳入企业财务管理之中是很难办到的。而作为信息系统的管理会计,却能既对企业生产经营活动整体,又能对上述各种业务管理提供信息咨询服务。因此,财务管理虽然要使用管理会计所提供的某些信息,但它并不能涵盖管理会计中的基本内容。

3. 会计分析

会计分析是对会计核算信息的深加工。它旨在说明为什么企业生产经营会出现某种结果,这种结果与生产经营活动过程有什么联系,如何确定造成各种结果的主客观因素,并分清经济责任,对企业、企业内部各部门,甚至个人的业绩作出正确的评价等等,为进一步的技术经济分析、思想行为分析,以及企业以后的计划编制或经营活动指明方向。显然,这种会计分析需要掌握大量的信息,要深入到物资供应、财物保管、产品生产和销售等各领域进行分析,其分析的深度和广度都远远超出了会计报表分析。其分析信息的使用者也不局限于财务管理部门,还包含企业管理当局和其他各种具体的管理部门,以及企业外部的有关部门和人员。因此,在财务管理中,虽然要运用会计分析的部分信息和分析方法,但财务管理并不能包容替代会计分析。

总而言之,会计部门不是具体的业务管理部门,而是综合的信息部门,会计人员是企业的参谋人员。在计划经济年代,由于企业实际上不存在独立的财务功能,将会计与财务合二为一,或称为会计管理,或赋予它广义财务管理的概念,对实际工作的影响并不大。但在市场经济条件下,特别是对市场经济条件下的股份有限公司而言,这种会计与财务不分的现象,不但会对两门学科的发展带来不利的影响,而且也会给实际工作造成不利的影响。因为市场经济条件下的股份有限公司,仅就狭义财务管理的内容而论,就已经十分复杂,如在这种情况下还坚持广义财务管理的观点,势必影响到财务管理本身的研究和发展。从教学安排上看,一方面会造成教学内容的重复;另一方面又会造成若干重要教学内容的遗漏。因此,坚持广义财务管理的观点,也不利于教学安排。故本书坚持用狭义财务管理观点来安排教学,并为了与广义财务管理观点安排的教材有所区别,本书用"理财"的称谓来替代"财务管理"的称谓,以反映狭义财务管理注重现金管理的特征。

(二) 财务管理学科与金融学科的关系

在英文中,财务与金融都是用同一单词——"finance"来表示,可见财务学科与金融学科之间存在密切的联系。因此,需要加以讨论。

在股份有限公司中,公司筹资、投资和盈利分配等财务活动都离不开资金市场,公司理财离不开资金市场,资金市场也不能没有企业的参与。公司筹资的工具和许多公司投资的对象,如股票、债券、衍生金融工具、银行贷款和存款、利率、股票价格等等均是金融学所研究的对象,这表明公司财务学科与金融学科有着天然的联系。

金融是指以银行为中心的各种信用活动以及在信用基础上组织起来的货币流通,它已经成为现代社会对国民经济进行宏观调控的最重要的经济杠杆之一。为了有效地组织各种信用活动以及在信用基础上组织起来的货币流通,金融学必须站在宏观的角度研究如何建立有效的资金市场,如何科学合理地设计各种信用或金融工具,以及如何为资金市场中资金供应者与资金需求者提供优质服务等问题。公司理财学则是站在企业的角度,研究如何在不同的资金市场中,充分运用各种金融工具和享受金融机构所提供的服务,来最大限度地增加企业价值和确保股东财富最大化目标的实现。两种学科研究内容的交叉之处主要在资金市场、金融工具和金融机构提供的服务方面。

首先,资金市场既是公司筹资的场所,又是公司投资的重要场所,还具备公司业绩评价的功能。因此,公司理财需要对它进行研究,但公司理财研究资金市场的目的不是如何建立有效的资金市场,而是如何利用现有资金市场为公司理财服务。其次,金融工具的种类和形式将决定公司筹资和投资的方式和内容。因此,公司理财也需要对它进行研究,但一般来讲,公司研究的不是如何设计金融工具,而是根据公司各个时期的实际情况研究如何选择对完成公司理财目标最有用的金融工具,为公司完成理财任务服务。最后,金融机构在资金市场中所提供的服务会对公司理财的效率产生影响,公司必须对不同金融机构和金融机构所提供的服务进行选择,以保证公司顺利完成理财任务。因此,公司理财还需要研究金融机构所提供的不同服务对公司理财的影响状况,以便公司能正确地选择为之服务的金融机构及其金融机构所提供服务的类型和种类,以利于提高公司理财的效率。

上述分析表明,虽然公司财务学科与金融学科在资金市场和金融工具的研究内容方面有所交叉,但是两者研究的出发点是不一样的。因此,在公司理财学教材体系中不需要对资金市场、金融工具和金融机构所提供服务的理论进行深入探讨,而只需对它们的内容和规则进行介绍便可,其目的是使公司财务人员能对资金市场、金融工具和金融机构所提供服务的内容和规则有所了解,以便在实际工作中能加以运用。

三、公司理财学研究的范围

基于以上认识,本书认为公司理财学的研究内容和范围如图[①] 2-5 所示。

图 2-5 框中的内容是公司理财学所要涉及的问题,框外用文字注明的内容是公司理财学所要研究的基本问题。本书对公司理财学所要涉及的问题仅作简单介绍,而对公司理财学应研究的问题则分为公司筹资、公司投资和公司盈利分配三大问题来进行讨论。

从图 2-5 可以看出,公司理财的主体是公司,财务报表则是公司经营活动过程和结果的反映。财务报表一方面会对资金市场产生影响,进而影响到公司在资金市场上的筹资行为和效率;另一方面还会对现有投资者和潜在投资者的投资行为产生影响,这种对投资者投资行为的影响,最后也会通过资金市场对公司的筹资行为和效率产生影响。一般而

---

① 熊楚熊.股份公司理财学原理[M].广州:广东高等教育出版社,1993.

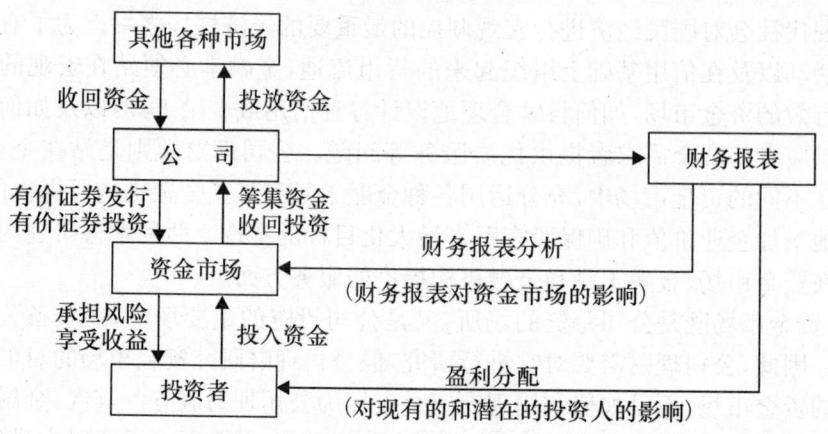

图 2-5　公司理财学基本研究内容体系

言,如果公司经营状况好,盈利能力强,风险水平低;那么,公司筹资就会相对容易,筹资成本也会较低;反之,公司筹资就会相对困难,筹资成本也会较高。

一般而言,生产经营性公司的主营业务在资金市场之外的其他各种市场中开展,公司通过在这些市场中购买各种生产经营性资产来从事生产经营活动,并在这些市场中将生产经营成果转换为现金。公司理财学不进一步深入研究公司究竟怎样在这些市场中的运作,而只是研究如何最有效地在这些市场中投放资金和收回资金。

资金市场对公司有双重作用,一是在资金市场上通过发行有价证券等方式筹集资金,二是在资金市场购买有价证券进行投资获利。无论是在资金市场上有效地筹集资金,还是在资金市场上投资获利,均需要对资金市场有较深入的了解。因此,公司理财学应该对资金市场进行适当的介绍。

由于公司理财的基本目的是股东财富最大化,因此,在公司理财学中还应该研究股东利益的来源问题,包括盈利分配和股东在资金市场上所取得的收益和承担的风险。

公司理财学除了上述基本内容之外,还涉及公司成长和失败的特殊理财问题,但在本书中只讨论一些最基本的公司理财理论和方法。

第五节　公司理财的方法体系

为了完成公司理财的目标,必须围绕该目标建立一套专门的公司理财方法体系,按管理学的基本原理和公司理财的主要内容,该方法体系由财务预测、财务决策、财务计划、财务控制和财务分析五个环节的方法所构成。本节将简要介绍这些具有特色的公司理财方法。

一、财务预测

财务预测就是在掌握公司的外部环境和内部条件基础上,对公司未来的财务活动过程和结果进行的推论。财务预测是进行财务决策的基础,预测的准确程度将直接影响到财务决策的正确性,进而对公司理财目的的实现产生重要的影响。因此,公司应尽可能用科学的方法对公司财务活动的过程和结果进行准确的预测。

一般情况下,应尽可能地进行定量分析。进行定量分析,首先需要根据公司的历史财务资料建立数学模型,然后根据公司的外部环境和内部条件的变化对建立的数学模型进行适当的修正,最后再根据修正后的数学模型来推论公司未来的财务活动过程和结果。在不能建立数学模型的条件下,也可以根据过去的经验进行定性分析,估计出公司未来的财务活动过程和结果可能落入的区间范围。定量分析的方法主要有诸如简单的算术推论模型、回归分析模型、计量经济学模型等等。定性分析方法则主要有专家判断法、咨询调查法和专业人员评分法等等。

财务预测的内容涉及公司财务活动的全过程,主要包括总资产和各种具体资产需要量预测、不同筹资方案(筹资量和筹资结构)的筹资成本和筹资风险预测、不同投资方案(包括投资量和投资结构)的投资收益和投资风险、不同筹资与投资相配合的方案的收益和风险的预测以及不同盈利分配方案对企业价值影响的预测等等。

二、财务决策

财务决策就是根据公司理财的基本目标和具体目标的要求,运用专门的方法从多种备选方案中选择最优方案的过程。财务预测是财务决策的基础,财务决策又是编制财务计划的前提,财务决策是公司理财的核心职能,在公司理财中占极其重要的位置。

财务决策首先是要确定决策目标,然后才是根据可能性选择最能满足决策目标的方案。财务决策目标的确定,既是决策的基础性问题,又是一个十分复杂的问题,涉及收益与风险的权衡问题、长期目标与短期目标的权衡问题和各种利益主体之间的利益权衡问题等等。因此,在进行决策之前,决策者必须将决策目标明晰化。在决策目标明晰化之后,就可以用诸如确定性决策方法、不确定决策方法、风险决策方法等专门的决策技术对备选方案进行择优了。

财务决策的内容与财务预测的内容基本一致,包括筹资决策、投资决策、盈利分配决策等三方面的内容。其中,筹资决策具体包括最优资本结构、最优筹资方式、最优筹资数量、最优筹资时间等方面的内容,投资决策具体包括最优投资对象、最优投资数量、最优投资结构、最优投资方式、最优投资时间等方面的内容,盈利分配决策具体包括最优股利支付率、最优股利支付方式、最优股利支付时间等方面的内容。

三、财务计划

财务计划是公司组织财务活动的纲领性文件,它是在财务预测和财务决策的基础上,运用专门的方法,对各利益主体的利益进行协调和对不同财务目标进行综合平衡后制订出的一系列财务指标体系。财务计划由项目计划(单项的投资计划和筹资计划)和期间计划(年度计划和月度计划)组成,其基本目的是确保公司理财总目标的实现。

财务计划编制的一般程序如下:

(1)确定计划指标。确定计划指标是编制财务计划的核心工作,它需要在充分考虑公司的外部环境和内部条件的基础上,通过因素分析找出对决策目标产生影响的各种因素,并将这些不同因素按大小进行排列,最后再对各种经济利益主体的经济利益进行协调确定财务计划中的主要计划指标。

(2)制定保证措施。为了确保计划的顺利完成还必须制定各种具体的保证措施,以保证公司的资金运用与资金来源保持平衡、财务收入与财务支出保持平衡,这种平衡应包括在数量上和时间上的平衡。一般来说,财务计划中的保证措施由公司人力、物力、财力等要素和供应、生产、营销、科研等过程的具体的资金占用和资金来源综合平衡计划和财务收支综合平衡计划所组成。

(3)具体编制计划。在确定计划指标和保证措施之后,就应选用专门的编制计划的方法来完成财务计划的最终编制。主要的财务计划编制方法有平衡法、余额法、限额法等。在实务中,财务计划多是以财务预算的形式表示的。因此,财务计划又可称为财务预算。财务预算是反映公司未来一定预算期内预计财务状况、经营成果和财务收支等各种预算的总称。具体的财务预算由项目预算、全面预算、日常预算等三大类预算所组成。

四、财务控制

为了完成财务计划,就必须对实际的财务活动按计划要求进行控制,按财务计划对财务活动所进行的控制就是财务控制。财务控制就是根据财务计划目标,运用专门的方法及时发现实际结果与计划目标的差异,并通过分析查找产生差异的原因,然后针对差异产生的原因寻找纠正偏差的方法,最后使实际执行结果与计划目标保持一致。

财务控制可按不同的标准进行分类,如按控制时间分类,可分为事前控制、事中控制和事后控制;按控制的依据分类,可分为预算控制和制度控制;按控制对象分类,可分为收支控制和现金控制;按控制的自觉性分类,可分为权威控制和自我控制;按控制约束指标分类,可分为绝对数控制和相对数控制;等等。

财务控制是一项公司理财的日常性工作,它贯穿着公司理财的始终。财务人员的主要精力就是对公司财务活动实施控制。在实务中,财务控制涉及与企业相关的各类经济利益主体的经济利益。因此,财务控制过程实际就是处理各种财务关系的过程。财务控制对财务人员提出了极高的要求,只有不但掌握财务控制的技术而且会处理财务关系的人才能对公司财务活动进行有效的控制。

五、财务分析

财务分析是利用公司的财务报表和构成财务报表的相关明细资料对公司财务活动过程和结果的分析,其目的是通过揭示公司盈利能力和风险水平来判断企业价值。

公司盈利能力分析包括收入盈利能力分析、资产盈利能力分析、净资产盈利能力分析等专门性的分析,公司风险水平分析包括盈利能力可变性或稳定性分析、偿债能力分析等专门性的分析。盈利能力可变性或稳定性可以通过经营杠杆分析、财务杠杆分析、盈利能力构成分析等专门的分析方法来揭示,偿债能力可以通过诸如流动比率分析、速动比率分析、资产负债率分析等专门的分析方法来揭示。除此之外,还要进一步对企业经营效率和管理业绩等影响企业未来盈利能力和风险水平的主要相关因素进行分析。在分析了公司现有的盈利能力和风险水平、潜在的盈利能力和风险水平的可变性或稳定程度之后,就可以预测公司未来的盈利能力和风险水平,并根据预测的公司盈利能力和风险水平对企业价值进行判断。

由于公司理财的基本目的是企业价值最大化,因此,判断企业价值就成为完成公司理财任务中不可缺少的分析工作。通过财务报表来评价企业价值既可以简化企业价值估计的工作,适应公司外部人士对企业价值评判的需要;又可以评价公司经营业绩及指出公司经营中存在的问题,为改进公司经营管理指出可行的方向。

思 考 与 练 习

一、复习思考题

1. 公司不同机构的财务权限有哪些?
2. 大小公司的财务机构为什么在公司组织机构中的地位不同?
3. 简述公司组织形式与公司理财目的的关系。
4. 简述公司管理结构与公司理财目的的关系。
5. 如何认识公司财务?
6. 公司理财的基本内容有哪些?
7. 如何理解公司理财与不同经济利益主体之间的关系?
8. 如何理解利润最大化、企业价值最大化和股东利益最大化的异同?
9. 如何理解公司理财学与会计学科之间的关系?
10. 如何理解公司理财与其他学科之间的关系?
11. 如何认识公司理财的方法体系?

二、单项选择题

1. 以利润最大化作为理财目的的缺点不包括(　　　)。
   A. 利润最大化没有充分考虑风险问题
   B. 利润的确定具有可操作性
   C. 利润并不代表投资者的全部利益

D. 利润是按权责发生制计算而出的,很难与货币的时间价值相联系

2. 一般而言,公司获取资金的渠道不包括(　　)。

  A. 发行普通股   B. 对外发行债券

  C. 对其他公司进行债券投资   D. 向金融机构借款

3. 下列各项中,(　　)是公司盈利和价值增值的基础。

  A. 发行普通股   B. 分配股利

  C. 发行债券   D. 公司投资活动

4. (　　)就是根据公司理财的基本目标和具体目标的要求,运用专门的方法从多种备选方案中选择最优方案的过程。

  A. 财务计划   B. 财务决策

  C. 财务分析   D. 财务控制

5. 公司所有者与其经营者之间的利益协调的主要途径是(　　)。

  A. 契约限制

  B. 终止合作

  C. 监督与激励

  D. 适当地增加职工的工资、福利和培训费用

6. 通过契约限制和终止合作可以协调公司所有者与(　　)之间的利益。

  A. 公司债权人   B. 经营者

  C. 公司职工   D. 客户

7. 下列各项中,(　　),公司股权结构已经定型,产品也有了相对成熟的市场,公司理财的具体目的将从关注公司的生存转变为如何加快公司的发展之上。

  A. 公司初创时期   B. 公司成长期

  C. 公司成熟期   D. 公司衰退期

8. 在(　　)阶段,公司的一部分资金增值额流出了企业,不再参与公司资金的循环和周转。

  A. 资金筹集   B. 资金运转

  C. 盈利分配   D. 提取法定盈余公积金

9. 下列各项中,(　　)属于股权资金。

  A. 认股权证

  B. 优先认股权

  C. 可转换债券

  D. 优先股票

10. 通过扩大无效生产、追加产成品的投入来降低会计账面成本,通过减少必要的维修成本、科技开发成本等方法来减少会计账面成本,这种弊端是以(　　)作为公司理财的目的引起的。

A. 利润最大化　　　　　　　　　　B. 企业价值最大化

C. 股东财富最大化　　　　　　　　D. 每股市价最大化

11. 下列各项中,(　　)是根据财务活动的历史资料,考虑现实的要求和条件,对企业未来的财务活动和财务成果作出科学的预计和测算。

A. 财务预算　　　　　　　　　　　B. 财务预测

C. 财务决策　　　　　　　　　　　D. 财务控制

三、多项选择题

1. 股东会的理财权限包括(　　)。

A. 对公司增加或者减少注册资本作出决议

B. 对发行公司债券作出决议

C. 对公司合并、分立、解散、清算或者变更公司形式作出决议

D. 审议批准公司的利润分配方案和弥补亏损方案

2. 董事会的理财权限包括(　　)。

A. 决定公司的经营计划和投资方案

B. 制订公司的年度财务预算方案、决算方案

C. 决定是否回购本公司的股票

D. 在股东大会授权范围内,决定公司的风险投资、资产抵押及其他担保事项

3. 公司理财的利益相关者包括(　　)。

A. 经营者　　　　　　　　　　　　B. 股东与债权人

C. 政府有关部门　　　　　　　　　D. 社会公众

4. 有代表性的公司理财的基本目的主要有(　　)。

A. 完成国家或上级计划　　　　　　B. 债权人财富最大化

C. 股东财富最大化　　　　　　　　D. 企业价值最大化

5. 以企业价值最大化作为理财目的的缺点有(　　)。

A. 企业价值最大化考虑了收益与风险的平衡问题

B. 企业价值最大很容易促使经营者利用各种方法增加利润,导致企业行为短期化

C. 企业价值最大化未必就会使股东权益最大化

D. 企业价值难以准确计量

6. 下列各项中,陈述正确的有(　　)。

A. 股东利益的来源包括股利收益和资本收益两个方面

B. 股利收益是指股东凭借手中的股份从公司分得的股利

C. 资本收益是指股东持有股份的现实价值或出售股份所得与购买股份所费之间的差额

    D. 股东财富是企业价值和股东结构的函数

7. 以股东财富最大化作为理财目的的缺点有(　　)。

    A. 股东财富与企业价值一样,难以准确的计量

    B. 防止企业行为短期化

    C. 没有考虑投资风险

    D. 该理财目的只强调了股东,特别是现有股东的利益,而忽视了其他利益集团的利益

8. 公司的理财活动需要协调的利益主体有(　　)。

    A. 公司所有者与其经营者　　　　　　B. 公司所有者与公司债权人

    C. 公司所有者与公司职工　　　　　　D. 公司与其客户

9. 公司理财的主要内容包括(　　)。

    A. 公司价值最大化　　　　　　　　　B. 公司筹资

    C. 公司投资　　　　　　　　　　　　D. 盈利分配

10. 按管理学的基本原理和公司理财的主要内容,公司理财方法体系包括(　　)。

    A. 财务预测　　　　　　　　　　　　B. 财务决策

    C. 财务计划　　　　　　　　　　　　D. 财务控制

11. 投资者与企业之间通常发生的财务关系有(　　)。

    A. 投资者可以对企业进行一定程度的控制或施加影响

    B. 投资者可以参与企业净利润的分配

    C. 投资者对企业的剩余资产享有索取权

    D. 投资者对企业承担一定的经济法律责任

四、判断题

1. 董事会的理财权限来自于公司股东大会的授权。　　　　　　　　　　(　　)

2. 公司理财并不只是公司的财务部门的工作。　　　　　　　　　　　　(　　)

3. 将利润最大化作为公司理财的目的的理由是利润既是国家税收的基础,又是股东获取投资回报的基础,还是经营者和职工获取经济利益的基础,而且利润的确定具有可操作性。　　　　　　　　　　　　　　　　　　　　　　　　　　　　　　　　(　　)

4. 影响企业价值的因素有企业盈利能力和风险水平。　　　　　　　　　(　　)

5. 以股东财富最大化和企业价值最大化作为理财的目的的共同缺点是计量比较困难。　　　　　　　　　　　　　　　　　　　　　　　　　　　　　　　　　　(　　)

6. 当股东结构不发生变化时,企业价值最大化就代表着股东财富最大化。(　　)

7. 公司实施"股票期权"和"绩效股"等激励措施主要是为了协调所有者与债权人之间的利益。　　　　　　　　　　　　　　　　　　　　　　　　　　　　　　　　(　　)

8. 在公司成熟期,公司理财的具体目的主要应是关注公司筹资的来源结构、筹资数

量和筹资成本。　　　　　　　　　　　　　　　　　　　　　　　（　　）

9. 公司为了降低生产成本，就可能忽略对社会资源的节约，对生态环境的保护，造成污染，以及不热心社会公益事业，因此，公司理财目的的指标与社会责任是根本对立的。　　　　　　　　　　　　　　　　　　　　　　　　　　　　（　　）

10. 具体的财务预算由项目预算、全面预算、日常预算等三大类预算所组成。（　　）

第三章　公司理财环境

【本章提要】　公司总是在一定的理财环境下从事理财工作的。理财环境直接制约着公司理财行为,研究公司理财环境,有助于公司认识理财环境,增强对不同理财环境的适应能力,提高理财效率,顺利完成理财任务。本章将重点讨论对公司理财产生重要影响的经济环境、法律环境、资金市场环境和税收环境。

【学习目标】　通过本章学习,要求掌握和了解如下内容:(1)认识公司的理财环境。(2)了解公司理财环境的分类。(3)了解宏观经济环境的基本内容及其对理财活动的影响。(4)了解法律环境的基本内容及其对理财活动的影响。(5)认识金融市场与公司理财的关系。(6)认识金融市场中的基本要素,包括金融市场的作用、金融资产、金融机构等。(7)认识税收环境与公司理财的关系。(8)了解我国的基本税收制度。

第一节　公司理财环境概述

一、理财环境对公司理财活动的影响

理财环境是指对公司财务活动产生影响的公司内部和外部各种因素的集合。它既包括政治、经济、法律、市场等等方面的外部环境,又涉及生产特征、组织形式、管理方式等等方面的公司内部条件,是公司从事财务活动必须认真考虑的因素。理财环境对公司理财活动的影响可从制约和促进两个方面来考察:

从制约方面来看,理财环境是公司从事理财活动的前提条件,它规定了公司理财只能做什么,或不能做什么。如有限责任公司不能以股票形式筹集股权资金,而股份有限公司则只能用股票形式筹集股权资金。

从促进方面来看,理财环境给公司理财活动提供了机会,公司可以充分运用理财环境所创造的各种机会来为公司理财服务。如理财环境规定股份有限公司既可以用发行债券的方式筹资,也可用发行股票的方式筹资。因此,公司可以根据公司现行资本结构、盈利

能力和风险水平、股票市场和债券市场的状况、利率未来走势的预期等等因素来选择最佳的筹资方式,确保公司理财目标的顺利实现。

公司只有在对理财环境有充分认识的基础上,才能很好地适应理财环境和利用理财环境,完成理财任务,达到理财目的。比如公司希望以发行股票的方式筹资,那么它首先必须要了解发行股票的有关法规,知道发行的程序;其次还要熟悉股票市场的运作机制,甚至还需要掌握有关宏观经济形势。只有这样,公司才能在最佳的时间以最高的价格或最低的成本筹集到足够的股权资金,促使股东财富最大化的公司理财目标的实现。这也说明了在公司理财中研究理财环境的重要意义。

理财环境具有综合性、层次性、动态性、不确定性和差异性等方面的特征。理财环境的综合性是指影响公司理财的各种制约因素总是综合发生作用的,如公司理财的市场环境、法律环境、经济环境就总是综合在一起发生作用的。理财环境的层次性是指影响公司理财的各种制约因素是系统地按一定的结构和方式排列而形成的,如市场下可分为金融市场和其他市场等等,而金融市场又可进一步分为证券市场、货币市场、外汇市场等等。动态性是指公司理财环境总是在不断变化过程中的。不确定性是指对公司理财环境变化趋势的预测不可避免地存在不确定性,如预测各种市场供求关系的变化就具有不确定性。理财环境的差异性是指不同国家、地区的企业面临的理财环境和同一国家、地区的不同企业面临的理财环境总是不尽相同。

总之,公司理财总是在一定的时空条件下的理财环境中进行的,只有了解不同时空条件下公司理财环境的不同特征及其对公司理财的影响,才能使公司在理财过程中抓住主要矛盾,采取有效措施,扬长避短,促使公司理财目的的顺利实现。这就是研究公司理财环境的最根本的意义所在。

二、公司理财环境的分类

公司理财环境可按不同的标准进行分类。

按理财环境范围的大小进行分类,可分为宏观理财环境和微观理财环境两类。宏观理财环境是指对公司理财产生影响的外部环境,如市场环境、法律环境和经济环境等等;微观理财环境是指对公司理财产生影响的公司内部的环境,如公司的组织架构和生产经营特征等等。

按理财环境作用的对象不同进行分类,可分为筹资环境、投资环境和盈利分配环境等。筹资环境是指对公司筹资活动产生影响的公司内部因素和公司外部因素的总和;投资环境是指对公司投资活动产生影响的公司内部因素和公司外部因素的总和;盈利分配环境是指对公司盈利分配活动产生影响的公司内部因素和公司外部因素的总和。

按理财环境是否可控进行分类,可分为可控理财环境和不可控理财环境。可控理财环境是指公司可以加以改变或部分改变的环境因素,如公司的组织结构就是公司可以控制的环境因素之一;不可控理财环境是指公司自身无法加以控制而只能被动适应的环境因素,如法律环境、宏观经济环境就是公司不能加以控制的理财环境。

研究公司理财环境分类的目的,首先是为了深入认识不同的环境因素是如何对公司不同理财活动产生影响的;其次,在认识环境因素与公司理财的关系基础之上,选择最有利的理财方案和方法来更好地完成公司理财任务。

尽管公司理财环境分类标准多种多样,但对公司理财影响最大的环境因素还是宏观理财环境因素,因为宏观理财环境因素是公司无法控制的因素,公司必须适应它。就宏观理财环境因素而言,对公司理财影响较大和较直接的因素主要是宏观经济环境、法律环境和金融市场环境等因素。为了有效地从事理财活动,财务人员必须要对这些宏观理财环境因素有较深入的认识。本章以下各节将对宏观经济环境、法律环境、金融市场环境和税收环境进行介绍。

第二节　宏观经济环境

理财活动总是在一定的宏观经济环境条件下进行的,微观的公司理财活动是宏观经济活动的组成部分,宏观经济环境会对公司理财活动的过程和结果产生重要的影响。对公司理财产生重要影响的宏观经济环境因素主要有经济体制、经济政策、经济周期、币值稳定性和市场环境等等。

一、经济体制

经济体制又称经济管理体制,是指国家组织、管理和调节国民经济的体系、制度、方式、方法的总称。它是一个国家最基本的经济制度,包括宏观和微观两个部分。

宏观经济体制是指一个国家的基本经济制度,如计划经济体制、市场经济体制、计划经济与市场经济相结合的体制。微观经济体制是指企业体制,主要是企业与所有者之间的关系,特别是产权关系。

我国的宏观经济体制经历了由计划经济体制到计划经济与市场经济相结合的体制,再到市场经济体制的过程。相应的,我国企业的微观财务活动也经历了如下的过程:

在计划经济体制下,企业作为行政机关的附属物,政企不分,所有权与经营权合二为一,企业无自身的经济利益,其资本由国家统一筹集,投资由国家按计划进行,并实行盈利全额上交国家、亏损由国家全额弥补的统负盈亏政策,企业根本无独立的财权,企业理财的根本目的就是确保完成国家计划。

在计划经济与市场经济相结合的体制下,政企有限度地分离,国家给予了企业一定的财权,准许企业在一定程度上拥有筹资权、投资权和利润分配权,并实行独立核算,有限度地自负盈亏,这样企业便逐渐有了自身的经济利益,这时企业理财的目的也发生了变化,开始重视利润。但在这种经济体制下,企业对利润的重视总是与企业职工福利相联系的。因此,在实际执行过程中企业理财目的往往变成了职工福利最大化。

在市场经济体制下,对国有企业而言,企业与其所有者的产权关系逐渐明确,政企分开,所有权与经营权分离,企业成为独立的商品经营者,有了独立的财权,可以在政策允许的范围内,自主地进行筹资、投资和盈利分配等财务决策。对其他投资者投资兴办的企业而言,在兴办企业之时,企业就是一个独立的商品经营者,有完全独立的财权,可以根据其生产经营的需要,自主地进行筹资、投资和盈利分配等财务决策。因此,在市场经济体制下,企业理财的根本目的在于确保企业价值最大化或企业所有者财富最大化。

虽然经济体制是属于相对稳定的理财环境,但是它不可避免地会随时间的推移而发生变化,特别是经常会产生一些细微的变化。就是这些细微的变化也会对企业理财带来极大的影响。因此,企业财务人员必须要关注经济体制在宏观方面和微观方面的变化,并根据这种变化来调整理财策略,以适应变化了的环境,以确保企业基本理财目标的实现。

二、经济政策

经济政策是国家对国民经济进行调控的重要手段。一国的宏观经济政策包括产业政策、金融政策、财政收支政策和税收政策等。宏观经济政策按是否具有强制性来分,可分为强制性经济政策和非强制性经济政策。强制性经济政策是指国家政策明文规定的禁止企业从事某些经济活动的政策,如限制向某些行业投资的产业政策,不准某些公司以某种形式筹资等等。非强制性经济政策是指国家通过经济利益手段来影响企业理财行为的经济政策,如金融政策中的货币发行量、信贷规模,财政政策中的转移支付、配套投资,税收政策中的税收优惠和税收减免等等。这些鼓励性或限制性的经济政策不可避免地会影响到企业的资金成本、投资收益等基本财务指标,因此,会对企业的筹资、投资、盈利分配等理财行为产生重大的影响。

财务人员必须要对国家的经济政策有深刻的认识,才能分析国家经济政策变化对企业财务活动的不同影响,并有针对性地采取对策以获取更大的财务利益。比如,当国家经济政策鼓励发展某一产业时,往往会配套出台一些优惠的财政政策、金融政策、税收政策,这些优惠政策会使该产业投资的效益性发生变化,但各种优惠又多是有时间限制的,如果企业能充分认识这些优惠政策,那么就有可能较好地利用各种优惠政策,取得最大的政策利益。

三、经济周期

在市场经济条件下,虽然经济运行过程和结果是非人力所能完全控制的,但是它本身又有其内在规律可循。从现实来看,经济运行过程和结果总不可避免地存在强弱波动,呈现出由繁荣、衰退、萧条、复苏再到繁荣的周期性运行特征。周而复始的经济周期对公司理财有着巨大的影响,公司理财必须关注经济周期,并根据不同的经济周期采用不同的理财策略。

在繁荣期,市场需求旺盛,为了应付销售规模的大幅上升,公司必须加大投资规模,而为了满足公司投资的需要,则要求公司能及时和足额地筹措各种资金。但由于市场资金需要量增加,资金供求关系发生了不利于求的变化,导致公司筹资成本上升,筹资难度增加。因此,在繁荣期,公司理财的重点应是研究如何保证以低资金成本筹集到能满足投资需要的各种资金。

在衰退期和萧条期,市场需求减少、存货增多,公司投资萎缩,相应地对筹资的需要也减少,公司不可避免地出现经营困难。如负债到期,但因公司销售不畅,存货大量积压,资金周转困难,不能按期还本付息,使公司面临破产的危机。因此,在衰退期和萧条期,为了保证公司渡过难关,公司理财的重中之重是要保持财务结构的稳定性,确保公司能按期偿还到期债务,避免公司破产。

在复苏期,市场需求开始转旺,公司要能在竞争中赢得主动就必须增加各种投资,为了保证投资和经营计划的顺利进行,公司必须筹集足够的资金。因此,在复苏期,公司理财的重点又开始转到了筹资上来。

只有公司财务人员对经济运行的周期性以及不同经济运行周期的特征有了深入全面的认识之后,才能根据本公司的实际情况采取相应的对策和措施,及时调整公司财务工作的重点,使公司理财工作适应经济环境的变化。

四、币值稳定性

在现代经济生活中,币值变化,或通货膨胀,或通货紧缩,是一种常见的经济现象,币值变化已成为影响公司财务的一个重要因素。币值变化对公司的实物性资产和货币性资产,实物性负债和货币性负债有不同的影响。一般来说,在通货膨胀条件下,公司拥有的实物性资产会有所增值,产生盈利;而拥有的货币性资产会发生贬值,造成亏损。相反,拥有的实物性负债会造成亏损,而拥有的货币性负债则会带来盈利。而在通货紧缩条件下,情况正好与上述结果相反。

为了减轻币值变化对公司的不利影响,财务人员必须采取适当措施对币值变化的不利影响加以防范。具体地说,就是根据币值变化的方向和程度,采取各种保值增值的措施,以减少损失或增加盈利。比如,在通货膨胀条件下,应多持有实物性资产和货币性负债,少持有货币性资产和实物性负债;而在通货紧缩条件下,则少持有实物性资产和货币性负债,多持有货币性资产和实物性负债。要做到这一点,除了要求财务人员能掌握币值变化对各种财务活动的影响之外,还要求财务人员能对币值变化的各种趋势进行预测。币值变化使公司理财变得更为复杂,对财务人员提出了更高的要求。

五、市场环境

公司总是在一定的市场环境条件下生存和发展的,认识公司所处市场的状况对公司理财来讲是至关重要的。企业所处的市场环境可简单地分为完全垄断市场、完全竞争市场、不完全竞争市场、寡头垄断市场四种。不同的市场环境对公司理财有极为不同的影响。

　　处于完全垄断市场的企业,销售受企业控制,价格变化小,经营风险低,企业资本结构中负债的比例可以适当提高,以获取财务杠杆利益。例如,在某一地区只有唯一的一家电力公司向该地区供应电力,那么该电力公司就取得了完全垄断地位。公司电力供应量只取决于该地区的电力消费能力,而与市场竞争无关。在这种情况下,公司可采用成本加成定价法来确定其电力销售价格,以保证公司取得适当的利润。由于该电力公司的现金流入量和利润均有了保证,还本付息的压力较小;因此,该电力公司可以采用高比例的负债筹资方式筹集生产经营所需的各种资金。

　　处于完全竞争市场的企业,销售价格完全由市场决定,企业利润也随价格的波动而波动,企业的现金流入量和利润均具有极大的不确定性,经营风险大,还本付息能力的稳定性较差。在这种情况下,企业一般应该保持稳健的资本结构,多用权益资本筹资,少用负债筹资,通过降低财务风险的方式来控制企业总风险。

　　处于不完全竞争市场或寡头垄断市场的企业,其销售价格除受市场的影响之外,还受企业产品特色的影响。在现实中,多数企业是处于该种状态下的企业。这些企业的盈利能力和风险水平与企业经营特色或经营优势密切相关,企业为了能获得经营优势必须在研究开发、营销策略、售后服务等方面投入大量资源,而企业在这些方面的大量投资又会引起资金需要量的增加,给企业筹资带来压力。由于处于该种条件下的企业现金流入量和利润均具有较大的不确定性,还本付息的稳定性也难以确定,因此,企业在筹资时,既要考虑如何降低财务风险,又要考虑如何增加盈利,使风险和收益能取得最佳的平衡。

第三节　法律环境

　　市场经济是法制经济,如果没有法律的规范,那么就不可能有规范的市场经济体系。法律环境是指公司活动的法律空间。我国目前已建立了初步适应市场经济要求的经济法律体系,这一体系由关于市场主体的经济法律和法规、关于市场管理的经济法律和法规、关于宏观调控的经济法律和法规,以及关于社会保障的经济法律和法规四个方面的法律和法规所组成。

一、关于市场主体的经济法律和法规

　　企业是以某种组织形式存在的商品生产和经营者,是市场的主体。有关市场主体的经济法律和法规就是规范企业组织形式和行为的法律和法规。该类法律和法规是保障企业合法权益的基础。我国目前的《中华人民共和国全民所有制工业企业法》、《中华人民共和国公司法》、《中华人民共和国合伙企业法》、《中华人民共和国个人独资企业法》、《中华人民共和国乡镇企业法》、《中华人民共和国中外合资经营企业法》、《中华人民共和国中外合作经营企业法》、《中华人民共和国外资企业法》、《中华人民共和国乡村集体所有制企业条例》、《中华人民共和国城镇集体所有制企业条例》、《中华人民共和国私营企业暂行条例》等各种法律和法规均属于有关市场主体的经济法律和法规。这些法律和法规规定了不同企业的组织形式和行为、企业所拥有的权利和应承担的义务。这些法律和法规在保证企业正常生产经营活动,处理投资者与企业间的关系、企业与债权人间的关系、投资者之间的关系、企业内部各种成员间的关系等方面均起着极为重要的作用。

按国际惯例,有关市场主体的经济法律和法规体系主要由独资企业法、合伙企业法和公司法三类法规所组成,相应地企业也分为独资企业、合伙企业和公司制企业三大类。对投资者而言,三类企业各有优缺点,投资者可以根据自身的偏好和实际情况选择建立何种类型的企业,以追求其投资收益的最大化。

另外,《中华人民共和国企业破产法》也属于有关市场主体的经济法律。因为实现市场最优配置资源的功能,离不开竞争机制,有竞争,就必然会有优胜劣汰。这就要求制定《破产法》来规范企业的有关破产事宜,保护与企业相关的各种经济利益主体的经济利益。

二、关于市场管理的经济法律和法规

建立和健全市场经济体制,必须大力培育市场,形成统一和开放的市场体系,使各种生产要素都能自由流动。但要使市场活而不乱,市场秩序正常化,就必须规范各种市场主体的行为。要做到这一点,就需要加强市场管理。为了更好地发挥市场在资源配置中的基础性作用,必须依法管理市场,把市场运行纳入法制轨道。这类法律和法规包括《中华人民共和国反垄断法》、《中华人民共和国广告法》、《中华人民共和国证券法》、《中华人民共和国票据法》等等。

对公司制企业而言,了解和熟悉有关证券方面的法规具有重要的意义。因为在证券法规有关证券上市规则和交易规则中涉及许多对公司财务方面的要求。这些要求是对公司财务活动的制约。公司财务只有按照这些法规的要求去做,才可以进入证券市场从事筹资和投资等活动。

三、关于宏观调控的经济法律和法规

市场不可避免地带有盲目性,要克服市场经济的这一弊端,就必须进行宏观调控。但市场经济条件下的宏观调控,不采用计划经济条件下以行政手段为主的直接调控。市场经济条件下的宏观调控是以间接调控为主。为了使间接调控取得较好的效果,必须有相关的法规作为保障。有关宏观调控的经济法规主要有计划类法规、投资类法规、财政类法规、金融类法规、价格类法规、产业类法规、对外贸易类法规、会计审计类法规、财务类法规等等。

这些不同种类的法规不可避免地会对公司的收入、成本和盈利分配等方面产生重要影响,是从事公司理财活动必须熟悉和了解的。比如,投资类法规,会制定若干鼓励和禁止性的投资项目,并进一步对不同类别的投资项目给予不同的优惠和征收不同税费,从而影响到投资项目的成本。除此之外,与这类法规相配套,国家还会对不同的投资项目制定若干的筹资规定。一般是对鼓励投资的项目给予筹集资金方便,或准许以较低的利息率从银行取得贷款,或给予财政贴息贷款,或批准上市筹集资金等等,并进一步给予销售和价格上的优惠。这样,通过对企业收入和成本的调节,使企业能够按照国家规定的投资方向进行投资。公司在从事理财活动的时候,如果能够熟悉这些法律和法规,就可以自觉地运用各种优惠性政策,获取最大的利益。

四、关于社会保障的经济法律和法规

市场经济不仅要求高效率,而且还要维持社会公平。维持社会公平离不开社会保障,社会保障包括失业、工伤、医疗、养老保险和社会福利等方面的内容。社会保障制度具有强制性和互济性的特点,需要以国家法律和法规的形式出现,才能彻底贯彻实施。有关社会保障的经济法规包括《中华人民共和国劳动法》、《中华人民共和国保险法》、《中华人民共和国劳动和社会保障法》等等。

有关社会保障的经济法律和法规对企业财务活动的影响,主要体现在企业利益分配方面,试图通过利益分配来达到社会公平的目的。虽然社会保障法规是解决利益在不同经济利益主体之间的分配问题,但是这种利益分配对企业财务活动的影响是全面的,如失业保险费、医疗保险费等社会保险是从企业成本、费用中提取的,而职工福利基金则是从企业税后利润中提取的。有关社会保障的经济法律和法规涉及各种经济利益主体的经济利益,处理得好坏会直接影响到企业生产经营的各个方面,企业在理财活动中必须对社会保障的各种法律和法规加以足够的重视,才能使企业的生产经营活动得以正常地进行。

第四节 金融市场环境

金融市场环境对企业筹资、投资和盈利分配等财务活动有着最为直接的影响,是影响公司理财最直接的环境之一,是财务人员必须熟悉的。

一、金融市场及其作用

金融市场是金融资产易手的场所。金融市场有广义和狭义之分,广义金融市场将一切金融机构以存款货币等金融资产进行的交易均归于金融市场的范畴,而狭义的金融市场则仅将以有价证券为交易对象的金融活动归于金融市场。金融市场的构成要素包括参与者、金融资产、组织形式和管理方式、内在机制四个基本要素。

金融资产是对于未来收入的一种债权,金融负债则是其对称。金融资产具有两种主要功能:第一,它提供了一种手段,使资金剩余者可以把闲置的资金转移给那些能运用这

些资金作有利投资的人;第二,它提供了一种手段,能把投资风险从投资人转移给为这些投资提供资金的人。这两种功能可用图 3-1 表示。

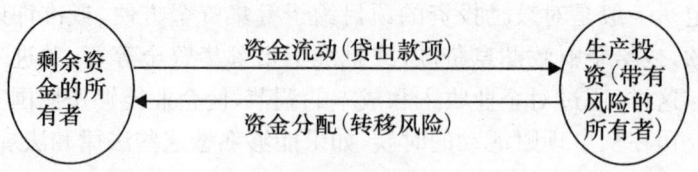

图 3-1　金融资产的主要功能

图 3-1 上方的箭头表示第一种功能,下方的箭头表示第二种功能。资金的供应者和使用者之间可以不经过有组织的金融市场来实现交易。如个人之间的借款就多数没有有组织的金融市场作为中介。但这种直接交易存在两方面的不足:第一,债权人难以因临时需要而收回货币使用权,即金融资产难以变现;第二,货币供应者和货币需求者是脱节的,这会导致金融资产交易费用上升。而有组织金融市场的出现,则可以较好地克服上述不足。

金融市场具有两种主要功能:第一,它向金融资产持有者提供了金融资产易于变现的机会,变现能力的强弱是金融资产质量最重要的特征;第二,它能有效地减少金融资产的交易费用,以及为作出正确的交易决策所需的各种信息费用。金融市场的这两种功能可用图 3-2 表示。

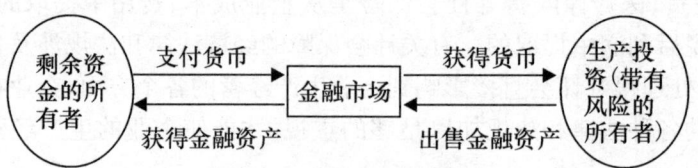

图 3-2　金融市场功能图

显然,由于金融市场增加了金融资产的变现能力和减少了交易费用,因此,它对金融资产的交易双方都是极为有益的。金融市场是市场经济高度发展的产物。金融市场可以按多种标准进行分类,一般的分类,如图 3-3 所示。

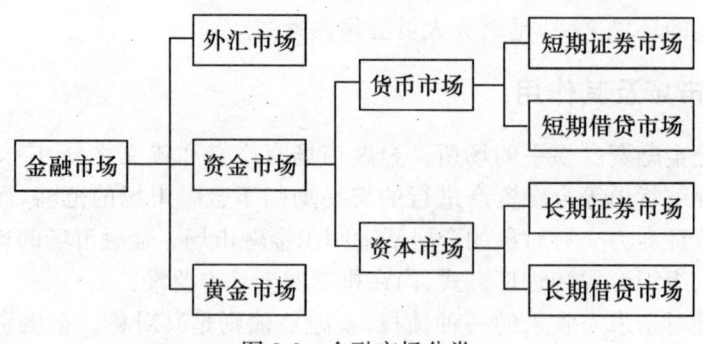

图 3-3　金融市场分类

二、金融资产

金融资产，又称金融工具，是指可以用来融通资金的工具，一般包括货币和信用工具。在这里，仅介绍作为信用工具的金融资产。

所谓信用，就是以他人返还为前提的，给予他人一段时间的财务支配权。通俗地讲，信用就是把财物借给别人使用一段时间，借财物的人到期将财物返还给出借财物的人的事件。信用包括两个基本要素：一是出借财物的时间；二是对借财物人的信赖，相信借财物的人会到期归还所借财物。出借的财物，可以是货币，也可以是实物。在信用活动中，借出财物的一方是债权人，借入财物的一方是债务人。为了证明这种债权债务关系，债务人需要写下一份借据。借据上应写明债权人和债务人的姓名，所借财物的性质、数量和期限等等。借据交给债权人，作为债权人到期向债务人索还财物的凭证。这种借据就是信用工具。随着市场经济的发展，信用关系日趋复杂化，为了便于交易，人们根据发生信用关系双方的情况和信用活动的不同特点，设计出各种标准化的借据。这些借据的形式、名称极为多样化，如常见的债券、股票、支票、商业票据、银行发行的银行券和存款单等，虽然名称不一样，但实质上都是对原始借据形式的发展。由于这些借据是所含财物的价值证明，所以一般统称为有价证券。

有价证券，首先按信用时间的长短分为短期有价证券和长期有价证券。在此基础上，再按特定的对象细分为各种具体的有价证券。有价证券的种类和分类如图 3-4 所示。

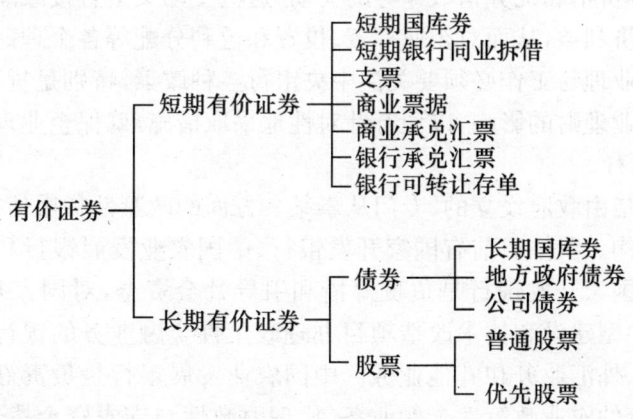

图 3-4　有价证券种类和分类

以上各种有价证券还可以细分为若干小类，如公司债券可以分为信用债券、抵押债券、调换债券、收益债券和可转换债券等，优先股票可以分为积累优先股票、非积累优先股票、可转换为普通股票的优先股票、不可转换为普通股票的优先股票、可以参与分红的优先股票和不可参与分红的优先股票等。

三、金融机构

金融机构是指依法设立的从事金融业务活动的各类信用机构的总称,是金融市场的中介机构。金融机构的组织及其管理关系就形成了金融体系。一般来说,世界各国的金融体系基本上可分为两类:一类是多银行体制,即以中央银行为核心,以商业银行为主体,多金融机构并存的金融体系;另一类是单一银行体制,即将中央银行的职能和商业银行的职能集中于单一的国家银行,另外,仅建立几家专业银行,如储蓄银行、投资银行等。我国目前的金融体系是以中央银行即中国人民银行为核心,以国有商业银行为主体,政策性银行与商业银行相分离,多种金融机构并存与分工协作的金融体系。我国金融体系的构成如下。

（一）中央银行

中国人民银行是我国的中央银行,它是国家控制与调节货币流通和信用的中心机构,是我国金融体系的核心。它享有国家法律赋予的各种特权,是国家的货币发行银行、银行的银行、政府的银行。中央银行在国务院的领导之下,制定和实施货币政策。货币政策的基本目标是保持货币币值的稳定,以促进经济增长。中央银行具体履行如下一些主要职责:制定和执行国家货币政策;发行人民币,管理人民币流通;持有、管理和经营国家外汇储备和黄金储备;经理国库;维持支付、清算体系的正常运行;负责金融业的统计、调查、分析和预测;作为国家的中央银行,从事有关的国际金融活动;国务院规定的其他职责。

由于中央银行对金融市场的调控方式和力度会直接影响到货币供应量、资金供求关系、利率、汇率、证券价格和证券指数等等的变动,这些变动又会直接或间接地影响到金融市场中各主体的经济利益,从而对企业筹资、投资和盈利分配等各个理财环节产生全面的影响;因此,从事企业理财工作必须要关注中央银行各种政策,特别是货币政策的变化,并评估这些变化对企业理财的影响,以便有针对性地采取措施,确保企业理财目的的实现。

（二）政策性银行

政策性银行是指由政府设立的、专门从事某一方面的政策性货币信用业务的、不以营利为目的的金融机构。我国目前有国家开发银行、中国农业发展银行和中国进出口银行三家政策性银行。国家开发银行是负责筹措和引导社会资金,对国家基础设施、基础产业、支柱产业的大中型建设和技术改造项目办理政策性金融业务的银行。它的主要业务包括资金来源业务、外汇业务和其他业务。中国农业发展银行是负责筹集农业政策信贷资金,办理国家规定的农业政策性金融业务,代理财政性与支农资金拨付的政策性银行。它的业务范围包括资金来源和资金运用两类。中国进出口银行是执行国家产业政策和外贸政策,为机电产品成套设备等资本性货物进出口办理政策性金融业务的银行。它的业务范围包括资金来源、资金运用和其他业务。

（三）商业银行

商业银行是指以获取利润为目的,办理吸收公众存款、发放短期和中长期贷款、办理国内外结算和票据贴现、发放金融债券、代理发行和代理承兑政府债券、承销和买卖政府债券、从事同业拆借、代理买卖外汇、提供保管箱等业务的,具有法人资格的金融机构,是我国金融体系的主体。目前我国的商业银行以股份制商业银行为主。

（四）非银行金融机构

非银行金融机构是指中央银行、政策性银行和商业银行之外的,具有一定的资金融通职能,其业务被限定在一定范围之内,并担负某一专项社会职能的其他金融机构。随着金融工具的不断创新,新的金融组织不断涌现出来。按照非银行金融机构的业务性质来划分,非银行金融机构可分为保险公司、信托投资公司、信用合作社、财务公司、金融租赁公司和证券公司等等。

1. 保险公司

保险公司是专门从事财产和人身保险以及再保险业务的金融机构。它的基本业务是向参与保险的企业和个人收取保费,并将收取的保费用于投资增值,当保险合同中所约定的事件发生时向投保人支付投保时所约定的赔付金额。现代保险业务发展极为多元化,除了传统的财产和人身损失保险之外,还存在具有投资性质的保险品种,而且这类保险品种日趋复杂,为投保人提供了多种选择。

对企业而言,参与保险主要是为了控制风险,弥补可能发生的意外损失,特别是使企业在遇到特大意外灾害时也能持续经营下去。当然,企业也可以利用保险所派生的投资功能,在控制风险的同时,获取适当的投资收益。

2. 信托投资公司

所谓信托,就是委托人基于对受托人的信任,将财产转移给受托人,受托人按照委托人的意愿并以自己的名义,为了收益人的利益或特定目的,管理、处分信托财产的行为。目前我国信托公司的业务主要有以下四类:一是信托投资业务。这类业务按资金来源分,可分为信托投资和委托投资两大类。信托投资是指信托公司运用自有资金和组织的信托存款,以及发行公司股票、债券等筹集的资金,直接向企业或项目进行投资;委托投资则是信托投资公司接受委托人或单位的资金,对投资项目的资金使用负责监督管理,以及办理投资项目的收益处理等。二是代理业务。代理业务包括代理保管、代理受托、代理有价证券的发行和买卖,以及信用担保等内容。三是租赁业务。信托公司的租赁业务主要是筹资性质租赁业务。四是咨询业务。咨询业务包括资信咨询、项目可行性咨询、投资咨询和金融咨询等等。

3. 信用合作社

信用合作社是群众性的合作制金融组织,其本质特征是由社员入股组成,实行民主管理,主要为社员提供信用服务。信用合作社是对国家银行体系的必要补充和完善。在我国,信用合作社分为城市信用合作社和农村信用合作社两大类。其中,城市信用合作社是由城市个体工商户和城市集体企业入股组建,入股者民主管理,主要为入股者提供金融服务,具有法人地位的金融机构;农村信用合作社是由农民和集体经济组织自愿入股组成,由入股人民主管理,主要为入股人服务的具有法人资格的金融机构。

4. 财务公司

我国的财务公司是由企业集团内部各成员单位入股,向社会募集中长期资金,为企业技术进步服务的非银行金融机构。它实行自主经营、自负盈亏、自求平衡、自控风险、独立核算、照章纳税的企业法人制度。财务公司在业务上受中国人民银行的领导、管理、监督和稽查,在行政上归属于各集团公司。财务公司的业务范围被限制在本集团公司之内,不得在企业集团之外吸收存款和发放贷款。

5. 金融租赁公司

金融租赁公司是办理融资性租赁业务的专业金融机构。它的业务范围:一是融资租赁业务,包括承办国内外各种机电设备、交通运输工具、仪器仪表等动产机器附带的先进技术的租赁业务、转租业务,以及对出租资产残值的销售处理业务;不动产租赁业务;国内服务性租赁业务;与租赁有关的产品进出口业务;担任租赁业务的资信调查、咨询服务;对所属联营公司、营业部、代理部进行经济担保等。二是吸收人民币资金,包括财政部门委托投资、企业主管部门委托投资或贷款的信托资金、保险机构的劳保基金、科研单位的科研基金,以及各种学会、基金会的基金等。三是办理经中国人民银行批准的人民币债券发行业务。四是办理外汇业务,包括境内外外币信托存款、境内外外币借款、在国内外发行或代理发行有价证券,以及外汇担保业务等。五是办理经中国人民银行、国家外汇管理局批准的其他业务。

6. 证券经营机构

证券经营机构,又称券商,是由证券主管机关依法批准设立的,从事证券经营业务,具有法人资格的金融机构。

证券经营机构的具体名称在世界各国不尽一致,在我国及日本称之为证券公司,在美国则称之为投资银行。证券经营机构是联系证券投资和证券发行者的中介机构。证券经营机构的具体职能包括从事证券自营业务、代理投资者买卖证券、代理证券发行者发行销售证券等。

我国《中华人民共和国证券法》根据证券经营机构的业务范围,将证券经营机构分为综合类证券公司和经纪类证券公司两大类。前者可以从事包括证券经纪业务在内的各种证券业务,而后者则只能从事证券经纪业务。

7. 典当行

典当行是以实物占有权转移形式,为非国有的中小企业和个人提供临时性质抵押贷款的特殊金融机构。典当行应当具备法人条件,依法取得法人资格,实行独立核算、自主经营、自负盈亏,依法纳税。典当行只能实行单元制组织形式,不得设立分支机构。

8. 风险投资机构

各种形式的风险投资机构,在金融业务上受中国人民银行领导。目前影响较大的风险投资机构为中国新技术创业投资公司，它是全民所有制的股份有限公司，为全国性金融机构。主要任务是经营风险性投资业务和向信息、生物、电子、新材料四个领域进行投资。

目前，我国各地为了推进高新技术产业的发展，已经创办了不少风险投资机构，为企业筹资又开辟了一条新路。

（五）金融市场中介机构

所谓金融市场中介机构，就是为金融市场的交易提供场所、咨询服务的机构。这些机构都是具有法人资格的经济实体。金融市场中介机构主要包括证券交易所、证券登记结算机构和证券资信评估机构等。

1. 证券交易所

《中华人民共和国证券法》第 95 条规定：证券交易所是提供集中竞价交易场所的、不以营利为目的的法人。其含义有四点：一是证券集中竞价交易场所；二是不以营利为目的；三是独立的法人，这体现了证券交易所独立的法律地位；四是实行会员制。

我国证券交易所有服务和监管两大职能。其职责是为证券交易提供便利条件，创造公平、公正的市场环境，以保证证券市场正常运行。

证券交易所按其组织形式分为会员制和公司制两种形式。西方发达国家一般采用会员制组织形式，发展中国家较多地采用公司制组织形式。我国上海和深圳两交易所均为会员制证券交易所。

2. 证券登记结算机构

证券登记结算机构是指为证券交易提供集中登记、托管与结算服务的证券中介服务机构，是不以营利为目的的法人。

证券登记结算机构的主要功能有三个：登记功能，记录当事人的证券账户；结算功能，买卖双方相互交付证券及价款；托管功能，即为证券商或投资者代为保管证券，并提供相应的服务。

证券结算是高风险活动，它的正常运行关系到市场全局，对保障证券市场稳健运行与健康发展有着重要意义，所以法律强制要求从业务收费中提取风险基金，以应付意外事故。结算风险基金应存入银行专门账户，实行专款专用的管理方式，即只能用于因技术故障、操作失误、不可抗力造成的损失弥补。

3. 证券资信评估机构

证券资信评估机构是指对证券质量进行评价，并测定其投资价值的证券服务机构。证券信用评级的作用是方便投资者进行证券投资决策，另外，它还可以减少信用高的发行人的筹资成本。

证券评级机构所作的评级不具有向投资者推荐这些证券的含义，只是供投资者决策时参考，因而对投资者不承担任何法律责任。我国资信评估机构的重要业务是对债券、基金、非银行金融机构以及工商企业进行评级。

（六）金融监管机构

我国 2003 年颁布的《中华人民共和国中国人民银行法修正案（草案）》和《中华人民共和国银行业监督管理法》，将 2004 年中央银行的货币政策职能与金融监管职能分离，中央银行将金融监管权利交给银监会。至此，我国的金融监管体系由银监会、证监会和保监会三大监管机构组成。其中，银监会负责统一监督管理全国银行、金融资产管理公司、信托投资公司及其他存款类金融机构；证监会依法对全国证券、期货市场实行集中统一监督管理，并履行相应职责；保监会统一监督管理全国保险市场，维护保险业的合法、稳健运行。另外，为了提高金融监管效率，银监会、证监会、保监会三家监管机构还建立了"监管联席会议机制"，会议成员由三方机构的主席组成，每季度召开一次例会，讨论协调有关金融监管的重要事项。金融监管机构向其监管对象收取监管费用以满足其日常开支。

第五节　税　收　环　境

税收是国家凭借政治权力、按照法律规定的标准、无偿取得财政收入的一种特定分配方式。它是国家财政收入的主要形式和调节经济的重要杠杆。税收体现的是作为主体的国家与社会各利益主体之间的一种特定收入分配关系。公司理财必须重视税收问题。本节简要介绍我国的税收环境。

一、税收对公司理财的影响

由于税收的存在会直接改变企业实际现金流入量、流出量和净现金流入量，从而影响到企业及其与企业相关的各种经济利益主体的经济利益；因此，在公司理财过程中必须认真考虑各种税收问题。税收对公司理财的影响可以从公司筹资、投资和盈利分配三大理财环节来考察。

从公司筹资来看，一些筹资方式的资金成本可以作为费用处理，在税前利润中扣除，其实际资金成本要低于账面资金成本，负债筹资基本上就属于这种筹资方式；而一些筹资方式的资金成本则不能作为费用处理，只能用税后利润支付，其实际资金成本与账面资金成本完全一致，资本金融资就属于这种筹资方式。因此，从降低实际筹资成本的角度看，公司应合理安排负债筹资与资本金融资的比例，以降低筹资成本。

从公司投资来看，不同企业类型、不同投资地点、不同投资种类等均会面临不同的税收政策，从而产生不同的现金流入量和流出量。由于投资所涉及的税收种类多种多样，既包括流转税，又包括所得税，还包括财产税、资源税、行为税等等；因此税收种类极为复杂，需要在投资时认真加以考虑。

从盈利分配来看，除了应考虑公司所得税与个人所得税的差异，选择对股东最有利的盈利分配方案之外，还要考虑公司现金净流入量与税后利润的关系问题。由于所得税是以税前利润作为基础经调整后计算而得的，因此，在税前现金流入量已定的情况下，税前利润越大,所得税就越多,相应的现金净流入量就会越少。而盈利分配则是完全根据税后利润来进行的,选择税前利润低的方案会增加现金净流入量,但会减少盈利分配的基数;相反,选择税前利润高的方案可以提高盈利分配的基数,但会减少现金净流入量。这些情况都说明在盈利分配中必须十分重视税收问题。

不同国家、地区、行业,不同时间,不同组织形式的企业,甚至不同资本金来源的企业的税收环境都存在差别,企业财务人员只有在熟悉不同税收环境的情况下,才能最有效地完成理财任务。

二、税收环境

（一）税收分类

税收分类是指按照一定的标准对不同税种进行归类。我国对税种通常按以下几种方法进行分类。

1. 按课税对象分类

按课税对象分类,可将我国全部税种划分为流转税类、所得税类、财产税类、资源税类和行为税类五种类型。流转税是以商品生产、商品流转和劳动服务的流转额为课税对象的税种;所得税是以纳税人的各种收益额为课税对象的税种;财产税是以纳税人拥有的财产数量或价值为课税对象的税种;资源税是以自然资源和某些社会资源为课税对象的税种;行为税是以纳税人的某些特定行为为课税对象的税种。

2. 按征收管理体系分类

按征收管理的分工体系进行分类,可将我国的全部税种划分为工商税类、关税类和农业税类三类。工商税类是指以从事工业、商业和服务业的单位和个人为纳税人的各种税的总称;关税类是指对进出境货物、物品征收的税收总称;农业税类是指参与农业收入分配和调节农业生产的各种税的总称。

3. 按税收的征收权限和收入支配权限分类

按税收的征收权限和收入支配权限进行分类,可将我国全部税种划分为中央税、地方税和中央与地方共享税三类。中央税是指由中央立法,收入归中央并由中央政府征收管理的税收;地方税是指由中央统一立法或授权立法,收入归地方并由地方负责征收管理的税收;中央与地方共享税是指税收收入支配由中央和地方按比例或法定方式分享的税收。

4. 按计税标准分类

按计税标准分类,可将我国全部税种划分为从价税和从量税两类。从价税是指作为征税对象的商品、财产或所得是以价值量(或价格)为依据征收的税种;从量税是指征税对象的商品和财产等是以实物的量为依据征收的税种。

5. 按税收与价格的依存关系分类

按税收与价格的依存关系分类,可将我国的全部税种分为价内税和价外税两类。价内税是指把税额作为价格的组成部分包括在商品价格之内的税种;价外税是指税收是附加在价格之外的税种。

　　(二)现行的主要税种

　　我国现行的主要税种有增值税、消费税、营业税、企业所得税、关税、外商投资企业和国外企业所得税、个人所得税、城市维护建设税、房产税、城市房产税、车船税、车船使用牌照税、船舶吨税、土地增值税、城镇土地使用税、资源税、印花税、固定资产投资方向调节税、屠宰税、筵席税、农(牧)业税(农业税目前已经停征)、耕地占用税和契税等23种。这些不同的税种多数均会对企业财务产生不同程度的影响,因此需要企业财务人员熟悉或了解。下面重点介绍对公司理财有重要影响的企业所得税、增值税、营业税和消费税四种税收的基本特征。

　　1. 企业所得税

　　所得税是以收益为征税对象的一种税制体系。我国现行所得税体系划分为企业所得税、外商投资企业和国外企业所得税、个人所得税和农(牧)业税四类所得税。其中,对公司理财影响最大的是企业所得税(包括外商投资企业和国外企业所得税在内)。

　　企业所得税是指以中国境内企业或组织为纳税人,对其一定时期的生产、经营所得和其他所得依法征收的一种税。它的基本特征:征税对象是所得额,应税所得额的计算与成本、费用关系密切,征税以量能负担为原则,实行按年计征、分期预缴的征收办法。按照我国2008年1月1日起施行的《中华人民共和国企业所得税法》,企业所得税的税率为25%。计算企业所得税额的关键是确定应纳税所得额,应纳税所得额不同于会计上的利润总额,它是在利润总额的基础上通过调整计算而得到的。税法明确规定了应纳税所得中的收入总额、准予扣除项目和不准予扣除项目,这是企业财务人员必须熟悉的。

　　2. 增值税

　　增值税是对从事销售货物或者加工、修理修配劳务以及进口货物的单位和个人取得的增值额为计税依据征收的一种流转税。所谓增值额是指纳税人在生产、经营或劳务活动中所创造的新增价值,即纳税人在一定时期内销售产品或提供劳务服务所取得的收入大于其购进商品或劳务服务时所支付金额的差额。由于增值额在实际中难以精确计算,因此,增值税的计算一般采用间接计算方法,即先以商品销售额或劳务服务营业额为依据计算出销项税额,然后再用已支付的外购商品和劳务的进项税额抵减销项税额计算应纳税额。

　　在我国,增值税的基本税率为17%,此外还有13%的低税率和零税率。增值税纳税人分为一般纳税人和小规模纳税人两类,一般纳税人按17%或13%的税率计算销项税额,进项税额可以抵扣;小规模纳税人按6%的税率计算应纳税额,但进项税额不能抵扣。税法对增值税应纳税额的计算规则、方法,以及增值税专用发票的管理等都作了明确规定,企业财务人员只有在熟悉这些规则的基础上才能做好财务工作。

　　3. 营业税

　　营业税是对在我国境内提供应税劳务、转让无形资产和销售不动产的单位和个人,就取得的营业收入额(销售额)征收的一种税。它的基本特征是税源广泛、计税简单、便于征管、税负公平。营业税按行业实行有差别的比例税率,税率3%～20%。营业税会直接影响到企业净销售收入,对企业现金流入量产生影响,因此,在进行有关财务决策时需要考虑营业税的问题。2011年11月17日,财政部、国家税务总局正式公布营业税改征增值税试点方案。2016年5月1日,我国全面推开营改增试点,至此原先实行营业税的服务业领域统一征收增值税,意味着我国全面取消了实施60多年的营业税,营业税暂行条例实际已停止执行。2017年10月30日国务院通过了《国务院关于废止〈中华人民共和国营业税暂行条例〉和修改〈中华人民共和国增值税暂行条例〉的决定》。国务院总理李克强于2017年12月1日签署国务院令,公布《国务院关于废止〈中华人民共和国营业税暂行条例〉和修改〈中华人民共和国增值税暂行条例〉的决定》,该决定自公布之日起施行。这意味着,中国已经正式的告别了营业税。

4. 消费税

消费税是对在我国境内从事生产、委托加工及进口应税消费品的单位和个人,就其消费品的销售额或销售数量征收的一种税。在我国,征收消费税的目的主要是为了调节产业结构,正确引导消费,增加国家财政收入。由于消费税具有征收范围和税率灵活、征税简便、税源广泛、税负最终向消费者转嫁等方面的特点,因此在国际上被广泛采用。我国消费税采用比例税率和定额税率两种税率,并根据不同应税消费品实行从价定率税率和从量定额税率两种方式。由于目前我国列入征收消费税范围的税目只有11个,因此对多数企业财务管理的影响不大。

思 考 与 练 习

一、复习思考题

1. 什么是公司的理财环境?

2. 公司理财环境应该怎样进行分类?

3. 对公司理财产生重要影响的宏观经济因素有哪些? 这些因素又是如何对公司理财活动产生影响的?

4. 为什么说市场经济就是法制经济?

5. 如何建立适应市场经济要求的经济法律环境体系?

6. 法律环境是如何对公司理财活动产生影响的?

7. 怎样认识金融市场的功能及其与公司理财的关系?

8. 金融市场中的金融机构主要有哪些?

9. 怎样认识金融资产?

10. 税收会对公司理财产生什么影响?

11. 我国税收制度的基本内容有哪些?

二、单项选择题

1. 按理财环境作用的对象不同进行分类,公司理财环境可分为( )。
   A. 宏观理财环境和微观理财环境　　B. 筹资环境、投资环境、盈利分配环境
   C. 可控理财环境和不可控理财环境　D. 税收环境和法律环境

2. 一般来说,在通货膨胀条件下,公司拥有的实物性资产会( )。
   A. 有所增值,产生盈利　　　　　　B. 发生贬值,造成亏损
   C. 有所增值,造成亏损　　　　　　D. 发生贬值,产生盈利

3. 按理财环境是否可控为标准进行分类,公司理财环境可分为( )。
   A. 宏观理财环境和微观理财环境　　B. 筹资环境、投资环境、盈利分配环境
   C. 可控理财环境和不可控理财环境　D. 税收环境和法律环境

4. 按理财环境范围的大小进行分类,公司理财环境可分为( )。
   A. 宏观理财环境和微观理财环境　　B. 筹资环境、投资环境、盈利分配环境
   C. 可控理财环境和不可控理财环境　D. 税收环境和法律环境

5. 在衰退期和萧条期,公司理财的重中之重是要( )。
   A. 以低资金成本筹集资金　　　　　B. 要保持财务结构的稳定性
   C. 以高资金成本筹集资金　　　　　D. 扩大生产

6. 一般来说,在通货膨胀条件下,公司拥有的实物性负债会( )。
   A. 有所增值,产生盈利　　　　　　B. 发生贬值,造成亏损
   C. 有所增值,造成亏损　　　　　　D. 发生贬值,产生盈利

三、多项选择题

1. 为了减轻币值变化对公司的不利影响,在通货膨胀条件下,应( )。
   A. 多持有实物性资产　　　　　　　B. 多持有货币性负债
   C. 多持有货币性资产　　　　　　　D. 多持有实物性负债

2. 企业所处的市场环境可简单地分为( )。
   A. 完全垄断市场　　　　　　　　　B. 完全竞争市场
   C. 不完全竞争市场　　　　　　　　D. 寡头垄断市场

3. 理财环境具有( )等方面的特征。
   A. 综合性　　　　　　　　　　　　B. 层次性
   C. 动态性　　　　　　　　　　　　D. 确定性和差异性

4. 为了减轻币值变化对公司的不利影响,在通货紧缩条件下,应( )。
   A. 多持有实物性资产　　　　　　　B. 多持有货币性负债
   C. 多持有货币性资产　　　　　　　D. 多持有实物性负债

5. 对公司理财产生重要影响的宏观经济环境因素主要有(　　)。

A. 经济政策　　　　　　　　　　B. 经济周期

C. 币值稳定性　　　　　　　　　D. 市场环境

6. 我国的金融市场一般可分为(　　)。

A. 外汇市场　　　　　　　　　　B. 资金市场

C. 黄金市场　　　　　　　　　　D. 证券市场

7. 我国的资本市场可分为(　　)。

A. 长期证券市场　　　　　　　　B. 长期借贷市场

C. 短期证券市场　　　　　　　　D. 短期借贷市场

四、判断题

1. 理财环境,是指对公司财务活动产生影响的公司内部各种因素的集合。(　　)

2. 公司理财环境可按不同的标准进行分类。按理财环境范围的大小进行分类,可分为可控理财环境和不可控理财环境。(　　)

3. 尽管公司理财环境分类标准多种多样,但对公司理财影响最大的环境因素还是宏观理财环境因素。(　　)

4. 在经济繁荣期,市场需求旺盛,为了应付销售规模的大幅上升,公司必须加大投资规模,公司理财的重中之重是要保持财务结构的稳定性,确保公司能按期偿还到期债务,避免公司破产。(　　)

5. 一般来说,在通货膨胀条件下,公司拥有的实物性资产会发生贬值,造成亏损。

(　　)

6. 处于完全垄断市场的企业,销售受企业控制,价格变化小,经营风险低,企业资本结构中负债的比例可以适当提高,以获取财务杠杆利益。(　　)

第四章　货币时间价值与相关风险

【本章提要】　公司理财的基本目的是股东财富最大化,股东财富最大化的基础是企业价值最大化,企业价值是收益和风险的函数,因此,公司理财应考虑的基本因素是收益和风险。收益和风险分析是贯穿公司理财各个环节的一根红线,而货币时间价值、币值变动风险、信用风险、流通风险、期限风险又是收益和风险分析的基础,因此,本章将对货币时间价值、币值变动风险、信用风险、流通风险、期限风险进行讨论,为以后的收益和风险分析奠定理论和方法的基础。

【学习目标】　通过本章学习,要求掌握和了解如下内容:(1)掌握货币时间价值的含义和各种计算方法。(2)掌握币值变动方向对公司价值的影响状况。(3)掌握币值变动条件下的收益率计算方法。(4)掌握信用风险的含义和确定方法。(5)了解流通风险的含义。(6)了解期限风险的含义。(7)认识各种风险与收益率的关系。

第一节　货币的时间价值

货币时间价值是理财学中的一个重要概念,是公司筹资、投资和盈利分配等各个理财环节均必须考虑的重要因素之一。货币资金所有者之所以放弃货币资金一段时间的使用权,无非是希望获得一定的收益。这种收益多以利息率来表示。利息率就是货币资金的成本或价格。货币资金获取利息额的多少与时间成正比,因此,称为货币的时间价值。货币的时间价值会直接影响到企业价值,是从事理财工作所必需熟悉的一个重要概念。本节将介绍货币时间价值的计算问题。

一、单利

单利是指只对本金计息,对本金产生的利息不再计息的利息。货币时间价值有终值和现值之分。终值是指现在一定量的资金在未来某一时间的价值;现值则是指未来一定量的资金的现在价值。终值和现值是一个相对的概念,若利息率和期限固定,终值与单利现值之间互为逆运算。单利终值与现值的计算方法如下:

$$FV=PV(1+i\times n) \tag{4.1}$$

$$PV=\frac{FV}{1+i\times n} \tag{4.2}$$

式中　FV——终值（本利和）；

　　　　PV——现值（本金）；

　　　　i——利息率；

　　　　n——期数。

【例 4-1】　某人在银行存入 5 年期定期存款 1 000 元,年利息率为 10％（单利）。问该笔存款的终值为多少?

解:

根据公式,有:

$$FV=1\,000\times(1+10\%\times5)=1\,500(元)$$

相反,如问 5 年后取得 1 500 元,在其他条件不变的情况下,折合现值为多少元?

那么则有:

$$PV=\frac{1\,500}{1+10\%\times5}=1\,000(元)$$

二、复利

（一）基本计算公式

复利,是指不但本金要计算利息,而且本金产生的利息也要计算利息,即包含利滚利在内的利息。其计算方法如下:

$$FV=PV\times(1+i)^n \tag{4.3}$$

$$PV=\frac{FV}{(1+i)^n} \tag{4.4}$$

式中　FV——终值（本利和）；

　　　　PV——现值（本金）；

　　　　i——利息率；

　　　　n——期数。

从式（4.3）和式（4.4）可以看出,复利计算公式是一个指数函数。在实际工作中,为了简化和快速计算,通常将常用的每一元复利终值和现值函数编制成每一元复利终值和现值系数表（分别见附录一和附录二）,以供查用。当然,用一般的电子计算器也可以迅速求解。

【例 4-2】　某人在银行存入 10 000 元,年利息率为 5％,复利计息,问在第 5 年该笔存款的终值应为多少?

解:

根据公式,有:

$$FV = 10\ 000 \times (1+5\%)^5 = 10\ 000 \times 1.276\ 28 = 12\ 762.8 (元)$$

【例 4-3】 若某人在第 5 年可以获得 10 000 元的现金,年利息率为 5%,复利计算,问该笔钱相当于现在的多少元钱?

解:

根据公式,有:

$$PV = \frac{10\ 000}{(1+5\%)^5} = 10\ 000 \times 0.783\ 53 = 7\ 835.3 (元)$$

需要注意的是,在现实生活中,最普遍存在的现象是复利,因此,在本书以后的叙述中,没有特别注明是单利的情况下,均是复利。

(二)复利的期限与年限

在现实生活中,虽然有些存(贷)款利率是以单利计算,但当其到期后,再转存(贷)款时,它们就转换为复利了。比如,3 年期定期存款的年利率为 10%,单利计算。但如果该存款在 3 年到期后再转存,那么也就转变为 3 年复利一次的复利了。

【例 4-4】 本金为 1 000 元的 3 年期定期存款,按单利计息的年利率为 10%,如果该存款到期转存,连续转存了 3 次。问该笔存款的终值为多少?

解:

该问题应按以下方法计算:

$$FV = 1\ 000 \times (1+10\% \times 3)^3 = 1\ 000 \times 2.197 = 2\ 197 (元)$$

该例说明,复利计算中的期限并不是指的年限。期限可以长于年限,也可短于年限,当然也可以等于年限。期限的长短需视具体情况而定。例如上例的期限为 3 年一期。

【例 4-5】 如果某人在银行存入了一笔年利率为 4% 的 3 个月定期存款 1 000 元。假如,该笔存款连续滚存了 5 年,问该笔存款的终值应为多少?

解:

根据公式,有:

$$FV = 1\ 000 \times \left(1 + \frac{4\%}{4}\right)^{5 \times 4} = 1\ 000 \times 1.220\ 19 = 1\ 220.19 (元)$$

由于在实际中,利息率一般用年利率表示;因此,对于期限与年限不一致的复利计算可用下述公式计算:

(1) 对于期限长于年限的复利计算公式如下:

$$FV = PV(1 + i \times m)^{\frac{n}{m}} \tag{4.5}$$

$$PV = \frac{FV}{(1 + i \times m)^{\frac{n}{m}}} \tag{4.6}$$

式中　FV——终值(本利和)；

　　　PV——现值(本金)；

　　　i——利息率；

　　　n——计息年数，

　　　m——计息期数。

（2）对于期限短于年限的复利计算公式如下：

$$FV=PV\left(1+\frac{i}{m}\right)^{m\times n} \tag{4.7}$$

$$PV=\frac{FV}{\left(1+\frac{i}{m}\right)^{m\times n}} \tag{4.8}$$

式中　FV——终值(本利和)；

　　　PV——现值(本金)；

　　　i——利息率；

　　　n——计息年数，

　　　m——计息期数。

三、不等额系列现金流量的终值和现值

以上讨论的是一次现金流量的终值和现值的计算，在现实生活中还经常遇到系列现金流量的复利计算问题。

所谓系列现金流量，是指在不同的时间连续分次流入或流出的现金。这种系列现金流量又因每次的现金流量是否相等，分为不等额的系列现金流量和等额的系列现金流量。等额的系列现金流量称为年金。年金是不等额的系列现金流量的特例。在本问题中，我们只讨论不等额系列现金流量的终值和现值的计算问题，对年金的计算问题则留在后面问题中讨论。

由于系列现金流量中每次现金流量的终值和现值的计算，与一次现金流量的终值和现值的计算方法相同；因此，系列现金流量的终值和现值实际上就是系列现金流量中每次现金流量的终值和现值之和。下面分别讨论系列现金流量的终值和现值的计算问题。

（一）系列现金流量终值

系列现金流量终值计算的一般公式：

$$FV=C_0(1+i)^n+C_1(1+i)^{n-1}+\cdots+C_{n-1}(1+i)^1+C_n(1+i)^0=$$

$$\sum_{i=0}^{n}C_t(1+i)^{n-t} \tag{4.9}$$

式中　FV——终值(本利和)；

　　　i——利息率；

　　　n——期数；

　　　C_t——第 t 期的现金流量。

系列现金流量终值计算公式可用图 4-1 表示。

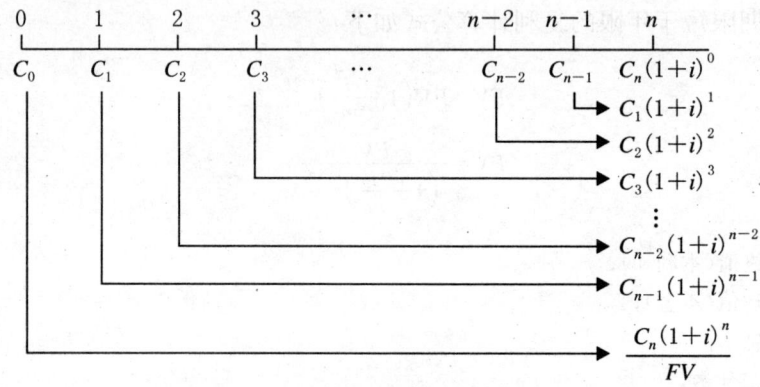

图 4-1　系列现金流量终值

【例 4-6】　假定某人第 1 年年初(0 年)存入银行 1 000 元,第 1 年年末存入 1 200 元,第 2 年年末存入 800 元,第 3 年年末存入 1 400 元,第 4 年年末存入 1 100 元,第 5 年年末存入 1 500 元,银行存款年利息率为 8%。问该系列存款第 5 年年末的本利和为多少?

解：

根据公式可得：

$$FV = 1\,000 \times (1+8\%)^5 + 1\,200 \times (1+8\%)^4 + 800 \times (1+8\%)^3 +$$
$$1\,400 \times (1+8\%)^2 + 1\,100 \times (1+8\%)^1 + 1\,500 \times (1+8\%)^0 =$$
$$1\,000 \times 1.469 + 1\,200 \times 1.36 + 800 \times 1.26 + 1\,400 \times 1.166 +$$
$$1\,100 \times 1.08 + 1\,500 \times 1 =$$
$$1\,469 + 1\,632 + 1\,008 + 1\,632 + 1\,188 + 1\,500 = 8\,429(元)$$

(二) 系列现金流量现值

系列现金流量现值计算的一般公式：

$$PV = \frac{C_0}{(1+i)^0} + \frac{C_1}{(1+i)^2} + \frac{C_2}{(1+i)^2} + \cdots + \frac{C_{n-2}}{(1+i)^{n-2}} + \frac{C_{n-1}}{(1+i)^{n-1}} +$$
$$\frac{C_n}{(1+i)^n} = \sum_{t=0}^{n} + \frac{C_t}{(1+i)^t} \tag{4.10}$$

式中　PV——现值(本金)；

　　　i——利息率；

　　　n——期数；

C_t——第 t 期的现金流量。

该计算公式可以用图 4-2 表示。

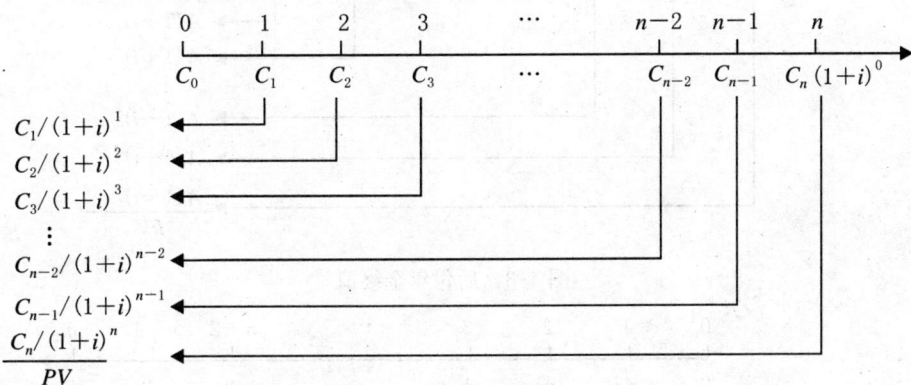

图 4-2　系列现金流量现值计算示意图

【**例 4-7**】　某人分期付款购买一套住房,首期付款 30 000 元,第 1 年年末付款 20 000 元,第 2 年年末付款 18 000 元,第 3 年年末付款 16 000 元,第 4 年年末付款 14 000 元,第 5 年年末付款 12 000 元,年利息率为 10%。问该套住房的现值为多少?

解:

根据公式,计算结果如下:

$$PV = \frac{30\,000}{(1+10\%)^0} + \frac{20\,000}{(1+10\%)^1} + \frac{18\,000}{(1+10\%)^2} + \frac{16\,000}{(1+10\%)^3} + \frac{14\,000}{(1+10\%)^4} +$$

$$\frac{12\,000}{(1+10\%)^5} =$$

$30\,000 \times 1 + 20\,000 \times 0.909 + 18\,000 \times 0.826 + 16\,000 \times 0.751 +$

$14\,000 \times 0.683 + 12\,000 \times 0.621 =$

$30\,000 + 18\,180 + 14\,868 + 12\,016 + 9\,562 + 7\,452 = 92\,078(元)$

四、年金的终值和现值

在系列现金流量中,当各期现金流量相等时,即 $C_0 = C_1 = C_2 = \cdots = C_{n-1} = C_n$ 时,该现金流量就称为年金。年金一般用 A 表示,是系列现金流量中的特例。根据不同年金的特征,可以将年金分为后付年金、先付年金、递延年金和永续年金四大类。下面将分别讨论各类年金的终值和现值的计算。

(一)后付年金的终值和现值

后付年金又称普通年金,是指在每期期末流入和流出的年金。其特征可用图 4-3 和图 4-4 简示。

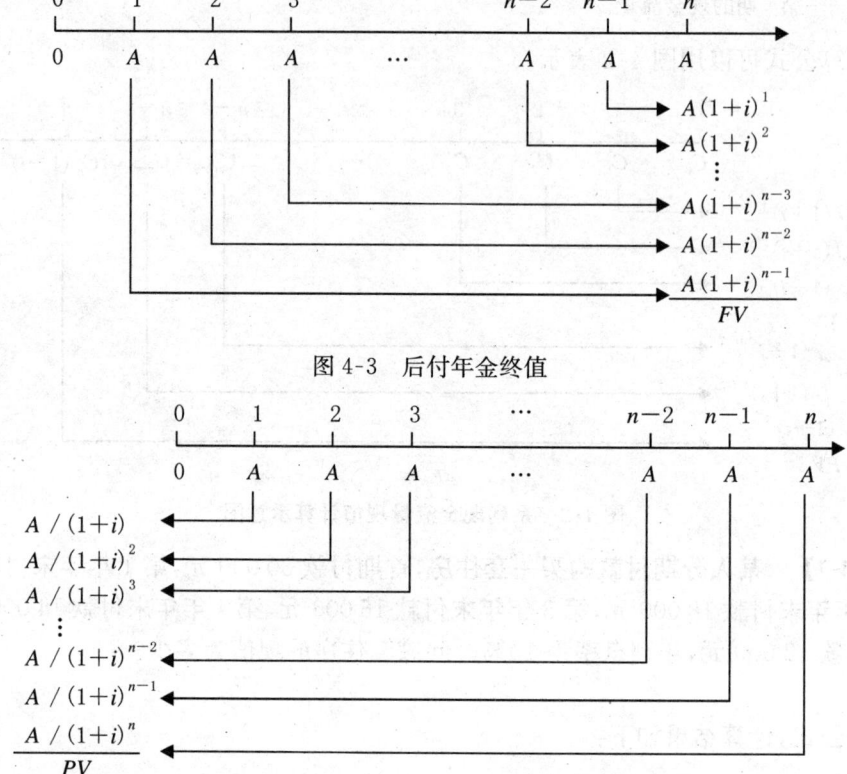

图 4-3　后付年金终值

图 4-4　后付年金现值

1. 后付年金终值

后付年金终值计算公式：

$$FV = 0 + A(1+i)^{n-1} + A(1+i)^{n-2} + \cdots +$$
$$A(1+i)^3 + A \times (1+i)^2 + A(1+i)^1 + A(1+i)^0 =$$
$$A[(1+i)^{n-1} + (1+i)^{n-2} + \cdots +$$
$$(1+i)^3 + (1+i)^2 + (1+i)^1 + (1+i)^0] =$$
$$A\sum_{t=0}^{n-1}(1+i)^{n-t} = A\sum_{t=1}^{n}(1+i)^{n-t} \qquad (4.11)$$

式中　FV——终值（本利和）；

　　　A——年金；

　　　i——利息率；

　　　n——期数；

　　　t——$t = 1, 2, \cdots, n$。

求年金终值的一般公式可推导如下：

(4.11)式两边 $\times (1 + i)$ 得：

$$(1+i)FV=A(1+i)^n+A(1+i)^{n-1}+A(1+i)^{n-2}+\cdots+$$
$$A(1+i)^3+A(1+i)^2+A(1+i)^1 \tag{4.12}$$

(4.12)式－(4.11)式得:

$$(1+i)FV-FV=A(1+i)^n-A(1+i)^0$$
$$FV[(1+i)-1]=A[(1+i)^n-1]$$

故:

$$FV=\frac{A[(1+i)^n-1]}{i} \tag{4.13}$$

(4.13)式中$\dfrac{(1+i)^n-1}{i}$就是1元年金在利率为i,期数为n时的终值。在实际工作中,一般将1元年金在不同利率和期数的终值系数编制成表,以简化其计算。

2. 后付年金现值

后付年金现值计算公式:

$$PV=\frac{A}{(1+i)^1}+\frac{A}{(1+i)^2}+\frac{A}{(1+i)^3}+\cdots+$$
$$\frac{A}{(1+i)^{n-2}}+\frac{A}{(1+i)^{n-1}}+\frac{A}{(1+i)^n}=$$
$$\sum_{t=1}^{n}\frac{A}{(1+i)^t} \tag{4.14}$$

令(4.14)式两边×(1+i)得:

$$PV(1+i)=A+\frac{A}{(1+i)^1}+\frac{A}{(1+i)^2}+\frac{A}{(1+i)^3}+\cdots+$$
$$\frac{A}{(1+i)^{n-2}}+\frac{A}{(1+i)^{n-1}} \tag{4.15}$$

(4.15)式－(4.14)式得:

$$(1+i)\times PV-PV=A-\frac{A}{(1+i)^n}$$
$$PV[(1+i)-1]=A[1-(1+i)^{-n}]$$

故:

$$PV=\frac{A[1-(1+i)^{-n}]}{i} \tag{4.16}$$

(4.16)式中$\dfrac{[1-(1+i)^{-n}]}{i}$就是1元年金在利率为$i$,期数为$n$时的现值。在实际工作中,一般将1元年金在不同利率和期数的现值系数编制成表,以供查阅之需。

【例4-8】　某人每年年末存入银行1 000元,年利率为10%,连续存10年,问在第10年末的终值为多少?

解：

根据公式有：

$$FV = 1\,000 \times \sum_{t=1}^{10} (1+10\%)^{10-t} = 1\,000 \times 15.937 = 15\,937（元）$$

【例 4-9】 假定某人每年年末支付房租 2 000 元，年利率为 8％，连续支付 5 年，问支付的房租折算为现值为多少元？

解：

根据公式有：

$$PV = \sum_{t=1}^{5} \frac{2\,000}{(1+8\%)^t} = 2\,000 \times 3.993 = 7\,986（元）$$

（二）先付年金的终值和现值

所谓先付年金，是指在每期期初流入和流出的年金。先付年金与后付年金相比，先付年金的终值比后付年金的终值多了一期的利息，而先付年金的现值则比后付年金的现值少了一期的利息。

1. 先付年金终值

先付年金终值计算公式：

$$FV = A \sum_{t=1}^{n} (1+i)^{n-t} \times (1+i) = A \sum_{t=1}^{n+1} (1+i)^{n-t} \tag{4-17}$$

由于年金终值表一般是按后付年金编制的，因此，在用后付年金终值表计算先付年金时，可用后查一期减 1 的方法求得先付年金的终值系数，即：

$$FV = A \sum_{t=1}^{n+1} (1+i)^{n-t} - A = A\left[\sum_{t=1}^{n+1} (1+i)^{n-t} - 1\right] \tag{4.18}$$

【例 4-10】 如[例 4-8]的存款为期初存入。问其年金终值应为多少？

解：

根据公式，有；

$$FV = 1\,000 \times \left[\sum_{t=1}^{11} (1+10\%)^{11-t} - 1\right] = 1\,000 \times [18.531 - 1] = 17\,531（元）$$

2. 先付年金现值

先付年金现值计算公式：

$$PV = \sum_{t=1}^{n} \frac{A}{(1+i)^t} \times \frac{1}{(1+i)} = \sum_{t=1}^{n} \frac{A}{(1+i)^t} \tag{4.19}$$

为了用后付年金现值表计算先付年金的现值，可用前查一期加 1 的方法求得先付年金的现值系数，即：

$$PV = \sum_{t=1}^{n-1} \frac{A}{(1+i)^t} + A = A\left[\sum_{t=1}^{n-1} \frac{1}{(1+i)^t} + 1\right] \tag{4.20}$$

【例 4-11】 如[例 4-9]的付款为期初付款,那么其年金现值则应为:

$$PV = 2\,000 \times \left[\sum_{t=1}^{4} \frac{1}{(1+8\%)^t} + 1 \right] = 2\,000 \times [3.312 + 1] = 8\,624(元)$$

(三) 递延年金的终值和现值

递延年金是指在前 m 期($m>1$)中没有现金流入和流出,只有在 m 期开始后的各期才有现金流入和流出的年金。

递延年金终值特征如图 4-5 所示。

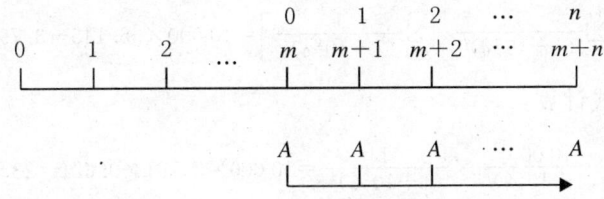

图 4-5 递延年金终值特征示意图

递延年金现值特征如图 4-6 所示。

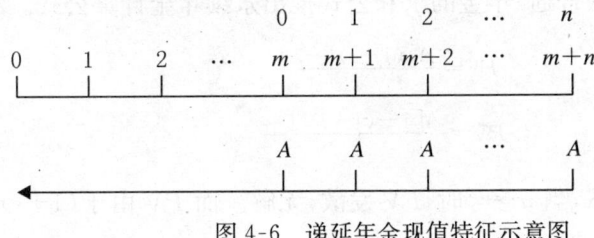

图 4-6 递延年金现值特征示意图

递延年金终值计算公式:

$$FV = A \sum_{t=m}^{m+n} (1+i)^{m+n-t} \tag{4.21}$$

从递延年金终值的计算公式来看,其计算方法与普通年金终值的计算方法一样,故不需对它进行专门的探讨。递延年金现值应是递延年金计算探讨的重点。

根据递延年金现值特征示意图,可按下式求解递延年金现值:

$$PV = \sum_{t=m}^{m+n} \frac{A}{(1+i)^t} = \sum_{t=1}^{m+n} \frac{A}{(1+i)^t} - \sum_{t=1}^{m} \frac{A}{(1+i)^t} =$$

$$A \left[\sum_{t=1}^{m+n} \frac{1}{(1+i)^t} - \sum_{t=1}^{m} \frac{1}{(1+i)^t} \right] \tag{4.22}$$

递延年金现值除可按公式(4.22)求解之外,还可以先求出递延年金在 n 期期初的现值,然后再将该值作为 m 期的终值,并将它折算为 m 期期初的现值,该现值即为递延年金的现值。其计算公式如下：

$$PV=\sum_{t=1}^{n}\frac{A}{(1+i)^t}\times\frac{1}{(1+i)^m} \tag{4.23}$$

【例 4-12】 设某企业的一项投资,以第 6 年年末起至第 10 年年末,每年将有 10 000 元的现金流入,年利率为 10%。问该递延年金的现值为多少?

解:

根据计算公式有:

$$PV=10\ 000\times\left[\sum_{t=1}^{10}\frac{1}{(1+10\%)^t}-\sum_{t=1}^{5}\frac{1}{(1+10\%)^t}\right]=10\ 000\times[6.145-3.791]=23\ 540(元)$$

该例也可按下式计算:

$$PV=\sum_{t=1}^{5}\frac{10\ 000}{(1+10\%)^t}\times\frac{1}{(1+10\%)^5}=10\ 000\times3.791\times0.621=23\ 540(元)$$

（四）永续年金的终值和现值

永续年金是指无限期现金流入和流出的年金。这样,就形成了一个无穷数列的现金流量。因此,可以根据后付(普通)年金的求和公式推出永续年金计算公式。

$$FV=\frac{A[(1+i)^n-1]}{i}$$

$$PV=\frac{A[1-(1+i)^{-n}]}{i}$$

显然,在 $j>0$ 的条件下,当 $n\to\infty$ 时,FV 发散,无解。而 PV 由于 $(1+i)^{-n}$ 趋近于 0,故有:

$$PV=\frac{A}{i} \tag{4.24}$$

【例 4-13】 设某永续证券的年收益为 100 元,折现率为 10%。问该证券的现值应为多少?

解:

根据公式可得:

$$PV=\frac{100}{10\%}=1\ 000(元)$$

第二节　币值变动风险

在现代经济社会中,由于货币已与贵金属脱钩,变成了纯粹的信用货币。信用货币受其发行量、流通速度等诸多因素的影响,其币值不可避免地经常发生变动。虽然人们试图稳定货币币值,但在现实经济生活中,币值变动已成为一种极为普遍的现象。币值变动对公司理财有全面的影响。如果在公司理财中不考虑币值变动因素,将会使公司决策出现失误。本节将讨论币值变动对公司理财的影响及其影响度的测定问题。

一、币值变动对资产和负债的影响

（一）币值变动对资产的影响

币值变动对资产的影响,可以分为对货币性资产和对非货币性资产的影响来讨论。货币性资产是指在物价变动情况下,其金额是固定不变的,或是以货币直接反映的资产。货币性资产主要包括现金、按固定金额收回的应收款项、按面值和固定利率到期收回本息的应收票据、收取固定利息或股息的投资等项目。非货币性资产是指在物价变动情况下,其金额或价格随物价增减变化而变动的资产。非货币性资产主要包括存货、固定资产、无形资产、收取商品或劳务的债权等项目。

在通货膨胀条件下,持有货币性资产会蒙受损失,而持有非货币性资产会取得价值升值利益。相反,在通货紧缩条件下,持有货币性资产会获得价值升值利益,而持有非货币性资产会蒙受价值损失。

（二）币值变动对负债的影响

币值变动对负债的影响,也可分为对货币性负债和对非货币性负债的影响来讨论。货币性负债是指在物价变动情况下,其金额是固定不变的,或是以货币直接反映的负债。货币性负债主要包括按固定金额支付的应付款项、按面值和固定利率到期支付本金和定期支付利息的各种长短期借款、应付票据、应付债券等项目。非货币性负债是指在物价变动情况下,其金额随物价变化而变动的负债。非货币性负债主要包括递延收入、以商品或劳务形式表示的负债等项目。

在通货膨胀条件下,持有货币性负债,因为可以用贬值了的货币去偿债,所以将产生利益;而持有非货币性负债,则不但不能获得货币贬值所带来的利益,而且还必须用已经升值了的商品和劳务去偿还债务,因此会蒙受损失。相反,在通货紧缩条件下,持有货币性负债会蒙受损失,持有非货币性负债则会获得利益。

币值变动对资产和负债的影响如表 4-1 所示。

表 4-1

币值变动对资产和负债的影响

		通货膨胀	通货紧缩
资　产	货币性资产	无利	有利
	非货币性资产	有利	无利
负　债	货币性负债	有利	无利
	非货币性负债	无利	有利

二、币值变动对实际收益率的影响

(一)实际收益率

实际收益率是指在不考虑币值变化率和其他风险因素时的纯利率。从理论上讲,它是资金需要量和资金供应量在供需平衡时的均衡点利率,该利率是每个人确定最优投资量的折现率。根据费雪(Fisher)分离原则,如果市场上资金可以通过借入和贷出进行交换,那么,必然会出现如下情况:第一,会存在一个均衡利率,使借入量和贷出量相等;第二,个人将不会以自己的主观收益率而是以市场均衡利率作为折现率进行最优投资决策;第三,不存在比借入和贷出更好的获利方式。该分离原则说明,如果每个人都以市场决定的利率而不是以他们自己的主观收益率来作投资决策,那么将会使他们的资产最大化。因此,最优投资决策和个人的主观偏好是分离的。

在实际中,精确测定上述均衡点利率是非常困难的。因此,在实际中用不考虑币值变化率的无风险收益率来表示实际收益率。如政府发行的各种债券就可视为无风险债券,相应地该债券的票面收益率在考虑币值变化率影响之后的收益率,就可视为实际收益率。

(二)名义收益率

币值变化会削弱或增加货币的实际购买力,相应也降低或提高了投资项目的收益率。在通货膨胀条件下,货币资金的供应者会要求提高利率水平以补偿其购买力的损失。相反,在通货紧缩的条件下,由于购买力会增加,因此货币资金供应者则可能适当地降低利率水平。所以,名义无风险收益率的高低由实际收益率和币值变化率两个因素所共同决定,即:

$$无风险短期债券利率 = 实际收益率 + 币值变化补偿率$$

由于在现实经济生活中,币值变化以通货膨胀为主;因此,在后面的讨论中,我们将以通货膨胀率为主来研究币值变化率,对于通货紧缩则将它视为负通货膨胀来讨论。

通货膨胀率通常用一般物价指数来表示,随着物价指数的增长,币值不断下降。这种情况可用"货币时间价值"中的现值形式来表现。如果一般物价水平以年 8% 的速度增长,那么,与之相对应的各期币值就应为 $1 \div (1+8\%)^t$。

在通货膨胀条件下,确保实际收益率的名义收益率与实际收益率和通货膨胀率之间的关系可用下式表示:

$$(1+i_名) = (1+i_实)(1+f) \tag{4.25}$$

$$i_名 = i_实 + f + i_实 \times f \tag{4.26}$$

式中　$i_名$——名义收益率;

　　　$i_实$——实际收益率;

　　　f——通货膨胀率。

【例 4-14】　试计算在通货膨胀率为 8% 条件下确保实际收益率为 5% 的名义利率。

解：

根据公式得：

$$i_{名}=5\%+8\%+5\%\times8\%=13.4\%$$

【例 4-15】　某人在已知年通货膨胀率为 5％的条件下，在银行存入一笔年利率为 12％、期限为 5 年的定期存款。问该笔存款的实际收益率为多少？

解：

根据公式可得：

$$i_{实}=\frac{1+i_{名}}{1+f}-1=\frac{1+12\%}{1+5\%}-1=6.67\%$$

三、通货膨胀率对现金流量终值和现值的影响

由于通货膨胀会导致币值下降，币值下降必然会冲淡货币收益的价值，甚至使盈利转变为亏损。从通货膨胀对现金流量的终值和现值的影响原理来看，就是对其价值再以通货膨胀率为折现率再进行一次折现。所以，考虑通货膨胀因素后，现金流量的终值和现值的实际价值应为：

$$FV=\sum_{t=1}^{n}\frac{C_t(1+i)^{n-t}}{(1+f)^t} \tag{4.26}$$

$$PV=\sum_{t=1}^{n}\frac{C_t}{(1+i)^t(1+f)^t} \tag{4.27}$$

【例 4-16】　设某种债券的面值为 1 000 元，年利率为 10％，期限为 5 年，到期一次还本付息，年通货膨胀率为 5％。问该债券终值的实际价值为多少？

解：

根据公式可得：

$$FV=\frac{1\,000\times(1+10\%)^5}{(1+5\%)^5}=\frac{1\,000\times1.61}{1.276}=1\,262(元)$$

【例 4-17】　已知要求的实际收益率为 6％，通货膨胀率为 5％，问在第 5 年年末收到 10 000 元的现值为多少？

解：

根据公式可得：

$$PV=\frac{10\,000}{(1+6\%)^5\times(1+5\%)^5}=\frac{10\,000}{1.338\times1.276}=5\,857.54(元)$$

第三节　信　用　风　险

信用风险是指借款人不能履行还本付息责任所产生的风险。在现实生活中，只要存

在借贷行为,就始终存在着信用风险。信用风险存在的普遍性,使得公司理财不得不对它加以重视。本节将讨论信用风险对收益率的影响和信用风险评级的问题。

一、信用风险对收益率的影响

投资者在有风险的环境中从事投资均会要求获得风险补偿。信用风险越大,相应市场上所要求的风险补偿就会越多。国家发行的各种证券可视为无风险的证券,而其他各种证券与它相比都存在一定风险。在其他条件相同的情况下,证券发行者不履行还本付息协议的风险越大,证券的期望收益率也就会相应地越高。某种证券所预期的收益率与该种证券的不可避免风险之间存在着某种必然的联系。这种关系称为市场全部收益率线,如图 4-7 所示。

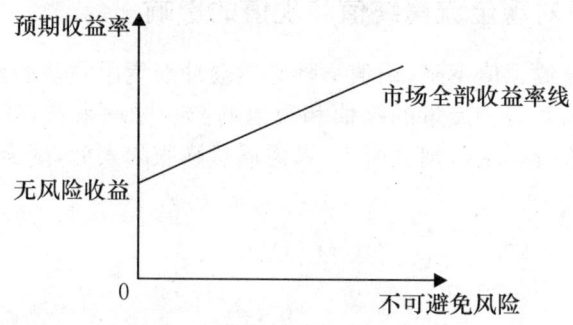

图 4-7　市场全部收益率线

图 4-7 说明了投资者要求的收益率随风险的增大而提高的这种关系。市场全部收益率线的斜率反映了投资者厌恶风险的程度。斜率越大,表明投资者越厌恶风险。如果投资者根本不厌恶风险,那么市场全部收益率线将成为一条水平线,即他们对风险最大的证券收益率的要求与无风险证券收益率的要求相等。

市场全部收益率线反映了投资者在某一点上对预期收益率与不可避免风险两者间进行权衡的状况。该状况受无风险收益率和投资者心理状态两个因素的影响。当无风险收益率提高或者下降时,市场全部收益率线将会向上或向下移动。这种状况可用图 4-8 表示。

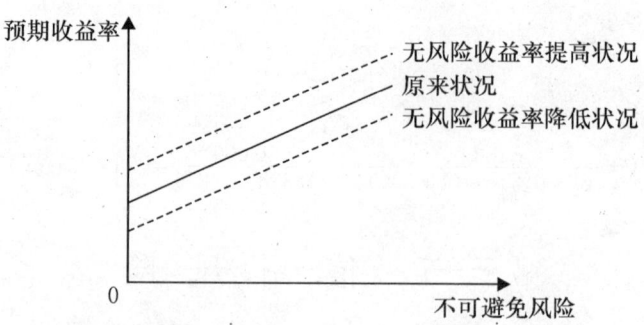

图 4-8　无风险收益率变动对市场全部收益率的影响

投资者对风险的厌恶程度从高(悲观心理)到低(乐观心理),市场全部收益率线的斜率就从大到小。这种状况可用图 4-9 表示。

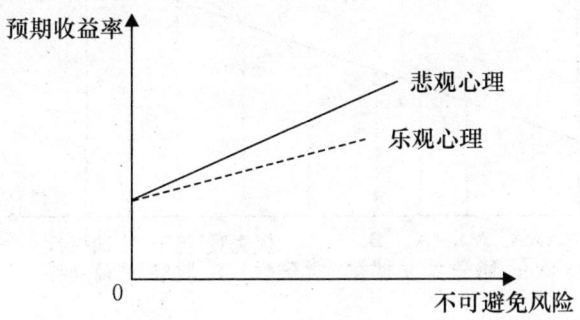

图 4-9 投资者心理状态变动对市场全部收益率的影响

二、信用评级

由于投资者对不同风险水平的投资要求的收益率不同,因此,了解不同投资的风险水平就成了决定投资的前提。为了让投资者把握不同证券的风险水平,伴随着金融市场的逐步成熟和完善,专门评价证券信用的评信机构也随之产生。信用评级机构最早于 20 世纪初产生于美国。之后,随着各国金融市场的成熟,各国都相应地成立了评信机构。世界上最著名的评信机构为标准普尔公司(Standard & Poor's Corporation)和穆迪投资者服务有限公司(Moody's Investors Service)。在我国,不少地区也成立了资信评估公司。

证券评级一般是从行业分析、财务分析和信用契约分析三方面入手,通过对若干因素定量和定性的分析,最后给出证券级别。证券级别越高,风险越低,相应地收益率也就越低。在我国,将公司的信用级别分为 A、B、C、D 四个大级别,在每一级别中又分为三个小级别,如 AAA、AA、A,BBB、BB、B 等。证券级别与其相对应的风险状况判断如表 4-2 所示。

表 4-2

证券级别与相应风险状况对照

证券级别	风 险 状 况 判 断
AAA	安全性很高,几乎没有风险,能如期还本付息
AA	安全性较高,基本没有风险,但可能存在意外因素,使还本付息受到一定影响
A	安全性一般,有一定风险,还本付息易受外界因素影响
B	安全性较低,风险较大,难以保证按期还本付息

不同证券级别风险和收益的关系见图 4-10。

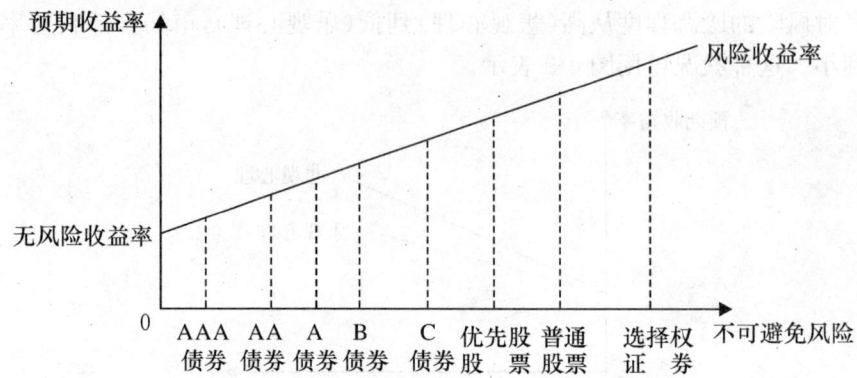

图 4-10　不同证券级别风险和收益的关系图

由于证券的级别影响到投资者对风险—收益的选择结果,影响到证券的发售能力和筹资成本;因此,企业在筹资时应充分考虑到评信公司的评级结果,根据企业自身的特征选择最佳的筹资方式,以降低筹资成本。

第四节　流通风险和期限风险

证券流通能力的强弱和到期时间的长短对证券的价值有着不可低估的影响,在进行证券投资时必须加以考虑。本节将讨论有关证券的流通风险和期限风险的问题。

一、流通风险

证券流通能力就是指证券的转售能力。证券的转售能力会对证券价格产生重要影响。证券的转售能力是指其所有者将证券转换为现金的能力。证券转售能力可从出售证券所能实现的价格和所需的时间两个方面来考察。这两个方面实际上是息息相关的,因为证券持有者如能在价格上作出足够的让步,那么证券转售所花的时间就会大幅度地减少。就金融性资产而言,其变现力的强弱是由在不作大幅度价格让步的条件下,能在短期内出售大量的该类证券的能力所决定的。某种证券的价格让步幅度越小,出售期越短,其转售能力就越强;相反,某种证券的价格让步幅度越大,出售期越长,其转售能力就越弱。因此,转售能力强的证券价值高,转售能力弱的证券价值低。

对到期日相近的证券而言,其收益率除了受信用风险的影响之外,还受转售能力强弱差异的影响。证券转售能力与证券收益率成反比,转售能力强的证券,要求的补偿收益率低;转售能力弱的证券,要求的补偿收益率高。

证券价值大小和收益率高低受转售能力影响的现象,可用我国国库券市场开放前后的情况来说明。国库券是一种无信用风险的证券,但由于在国库券市场开放前,它无法定的转售能力,即变现能力极差;因此,国库券黑市交易的收益率极高,一般均在100%以上,就是国家银行的法定收购价也仅为票面值的 60%。而公司债券,虽然存在一定风险,但由于它可以转让,有一定的变现能力;因此,公司债券转卖的收益率较低,转让价一般在票面值的 80% 以上。随着国库券市场的开放,国库券的变现能力增大,转卖国库券的收益率明显降低,从大大高于票面利率到接近票面利率,再到等于票面利率甚至低于票面利率。相应地,国库券的市场价格也由大大低于票面值到接近票面值,再到等于票面值甚至高于票面值。与之相反,公司债券由于市场相对成熟,其市场价格和收益率的变化均不大。而且由于公司债券存在信用风险,因此其收益率高于了国库券的收益率。

比较我国股票市场中 A 股与 B 股的价格差异,也可以说明流通能力对收益率的影响。我国 A 股的投资者众多,流通能力强;B 股的投资者少,流通能力弱。虽然 A 股与 B 股同股同权,但两者在市场上的价格却相差了许多。在 2001 年 2 月 28 日,B 股市场向国内投资者开放以前,A 股价格是 B 股的 5 倍,在开放之后 A 股价格是 B 股价格的 2 倍左右。显然,B 股流通能力弱于 A 股是导致 A 股价格高于 B 股价格的最重要的原因之一。

二、期限风险

证券到期日的长短与市场利率变化的可能性成正比,到期日越长,市场利率变化的可能性就越大;反之,则越小。为了弥补因到期日长短不同而带来的利率变动的损失,就必须对到期日长的证券要求更高的收益率,即长期证券的要求收益率要高于短期证券的要求收益率。长期证券高于短期证券的利率就是期限风险的补偿收益率。

期限风险的补偿收益率难以精确确定,这是因为期限越长,就越难估计市场利率的变化程度。当未来市场利率低于现行利率时,持有长期证券有利;反之,当未来市场利率高于现行利率时,持有长期证券不利。这种未来利率变化方向可能不一致的状况,使得长期证券期限风险补偿收益率难以确定。从现实来看,期限风险补偿收益率大约在 1~2 个百分点的范围内。期限风险补偿收益率的高低除受证券期限长短的影响之外,还受实际收益率高低的影响。期限风险补偿收益率高低与实际收益率高低成正比。

从筹资者的角度看,虽然短期证券的筹资成本低于长期证券,但它却经常面临再筹资利率变动的风险。如果短期证券到期时的市场利率上升,就会给筹资者造成损失,用短期证券筹资可能没有用长期证券筹资优。因此,期限风险补偿收益率和未来市场利率变化趋势是选择用短期证券或长期证券筹资所必须考虑的两个因素。

在考虑币值变化风险、信用风险、流通风险和到期风险之后,借入资金利息率的构成如下所示。

$$\begin{matrix}借入资金\\利　息　率\end{matrix}=\begin{matrix}实　际\\收益率\end{matrix}+\begin{matrix}币 值 变 化\\风险收益率\end{matrix}+\begin{matrix}信用风险\\补　偿　率\end{matrix}+\begin{matrix}流通风险\\补　偿　率\end{matrix}+\begin{matrix}到期风险\\补　偿　率\end{matrix}$$

公司在理财过程中必须认真考虑本章所讨论的各种因素,根据公司的风险特征来选择最有利的理财方案。以后各章将具体讨论在理财过程中如何考虑和运用这些基本的因素。

案例与资料

　　了解商品物价指数与银行存贷款利息率的变化,有助于读者认识和理解利息率变化的一些规律,因此特列示相关资料于表 4-5、表 4-6、表 4-7、表 4-8,供读者查阅。

一、全国商品零售价格指数

　　我国 1978—2007 年全国商品零售价格环比和定基指数如表 4-5 所示。

表 4-5

全国商品零售价格指数

年 份	商品零售价格指数(上年＝100)	商品零售价格指数（1978 年＝100）
1978	100.7	100.0
1979	102.0	102.0
1980	106.0	108.1
1981	102.4	110.7
1982	101.9	112.8
1983	101.5	114.5
1984	102.8	117.7
1985	108.8	128.1
1986	106.0	135.8
1987	107.3	145.7
1988	118.5	172.7
1989	117.8	203.4
1990	102.1	207.7
1991	102.9	213.7
1992	105.4	225.2
1993	113.2	254.9
1994	121.7	310.2
1995	114.8	356.1
1996	106.1	377.8
1997	100.8	380.8
1998	97.4	370.9
1999	97.0	359.8
2000	98.5	303.1

（续表）

年 份	商品零售价格指数（上年＝100）	商品零售价格指数（1978 年＝100）
2001	99.2	299.2
2002	98.7	292.6
2003	99.9	299.3
2004	102.8	317.6
2005	100.8	333.2
2006	101.0	362.9
2007	103.8	376.7
2008 年	105.9	398.9
2009 年	98.8	394.1
2010 年	103.1	406.3
2011 年	104.9	426.2
2012 年	102.0	434.7
2013 年	101.4	440.8
2014 年	101.0	445.2
2015 年	100.1	445.6
2016 年	100.7	448.7

注：根据各年的《中国统计年鉴》整理。

二、我国金融机构法定存款与贷款利率

我国 1996—2008 年金融机构不同期限的法定存贷款利息率资料如表 4-6 所示。

表 4-6

金融机构法定存款利率

单位：年利率％

调整时间	活期存款	定期存款利率					
		三个月	半年	一年	二年	三年	五年
1990.04.15	2.88	6.30	7.74	10.08	10.98	11.88	13.68
1990.08.21	2.16	4.32	6.48	8.64	9.36	10.08	11.52
1991.04.21	1.80	3.24	5.40	7.56	7.92	8.28	9.00
1993.05.15	2.16	4.86	7.20	9.18	9.90	10.80	12.06
1993.07.11	3.15	6.66	9.00	10.98	11.70	12.24	13.86
1996.05.01	2.97	4.86	7.20	9.18	9.90	10.80	12.06

（续表）

调整时间	活期存款	定期存款利率					
		三个月	半年	一年	二年	三年	五年
1996.08.23	1.98	3.33	5.40	7.47	7.92	8.28	9.00
1997.10.23	1.71	2.88	4.14	5.67	5.94	6.21	6.66
1998.03.25	1.71	2.88	4.14	5.22	5.58	6.21	6.66
1998.07.01	1.44	2.79	3.96	4.77	4.86	4.95	5.22
1998.12.07	1.44	2.79	3.33	3.78	3.96	4.14	4.50
1999.06.10	0.99	1.98	2.16	2.25	2.43	2.70	2.88
2002.02.21	0.72	1.71	1.89	1.98	2.25	2.52	2.79
2004.10.29	0.72	1.71	2.07	2.25	2.70	3.24	3.60
2006.08.19	0.72	1.80	2.25	2.52	3.06	3.69	4.14
2007.03.18	0.72	1.98	2.43	2.79	3.33	3.96	4.41
2007.05.19	0.72	2.07	2.61	3.06	3.69	4.41	4.95
2007.07.21	0.81	2.34	2.88	3.33	3.96	4.68	5.22
2007.08.22	0.81	2.61	3.15	3.60	4.23	4.95	5.49
2007.09.15	0.81	2.88	3.42	3.87	4.50	5.22	5.76
2007.12.21	0.72	3.33	3.78	4.14	4.68	5.40	5.85
2008.10.09	0.72	3.15	3.51	3.87	4.41	5.13	5.58
2008.10.30	0.72	2.88	3.24	3.60	4.14	4.77	5.13
2008.11.27	0.36	1.98	2.25	2.52	3.06	3.60	3.87
2008.12.23	0.36	1.71	1.98	2.25	2.79	3.33	3.60
2010.10.20	0.36	1.91	2.20	2.50	3.25	3.85	4.20
2010.12.26	0.36	2.25	2.50	2.75	3.55	4.15	4.55
2011.02.09	0.40	2.60	2.80	3.00	3.90	4.50	5.00
2011.04.06	0.50	2.85	3.05	3.25	4.15	4.75	5.25
2011.07.07	0.50	3.10	3.30	3.50	4.40	5.00	5.50
2012.06.08	0.40	2.85	3.05	3.25	4.10	4.65	5.10
2012.07.06	0.35	2.60	2.80	3.00	3.75	4.25	4.75
2014.11.22	0.35	2.35	2.55	2.75	3.35	4.00	—
2015.03.01	0.35	2.10	2.30	2.50	3.10	3.75	—
2015.05.11	0.35	1.85	2.05	2.25	2.85	3.50	—

注：根据中国人民银行资料整理。

三、我国 1952 — 2008 年 1 年期储蓄存款利率

我国 1952—2008 年 1 年期储蓄存款利息率见表 4-7。

表 4-7

金融机构法定贷款利率

单位：年利率%

调整时间	六个月（含）	一年（含）	一至三年（含）	三至五年（含）	五年以上
1996.5.1	9.72%	—	13.14%	14.94%	15.12%
1996.8.23	9.18%	10.08%	10.98%	11.70%	12.42%
1997.10.23	7.65%	8.64%	9.36%	9.90%	10.53%
1998.3.25	7.02%	7.92%	9.00%	9.72%	10.35%
1998.7.1	6.57%	6.93%	7.11%	7.65%	8.01%
1998.12.7	6.12%	6.39%	6.66%	7.20%	7.56%
1999.6.10	5.58%	5.85%	5.94%	6.03%	6.21%
2002.2.21	5.04%	5.31%	5.49%	5.58%	5.76%
2004.10.29	5.22%	5.58%	5.76%	5.82%	6.12%
2006.4.28	5.40%	5.85%	6.03%	6.12%	6.39%
2006.8.19	5.58%	6.12%	6.30%	6.48%	6.84%
2007.3.18	5.67%	6.39%	6.57%	6.75%	7.11%
2007.5.19	5.85%	6.57%	6.75%	6.93%	7.20%
2007.7.21	6.03%	6.84%	7.02%	7.20%	7.38%
2007.8.22	6.21%	7.02%	7.20%	7.38%	7.56%
2007.9.15	6.48%	7.29%	7.47%	7.65%	7.83%
2007.12.21	6.57%	7.47%	7.56%	7.74%	7.83%
2008.9.16	6.21%	7.20%	7.29%	7.56%	7.74%
2008.10.08	6.12%	6.93%	7.02%	7.29%	7.47%
2008.10.30	6.03%	6.66%	6.75%	7.02%	7.20%
2008.11.27	5.04%	5.58%	5.67%	5.94%	6.12%
2008.12.23	4.86%	5.31%	5.40%	5.76%	5.94%
2010.10.20	5.10%	5.56%	5.60%	5.96%	6.14%
2010.12.26	5.35%	5.81%	5.85%	6.22%	6.40%
2011.02.09	5.60%	6.06%	6.10%	6.45%	6.60%
2011.04.06	5.85%	6.31%	6.40%	6.65%	6.80%

（续表）

调整时间	六个月（含）	一年（含）	一至三年（含）	三至五年（含）	五年以上
2011.07.07	6.10%	6.56%	6.65%	6.90%	7.05%
2012.06.08	5.85%	6.31%	6.40%	6.65%	6.80%
2012.07.06	5.60%	6.00%	6.15%	6.40%	6.55%
2014.11.22	5.60%	5.60%	6.00%	6.00%	6.15%
2015.03.01	5.35%	5.35%	5.75%	5.75%	5.90%
2015.05.11	5.10%	5.10%	5.50%	5.50%	5.65%

四、我国 2004 年以来调整利率时间及调整后股市表现

我国 2004 年以来调整银行存贷款利息率对股票指数的影响如表 4-8 所示。

表 4-8

我国 2004 年以来调整利率时间及调整后股市表现

数据上调时间	存款基准利率			贷款基准利率			消息公布次日指数涨跌%	
	调整前	调整后	调整幅度	调整前	调整后	调整幅度	上海	深圳
2002 年 2 月 21 日	2.25	1.98	−0.27	5.85	5.31	−0.54	1.57	1.4
2004 年 10 月 29 日	1.98	2.25	0.27	5.31	5.58	0.27	−1.58	−2.31
2006 年 4 月 28 日	2.25	2.25	0	5.58	5.85	0.27	1.66	0.21
2006 年 8 月 19 日	2.25	2.52	0.27	5.85	6.12	0.27	0.2	0.2
2007 年 3 月 18 日	2.52	2.79	0.27	6.12	6.39	0.27	2.87	1.59
2007 年 5 月 19 日	2.79	3.06	0.27	6.39	6.57	0.18	1.04	2.54
2007 年 7 月 21 日	3.06	3.33	0.27	6.57	6.84	0.27	3.81	5.38
2007 年 8 月 22 日	3.33	3.6	0.27	6.84	7.02	0.18	0.5	2.8
2007 年 9 月 15 日	3.6	3.87	0.27	7.02	7.29	0.27	2.06	1.54
2007 年 12 月 21 日	3.87	4.14	0.27	7.29	7.47	0.18	1.15	1.1
2008 年 9 月 16 日	4.14	4.14	0	7.47	7.2	−0.27	−4.47	−0.89
2008 年 10 月 9 日	4.14	3.87	−0.27	7.2	6.93	−0.27	−0.84	−2.4
2008 年 10 月 30 日	3.87	3.6	−0.27	6.93	6.66	−0.27	2.55	1.91
2008 年 11 月 27 日	3.6	2.52	−1.08	6.66	5.58	−1.08	1.05	2.29
2008 年 12 月 23 日	2.52	2.25	−0.27	5.58	5.31	−0.27	−4.55	−4.69
2010 年 10 月 20 日	2.25	2.5	0.25	5.31	5.56	0.25	0.07	1.23

（续表）

数据上调时间	存款基准利率			贷款基准利率			消息公布次日指数涨跌%	
	调整前	调整后	调整幅度	调整前	调整后	调整幅度	上海	深圳
2010 年 12 月 26 日	2.5	2.75	0.25	5.56	5.81	0.25	−1.9	−2.02
2011 年 2 月 9 日	2.75	3	0.25	5.81	6.06	0.25	−0.89	−1.53
2011 年 4 月 6 日	3	3.25	0.25	6.06	6.31	0.25	0.22	1.18
2011 年 7 月 7 日	3.25	3.5	0.25	6.31	6.56	0.25	−0.58	−0.26
2012 年 6 月 8 日	3.5	3.25	−0.25	6.56	6.31	−0.25	−0.51	−0.5
2012 年 7 月 6 日	3.25	3	−0.25	6.31	6	−0.31	1.01	2.95
2014 年 11 月 22 日	3	2.75	−0.25	6	5.6	−0.4	1.85	2.95
2015 年 3 月 1 日	2.75	2.5	−0.25	5.6	5.35	−0.5	0.79	1.07
2015 年 5 月 11 日	2.5	2.25	−0.25	5.35	5.1	−0.25	1.56	0.81
2015 年 6 月 28 日	2.25	2	−0.25	5.1	4.85	−0.25	−3.34	−5.78
2015 年 8 月 26 日	2	1.75	−0.25	4.85	4.6	−0.25	5.34	3.58
2015 年 10 月 24 日	1.75	1.5	−0.25	4.6	4.35	−0.25	0.5	0.73

思 考 与 练 习

一、复习思考题

1. 如何理解货币时间价值的含义？
2. 币值变动与公司价值存在着什么关系？
3. 币值变动条件下的收益率计算需要考虑的因素是什么？
4. 如何理解信用风险的含义？信用风险应该如何确定？
5. 如何理解流通风险的含义？
6. 如何理解期限风险的含义？
7. 怎样认识收益率与各种风险的关系？

二、单项选择题

1. 某人希望在 5 年末取得本利和 20 000 元,则在年利率为 2%,单利计息的方式下,此人现在应当存入银行(　　)元。

　　A. 18 114　　　　　　B. 18 181.82　　　　　C. 18 004　　　　　　　D. 18 000

　　2. 某人目前向银行存入 1 000 元,银行存款年利率为 2%,在复利计息的方式下,5 年后此人可以从银行取出(　　)元。

　　A. 1 100　　　　　　B. 1 104.1　　　　　　C. 1 204　　　　　　　D. 1 106.1

　　3. 某人进行一项投资,预计 6 年后会获得收益 880 元,在年利率为 5% 的情况下,这笔收益的现值为(　　)元。

　　A. 4 466.62　　　　B. 656.66　　　　　　C. 670.56　　　　　　D. 4 455.66

　　4. 企业有一笔 5 年后到期的贷款,到期值是 15 000 元,假设存款年利率为 3%,则企业为偿还借款建立的偿债基金为(　　)元。

　　A. 2 825.34　　　　B. 3 275.32　　　　　C. 3 225.23　　　　　D. 2 845.34

　　5. 某人分期购买一辆汽车,每年年末支付 10 000 元,分 5 次付清,假设年利率为 5%,则该项分期付款相当于现在一次性支付(　　)元。

　　A. 55 256　　　　　B. 43 259　　　　　　C. 43 295　　　　　　D. 55 265

　　6. 某企业进行一项投资,目前支付的投资额是 10 000 元,预计在未来 6 年内收回投资,在年利率是 6% 的情况下,为了使该项投资是合算的,那么企业每年至少应当收回(　　)元。

　　A. 1 433.63　　　　B. 1 443.63　　　　　C. 2 023.64　　　　　D. 2 033.64

　　7. 某一项年金前 4 年没有流入,后 5 年每年年初流入 1 000 元,则该项年金的递延期是(　　)年。

　　A. 4　　　　　　　　B. 3　　　　　　　　C. 2　　　　　　　　D. 1

　　8. 某人拟进行一项投资,希望进行该项投资后每半年都可以获得 1 000 元的收入,年收益率为 10%,则目前的投资额应是(　　)元。

　　A. 10 000　　　　　B. 11 000　　　　　　C. 20 000　　　　　　D. 21 000

　　9. 某人在第 1 年、第 2 年、第 3 年年初分别存入 1 000 元,年利率 2%,单利计息的情况下,在第 3 年年末此人可以取出(　　)元。

　　A. 3 120　　　　　　B. 3 060.4　　　　　C. 3 121.6　　　　　　D. 3 130

　　10. 已知利率为 10% 的 1 期、2 期、3 期的复利现值系数分别是 0.909 1、0.826 4、0.751 3,则可以判断利率为 10%,3 年期的年金现值系数为(　　)。

　　A. 2.543 6　　　　　B. 2.486 8　　　　　C. 2.855　　　　　　D. 2.434 2

　　11. 某人于第 1 年年初向银行借款 30 000 元,预计在未来每年年末偿还借款 6 000 元,连续 10 年还清,则该项贷款的年利率为(　　)。

　　A. 20%　　　　　　B. 14%　　　　　　　C. 16.13%　　　　　　D. 15.13%

　　12. 名义利率等于(　　)。

　　A. 实际收益率加通货膨胀率

　　B. 实际收益率减通货膨胀率

C. 实际收益率乘通货膨胀率

D. 实际收益率加通货膨胀率加上实际收益率乘通货膨胀率

13. 当无风险收益率下降时,市场全部收益率线将会( )。

A. 向上移动　　　　　　　　　　B. 向下移动

C. 向右平移　　　　　　　　　　D. 向左平移

三、多项选择题

1. 年金是指一定时期内每期等额收付的系列款项,下列各项中,属于年金形式的是( )。

A. 按照直线法计提的折旧　　　　B. 等额分期付款

C. 筹资租赁的租金　　　　　　　D. 养老金

2. 某人决定在未来 5 年内每年年初存入银行 1 000 元(共存 5 次),年利率为 2%,则在第 5 年年末能一次性取出的款项额计算正确的是( )。

A. $1\,000×(F/A,2\%,5)$　　　　　B. $1\,000×(F/A,2\%,5)×(1+2\%)$

C. $1\,000×(F/A,2\%,5)×(F/P,2\%,1)$　　D. $1\,000×[(F/A,2\%,6)-1]$

3. 某项年金前 3 年没有流入,从第 4 年开始每年年末流入 1 000 元共计 4 次,假设年利率为 8%,则该递延年金现值的计算公式正确的是( )。

A. $1\,000×(P/A,8\%,4)×(P/F,8\%,4)$

B. $1\,000×[(P/A,8\%,8)-(P/A,8\%,4)]$

C. $1\,000×[(P/A,8\%,7)-(P/A,8\%,3)]$

D. $1\,000×(F/A,8\%,4)×(P/F,8\%,7)$

4. 下列说法中,正确的是( )。

A. 普通年金终值系数和偿债基金系数互为倒数

B. 普通年金终值系数和普通年金现值系数互为倒数

C. 复利终值系数和复利现值系数互为倒数

D. 普通年金现值系数和资本回收系数互为倒数

5. 借入资金利息率等于( )之和。

A. 实际收益率和币值变化风险收益率

B. 信用风险补偿率

C. 流通风险补偿率

D. 到期风险补偿率

6. 下列说法中,正确的有( )。

A. 在通货膨胀条件下,持有货币性负债,有利

B. 在通货膨胀条件下,持有货币性负债,无利

C. 在通货膨胀条件下,持有货币性资产,无利

　　D. 在通货膨胀条件下,持有货币性资产,有利

四、判断题

　　1. 每半年付息一次的债券利息是一种年金的形式。　　　　　　　　（　　）

　　2. 即付年金的现值系数是在普通年金的现值系数的基础上系数＋1,期数－1得到的。　　　　　　　　　　　　　　　　　　　　　　　　　　　　　　　（　　）

　　3. 递延年金有终值,终值的大小与递延期是有关的,在其他条件相同的情况下,递延期越长,则递延年金的终值越大。　　　　　　　　　　　　　　　　　　　（　　）

　　4. 已知$(F/P,3\%,6)=1.1941$,则可以计算出$(P/A,3\%,6)=3.47$。　　（　　）

　　5. 某人贷款5 000元,该项贷款的年利率是6%,每半年计息一次,则3年后该项贷款的本利和为5 955元。　　　　　　　　　　　　　　　　　　　　　　　（　　）

　　6. 实际收益率是指在不考虑币值变化率和其他风险因素时的纯利率,从理论上讲,它是资金需要量和资金供应量在供需平衡时的均衡点利率。　　　　　　　（　　）

　　7. 市场全部收益率线的斜率反映了投资者厌恶风险的程度。斜率越小,表明投资者越厌恶风险。　　　　　　　　　　　　　　　　　　　　　　　　　　　（　　）

　　8. 市场全部收益率线反映了投资者在某一点上对预期收益率与不可避免风险两者间进行权衡的状况。当无风险收益率提高时,市场全部收益率线将会向下移动。（　　）

　　9. 证券到期日的长短与市场利率变化的可能性成正比,到期日越长,市场利率变化的可能性就越大;反之,则越小。　　　　　　　　　　　　　　　　　　　（　　）

　　10. 期限风险补偿收益率的高低只受证券期限长短的影响。　　　　　（　　）

　　11. 转售能力强的证券价值低,转售能力弱的证券价值高。　　　　　（　　）

五、计算题

　　1. 某人在银行存入5年期定期存款1 000元,年利息率为5%(单利)。试计算该笔存款的终值。

　　2. 某人在银行存入10年期定期存款1 000元,年利息率为10%(单利)。试计算该笔存款的终值。

　　3. 某人在银行存入15年期定期存款1 000元,年利息率为15%(单利)。试计算该笔存款的终值。

　　4. 某人在第5年取得1 000元,年利息率为10%(单利)。试计算该笔存款的现值。

　　5. 某人在第15年取得1 000元,年利息率为8%(单利)。试计算该笔存款的现值。

　　6. 某人在第20年取得1 000元,年利息率为10%(单利)。试计算该笔存款的现值。

　　7. 某人在银行存入10 000元,年利息率为5%,复利计息。试计算该笔存款在第5年的终值。

　　8. 某人在银行存入10 000元,年利息率为10%,复利计息。试计算该笔存款在第10

年的终值。

9. 某人在银行存入 10 000 元,年利息率为 15%,复利计息。试计算该笔存款在第 20 年的终值。

10. 若某人在第 5 年可以获得 10 000 元的现金,年利息率为 5%,复利计算。问该笔钱相当于现在的多少元钱。

11. 若某人在第 10 年可以获得 10 000 元的现金,年利息率为 10%,复利计算。问该笔钱相当于现在的多少元钱。

12. 若某人在第 15 年可以获得 10 000 元的现金,年利息率为 15%,复利计算。问该笔钱相当于现在的多少元钱。

13. 某人有在第 5 年取得 3 000 元与现在取得 2 000 元两种方案可供选择,已知年折现率为 10%。试问何方案最优。

14. 某人有在第 10 年取得 5 000 元与现在取得 2 000 元两种方案可供选择,已知年折现率为 10%。试问何方案最优。

15. 本金为 10 000 元的 2 年期定期存款,按单利计息的年利率为 10%,如果该存款到期转存,连续转存了 5 次,问该笔存款的终值为多少?

16. 本金为 5 000 元的 3 年期定期存款,按单利计息的年利率为 8%,如果该存款到期转存,连续转存了 3 次,问该笔存款的终值为多少? 折算为年复利利率为多少?

17. 本金为 10 000 元的 5 年期定期存款,按单利计息的年利率为 12%,如果该存款到期转存,连续转存了 4 次。问该笔存款的终值为多少? 折算为年复利利率为多少?

18. 某人在银行存入了一笔年利率为 2% 的 3 个月定期存款 1 000 元。假如,该笔存款连续滚存了 5 年。问该笔存款的终值为多少? 折算为年复利利率为多少?

19. 某人在银行存入了一笔年利率为 4% 的 3 个月定期存款 10 000 元。假如,该笔存款连续滚存了 10 年。问该笔存款的终值为多少? 折算为年复利利率为多少?

20. 某人在银行存入了一笔年利率为 8% 的 6 个月定期存款 5 000 元。假如,该笔存款连续滚存了 5 年。问该笔存款的终值为多少? 折算为年复利利率为多少?

21. 某人在银行存入了一笔年利率为 6% 的 1 个月定期存款 1 000 元。假如,该笔存款连续滚存了 5 年。问该笔存款的终值为多少? 折算为年复利利率为多少?

22. 某人在银行存入了一笔年利率为 2% 的 1 个星期的定期存款 8 000 元。假如,该笔存款连续滚存了 3 年。问该笔存款的终值为多少? 折算为年复利利率为多少?

23. 假定某人第 1 年年初(0 年)存入银行 2 000 元,第 1 年年末存入 2 200 元,第 2 年年末存入 1 800 元,第 3 年年末存入 2 400 元,第 4 年年末存入 3 100 元,第 5 年年末存入 3 500 元,银行存款年利息率为 8%。问该系列存款第 5 年年末的本利和为多少?

24. 假定某人第 1 年年初(0 年)存入银行 2 000 元,第 1 年年末和第 2 年年末未有款项存入,第 3 年年末存入 4 000 元,第 4 年年末存入 3 000 元,第 5 年年末存入 5 000 元,银行存款年利息率为 10%。问该系列存款第 5 年年末的本利和为多少?

25. 某房屋租赁公司向客户提供了如下两种租赁方案:方案(1):按月支付,第1年每月支付金额为 14 000 元,第 2 年每月支付金额为 12 000 元,第 3 年每月支付金额为 10 000 元;方案(2):第 3 年年末一次支付租赁费 50 000 元。已知折现率为 10%,问哪一个租赁方案最优?

26. 有一个投资方案:第1年年末投资金额为 20 000 元,第 2 年年末投资金额为 30 000元,第 3 年年末投资金额为 40 000 元;第 4 年年末可以获得本利 110 000 元。已知折现率为 8%。问该投资方案是否可取?

27. 某人分 5 年分期付款购买一套住房,首期付款 30 000 元,第 1 年付款 20 000 元,第 2 年付款 18 000 元,第 3 年付款 16 000 元,第 4 年付款 14 000 元,第 5 年付款 12 000元,按月月末支付。年利息率为 12%。问该套住房的现值为多少?

28. 房地产公司向客户提供了如下两种购房方案:方案(1):一次付款价格为 200 000元;方案(2):首期付款 70 000 元,第 1 年年末付款 40 000 元,第 2 年年末付款 35 000 元,第 3 年年末付款 30 000 元,第 4 年年末付款 25 000 元,第 5 年年末付款 20 000 元,已知折现率为 10%。问哪一个购房方案最优?

29. 有一个投资方案:第 1 年年初投资金额为 100 000 元,第 6 年年末开始至第 10 年年末每年流入现金 30 000 元,已知折现率为 10%。问该投资方案是否可取?

30. 有一个投资方案:第 1 年年初投资金额为 150 000 元,从第 6 年年初开始至第 10 年 6 月,每 6 个月流入现金 20 000 元,已知折现率为 10%。问该投资方案是否可取?

31. 有一个投资方案:第 1 年年初投资金额为 100 000 元,第 6 年年末开始至第 10 年年末每年流入现金 20 000 元,已知折现率为 8%。问该投资方案是否可取?

32. 有一个投资方案:第 1 年年初投资金额为 200 000 元,第 6 年年末开始至第 10 年年末每年流入现金 30 000 元,该区间的折现率为 10%,第 11 年开始每年年末流入现金 20 000 元,该区间的折现率为 8%。问该投资方案是否可取?

33. 已知某债券的年票面收益率为 12%,且按季付息,年通货膨胀率为 5%。问该债券的实际收益率为多少?

34. 已知在年通货膨胀率为 5%,投资者的实际期望收益率为 8% 的条件下,其投资的名义收益率至少应为多少才能满足投资者的投资期望?

35. 已知某债券的年票面收益率为 8%,按年付息,又知投资该债券的实际收益率为11%。问年币值变化率为多少?

36. 已知近 20 年的年均通货膨胀率为 14%,某人 20 年前投资 10 000 元购买了年票面收益率为 10%(复利)的 20 年期的长期政府债券,到期一次还本付息。问该债券的实际收益率和折合为 20 年后的终值各为多少?

37. 已知近 10 年的年均通货膨胀率为 16%,某人 10 年前投资 10 000 元购买了年票面收益率为 10% 的政府债券,每年付息一次,到期还本。问投资该债券的实际盈亏状况?

38. 已知 5 年期 A 债券的年面值为 1 000 元,票面收益率为 12%,每 6 个月付息一次,年通货膨胀率为 8%。问在该债券到期时的现值为多少?

39. 经预测 2000—2006 年的通货膨胀率如表 4-9 所示。

表 4-9

资 料 表

年 份	2000	2001	2002	2003	2004	2005
通货膨胀率	5%	7%	9%	10%	11%	8%

试确定确保 2000 年 7 月 1 日至 2005 年 6 月 30 日 5 年期,一次还本付息的无风险债券的实际收益率为 7% 时的名义利率。

40. 如果"习题 39"中所述债券为每年付息,到期一次还本,其余假设条件不变,请计算确保实际收益率为 7% 时的名义利率。

41. 如果"习题 39"中所述债券为每年付息两次,到期一次还本,其余假设条件不变,请计算确保实际收益率为 7% 时的名义利率。

42. 假设预测 10 年内的年通货膨胀率如表 4-10 所示。

表 4-10

资 料 表

年 次	1	2	3	4	5	6	7	8	9	10
通货膨胀率	−5%	−3%	−1%	0%	4%	6%	7%	8%	10%	10%

试确定票面利息率为 8% 的,一次还本付息的,10 年期无风险债券的实际收益率。

43. 如果"习题 42"中所述债券为每年付息,到期一次还本,其余假设条件不变,请计算该债券的实际收益率。

44. 某人希望通过贷款 100 万元对房地产进行投资,房产的使用寿命为 50 年,房产出租的名义收益率为 10%。他预测 10 年内的年通货膨胀率如表 4-11 所示。

表 4-11

资 料 表

年 次	1	2	3	4	5	6	7	8	9	10
通货膨胀率	−6%	−4%	−2%	0%	4%	6%	8%	10%	11%	12%

贷款条件如下:贷款期限 10 年,贷款利息率为 12%,每两年偿还 20% 的本金,每 3 个月按贷款余额支付一次利息。

试问该投资是否可行?

第五章 公司风险

【**本章提要**】 公司风险是指由于公司固定成本的存在而使企业盈利能力具有的可变性,以及由于负债原因引起的偿债能力的不确定性。本章重点讨论固定支出带来的风险。将固定支出进行分类,公司风险可以进一步分为总风险、经营风险和财务风险三大类。防范和利用风险是公司理财学中的一个重要课题,在本章将讨论公司总风险、经营风险和财务风险三大类风险的理论意义、表现形式,以及如何控制和利用公司风险的问题。

【**学习目标**】 通过本章学习,要求掌握和了解如下内容:(1)掌握总风险的含义及其计算方法。(2)掌握总风险的分解方法。(3)掌握经营风险的含义及其计算方法。(4)认识影响经营风险变动的关键因素。(5)掌握财务风险的含义。(6)掌握财务杠杆的计算方法。(7)认识控制公司风险的基本方法。(8)认识现金盈亏平衡点的含义与计算方法。

第一节 企业总风险及总风险分解

企业总是在不同的风险环境条件下生存和发展的,经营企业就离不开风险。一个企业面临的总风险是多种多样的,这些风险可以按多种标准进行分类。但在本节中只按公司理财学对企业总风险的定义来讨论企业总风险及其分类问题。

一、企业总风险

(一)企业总风险的含义

从公司理财的角度看,风险对企业价值的影响,是通过风险对企业盈利能力的影响和风险对折现率的影响两个方面起作用的。风险对企业盈利能力的影响,是指由于风险的存在使企业盈利能力具有的可变性,风险越大,这种可变性就越大。同一盈利能力,风险越大,价值越低;反之,风险越小,价值越高。风险对折现率的影响,是指由于风险的存在,使企业资金供给者(包括投资者和债权人)要求的资金回报率具有的可变性,风险越大,这种可变性就越大,相应地要求的回报率就越高。这两种风险对企业价值影响虽然不同,但在计算企业价值时两者是可以替代的。

(二)企业总风险的表达式

企业总风险可用企业销售收入增减变化而引起的企业利润(税前收益)加速变化的现象来反映,这种现象被称为杠杆现象。因此,企业总风险水平的高低可由综合杠杆来度量。

根据企业总风险的定义,综合杠杆的基本表达式:

$$\text{综合杠杆} = \frac{\dfrac{\text{本期利润总额}-\text{上期利润总额}}{\text{上期利润总额}}}{\dfrac{\text{本期销售收入}-\text{上期销售收入}}{\text{上期销售收入}}} \tag{5.1}$$

在销售单价、单位成本和固定成本不变的条件下,销售收入(量)的变动率会小于利润的变动率。

由于

$$\text{利润总额}=\text{销售收入}(S)-\text{变动成本总额}(TV)-\text{固定成本总额}(F)$$

$$\text{销售收入}(S)=\text{销售单价}(P)\times\text{销售量}(Q)$$

$$\text{变动成本总额}(TV)=\text{单位变动成本}(V)\times\text{销售量}(Q)$$

因此,有

$$\text{综合杠杆}=\frac{\dfrac{[(P-V)Q_1-F]-[(P-V)Q_0-F]}{(P-V)Q_0-F}}{\dfrac{PQ_1-PQ_0}{PQ_0}}=$$

$$\frac{\dfrac{(P-V)(Q_1-Q_0)}{(P-V)Q_0-F}}{\dfrac{Q_1-Q_0}{Q_0}}=$$

$$\frac{(P-V)Q_0}{(P-V)Q_0-F}=\frac{\text{上期贡献毛益总额}}{\text{上期利润总额}} \tag{5.2}$$

从公式(5.2)可以看出,在企业有盈利的情况下,分子大于分母,即综合杠杆必然大于1。公式说明,销售收入(销售量)每增减变化一个百分点,利润总额将以大于一个百分点的速度变化。

算式的值越大,说明企业的总风险水平越高。究其原因,是企业存在固定成本。当销售量上升时,单位固定成本下降,导致利润的增长率大于销售量的增长率;反之,当销售量下降时,单位固定成本上升,导致利润的降低率大于销售量的降低率。下面以实例来说明该问题。

【例5-1】 设甲、乙两家企业,在当前生产水平条件下的经营情况如表5-1所示。

表 5-1

甲、乙两家企业经营情况

	甲 企 业	乙 企 业
固定成本(元)	30 000 000	40 000 000
单位变动成本(元)	60	50
销售单价(元)	100	100
销售数量(件)	1 000 000	1 000 000

试根据表 5-1 的资料计算两家企业的综合杠杆。

解：

根据公式分别计算的两家企业的综合杠杆如下：

$$甲企业综合杠杆 = \frac{(100-60)\times 1\,000\,000}{(100-60)\times 1\,000\,000 - 30\,000\,000} = 4$$

$$乙企业综合杠杆 = \frac{(100-50)\times 1\,000\,000}{(100-50)\times 1\,000\,000 - 40\,000\,000} = 5$$

甲、乙两家企业综合杠杆说明：当销售量为 100 万件时，如甲企业销售量增加某一个百分点或减少某一个百分点，它的税前收益会相应增加或减少 4 个百分点，即以 4 倍于销售量的速度变化；而乙企业的销售量增加或减少一个百分点，它的税前收益则会以 5 倍于该百分点的速度变化。这种情况可用表 5-2 和表 5-3 表示。

表 5-2

甲企业综合杠杆对税前收益的影响

	销 售 水 平		
	本 期	增加 10%	减少 10%
销售收入(元)	100 000 000	110 000 000	90 000 000
减：变动成本(元)	60 000 000	66 000 000	54 000 000
固定成本(元)	30 000 000	30 000 000	30 000 000
税前收益(元)	10 000 000	14 000 000	6 000 000
税前收益增减百分比(%)		+40	-40

表 5-3

乙企业综合杠杆对税前收益的影响

	销 售 水 平		
	本 期	增加 10%	减少 10%
销售收入(元)	100 000 000	110 000 000	90 000 000
减：变动成本(元)	50 000 000	55 000 000	45 000 000
固定成本(元)	40 000 000	40 000 000	40 000 000
税前收益(元)	10 000 000	15 000 000	5 000 000
税前收益增减百分比(%)		+50	-50

甲、乙两家企业相比较,可以明显看出:乙企业由于综合杠杆高于甲企业,因此综合风险比甲企业大。但正是由于乙企业的综合风险大,在销售量提高的情况下,才使税前收益增长的速度比甲企业快;因此,乙企业通过增加销售量来扩大盈利的机会比甲企业多。如果甲、乙两家企业属于生产同一产品的企业,且乙企业单位变动成本较甲企业低是由于大举增加固定成本的缘故;那么,乙企业增加固定成本所冒的风险是否值得,就取决于它是否能扩大销售量了。

上述甲、乙两企业经营风险的差异,还可以进一步用两家企业的盈亏平衡点大小不同来证明。按照盈亏平衡点的计算公式,有:

$$\text{甲企业盈亏平衡点销售收入} = \frac{\text{固定成本总额}}{\text{单位贡献毛益}} = \frac{30\,000\,000}{40\%} = 7\,500(\text{万元})$$

$$\text{乙企业盈亏平衡点销售收入} = \frac{\text{固定成本总额}}{\text{单位贡献毛益}} = \frac{40\,000\,000}{50\%} = 8\,000(\text{万元})$$

两家企业的风险状况,还可以用图加以直观的描述,见图 5-1。

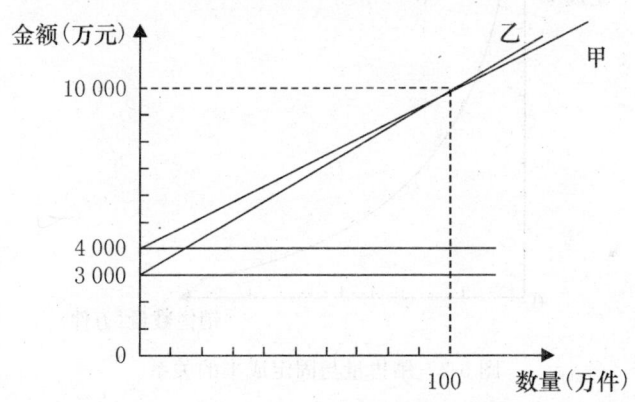

图 5-1　甲、乙两公司经营风险比较

从图 5-1 可以看出,在销售量为 100 万件或销售收入为 10 000 万元以内时,甲公司的总风险大于乙公司的总风险,而当销售量超过 100 万件或销售收入超过 10 000 万元以后,乙公司的总风险大于甲公司的总风险。这说明,企业的总风险是可变的。

（三）企业总风险的可变性

一个企业的总风险不是一成不变的,它是随销售量的增减变化而变化的。当销售量下降,综合杠杆率上升;当销售量上升,综合杠杆率下降。

【例 5-2】　试以[例 5-1]的资料为基础,问当企业销售量分别增减 10% 的情况下,企业的综合杠杆率各为多少?

解:

根据公式,可得:

(1) 当销售量增加 10% 时,有:

$$\frac{甲\ 企\ 业}{综合杠杆} = \frac{(100-60)\times 1\ 100\ 000}{(100-60)\times 1\ 100\ 000-30\ 000\ 000} = 3.14$$

$$\frac{乙\ 企\ 业}{综合杠杆} = \frac{(100-50)\times 1\ 100\ 000}{(100-50)\times 1\ 100\ 000-40\ 000\ 000} = 3.67$$

（2）当销售量减少 10% 时，有：

$$\frac{甲\ 企\ 业}{综合杠杆} = \frac{(100-60)\times 900\ 000}{(100-60)\times 900\ 000-30\ 000\ 000} = 6$$

$$\frac{乙\ 企\ 业}{综合杠杆} = \frac{(100-50)\times 900\ 000}{(100-50)\times 900\ 000-40\ 000\ 000} = 9$$

企业总风险之所以会与销售量的变化成反比，是因为固定成本的存在。当销售量增加时，每一单位销售收入所分摊的固定成本减少；而销售量减少时，每一单位分摊的固定成本增加。这种情况，可以用图 5-2 表示。

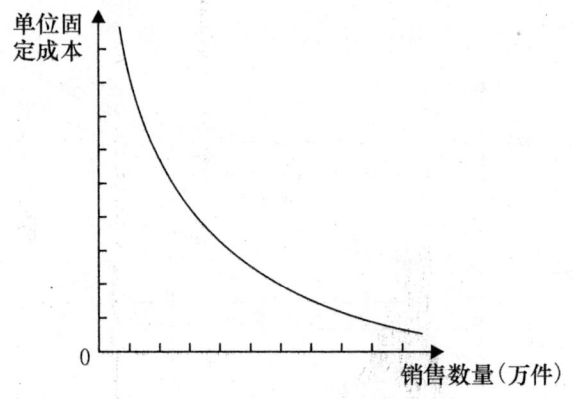

图 5-2　销售量与固定成本的关系

掌握综合杠杆，还有利于预测在销售量发生变化时的股权资金收益率的变化情况。

【例 5-3】　设某企业销售量为 1 000 000 件，销售单价为 10 元，单位成本为 5 元，生产性固定成本为 300 万元，利息支出为 100 万元时的股权资金收益率为 4%。问销售量增至 1 200 000 件时，该企业的股权资金收益率为多少？

解：

回答该问题可分两步计算：

第一步，计算综合杠杆率。

$$综合杠杆率 = \frac{(10-5)\times 1\ 000\ 000}{(10-5)\times 10\ 000\ 000-3\ 000\ 000-1\ 000\ 000} = 5$$

第二步，计算股权资金收益率。

$$股权资金收益率 = 原股权资金收益率\times[1+(销售量增长率\times综合杠杆率)] =$$
$$4\%\times[1+(20\%\times 5)] = 8\%$$

计算结果表明,该企业销售量从 1 000 000 件增至 1 200 000 件时,股权资金收益率将从 4% 增至 8%,增长率为 100%,即 5 倍于销售量的速度增长。

二、总风险的分解

（一）企业总风险产生根源分析

企业总风险对企业价值的影响可从风险对企业盈利能力产生的影响和风险对企业折现率产生的影响两个方面来考察。

风险对企业盈利能力产生影响的根源在于企业存在着固定成本。一旦企业经营收入抵减变动成本之后的余额（贡献毛益）不足以弥补固定成本,企业就会发生亏损;相反则会产生盈利。此外,企业经营收入增减变化率与企业盈亏变化率并不一致,由于固定成本的存在,前者总会低于后者,即固定成本对企业盈利能力的变化率起着放大性的作用。

风险对企业折现率产生影响的最根本原因在于企业存在的负债。负债的存在给企业带来两个方面的不确定性:一是由于负债要支付利息,即存在固定的财务费用,从而带来了盈利能力的可变性或不确定性;二是由于负债意味着企业要还本付息,从而带来了偿债能力的不确定性。企业偿债能力的不确定性,从债权人来看,就是债权人债权安全完整的不确定性,即债权的风险性。债权存在风险,债权人就要求得到风险补偿,即提高债权的利息率,这就导致企业负债资金成本上升,折现率提高。企业偿债能力的不确定性,除了影响负债资金成本之外,也会影响到股权资金成本,进而影响到企业加权平均资金成本,使折现率发生变化。

（二）企业总风险的分解

根据前述分析,可以将企业固定成本进一步分为经营性固定成本和财务性（筹资性）固定成本两大类。经营性固定成本是指由生产经营等原因而产生的固定成本,如固定资产折旧、长期资产摊销、经营性租赁费用支出、保险费、财产税、计时工资、酌量性管理及营销固定成本等等。财务性固定成本是指由筹资原因而产生的固定成本,这类固定成本主要是由各类借款利息费用组成。

用贡献毛益减去经营性固定成本之后的余额就是息税前收益,息税前收益减去财务性固定成本（利息费用）就是税前收益。

在区分息税前收益和税前收益,以及将固定成本分解为经营性固定成本和财务性（利息费用）之后,企业总风险就可以分解为经营风险和财务风险。其分解过程如下:

$$综合杠杆 = \frac{贡献毛益}{税前收益} = \frac{贡献毛益}{税前收益} \times \frac{息税前收益}{息税前收益} =$$

$$\frac{贡献毛益}{息税前收益} \times \frac{息税前收益}{税前收益} =$$

经营杠杆×财务杠杆　　　　　　　　　　　　　　　　　(5.3)

贡献毛益与息税前收益之比称为经营杠杆,息税前收益与税前收益之比称为财务杠杆。经营杠杆是用来度量经营风险大小的工具,财务杠杆是用来度量财务风险大小的工具。企业综合杠杆是其经营杠杆与财务杠杆之积。

现以实例说明企业总风险的分解问题。

【例 5-4】 假定[例 5-1]中甲、乙两企业的固定成本总额中均含有 5 000 000 元的利息费用,问两企业各自的经营杠杆和财务杠杆分别为多少?

解:

根据公式,有:

$$甲企业经营杠杆 = \frac{40\,000\,000}{40\,000\,000 - 25\,000\,000} = 2.67$$

$$乙企业经营杠杆 = \frac{50\,000\,000}{50\,000\,000 - 35\,000\,000} = 3.33$$

$$甲企业财务杠杆 = \frac{40\,000\,000 - 25\,000\,000}{40\,000\,000 - 25\,000\,000 - 5\,000\,000} = 1.5$$

$$乙企业财务杠杆 = \frac{50\,000\,000 - 35\,000\,000}{50\,000\,000 - 35\,000\,000 - 5\,000\,000} = 1.5$$

上述有关企业总风险的分解说明,控制总风险可以从控制经营风险和财务风险入手。如企业总风险水平或综合杠杆率既定,当企业经营杠杆率较高,则可以通过降低财务杠杆率来确保综合杠杆率控制目标的实现;反之,当财务杠杆率较高时,则可以通过降低经营杠杆来确保综合杠杆率控制目标的实现。

三、企业总风险分解的意义

(一)企业总风险水平分析的分类

企业风险分类既可从风险对盈利能力的影响和风险对折现率的影响来分,又可以从经营风险和财务风险来分。各类风险又是相互影响的,本书所定义的企业风险分类如图5-3 所示。

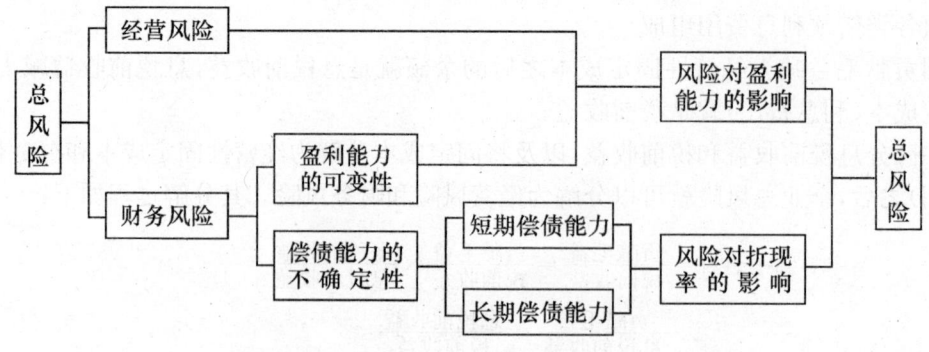

图 5-3　企业风险分类

（二）企业总风险分解的意义

从上述可知，企业风险水平分析至少有如下几方面的意义：

（1）可以明确不同种类风险对企业总风险的影响程度，有利于企业根据自身实际情况采取不同的风险控制方法，有效控制企业风险。比如，当企业的经营风险过大时，那么就应该减少负债筹资，以降低财务风险；相反，当企业的经营风险较小时，那么就可以适当增加负债筹资，以获取财务杠杆利益。

（2）可以判明不同风险对决定企业价值各要素的影响状况，有利于企业有针对性地采取各种措施，提高企业价值。

（3）可以将不同风险水平的盈利能力折算为同风险的盈利能力，有利于投资者和债权人比较不同企业盈利能力的高低，从而作出科学的决策。

第二节　经营风险及其表现形式

经营风险是构成企业总风险的两大风险之一，了解经营风险有助于加深对企业总风险的认识，本节将对经营风险的概念及其计量问题进行讨论。

一、经营风险概述

经营风险，是指生产经营方面的原因给企业盈利带来的不确定性，具体地说，是给企业息税前收益带来的不确定性。这种风险是企业固有的，任何企业都必然承受着这种风险。因为企业生产经营的各个方面都会受企业外部环境和内部条件的影响，不可避免地具有不确定性。

从企业外部环境看，产品销售市场和生产要素市场的任何变化均会影响到经营风险。

从产品销售市场来看，产品销售市场上的供求关系会直接影响到企业产品的销售数量和销售价格，从而引起企业息税前收益的变化。而产品销售市场上的供求关系又受诸如宏观经济政策的变化、新竞争对手的出现、新替代产品的出现，以及消费者爱好的变化等多种因素的影响。

从生产要素市场来看，生产要素市场的变化也会直接影响到企业的生产成本，从而引起企业息税前收益的变化。而生产要素市场的变化，同样受众多因素的影响。比如，原材料供应就受生产厂商、运输路线、季节变化，甚至供应地的政治经济形势等诸多因素的影响。再比如，劳动力的招聘受劳动力市场供求关系、基本工资水平等方面因素的影响。

从企业内部条件来看，企业经营管理水平、科技开发能力、决策正确与否、生产设备的特征均会影响到企业的收入和费用，进而引起企业息税前收益的变化。比如，企业经营管理水平不高，使得生产的产品质量不高，这一方面影响到企业产品的销售数量；另一方面影响到销售价格，从而对企业息税前收益带来不利影响。再比如，如果企业科技开发能力弱，不能及时研究和生产出能被市场接受的新产品，那么必然会导致企业竞争能力减弱、盈利能力下降。

企业经营风险不仅因行业而异，而且还因同行业中的不同企业而异，就是同一企业在不同时间内也存在差异。

一般而言，从行业角度来比较，从事传统产品制造的行业，或因为固定成本水平相对较低，或因为市场比较成熟，产品已得到市场的广泛认可，销售和供应市场相对稳定，因此其经营风险要低于从事新产品开发和制造的行业。而从事新产品开发和制造的行业，或因为固定成本水平相对较高，或因为市场欠成熟，产品尚未取得市场的广泛认可，销售和供应市场均不稳定，因此其经营风险较大。

对处于同一行业中的不同企业而言，经营管理水平高、技术先进的企业，或因产品质量较高，被消费者所接受，销售市场稳定；或因内部控制有力，固定成本水平相对较低，即单位产品分摊的固定成本较少。因此，其经营风险要低于经营管理水平差的企业。

对同一企业而言，在不同的发展期，经营风险的大小也不相同。一般来说，在企业初创期，由于生产不稳定、产品不成熟、销售市场尚处于开发阶段、固定资产等生产性投资引起的现金流出量大，以及内部管理和控制水平也相对较弱等等方面的原因，所以处于初创阶段企业的经营风险最高。在企业步入成熟期后，企业的销售渠道、供应关系网均已建立，内部管理水平也有所提高，在生产性投资减少的同时，企业的生产和销售量增加，固定资产得到了较充分的运用，因此处于成熟期阶段企业的经营风险最低。然而，当企业步入衰退期之后，经营风险水平又开始上升。总之，对同一企业而言，伴随着企业发展周期的变化，其经营风险水平也在不断变化。

二、经营风险的表现形式

既然经营风险是企业客观存在的风险，那么就有必要揭示这种风险，将它定量化，以利于对它进行控制。在上节已经讨论了有关经营风险的计量问题，在这里只是进一步对计量的问题进行较详细的说明。

从企业财务角度看，经营风险是指销售收入变化所引起的息税前收益的加速变化。产生这种加速变化的原因是企业存在经营性固定成本，固定成本占总成本的比重越大，息税前收益受销售变化影响的幅度就越大，即经营风险越大。经营风险的大小通常用经营杠杆来加以表示。经营杠杆的计算公式如下：

$$\frac{经营}{风险} = \frac{销售量 \times (销售单价 - 单位变动成本)}{销售量 \times (销售单价 - 单位变动成本) - 经营性固定成本总额} = \frac{贡献毛益}{息税前收益} \quad (5.4)$$

公式(5.4)反映了经营性固定成本对经营杠杆的影响状况，经营性固定成本利用越充分，即同等的经营性固定成本创造的销售量越大，经营杠杆就越小；反之，则越大。经营杠杆越高，说明经营风险越大，即息税前收益相对于销售量变化的速度越快。对经营风险的计量问题，我们仍以实例来进行解释。

【例5-5】 假定[例5-1]中甲、乙两家企业的资料不变，并进一步假定甲企业的生产经营性固定成本为 2 500 万元,乙企业的生产经营性固定成本为 3 500 万元。问两家企业销售收入分别增加和减少 10% 条件下的经营杠杆和息税前收益增减变化情况。

解:

根据公式,将两家企业的资料列表计算,如表 5-4 和表 5-5 所示。

表 5-4

甲企业经营杠杆对息税前收益的影响

项 目	销 售 水 平		
	本 期	增加 10%	减少 10%
销售收入(元)	100 000 000	110 000 000	90 000 000
减:变动成本(元)	60 000 000	66 000 000	54 000 000
贡献毛益(元)	40 000 000	44 000 000	36 000 000
减:经营固定成本(元)	25 000 000	25 000 000	25 000 000
息税前收益(元)	15 000 000	19 000 000	11 000 000
经营杠杆	2.67	2.32	3.27
息税前收益增减百分比(%)	—	+26.7	−26.7

表 5-5

乙企业经营杠杆对息税前收益的影响

项 目	销 售 水 平		
	本 期	增加 10%	减少 10%
销售收入(元)	100 000 000	110 000 000	90 000 000
减:变动成本(元)	50 000 000	55 000 000	45 000 000
贡献毛益(元)	50 000 000	55 000 000	45 000 000
经营固定成本(元)	35 000 000	35 000 000	35 000 000
息税前收益(元)	15 000 000	20 000 000	10 000 000
经营杠杆	3.33	2.75	4.5
息税前收益增减百分比(%)	—	+33.3	−33.3

仔细观察表 5-4 和表 5-5,除可以看出息税前收益是以经营杠杆的速度高于销售收入的变化速度而变化之外,还可以发现经营杠杆随销售收入的增加而降低,随销售收入的减少而提高,这些都与综合杠杆的性质是一致的。

三、经营杠杆的意义

了解企业的经营风险,主要作用是控制投资风险和确定投资要求的收益率。

1. 有利于控制经营风险

从前述经营杠杆的计算公式和实例中可以看出,经营杠杆的高低受经营性固定成本总额大小的影响。当经营性固定成本为零时,经营杠杆就等于1,这时的经营风险就等于零,即息税前收益变化率完全与销售量变化率相等。但在实际中,任何企业的经营性固定成本均不可能等于零,经营性固定成本的大小与企业经营的性质密切相关。一旦企业经营方针确定后,经营性固定成本的绝对金额就很难随意增减,降低经营性固定成本的可行途径只能是通过增加产销量,降低产品中的单位经营性固定成本。在经营性固定成本总额不变的前提下,产销量越大,经营杠杆就越小,经营风险也相应越低。掌握了企业的经营风险,就有利于企业根据实际情况或在确定经营方针时就将经营风险控制在一个适度的范围内,或通过充分提高经营性固定成本的利用效果来降低经营风险。

另外,经营杠杆本身并不是企业息税前收益可变性的根源,该根源主要是市场和生产的不确定性。但经营杠杆会放大市场和生产的不确定性,经营杠杆越高,这种放大功能也就越大,从而使企业的经营风险扩大化。因此,企业要最有效地控制经营风险,就必须大力开拓市场,通过扩大销售量和增加销售收入来降低经营风险。

在企业从事新的投资时,应该要考虑投资后的经营风险情况。如果公司现有的经营风险过高,那么在新投资时,就应该降低投资项目的经营风险,使公司投资后的综合经营风险得以降低。相反,如果公司觉得现有经营风险过低,那么在选择新的投资项目时,则可以考虑选择经营风险较高的投资项目,使公司投资完成之后的综合经营风险有所提高,以追求风险利益。

2. 有利于确定合理的投资收益率

由于任何投资者都会在不同程度上厌恶风险,只要经营风险存在,投资者就会要求获得风险补偿,所以经营风险大的收益率价值要低于经营风险小的价值。掌握了企业经营风险的大小,就为企业确定合理的投资收益率提供了依据。

一般而言,在企业从事高经营风险的投资业务时,必须要求有相应的投资补偿。因经营风险存在而要求的投资补偿额或补偿率可根据企业经营风险与社会或行业的平均经营风险之差为基础来确定。具体地说,就是通过计算企业经营风险是社会或行业平均经营风险的百分比,然后再将企业收益率换算为可与社会或行业平均收益率相比较的收益率,最后根据换算后的收益率来确定不同经营风险条件下的要求收益率。

【例5-6】 假定A公司的经营杠杆为2,而社会行业平均经营杠杆为1.5。又知社会行业平均的投资收益率为8%。试问A公司应该如何选择合理的投资收益率?

解:

按照经营风险与投资收益率同步增长的原理,A公司可以按下式选择要求投资收益率:

$$\text{A公司应该选择}\atop\text{的投资收益率}=\frac{2}{1.5}\times 8\%=10.67\%$$

当然，上式是按上述的线性方式来确定要求投资收益率的，在实际中，企业可以根据其实际情况按非线性的方式来选择要求投资收益率。但是，无论如何，经营风险始终是选择投资收益率的一个重要指标。

第三节　财务风险及其表现形式

财务风险也是构成企业总风险的两大风险之一，财务风险是公司理财必须重点研究的内容。本节重点对财务风险的概念及其计量问题进行讨论。

一、财务风险概述

（一）财务风险的定义

财务风险是指由于筹集负债资金的原因，而引起的股东收益的可变性和偿债能力的不确定性。这种风险，又称为筹资风险或举债风险。财务风险的定义表明：

（1）财务风险不是企业固有的。财务风险与经营风险不一样，它不是企业本身所固有的，当企业全部资金均为股权资金时，企业的财务风险就为零。因此，对于财务风险，企业是能够控制的。

（2）财务风险影响股东收益和偿债能力。财务风险的基本影响包括对股东收益的影响和对公司偿债能力的影响两个方面。当然，公司的财务风险还会对债权人等与企业相关的利益集团的经济利益产生影响，只不过在这里我们重点关注的是财务风险对负债公司的影响。

（二）负债筹资对股东收益的影响

从负债筹资引起的股东收益的可变性来看，负债资金成本是固定的，当资产息税前收益率高于负债税前资金成本率时，负债资金所创造的一部分收益归股权资金所有，因此，负债资金占总资金来源的比重越大，股权资金的收益率就越高；反之，当资产息税前收益率低于负债税前资金成本率时，则必须利用一部分股权资金创造的利润去支付负债利息，因此，负债资金占总资金来源的比重越大，股权资金的收益率就越低。更有甚者，当股权资金创造的利润还不足以偿付负债的利息时，那么公司就将出现亏损。

（三）负债筹资对公司偿债能力的影响

从负债筹资引起的偿债能力的不确定性来看，这种不确定性主要是由借入资金必须偿付本金和利息的原因所引起，企业借入资金越多，固定的利息支出就越多，企业丧失现金支付能力的可能性就越大。在企业资产息税前收益率低于负债资金利息率的情况下，企业必须用自有资金创造的部分利润去支付负债利息，更有甚者，在企业息税前收益不足以支付负债利息时，即出现亏损时，企业还必须动用自有资金去偿还部分乃至全部负债的本息。这势必导致企业财务状况恶化,丧失偿债能力,甚至导致企业破产。

除此之外,企业丧失偿债能力,还有可能是企业资金调度和使用不当所致。虽然这种财务上的技术性失败可能是比较次要的原因,但它却是导致企业破产最直接的原因。因为《中华人民共和国企业破产法》规定:企业"不能清偿到期债务的依照本法宣告破产"。

二、财务风险的表现形式

财务风险的主要表现形式有用于测定股东收益可变性的财务杠杆和用于测定偿债能力不确定性的财务比率两大类指标。在这里,仅对测定股东收益可变性的财务杠杆类指标进行讨论。测定股东收益可变性的指标主要有财务杠杆和财务杠杆收益率两大类指标,下面分别加以讨论。

（一）财务杠杆

由企业负债筹资引起的固定利息支出,必然使企业的股东收益具有可变性,且它的变化幅度会大于息税前收益变化的幅度。这是因为负债利息是固定的,当息税前收益增大时,单位息税前收益所负担的固定利息支出就会减少,相应地股东收益就会以更大的幅度增加;反之,当息税前收益减少时,单位息税前收益所负担的固定利息支出就会增加,相应地导致股东收益以更大幅度减少。这种关系称之为财务杠杆关系。财务杠杆是反映负债筹资对股东收益可变性影响程度的指标。关于财务风险的计量公式,在本章第一节已经作了说明,在这里只对它的具体运用作进一步详细的分析。财务风险的计算公式如下:

$$\frac{财务}{风险} = \frac{销售量\times(销售单价-单位变动成本)-经营性固定成本}{销售量\times(销售单价-单位变动成本)-经营性固定成本-利息} =$$

$$\frac{息税前收益}{息税前收益-利息} = \frac{息税前收益}{税前收益} \tag{5.5}$$

公式(5.5)表明:财务杠杆越大,财务风险越高。当然,在公式中假定息税前收益大于或至少等于利息。如在息税前收益小于利息的情况下,不能用该公式来测定财务风险。该公式也反映出,财务风险越大,股权资金收益率加速增长的机会也越大。下面以实例来说明财务杠杆计算公式的具体运用。

【例 5-7】 设有 A、B、C 三家公司的有关资料如下:

（1）资金结构如表 5-6 所示。

表 5-6

A、B、C 三家公司的资金结构

	A 公 司	B 公 司	C 公 司
6%利率的公司债		5 000 000	
10%利率的公司债			12 000 000
普通股票	20 000 000	15 000 000	8 000 000
合　　计	20 000 000	20 000 000	20 000 000

（2）息税前收益：假定 A、B、C 三家公司均属于同一行业，生产同一种产品，上年度完成同样的产量，每家公司获得的息税前收益均为 2 000 000 元，普通股票的账面价值也均为 50 元/股。

要求：根据上述资料，计算每家公司的财务杠杆。

解：

计算结果见表 5-7。

表 5-7

A、B、C 三家公司在相同息税前收益水平条件下的财务杠杆和每股收益计算

金额单位：元

项　　　目	A 公 司	B 公 司	C 公 司 ·
（1）息税前收益	2 000 000	2 000 000	2 000 000
（2）利息费用①		300 000	1 200 000
（3）税前收益	2 000 000	1 700 000	800 000
（4）所得税（30%）	600 000	510 000	240 000
（5）税后收益	1 400 000	1 190 000	560 000
（6）普通股票股数	400 000	300 000	160 000
（7）每股收益[（5）÷（6）]	3.5	3.97	3.5
（8）财务杠杆率[（1）÷（3）]	1.00	1.18	2.5

上述计算结果表明：B 公司适度举债，使该公司每股收益高于 A、C 两家公司；而 C 公司过度举债经营，不但没有获得每股收益上升的利益（没有 A 公司高），而且还大大地增加了财务风险。

当然，由于各公司的财务杠杆率不一样，在息税前收益发生变化时，会带来不同的结果。现再以实例加以说明。

【例 5-8】　假设[例 5-7]的各种条件不变，但下一年度可能出现两种情况：一种是销售状况好，每家公司的息税前收益都增加 20%；另一种是销售状况差，每家公司的息税前收益都将减少 20%。试计算在这两种状况下三家公司的财务杠杆和每股收益。

解：

计算结果如表 5-8 所示。

---

① 利息费用＝公司债×利息率。

表 5-8

A、B、C 三家公司在相同息税前收益水平条件下的财务杠杆和每股收益计算

金额单位：万元

项 目	增 加 20%			减 少 20%		
	A公司	B公司	C公司	A公司	B公司	C公司
(1) 息税前收益	240	240	240	160	160	160
(2) 利息费用		30	120		30	120
(3) 税前收益	240	210	120	160	130	40
(4) 所得税(30%)	72	63	36	48	39	12
(5) 税后收益	168	147	84	112	91	28
(6) 普通股票股数(万股)	40	30	16	40	30	16
(7) 变化后每股收益 [(5)÷(6)]	4.2	4.9	5.25	2.8	3.03	1.75
(8) 变化前每股收益	3.5	3.97	3.5	3.5	3.97	3.5
(9) 每股收益变化率 {[(7)−(8)]÷(8)}	+20%	+23.6%	+50%	−20%	−23.6%	−50%
(10) 变化后财务杠杆率 [(1)÷(3)]	1	1.14	2	1	1.23	4
(11) 变化前财务杠杆率	1	1.18	2.5		1.18	2.5
(12) 息税前收益变化率 {[(10)−(11)]÷(11)}	0	−3.4%	−20%	0	+4.24%	+62.5%
(13) 每股收益变化率 ÷息税前收益变化率	1%	1.18%	2.5%	1%	1.18%	2.5%

从表 5-8 可以看出财务杠杆率与每股收益之间的关系，A 公司因财务杠杆率为 1，因此它的息税前收益变化率与每股收益变化率完全一致；而 B 公司和 C 公司的财务杠杆率分别为 1.18 和 2.5，因此它们的每股收益变化率也是其息税前收益变化率 1.18 倍和 2.5 倍。这充分说明，财务杠杆率越大，企业的财务风险也越大。但是，应该注意，财务杠杆率大也并非完全是坏事，因为它为每股收益的加速增长创造了条件。比如，当息税前收益上升 20% 时，C 公司的每股收益就上升了 50%，而 A 公司的每股收益则只上升了 20%。这说明，在一定条件下财务风险会转化为财务利益。公司理财就是要不断地在收益和风险之间进行权衡，以便为股东获取最大的利益。

从表 5-8 还可以看出，财务杠杆并非一成不变，它与息税前收益成反比，与利息费用成正比。这是在控制和利用财务风险时需要注意的。

(二) 财务杠杆收益率

上述讨论的财务杠杆率揭示的是息税前收益与税前收益,进而揭示税后收益和股东权益收益之间的关系,并说明了当息税前收益发生变化时,股东权益收益发生加速变化的状况。但财务杠杆率还不能直接与企业的资金结构结合起来,揭示财务杠杆对股权资金收益率的贡献。因此,有必要对财务杠杆收益率的问题进行探讨。

股权资金收益率(净资产收益率)除了可以用税后收益与净资产的平均余额之比来表示之外,还可以用如下公式表示:

$$\frac{净资产}{收益率} = \frac{总资产}{收益率} + \frac{负债平均余额}{净资产平均余额} \times \left(\frac{总资产}{收益率} - \frac{负\ 债}{成本率}\right) \qquad (5.6)$$

公式(5.6)表明,净资产收益率是由总资产收益率和财务杠杆收益率两大部分所组成。前一部分是息税前收益与总资产之比,它是企业的真实收益率,具有相对的稳定性;而后一部分收益率是由财务风险带来的,其可变性大,稳定性差。

【例 5-9】 现仍以[例5-7]的资料为基础,并假定 A、B、C 三家公司的公司债券和普通股票均为平均余额,那么,可以用上述公式分别求得三家公司的股权资金收益率。

解:

(1) 求总资产收益率。

由于 A、B、C 三家公司的息税前收益和总资产均为 2 000 000 元和 20 000 000 元,因此,这三家公司有相同的总资产税后收益率,即:

$$总资产收益率 = \frac{2\,000\,000 \times (1-30\%)}{20\,000\,000} = 7\%$$

(2) 求股权资金税后收益率。

三家公司的股权资金税后收益率分别为:

$$A公司 = 7\% + \frac{0}{20\,000\,000} \times (7\% - 0) = 7\%$$

$$B公司 = 7\% + \frac{5\,000\,000}{15\,000\,000} \times [7\% - 6\% \times (1-30\%)] = 7.93\%$$

$$C公司 = 7\% + \frac{12\,000\,000}{8\,000\,000} \times [7\% - 10\% \times (1-30\%)] = 7\%$$

从上例计算结果可以看出,虽然三家公司的总资产收益率均相等,但由于财务风险不一样,而最终导致了三家公司在股权资金收益率上的差异。A 公司财务风险为零,它既不承担财务风险损失,又不享受财务风险收益,故股权资金收益率与总资产收益率完全相等。B 公司适度地承担财务风险,获得了 0.93 个百分点的财务风险杠杆利益,相应地使股权资金收益率比总资产收益率高了 0.93 个百分点。而 C 公司则由于财务风险过大,导致负债利息率大幅度上升,使企业没有从财务风险扩大中获得任何好处,其股权资金收益率仍等于总资产收益率,可以说,C公司过分扩大财务风险是得不偿失的。

三、财务杠杆的意义

通过财务杠杆来认识企业财务风险,有非常重要的意义。简单地讲,利用财务杠杆将有助于企业利用财务风险的优点和控制财务风险的缺点。下面分别加以讨论。

1. 有助于利用财务风险

(1) 有助于负债筹资决策。财务风险最显著的优点,是在总资产收益率高于负债成本率时,企业可以利用财务杠杆使股权资金收益率获得加速上升。财务杠杆效应的大小与总资产收益率、负债同股权的比率成正比,与负债资金成本率成反比。因此,如果企业知道了本企业财务杠杆的特征,就可以根据预期的总资产收益率变化情况作出最有利的负债筹资决策,例如,当企业预测未来的总资产收益率会上升时,就可以充分利用负债筹资,增大负债资金同股权资金的比率,以获取财务杠杆所带来的风险利益;反之,当企业预测未来的总资产收益率较低时,就应减少负债筹资,缩小负债资金同股权资金的比率,以回避财务杠杆所带来的风险损失。

(2) 有助于确保企业控制权不被削弱。财务风险的另一个显著优点,是可以在扩大企业生产经营规模的同时,确保企业原股东对公司控制权不被削弱。这对一些股本较小,股东向公司投资的能力又较弱,但是发展潜力极大的企业来说,具有十分重要的意义。因为,这类企业急需资金来支持其发展,但是公司股东一方面没有足够的投资能力,无法用股权资金来满足企业发展对资金的需要;另一方面股东又不愿意将有发展前途的企业的股权稀释。那么,最佳的筹资方式就是利用负债筹资,通过放大财务风险来满足企业发展和其股东掌握控制权的需要。

2. 有利于控制财务风险

(1) 有利于回避无力按期偿还本息的财务风险。企业靠放大财务风险追求股权资金收益率加速增长的同时,不可避免地承受着偿债压力。如果企业负债过大,并且当资金使用不当时,就容易导致企业财务失败。所谓财务失败,是指企业无力偿还到期债务一直到破产为止的这样一个区间的财务困难。因负债所引起的财务失败的可能性会在很大程度上抵消其低资金成本所带来的好处。因此,企业必须有目的的控制企业的财务风险。通过企业财务杠杆这一工具,有利于企业把握财务风险的大小,并根据自身的实际情况作出控制财务风险的决策。

(2) 有利于确定负债资金成本的控制目标。当企业存在负债资金时,就存在如何确定负债资金成本的控制线问题。当企业总资产收益率低于负债成本率时,负债的存在将会导致企业股权资金收益率低于总资产收益率。因为,这时企业必须用股权资金赚取的收益去支付负债利息。尤其是当企业总资产赚取的收益还不足以偿还利息时,企业就会出现亏损,从而导致股权资金收益率为负,使负债筹资完全得不偿失。通过财务杠杆率,有利于企业测定负债资金能给企业带来收益的成本范围,从而为制定负债资金成本控制线提供可靠的依据,保证企业获得负债筹资所带来的利益和控制其可能引起的亏损。

(3) 明确了财务风险的控制方法。财务风险与经营风险不一样,它不是企业固有的,当企业全部资金均为自有资金时,这时财务杠杆率就为1,即息税前收益的变化幅度与股东收益的变化幅度相等,财务风险等于零。财务杠杆和财务杠杆收益率的计算公式表明,降低财务风险的可行途径除了绝对减少负债持有量之外,还可以通过增加息税前收益。增加息税前收益的有效方法则是增加销售收入和降低成本费用等。而增加息税前收益的各种方法又与降低经营风险的各种方法紧密联系。因此,掌握了企业的财务杠杆有利于企业选择财务风险的控制方法。

第四节　现金盈亏平衡分析

财务风险引起的偿债能力的不确定性,主要与公司的现金支付能力有关。现金支付能力,从长远来讲,又与经营中现金的盈亏相关。因此,本节将对现金的盈亏,以及现金盈亏平衡分析问题进行讨论。

一、现金盈亏的概念

现金盈亏与损益是建立在不同基础之上的结果,现金盈亏是以收付实现制为基础计算的结果,损益是以权责发生制为基础计算的结果,两者必然存在着差异。具体地讲,现金盈亏是公司现金流入量与现金流出量之差。现金流入量与现金流出量之差,有经营活动产生的、投资活动产生的和筹资活动产生的三种。在这里讨论的现金盈亏主要是指经营活动产生的现金流入量与现金流出量之差,当现金净流入量为正时,称为现金盈余;相反,则称为亏损。

现金盈亏,直接影响到公司支付日常生产经营费用、购置固定资产、进行长期投资、偿还到期债务以及分派股利等方面的财务支付能力,是公司理财中必须重视的问题。如果一家公司出现了现金亏损,又没有外来现金支持,那么,该公司就必然陷入财务危机之中。

二、现金盈亏平衡分析

现金盈亏平衡分析,就是要计算现金盈亏平衡点。由于公司固定成本存在一些不需要支付现金的项目,因此,在计算现金盈亏时,应该以扣除不需要现金支付的项目后的固定成本作为计算现金盈亏的基础。下面举例说明现金盈亏平衡点的确定方法。

【例5-10】 假定[例5-1]中甲、乙两家公司,在当前生产水平条件下的经营情况如表5-9所示。

表 5-9

甲、乙两家公司经营情况

项　　目	甲企业	乙企业
固定成本(元)	30 000 000	40 000 000
减：固定资产折旧(元)	20 000 000	30 000 000
付现固定成本(元)	10 000 000	10 000 000
单位变动成本(元)	60	50
销售单价(元)	100	100
销售数量(件)	1 000 000	1 000 000

要求：确定两家公司的现金盈亏平衡点；比较盈亏平衡点与现金盈亏平衡点的差异。

解：

（1）确定两家公司的现金盈亏平衡点。

$$\text{甲企业现金盈亏平衡点销售收入} = \frac{\text{固定成本总额} - \text{折旧}}{\text{单位贡献毛益}} =$$

$$\frac{3\,000 - 2\,000}{40\%} = 2\,500(\text{万元})$$

$$\text{乙企业现金盈亏平衡点销售收入} = \frac{\text{固定成本总额} - \text{折旧}}{\text{单位贡献毛益}} =$$

$$\frac{4\,000 - 3\,000}{50\%} = 2\,000(\text{万元})$$

（2）比较盈亏平衡点与现金盈亏平衡点的差异。

下面以作图方式比较盈亏平衡点与现金盈亏平衡点的差异，见图 5-4 和图 5-5。

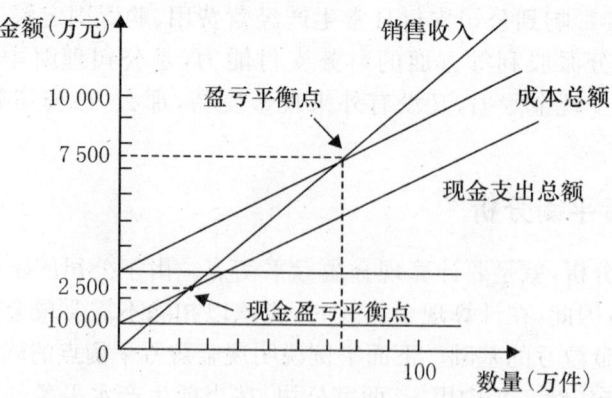

图 5-4　甲公司盈亏平衡点与现金盈亏平衡点比较

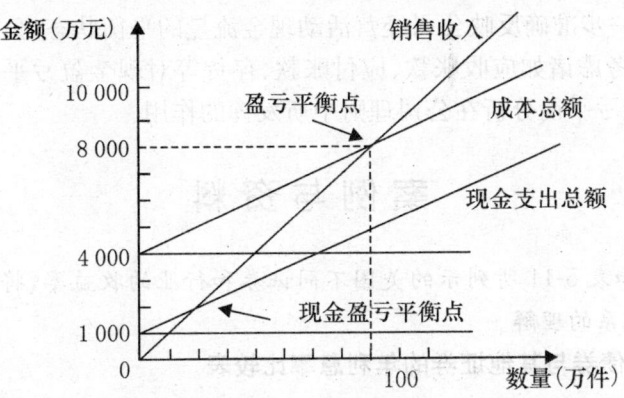

图 5-5 乙公司盈亏平衡点与现金盈亏平衡点比较

从图 5-4 和图 5-5 可以看出,甲公司的盈亏平衡点低于乙公司,其表面风险水平要高于乙公司;但是,它的现金盈亏平衡点却高于乙公司,即甲公司的真实风险水平,至少是短期之内的风险水平要大于乙公司。这说明,判断公司的真实风险水平应该以实际现金盈亏平衡点为准。

三、现金盈亏平衡分析的意义

虽然上述的现金盈亏平衡分析并没有包括全部的现金流量,但由于现金盈亏平衡分析反映了经营活动的现金流量状况,因此对于公司防范风险有着重要的意义。现金盈亏平衡分析的意义可以归纳如下:

(1) 可以揭示公司利用经营风险的最大限度。现金盈亏平衡点低于盈亏平衡点的现象,说明公司出现亏损并不一定就不能持续经营。只要现金盈亏平衡点为正,公司就可以继续正常地经营下去,至少是可以在一段时间之内经营下去。现金盈亏平衡点与盈亏平衡点之差,反映了公司能够承受亏损经营的最大限度,为企业提供了利用经营杠杆来追求较高利润的参考指标。现金盈亏平衡点与盈亏平衡点的差异越大,公司利用风险追求收益的能力就越强;反之,则越小。公司应该根据现金盈亏平衡点与盈亏平衡点之差来决定自己可以利用的最大经营杠杆力度。

(2) 可以反映经营活动现金流量的特征。现金盈亏平衡分析揭示了经营活动现金支出与固定成本之间的关系,将现金盈亏平衡分析与盈亏平衡分析相比较,可以反映出公司经营活动现金流量的特征,有利于公司防范经营风险。现金盈亏平衡分析说明,现金盈亏平衡点与盈亏平衡点的差异取决于非现金支出占固定成本的比重。公司的非现金支出总额越接近固定成本总额,现金盈亏的平衡点就越低;反之,则越高。如果非现金支出额占固定成本的比重趋近于 100%,也就是现金支出趋近于零,那么现金盈亏平衡点则也相应趋近于零。在这种情况下,公司实际承受的经营风险就要远远低于盈亏平衡点反映出来的经营风险,这就为公司充分利用经营杠杆追求高额利润指明了方向。

虽然,为了进一步准确反映公司经营活动现金流量的平衡状态,公司还必须进行经营活动的现金预算,考虑诸如应收账款、应付账款、存货等对现金盈亏平衡点的影响;但是,这并不影响现金盈亏平衡分析在公司理财中所发挥的作用。

案 例 与 资 料

比较表 5-10 和表 5-11 所列示的美国不同证券和行业的收益率,将有助于读者加深对收益与风险之间关系的理解。

一、美国公司债券与其他证券的年利息率比较表

表 5-10

1929 — 2007 年美国公司债券与其他证券的年利息率比较表

单位:%

年　份	公司债(Moody's)		高级别地方债	新房按揭利率	银行贷款基本利率	联邦基金利率
	Aaa[3]	Baa				
1929	4.73	5.90	4.27	…	5.50～6.00	…
1933	4.49	7.76	4.71	…	1.50～4.00	…
1939	3.01	4.96	2.76	…	1.50	…
1940	2.84	4.75	2.50	…	1.50	…
1941	2.77	4.33	2.10	…	1.50	…
1942	2.83	4.28	2.36	…	1.50	…
1943	2.73	3.91	2.06	…	1.50	…
1944	2.72	3.61	1.86	…	1.50	…
1945	2.62	3.29	1.67	…	1.50	…
1946	2.53	3.05	1.64	…	1.50	…
1947	2.61	3.24	2.01	…	1.50～1.75	…
1948	2.82	3.47	2.40	…	1.75～2.00	…
1949	2.66	3.42	2.21	…	2.00	…
1950	2.62	3.24	1.98	…	2.07	…
1951	2.86	3.41	2.00	…	2.56	…
1952	2.96	3.52	2.19	…	3.00	…
1953	3.20	3.74	2.72	…	3.17	…

（续表）

年 份	公司债（Moody's）		高级别地方债	新房按揭利率	银行贷款基本利率	联邦基金利率
	Aaa[3]	Baa				
1954	2.90	3.51	2.37	…	3.05	…
1955	3.06	3.53	2.53	…	3.16	1.78
1956	3.36	3.88	2.93	…	3.77	2.73
1957	3.89	4.71	3.60	…	4.20	3.11
1958	3.79	4.73	3.56	…	3.83	1.57
1959	4.38	5.05	3.95	…	4.48	3.30
1960	4.41	5.19	3.73	…	4.82	3.22
1961	4.35	5.08	3.46	…	4.50	1.96
1962	4.33	5.02	3.18	…	4.50	2.68
1963	4.26	4.86	3.23	5.89	4.50	3.18
1964	4.40	4.83	3.22	5.83	4.50	3.50
1965	4.49	4.87	3.27	5.81	4.54	4.07
1966	5.13	5.67	3.82	6.25	5.63	5.11
1967	5.51	6.23	3.98	6.46	5.61	4.22
1968	6.18	6.94	4.51	6.97	6.30	5.66
1969	7.03	7.81	5.81	7.81	7.96	8.20
1970	8.04	9.11	6.51	8.45	7.91	7.18
1971	7.39	8.56	5.70	7.74	5.72	4.66
1972	7.21	8.16	5.27	7.60	5.25	4.43
1973	7.44	8.24	5.18	7.96	8.03	8.73
1974	8.57	9.50	6.09	8.92	10.81	10.50
1975	8.83	10.61	6.89	9.00	7.86	5.82
1976	8.43	9.75	6.49	9.00	6.84	5.04
1977	8.02	8.97	5.56	9.02	6.83	5.54
1978	8.73	9.49	5.90	9.56	9.06	7.93
1979	9.63	10.69	6.39	10.78	12.67	11.19
1980	11.94	13.67	8.51	12.66	15.27	13.36
1981	14.17	16.04	11.23	14.70	18.87	16.38

（续表）

年 份	公司债（Moody's）		高级别 地方债	新房按 揭利率	银行贷款 基本利率	联邦基金 利 率
	Aaa[3]	Baa				
1982	13.79	16.11	11.57	15.14	14.86	12.26
1983	12.04	13.55	9.47	12.57	10.79	9.09
1984	12.71	14.19	10.15	12.38	12.04	10.23
1985	11.37	12.72	9.18	11.55	9.93	8.10
1986	9.02	10.39	7.38	10.17	8.33	6.81
1987	9.38	10.58	7.73	9.31	8.21	6.66
1988	9.71	10.83	7.76	9.19	9.32	7.57
1989	9.26	10.18	7.24	10.13	10.87	9.21
1990	9.32	10.36	7.25	10.05	10.01	8.10
1991	8.77	9.80	6.89	9.32	8.46	5.69
1992	8.14	8.98	6.41	8.24	6.25	3.52
1993	7.22	7.93	5.63	7.20	6.00	3.02
1994	7.96	8.62	6.19	7.49	7.15	4.21
1995	7.59	8.20	5.95	7.87	8.83	5.83
1996	7.37	8.05	5.75	7.80	8.27	5.30
1997	7.26	7.86	5.55	7.71	8.44	5.46
1998	6.53	7.22	5.12	7.07	8.35	5.35
1999	7.04	7.87	5.43	7.04	8.00	4.97
2000	7.62	8.36	5.77	7.52	9.23	6.24
2001	7.08	7.95	5.19	7.00	6.91	3.88
2002	6.49	7.80	5.05	6.43	4.67	1.67
2003	5.67	6.77	4.73	5.80	4.12	1.13
2004	5.63	6.39	4.63	5.77	4.34	1.35
2005	5.24	6.06	4.29	5.94	6.19	3.22
2006	5.59	6.48	4.42	6.63	7.96	4.97
2007	5.56	6.48	4.42	6.41	8.05	5.02

资料来源：美国政府网 http//www.gpoaccess.gov。

二、美国制造行业净资产收益率

表 5-11

1959 — 2007 年美国制造行业净资产收益率

单位：%

年 份	净 资 产 年 收 益 率		
	全部制造行业	耐用品行业	非耐用品行业
1959	10.4	10.4	10.4
1960	9.2	8.5	9.8
1961	8.9	8.1	9.6
1962	9.8	9.6	9.9
1963	10.3	10.1	10.4
1964	11.6	11.7	11.5
1965	13.0	13.8	12.2
1966	13.4	14.2	12.7
1967	11.7	11.7	11.8
1968	12.1	12.2	11.9
1969	11.5	11.4	11.5
1970	9.3	8.3	10.3
1971	9.7	9.0	10.3
1972	10.6	10.8	10.5
1973	12.8	13.1	12.6
1973:IV.	13.4	12.9	14.0
New series:			
1973:IV.	14.3	13.3	15.3
1974	14.9	12.6	17.1
1975	11.6	10.3	12.9
1976	13.9	13.7	14.2
1977	14.2	14.5	13.8
1978	15.0	16.0	14.2
1979	16.4	15.4	17.4

（续表）

年　　份	净　资　产　年　收　益　率		
	全部制造行业	耐用品行业	非耐用品行业
1980	13.9	11.2	16.3
1981	13.6	11.9	15.2
1982	9.2	6.1	11.9
1983	10.6	8.1	12.7
1984	12.5	12.4	12.5
1985	10.1	9.2	11.0
1986	9.5	7.5	11.5
1987	12.8	11.9	13.7
1988[2]	16.1	14.3	17.8
1989	13.5	11.1	16.0
1990	10.6	7.9	13.1
1991	6.2	1.4	10.6
1992[3]	2.1	−5.1	8.2
1993	8.0	5.7	10.0
1994	15.8	16.3	15.2
1995	16.0	15.4	16.6
1996	16.7	15.7	17.6
1997	16.7	16.3	17.1
1998	15.8	16.4	15.2
1999	16.4	16.1	16.8
2000	15.1	12.5	18.7
2000：Ⅳ.	9.9	7.0	13.9
NAICS：[4]			
2000：Ⅳ.	9.1	5.6	14.3
2001	2.0	−7.0	14.7
2002	7.5	2.1	14.5
2003	12.1	8.5	16.3

（续表）

年　份	净 资 产 年 收 益 率		
	全部制造行业	耐用品行业	非耐用品行业
2004	15.8	12.9	19.3
2005	16.7	12.4	21.7
2006	17.6	14.1	21.4
2005：Ⅰ.	15.3	10.8	20.7
Ⅱ.	17.9	14.7	21.6
Ⅲ.	17.8	13.3	23.1
Ⅳ.	15.6	10.7	21.4
2006：Ⅰ.	18.4	15.3	21.7
Ⅱ.	18.3	14.2	22.7
Ⅲ.	18.4	14.4	22.7
Ⅳ.	15.5	12.6	18.5
2007：Ⅰ.	16.8	13.4	20.5
Ⅱ.	18.8	16.7	21.0
Ⅲ.	12.3	5.6	19.2

资料来源：美国政府网 http//www.gpoaccess.gov。

思 考 与 练 习

一、复习思考题

1. 总风险的含义及其计算方法。
2. 总风险的分解方法。
3. 经营风险的含义及其计算方法。
4. 影响经营风险变动的关键因素。
5. 财务风险的含义。
6. 财务杠杆的计算方法。
7. 控制公司风险的基本方法。
8. 现金盈亏平衡点的含义与计算方法。

二、单项选择题

1. 根据企业总风险的定义,以下综合杠杆的表达式中,错误的是(　　　)。

   A. 综合杠杆 $= \dfrac{(\text{本期利润总额}-\text{上期利润总额})/\text{上期利润总额}}{(\text{本期销售收入}-\text{上期销售收入})/\text{上期销售收入}}$

   B. 综合杠杆 $= \dfrac{(P-V)Q_0}{(P-V)Q_0-F}$

   C. 综合杠杆 $= \dfrac{(P-V)Q_0-F}{(P-V)Q_0}$

   D. 综合杠杆 $= \dfrac{\text{上期贡献毛益总额}}{\text{上期利润总额}}$

2. 下列各项中,对企业风险的表述,不正确的是(　　　)。

   A. 企业总风险与销售量成反方向的变动关系

   B. 风险对企业盈利能力产生影响的根源在于企业存在着固定成本

   C. 风险对企业折现率产生影响的最根本原因在于企业存在负债

   D. 风险对企业折现率产生影响的最根本原因在于企业存在固定成本

3. 下列各项中,关于经营风险的概述,不正确的是(　　　)。

   A. 在企业初创期,生产不稳定,销售市场尚处于开发阶段,销售额比较低,所以初创阶段企业的经营风险较低

   B. 内部控制有力,固定成本水平相对较低的企业,其经营风险要低于经营管理水平差的企业

   C. 对同一企业而言,伴随着企业发展周期的变化,其经营风险水平也在不断变化

   D. 一般而言,从行业角度来比较,从事传统产品制造的行业,其经营风险要低于从事新兴产品开发和制造的行业

4. 关于财务杠杆的计算公式,下列各项中,不正确的是(　　　)。

   A. $\dfrac{\text{财务}}{\text{杠杆}} = \dfrac{\text{销售量}\times(\text{销售单价}-\text{单位变动成本})-\text{经营性固定成本}}{\text{销售量}\times(\text{销售单价}-\text{单位变动成本})-\text{经营性固定成本}-\text{利息}}$

   B. $\dfrac{\text{财务}}{\text{杠杆}} = \dfrac{\text{息税前收益}}{\text{税后收益}}$

   C. $\dfrac{\text{财务}}{\text{杠杆}} = \dfrac{\text{息税前收益}}{\text{息税前收益}-\text{利息}}$

   D. $\dfrac{\text{财务}}{\text{杠杆}} = \dfrac{\text{息税前收益}}{\text{税前收益}}$

5. 下列各项中,企业利用财务风险不正确的做法是(　　　)。

   A. 在总资产收益率高于负债成本率时,企业可以利用财务杠杆使股权资金收益率获得加速上升

   B. 当企业预测未来的总资产收益率会上升时,就可以充分利用负债筹资,增大负

债资金同股权资金的比率,以获取财务杠杆所带来的风险利益

C. 股东向公司投资的能力较弱,股东又不愿意将有发展前途的企业的股权稀释,最佳的筹资方式就是利用普通股筹资

D. 当企业预测未来的总资产收益率较低时,就应减少负债筹资,缩小负债资金同股权资金的比率,以回避财务杠杆所带来的风险损失

6. 下列各项中,关于现金盈亏平衡分析,正确的是(　　)。

A. 现金盈亏平衡点与盈亏平衡点的差异越大,公司利用风险追求收益的能力就越弱

B. 现金盈亏平衡点与盈亏平衡点的差异取决于非现金支出额占固定成本的比重

C. 公司的非现金支出总额越接近固定成本总额,现金盈亏的平衡点就越高

D. 非现金支出额占固定成本的比重趋近于100%,现金盈亏平衡点则也相应趋近于100%

7. 某企业2008年的销售额为1 000万元,变动成本600万元,固定经营成本200万元,预计2009年固定成本不变,则2009年的经营杠杆系数为(　　)。

A. 2 　　　　　　　　　　　　　　B. 3

C. 4 　　　　　　　　　　　　　　D. 无法计算

8. 某企业只生产和销售A产品,固定成本为15 000元,单位变动成本为4元。假定该企业2008年度该产品销售量为10 000件,每件售价为8元,按市场预测2009年A产品的销售数量将增长15%,则2008年的息税前利润增长率为(　　)。

A. 15% 　　　　　　　　　　　　B. 12%

C. 20% 　　　　　　　　　　　　D. 24%

9. 某企业2008年的销售额为1 000万元,变动成本600万元,固定经营成本200万元,利息费用10万元,没有筹资租赁和优先股,预计2009年息税前利润增长率为10%,则2009年的每股利润增长率为(　　)。

A. 10% 　　　　　　　　　　　　B. 10.5%

C. 15% 　　　　　　　　　　　　D. 12%

10. 财务杠杆效益是指(　　)。

A. 提高债务比例导致的所得税降低　　B. 利用现金折扣获取的利益

C. 利用债务筹资给企业带来的额外收益　D. 降低债务比例所节约的利息费用

11. 某公司的经营杠杆系数为1.8,财务杠杆系数为1.5,则该公司销售额每增长1倍,就会造成每股收益增加(　　)倍。

A. 1.2 　　　　　　　　　　　　B. 1.5

C. 0.3 　　　　　　　　　　　　D. 2.7

12. 若某一企业的经营处于盈亏临界点状态,错误的说法是(　　)

A. 此时销售额正处于销售收入线与总成本线的交点

　　B. 此时的经营杠杆系数趋近于无穷小

　　C. 此时的营业销售利润率等于零

　　D. 此时的边际贡献等于固定成本

13. 某公司本年销售额 100 万元,税后净利 12 万元,固定营业成本 24 万元,财务杠杆系数 1.5,所得税税率 40%。该公司的总杠杆系数为( )。

　　A. 2.7　　　　　　　　　　　　B. 1.8

　　C. 2.4　　　　　　　　　　　　D. 2.5

三、多项选择题

1. 关于企业总风险,下列表述中,正确的有( )。

　　A. 风险通过对企业盈利能力的影响和折现率的影响而影响企业价值

　　B. 风险的存在使企业盈利能力具有的可变性,风险越大,这种可变性就越大

　　C. 风险的存在,使企业资金供给者要求的资金回报率具有的可变性,风险越大,这种可变性就越大

　　D. 风险越大,债权人要求的回报率越大,股东要求的回报率越低

2. 关于企业固定成本的说法,下列表述中,正确的有( )。

　　A. 企业固定成本可分为经营性固定成本和财务性固定成本

　　B. 经营性固定成本是指有生产经营等原因而产生的固定成本

　　C. 财务性固定成本是指由筹资原因而产生的固定成本

　　D. 财务性固定成本主要是由各类借款利息费用组成

3. 经营性固定成本主要包括( )。

　　A. 固定资产折旧　　　　　　　　B. 长期资产摊销

　　C. 长期借款利息支出　　　　　　D. 财产税

4. 下列综合杠杆表达式中,正确的有( )。

　　A. 综合杠杆 $= \dfrac{贡献毛益}{税前收益}$

　　B. 综合杠杆 $= \dfrac{贡献毛益}{息税前收益} \times \dfrac{息税前收益}{税前收益}$

　　C. 综合杠杆 $=$ 财务杠杆 $\times$ 经营杠杆

　　D. 综合杠杆 $=$ 经营杠杆 $\times$ 财务杠杆

5. 企业风险水平分析主要意义有( )。

　　A. 利于企业根据自身实际情况采取不同的风险控制方法,有效控制企业风险

　　B. 当企业的经营风险过大时,那么,就应该减少负债筹资,以降低经营风险

　　C. 可以判明不同风险对决定企业价值各要素的影响状况

　　D. 可以将不同风险水平的盈利能力折算为同风险的盈利能力

6. 影响到经营风险的因素有(　　)。

 A. 产品销售市场上的供求关系　　　B. 生产要素市场的变化

 C. 企业债务水平　　　　　　　　　D. 企业经营管理水平

7. 了解企业的经营风险,主要作用是(　　)。

 A. 有利于控制经营风险

 B. 有利于控制财务风险

 C. 有利于降低项目投资的风险

 D. 有利于确定不同经营风险条件下的要求收益率

8. 下列各项中,关于财务风险对股东收益的基本影响,正确的表述有(　　)。

 A. 当资产息税前收益率高于负债税前资金成本率时,负债资金占总资金来源的
    比重越大,股权资金的收益率就越高

 B. 当资产息税前收益率高于负债税前资金成本率时,负债资金占总资金来源的
    比重越大,股权资金的收益率就越小

 C. 当资产息税前收益率低于负债税前资金成本率时,负债资金占总资金来源的
    比重越大,股权资金的收益率就越低

 D. 当资产息税前收益率低于负债税前资金成本率时,负债资金占总资金来源的
    比重越大,股权资金的收益率就越高

9. 准确测定公司的加权平均资金成本对正确选择投资方案的重要意义在于(　　)。

 A. 为企业提供了正确选择折现率的基础

 B. 有效降低公司的投资方案的风险

 C. 当测定的加权平均资金成本低于真实的加权平均资金成本时,可能导致公司
    采纳某些减少股东财富的投资方案

 D. 当测定的加权平均资金成本高于真实的加权平均资金成本时,可能导致公司
    放弃某些增加股东财富的投资方案

10. 通过财务杠杆来认识企业财务风险,其意义在于(　　)。

 A. 有助于负债筹资决策

 B. 有助于确保企业控制权不被削弱

 C. 有利于回避无力按期偿还本息的财务风险

 D. 有利于确定负债资金成本的控制目标

11. 在边际贡献大于固定成本的情况下,下列措施中,有利于降低企业复合风险的
有(　　)。

 A. 提高销售量　　　　　　　　　　B. 提高产品单价

 C. 提高资产负债率　　　　　　　　D. 降低单位变动成本

12. 筹资决策中的总杠杆具有的性质有(　　)。

 A. 总杠杆能够起到财务杠杆和经营杠杆的综合作用

B. 总杠杆能够估计出销售额变动对每股收益的影响

C. 总杠杆系数越大,企业经营风险越大

D. 总杠杆系数越大,企业财务风险越大

四、判断题

1. 企业总风险可用企业销售收入增减变化而引起的税前收益加速变化的现象来反映。　　　　　　　　　　　　　　　　　　　　　　　　　　　（　　）

2. 一个企业的总风险不是一成不变的,它是随销售量的增减变化而变化的。当销售量下降,综合杠杆率也下降,当销售量上升,综合杠杆率也上升。　　（　　）

3. 经营风险是企业固有的,任何企业都必然承受着这种风险。　　（　　）

4. 财务风险是企业本身多固有的,企业不能通过任何方法消除财务风险。　（　　）

5. 当企业全部资金均为自有资金时,这时财务杠杆率就为1。　　（　　）

6. 现金盈亏平衡点与盈亏平衡点之差,反映了公司能够承受亏损经营的最大限度。　　　　　　　　　　　　　　　　　　　　　　　　　　　（　　）

7. 只要公司出现亏损,即使现金盈亏平衡点为正,公司不可以继续正常的经营下去。　　　　　　　　　　　　　　　　　　　　　　　　　　　（　　）

8. 在计算现金盈亏时,应该以扣除不需要现金支付的项目后的固定成本作为计算现金盈亏的基础。　　　　　　　　　　　　　　　　　　　　　　　（　　）

9. 一般而言,现金盈亏平衡点等于盈亏平衡点。　　　　　　　（　　）

10. 经营性固定成本高的企业,其经营杠杆一定高。　　　　　（　　）

11. 经营杠杆反映的是销售收入变化所引起的息税前收益的加速变化,因此对于一个企业来说,经营杠杆越高越好。　　　　　　　　　　　　　　　（　　）

五、计算题

1. 试证明如下公式:

$$综合杠杆=\frac{贡献毛益}{税前收益}$$

$$经营杠杆=\frac{贡献毛益}{息税前收益}$$

$$财务杠杆=\frac{息税前收益}{税前收益}$$

2. 试证明综合风险、经营风险和财务风险均是随销售量的增减变化而成正比变化的。

3. 假定甲、乙两家企业,在当前生产水平条件下的经营情况如表5-12所示。

表 5-12

甲、乙两企业经营情况表

项　　目	甲 企 业	乙 企 业
固定成本(元)	20 000 000	30 000 000
单位变动成本(元)	40	30
销售单价(元)	100	100
销售数量(件)	1 000 000	1 000 000

试计算甲、乙两企业的总风险。

4. 假定"习题 3"中的甲、乙企业的销售量分别在原基础上增减 10%。问甲、乙两家企业的综合杠杆率又各为多少?

5. 设 B 企业销售量为 300 000 件,销售单价为 10 元,单位成本为 5 元,生产性固定成本为 800 万元,利息支出为 300 万元时的股权资金收益率为 6%。问销售量增至 400 000 件时,该企业的股权资金收益率为多少?

6. 假定"习题 3"中甲、乙两企业的资料不变,并进一步假定甲企业的生产经营性固定成本为 1 500 万元,乙企业的生产经营性固定成本为 2 500 万元。问两家企业销售收入分别增加和减少 10%条件下的经营杠杆和息税前收益增减变化情况(列表计算)。

7. 设 A、B、C 三家公司的有关资料如下:

(1) 资金结构如表 5-13 所示。

表 5-13

A、B、C 三公司资金结构表

项　　目	A 公司	B 公司	C 公司
6%利率的公司债		10 000 000	
10%利率的公司债			20 000 000
普通股票	30 000 000	20 000 000	10 000 000
合　　计	30 000 000	30 000 000	30 000 000

(2) 息税前收益资料:

假定 A、B、C 三家公司均属于同一行业,生产同一种产品,上年度完成同样的产量,每家公司获得的息税前收益均为 3 000 000 元,普通股票的账面价值也均为 10 元/股。公司所得税税率为 33%。

试列表计算三家公司的财务杠杆及其每股收益。

8. 假设"习题 7"的各种条件不变,但下一年度可能出现两种情况:一是销售状况好,每家公司的息税前收益都增加 20%;另一是销售状况差,每家公司的息税前收益都将减少 20%。试列表计算三家公司在变化后两种情况的财务杠杆及其每股收益。

9. 以"习题 7"的资料为基础,并假定 A、B、C 三家公司的公司债券和普通股票均为平均余额,试用如下公式求三家公司的股权资金收益率。

$$\frac{净资产}{收益率} = \frac{总资产}{收益率} + \frac{负债平均余额}{净资产平均余额} \times \left(\frac{总资产}{收益率} - \frac{负\ \ 债}{成本率}\right)$$

10. 假定 A、B 两家公司,在当前生产水平条件下的经营情况如表 5-14 所示。

表 5-14

A、B 公司经营情况表

项　　目	A 公　司	B 公　司
固定成本(元)	20 000 000	30 000 000
减:固定资产折旧(元)	10 000 000	15 000 000
付现固定成本(元)	10 000 000	15 000 000
单位变动成本(元)	50	40
销售单价(元)	80	80
销售数量(件)	1 000 000	1 000 000

要求:

(1) 确定两家公司的现金盈亏平衡点;

(2) 比较盈亏平衡点与现金盈亏平衡点的差异。

第六章 资金成本计算原理与方法

【本章提要】 资金成本在公司理财中占有重要位置,正确计算资金成本是公司正确进行筹资、投资、盈利分配决策的基础。资金成本理论一直备受公司理财界的广泛关注,本章不打算讨论复杂难懂、流派各异的资金成本理论,而仅仅从公司理财实务的需要出发,讨论资金成本的基本计算方法。对于更为复杂的资金成本与资金结构的问题,将在《公司中级理财学》中讨论。本章集中讨论资金成本的基本概念、不同资金来源资金成本的计算方法、加权平均资金成本的计算等方面的问题。

【学习目标】 通过本章学习,要求掌握和了解如下内容:(1)掌握资金成本的基本概念和性质。(2)掌握资金成本的基本计算方法。(3)掌握各种长期负债资金成本计算的基本理论和方法。(4)掌握优先股票资金成本计算的基本理论与方法。(5)掌握普通股票资金成本计算的基本理论与方法。(6)掌握留存收益资金成本计算的基本理论与方法。(7)掌握加权平均资金成本计算的基本理论与方法。

第一节 资金成本

掌握公司不同资金来源的资金成本是公司正确进行筹资、投资和盈利分配决策的基础。但是在会计学中,由于会计主体观念的局限,会计没有正确的资金成本观念,不能正确计算资金成本。而从事公司理财,就必须要解决资金成本的计算问题。本节将集中讨论资金成本的性质和基本计算方法。

一、资金成本的性质

(一)资金成本的概念

资金成本,又称资本成本,是指企业为取得和占有资金而付出的代价,它由资金的筹资成本和占用成本两部分组成。其中,资金占用成本是资金成本的主体,也是降低资金成本的主要方向。从资金成本与投资收益率的关系来看,资金成本又表述为投资的极限收益率,或最低收益率,如果投资收益率低于资金成本率,那么,投资将无利可图。由于在会计学中,资本是指企业所有者投入企业的资本,具体地看,就是企业的净资产或所有者权益,而资金则包含负债在内,其范围大于资本;因此,为了避免误解,在本书中,均使用资金成本或资金来源成本这一概念。

1. 筹资成本

资金筹资成本,是指企业在筹资过程中发生的各种费用。如证券的印刷费用、发行手续费、行政费用、律师费用、审计费用、资产评估费、资信评估费用和公证费用等等。筹资成本按是否与筹资量相关为标准,可分为固定成本、变动成本和混合成本。支付给证券公司的发行手续费以及证券的印刷费等费用属于与筹资量相关的变动成本,证券发行的行政费用、公证费用等属于与筹资量无关的固定成本,而律师费用、审计费用、资产评估费和资信评估费用则属于混合成本。但无论何种筹资成本,均只与筹资的次数和筹资量存在相关关系,而与所筹资金占用的时间长短无关;因此,从资金占用时间的角度考察,筹资成本可视为一种固定成本。

2. 资金占用成本

资金占用成本是指企业因占用资金而向资金供应者支付的各种资金占用费,如各种长短期借款的利息、长期债券的利息、优先股的股息和普通股的红利等等。资金占用成本具有经常性、定期性支付的特征,它与资金占用的期限成正比关系,可视为变动成本。由于资金占用成本是资金成本的主体,因此,人们往往用资金占用成本来替代资金成本。

(二) 资金成本的性质

资金成本是在商品经济条件下资金所有权与使用权相分离的结果,它具有特定的经济性质。

1. 资金成本是资金使用者向资金所有者和中介机构支付的费用

资金成本是资金所有权与使用权相分离的结果。当资金所有者的资金闲置时,可直接或间接地将闲置资金的使用权转让给急需资金的人。这种资金使用权的转让,从资金所有者角度来讲,由于他放弃了一段时间的资金使用权并相应承担了一定风险,因此必然要求获得一定的补偿,这种补偿就是资金使用权转让者的收益;从资金使用者的角度来讲,由于他获得了资金使用权并享受了运用资金使用权获取利益的机会,因此必须要向资金使用权转让者支付一定的费用,这种费用就是资金成本。

2. 资金成本必须以使用资金产生的收益来补偿

资金成本作为一种耗费,最终需要通过资金使用所获得的收益来补偿。这种补偿实质上是一种利益分配关系,在资金使用所带来的收益一定的条件下,资金所有权者多得,资金使用权者就少分。因此,资金成本本质上体现的是资金所有权拥有者与借入资金使用权者之间的一种经济利益分配关系。

3. 资金成本是资金时间价值与风险水平的统一

由于资金占用成本是与资金所有权者放弃资金使用权的时间长短成正比的,因此,资金成本与货币的时间价值相关,货币时间价值是计算资金成本的基础。但是,资金成本还受各种风险和总风险水平的影响,因此,资金成本在数量上与货币时间价值不一致。资金成本是货币时间价值与风险水平的统一。

（三）资金成本的种类

资金成本可按多种标准进行分类,如按用途分类,可分为个别资金成本、加权平均资金成本和边际资金成本;按资金来源分类,可分为负债资金成本、权益资金成本,在这两种分类下还可以进一步地细分为多种资金成本;等等。在这里仅讨论资金成本按用途的分类。

1. 个别资金成本

个别资金成本是某种单一筹资方式的资金成本,如长期借款成本、长期债券、优先股成本、普通股成本和留存收益成本等等。个别资金成本主要用来比较和评价各种筹资方式的利弊,它是进行资金成本计算的基础。

2. 加权平均资金成本

加权平均资金成本是在各种个别资金成本的基础上通过加权后获得的成本。它反映的是企业综合的资金成本,主要作用在于确定计算企业价值使用的折现率和企业的最优资金结构。加权平均资金成本的权数根据需要可以在账面价值、市场价值和目标价值之间进行选择。

3. 边际资金成本

边际资金成本是增减筹资量的那部分资金的成本,在计算时也需要进行加权平均。边际资金成本主要用于作出是否应该追加筹资和投资的决策。

上述三种资金成本之间存在着密切的联系,个别资金成本是加权平均资金成本和边际资金成本计算的基础,加权平均资金成本和边际资金成本则是在个别资金成本基础上按照一定的权数基础加权的结果。

（四）资金成本的意义

资金成本在公司理财中处于至关重要的位置,其主要意义如下。

1. 资金成本是选择筹资方式、进行资金结构决策的依据

资金成本是选择筹资方式,进行资金结构决策的依据,可以从如下三个方面来理解:

（1）个别资金成本是比较各种筹资方式的依据。在其他条件相同的情况下,个别资金成本低的方案优于个别资金成本高的方案。

（2）加权平均资金成本是衡量资金结构合理性的依据。衡量资金结构是否达到最优的标准是加权平均资金成本是否最低,加权平均资金成本低的方案优于加权平均资金成本高的方案。

（3）边际资金成本是评价追加筹资方案和追加投资方案是否合理,以及如何选择追

加筹资结构的依据。

2. 资金成本是评价投资方案、进行投资决策的重要标准

在对相容的多个投资项目进行选择时,只要预期投资报酬率高于资金成本率,投资项目就具有经济上的可行性。因此,资金成本又称为投资的"极限收益率"。

3. 资金成本是构成评价企业价值的折现率的基础

公司理财的基本目的是企业价值最大化,企业价值的最基本表达式是企业未来现金净流入量的折现值。因此,评价企业价值离不开折现率,而资金成本是构成折现率的最基本的要素。只有准确地计算出公司的资金成本,才能正确地选择评价企业价值的适用折现率,精确地估计企业价值,顺利地完成理财任务。

二、资金成本计算的基本原理

根据前面对资金成本基本性质的认识,可知资金成本受无风险收益率、补偿收益率(包括币值变动风险、信用风险、流通风险、到期风险等在内的补偿收益率)和筹资费用等三大因素的影响。这三大因素对资金成本的影响,是通过对筹资活动的现金流入量和流出量的影响起作用的。

无风险收益率和风险补偿收益率直接影响到以资金占用费形式表示的现金流出量,筹资费用则直接影响到所筹集资金的实际现金流入量。筹资活动所引起的实际现金流入量与实际现金流出量之差就是资金成本的绝对额。由于现金流入量与现金流出量之间存在时间差异,因此,需要将不同时点的现金流入量和现金流出量折算为同一时点的现金流入量和现金流出量来比较,计算考虑货币时间价值之后的资金成本。

在实务中,为了便于对资金成本进行分析,通常用相对资金成本,即用资金成本率来替代绝对金额表示的资金成本。资金成本率就是资金的价格。从严格的意义上讲,资金成本就是由筹资活动所引起的,实际现金流出量与现金流入量相等时的折现率。这就是资金成本计算的基本原理。

三、资金成本计算的基本方法

(一)资金成本基本公式

根据上述"资金成本就是由筹资活动所引起的,实际现金流出量与现金流入量相等时的折现率。"这一资金成本计算的基本原理,资金成本的基本计算公式应为:

$$\sum_{t=0}^{n} \frac{CI_t}{(1+i)^t} = \sum_{t=0}^{n} \frac{CO_t}{(1+i)^t} \tag{6.1}$$

式中　　CI——实际现金流入量;

　　　　CO——现金流出量;

　　　　t——现金流动的期间;

　　　　i——资金成本。

就筹资的实际情况来看,现金流入量一般是在期初一次流入,而现金流出量则是在不同时期分次流出,因此,(6.1)式可以简化为(6.2)式:

$$CI_0 = \sum_{t=0}^{n} \frac{CO_t}{(1+i)^t} \tag{6.2}$$

(6.2)式是(6.1)式的特例。

(二) 资金成本求解方法

从资金成本的基本计算公式可以看出,资金成本方程式是一个高次方程,很难直接求解。因此,在实际求解时采用的基本方法是逐次测试法。该法分为两个阶段:

第一步,逐次测试。所谓逐次测试就是先设定一个折现率(i),然后计算实际现金流入量与实际现金流出量的现值,并将实际现金流入量的现值与实际现金流出量的现值相比较,看两者是否相等。如两者相等,该设定的折现率(i)就是要求的资金成本。如果两者不相等,则需重新设定折现率(i)进行测试。重新设定折现率(i)的原理:当左式的值大于(小于)右式的值时,表明折现率大于(小于)资金成本,应降低(提高)设定折现率(i)再进行测算。这样通过多次测算,最终找到一个使左式的值略大于右式的值的折现率和一个使左式的值略小于右式的值的折现率。

第二步,插值求解。所谓插值求解,就是在逐次测试所求出的两个折现率之间运用插值法,求出一个使左式等于右式的近似折现率,该折现率就是资金成本的近似值。

为了加深对上述求解方法的认识,现对它进行进一步的讨论。将(6.2)式的 CI_0 移至右边,可得:

$$NPV = CI_0 - \sum_{t=0}^{n} \frac{CO_t}{(1+i)^t} \tag{6.3}$$

根据求解资金成本的基本原理,当 NPV 等于零时的折现率就是要求的资金成本。下面用图 6-1 来反映其求解过程。

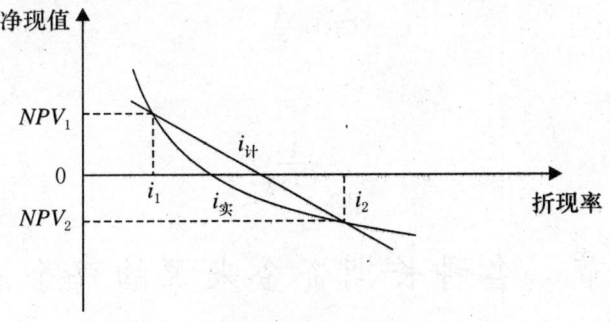

图 6-1　资金成本计算示意图

从图 6-1 可以看出,当折现率从 i_1 上升到 i_2 时,净现值 NPV 从正到负,资金成本必

然落入 $i_1 \sim i_2$ 这一区间,在直线(NPV_1, i_1)和(NPV_2, i_2)上的资金成本$(i_{计})$只是曲线上实际资金成本$(i_{变})$的近似值,当 i_1 与 i_2 差异很小时,相应地 NPV_1 与 NPV_2 的差异也很小,这时计算出的资金成本就是实际资金成本的近似值。所以,在逐次测试时,要尽可能减少 i_1 与 i_2、NPV_1 与 NPV_2 的差异,使计算出的资金成本能更准确地反映实际的资金成本。

　　从上述资金成本计算的基本公式可以看出,求解资金成本的关键是要确定筹资活动所引起的实际现金流入量和实际现金流出量。实际现金流入量和实际现金流出量除因筹资方式的不同而存在差异之外,还因资金成本的主体不同而存在差异,以及因实际值与预测值的不同而存在差异,这些差异使得资金成本的计算复杂化。下一节将对各种不同资金来源的资金成本计算问题进行讨论。

四、资金成本计算简化方法

　　直接利用前述的资金成本计算公式计算资金成本,比较复杂,在条件允许的情况下,可以将它们适当简化。其基本的简化方法是假定筹资期限无限长,在筹资期限无限长的情况下,前述的资金成本计算公式就可以按下面的方法进行化简。

　　当方程(6.2)中的各期现金流量相等时,即 $CO_0 = CO_1 = CO_2 = \cdots = CO_{n-1} = CO_n = A$ 和期限趋于无穷大,即 $n \rightarrow \infty$ 时,有:

$$CI_0 = \sum_{i=1}^{\infty} \frac{A}{(1+i)^i} \tag{6.4}$$

　　即:

$$PV = \frac{A[1-(1+i)^{-n}]}{i} \tag{6.5}$$

　　显然,在 $i > 0$ 的条件下,当 $n \rightarrow \infty$ 时,FV 发散,无解。而 PV 由于$(1+i)^{-n}$趋近于 0,故有:

$$CI_0 = \frac{A}{i} \tag{6.6}$$

　　故:

$$i = \frac{A}{CI_0} \tag{6.7}$$

第二节　各种长期资金来源的资金成本

　　本节只讨论各种长期资金来源的资金成本计算和风险确定问题,对于短期资金来源的资金成本计算和风险确定问题则放在流动负债筹资中加以讨论。

一、长期借款的资金成本

（一）长期借款现金流量的特征

1. 长期借款现金流入量

长期借款现金流入量可以分为名义现金流入量和实际现金流入量。名义现金流入量是指合同借款金额，实际现金流入量则是指合同借款金额中可由企业实际使用部分的金额。名义现金流入量与实际现金流入量之间的差异，主要由筹资费用和保护性存款所引起。

筹资费用一般是在期初发生，可视为现金流入量的抵减项目。比如，某公司向银行取得了 500 万元的长期借款，为了取得该笔长期借款，公司支付了诸如资产评估费、审计费等费用 30 万元。那么，虽然公司在该筹资活动中获得的名义现金流入量为 500 万元，但公司实际取得的现金流入量只有 470 万元（500－30）。

保护性存款，是指银行等借款方鉴于保证其贷款的安全性和变相提高借款利息率等方面的原因，在合同中规定的借款方必须将所借款项的一部分存入银行，这一部分存款就是保护性存款。保护性存款一般是按所借款金额的一定百分比计算的，因此又称保护性存款比率。假如上例的银行借款合同规定，保护性存款比率为 20％，那么公司该笔借款的实际现金流入量则仅为 370 万元［500－（500×20％＋30）］。

虽然公司的实际现金流入量只有 370 万元，但是公司却要按 500 万元的名义现金流入量支付借款利息。当然，公司存入银行的保护性存款也会获得一定的存款利息收入，只不过该利息收入是大大低于贷款利息支出的。

2. 长期借款现金流出量

长期借款现金流出量可以分为支付的筹资费用、借款利息和偿还的本金三个部分。其中，因为筹资费用一般是在期初发生，所以在上面讨论现金流入量时，已将它作为现金流入量的抵减项目对待，故在这里不再加以讨论。

借款利息是因借款而产生的实际利息支出，该利息支出是抵减保护性存款利息收入后的利息净支出。比如上例中的借款利息率为 10％，存款利息率为 2％，那么，该笔借款的实际利息支出就为 48 万元（500×10％－100×2％）。

保护性存款因为一直存在银行，企业虽然不能使用，但也不需要动用其他资金去偿还，因此，它既不算作企业的实际现金流入量，也不算作企业实际的现金流出量。企业借款本金的实际现金流出量等于借款本金减去保护性存款后的余额。比如，上例借款公司实际需偿还的本金数额为 400 万元（500－100）。

另外，由于筹资费用和借款利息均是在税前利润中列支的费用，可以抵减应纳税所得，因此需要将筹资费用和借款利息减去抵减的所得税，求出税后筹资费用和税后借款利息，计算出筹资费用和借款利息产生的实际现金流出量。假如上例公司的所得税率为 30％，那么该公司借款利息的实际现金流出量就应为 33.6 万元［48×（1－30％）］。而筹资费用的实际现金流出量则为 21 万元[30×(1−30%)]。

(二)长期借款资金成本的计算

根据上述长期借款现金流入和流出的特征,其资金成本可按下面的方法计算。

1. 税前资金成本

根据资金成本的计算原理,长期借款的税前资金成本可按如下公式求解:

$$\frac{本}{金}-\frac{保护性}{存\ 款}-\frac{筹资}{费用}=\sum_{t=1}^{n}\frac{\left(\frac{本}{金}\times\frac{借\ 款}{利息率}-\frac{保护性}{存\ 款}\times\frac{存\ 款}{利息率}\right)}{(1+i)^{t}}+\frac{\frac{本}{金}-\frac{保护性}{存\ 款}}{(1+i)^{n}} \qquad (6.8)$$

式中借款和存款利息率一般用年利息率表示,期限也用年度表示。如果 1 年结息次数超过一次,还需要将名义年利息率换算为实际年利息率。其换算方法如下:

$$\frac{年实际}{利息率}=\left(1+\frac{年名义利息率}{年结息次数}\right)^{年结息次数}-1 \qquad (6.9)$$

【例 6-1】 设某公司向银行贷款 500 万元,贷款期限 5 年,贷款利息率为 8%,3 个月结息一次。借款协议规定公司必须保持 20% 的保护性存款余额,存款利息率为 2%,1 年结息一次。借款时发生资产评估费、审计费和律师费等费用共 20 万元。问该笔长期借款的税前成本为多少?

解:

根据公式求解如下。

(1)求贷款实际年利息率:

$$\frac{贷款实际}{年利息率}=\left(1+\frac{8\%}{4}\right)^{4}-1=8.243\%$$

(2)求税前资金成本:

$$500\times(1-20\%)-20=\sum_{t=1}^{5}\frac{500\times8.243\%-100\times2\%}{(1+i)^{t}}+\frac{500\times(1-20\%)}{(1+i)^{5}}$$

$$380=\sum_{t=1}^{5}\frac{39.215}{(1+i)^{t}}+\frac{400}{(1+i)^{5}}$$

当 $i=10\%$ 时:

右式 $=3.790\,79\times39.215+0.620\,92\times400=148.656+248.368=397.024$

当 $i=12\%$ 时:

右式 $=3.604\,78\times39.215+0.567\,43\times400=141.361+226.972=368.333$

故有:

$$\frac{税前资金}{成\ 本}=10\%+\frac{397.024-380}{397.024-368.333}\times2\%=10\%+1.187\%=11.19\%$$

2. 税后资金成本

由于筹资费用和借款利息可以抵减所得税,因此考虑所得税后的借款实际现金流出量会有所减少,相应地资金成本也会降低。考虑所得税后的长期借款资金成本的计算公式如下:

$$\left(本_{金}-保护性_{存款}-筹资_{费用}\right)\times\left(1-所得_{税率}\right)=\sum_{t=1}^{n}\frac{\left(本_{金}\times借款_{利息率}-保护性_{存款}\times存款_{利息率}\right)\times\left(1-所得_{税率}\right)}{(1+i)^t}+$$

$$\frac{本_{金}-保护性_{存款}}{(1+i)^n} \tag{6.10}$$

【例 6-2】 假定[例 6-1]的所得税税率为 30%,那么,可直接按公式计算其税后资金成本。

解:

$$500\times(1-20\%)-20\times(1-30\%)=\sum_{t=1}^{5}\frac{(500\times8.243\%-100\times2\%)\times(1-30\%)}{(1+i)^t}+\frac{500\times(1-20\%)}{(1+i)^5}$$

$$386=\sum_{t=1}^{5}\frac{27.4505}{(1+i)^t}+\frac{400}{(1+i)^5}$$

当 $i=8\%$ 时:

右式 $=3.99271\times27.4505+0.68058\times400=109.60+273.23=381.83$

当 $i=7.5\%$ 时:

右式 $=4.04588\times27.4505+0.69656\times400=111.06+278.62=389.68$

故有:

$$税后资金_{成本}=7.5\%+\frac{389.68-386}{389.68-381.83}\times0.5\%=7.5\%+0.23\%=7.73\%$$

税后资金成本除了可用上述公式直接计算之外,还可用下述简化方法进行近似计算:

税后资金成本=税前资金成本×(1-所得税税率)

用简化方法计算[例 6-2]的结果如下:

税后资金成本=11.19%×(1-30%)=7.83%

比较两种方法的计算结果,两者相差仅 0.1 个百分点(7.83%-7.73%),可见用简化方法仍然可以取得较精确的结果。两者计算结果的差异来自于前者考虑了所得税的货币时间价值,而后一种简化计算方法没有考虑所得税的货币时间价值。由于在一般情况下,所得税占现金流出量的比重均不算大,因此,可以用简化方法来计算税后资金成本。

(三)对不同资金成本计算方法的评述

除了上述考虑货币时间价值的资金成本计算方法之外,还存在若干简化的资金成本计算方法。下面将对财务管理类教材中用得最为普遍的资金成本的计算方法加以评述。

1. 资金成本等于资金占用费除以实际筹资额减筹资费用之差

资金成本等于资金占用费除以实际筹资额减筹资费用之差这一资金成本计算方法，在财务管理类书籍中被广泛运用，其基本计算公式如下：

$$资金成本 = \frac{资金占用费}{实际筹资额 - 筹资费用} \tag{6.11}$$

该计算公式最基本的特征，是将发生的筹资费用作为实际筹资额的减少。如按此公式计算，[例 6-1]的税前资金成本则为：

$$税前资金成本 = \frac{500 \times 8.243\% - 100 \times 2\%}{500 \times (1 - 20\%) - 20} = \frac{39.215}{380} = 10.32\%$$

将上述计算结果与[例 6-1]的计算结果相比较，可以看出，用上述方法计算的资金成本比用前种方法计算的资金成本低了 0.87 个百分点（11.19% − 10.32%）。造成这种差异的原因是该公式是建立在(6.8)式时间趋近于无穷大的基础之上的。即：

$$\frac{本}{金} - \frac{保护性}{存款} - \frac{筹资}{费用} = \sum_{t=1}^{n} \frac{\left(\frac{本}{金} \times \frac{借款}{利息率} - \frac{保护性}{存款} \times \frac{存款}{利息率}\right)}{(1+i)^t} + \frac{\frac{本}{金} - \frac{保护性}{存款}}{(1+i)^n}$$

当 $n \to \infty$ 时，方程式右边为：

$$\sum_{t=1}^{n} \frac{\left(\frac{本}{金} \times \frac{借款}{利息率} - \frac{保护性}{存款} \times \frac{存款}{利息率}\right)}{(1+i)^t} + \frac{\frac{本}{金} - \frac{保护性}{存款}}{(1+i)^n}$$

$$\longrightarrow \frac{本金 \times 借款利息率 - 保护性存款 \times 存款利息率}{i}$$

即有

$$\frac{本}{金} - \frac{保护性}{存款} - \frac{筹资}{费用} = \frac{本金 \times 借款利息率 - 保护性存款 \times 存款利息率}{i}$$

$$i = \frac{本金 \times 借款利息率 - 保护性存款 \times 存款利息率}{本金 - 保护性存款 - 筹资费用} \tag{6.12}$$

因为

$$实际筹资额 = 本金 - 保护性存款$$
$$资金占用费 = 本金 \times 借款利息率 - 保护性存款 \times 存款利息率$$

故有：

$$资金成本 = \frac{资金占用费}{实际筹资额 - 筹资费用} \tag{6.13}$$

显然，这一公式是建立在花一次筹资费用可以满足无穷长期限的假设基础之上的。因此，随着时间的延长，每期应该摊销的筹资费用必然随之减少。所以，用该种方法计算出来的资金成本要低于按基本公式计算出来的资金成本。

2. 将筹资费用视为资金占用费增加

为了克服上述资金成本计算公式的弊端,可以采用将筹资费用在筹资期内平均分摊的方法,即将筹资费用视为利息费用的增加而不是实际筹资额的减少,那么资金成本计算公式就应为:

$$资金成本=\frac{资金占用费+\dfrac{筹资费用}{贷款年限}}{实际筹资额}　　　(6.14)$$

按该公式对前例的计算结果如下:

$$资金成本=\frac{500\times8.243\%-100\times2\%+\dfrac{20}{5}}{500\times(1-20\%)}=10.8\%$$

可见用(6.14)式计算出的资金成本仅比用考虑货币时间价值计算出的资金成本低0.39个百分点(11.19%−10.8%),比用(6.13)式计算出的结果更接近实际资金成本。因此,在实际资金成本计算过程中应尽可能采用(6.8)式,而不是(6.13)式。(6.13)式只适用于贷款年限未知情况下的资金成本的近似计算。

3. 对不同资金成本计算公式计算结果的比较

对于造成计算差异的主要原因是对筹资费用处理不当的结论,还可以通过延长和缩短贷款年限,以及增加和减少筹资费用来加以证明。延长贷款年限会使每年分摊的筹资费用减少,使资金成本降低;缩短贷款年限会使每年分摊的筹资费用增加,从而使资金成本上升。现分别以实例加以说明。

【例 6-3】 假定[例 6-1]的贷款期限为 10 年,其余条件不变。那么,用两种不同计算方法计算的资金成本结果分别如下:

解:

(1) 用考虑货币时间价值的方法计算:

$$500\times(1-20\%)-20=\sum_{t=1}^{10}\frac{500\times8.243\%-100\times2\%}{(1+i)^t}+\frac{500\times(1-20\%)}{(1+i)^{10}}$$

$$380=\sum_{t=1}^{10}\frac{39.215}{(1+i)^t}+\frac{400}{(1+i)^{10}}$$

当 $i=10\%$ 时:

右式 $=6.144\,57\times39.215+0.385\,54\times400=240.96+154.22=395.18$

当 $i=12\%$ 时:

右式 $=5.650\,22\times39.215+0.321\,97\times400=221.57+128.79=350.36$

故有:

$$税前资金成本=10\%+\frac{395.18-380}{395.18-350.36}\times2\%=10\%+0.68\%=10.68\%$$

（2）用不考虑货币时间价值的不同简化方法计算：

按（6.13）式计算出的结果不变，仍为：

$$税前资金成本=\frac{500\times8.243\%-100\times2\%}{500\times(1-20\%)-20}=\frac{39.215}{380}=10.32\%$$

按（6.14）式计算的结果如下：

$$税前资金成本=\frac{500\times8.243\%-100\times2\%+\frac{20}{10}}{500\times(1-20\%)}=10.30\%$$

将考虑货币时间价值的计算结果与不考虑货币时间价值的两种简化计算方法的计算结果相比较，可以看出，考虑货币时间价值的计算结果与不考虑货币时间价值的（6.13）式计算结果的差异缩小为 0.36 个百分点（10.68%－10.32%），而与（6.14）式的计算结果差异仍为 0.38 个百分点（10.68%－10.30%）。这说明，随着期限的延长，年均分摊筹资费用逐渐减少，其对资金成本的影响也随之缩小，从而使（6.13）式、（6.14）式两种简化计算方法计算结果的差异逐渐消失。相反，如果贷款期限缩短，比如上例从 5 年缩短为 2 年，那么用（6.13）式计算的结果仍为 10.32%，但用（6.14）式计算的结果则上升为 12.30%。显然，用（6.14）式计算的结果比用（6.13）式计算的结果更为精确。其证明过程请读者自己加以证明。

【例 6-4】 再假定［例 6-1］中的筹资费用增加为 50 万元，其余条件不变。那么，用两种不同方法计算出的结果分别如下。

解：

（1）用考虑货币时间价值的方法计算：

$$500\times(1-20\%)-50=\sum_{t=1}^{5}\frac{500\times8.243\%-100\times2\%}{(1+i)^t}+\frac{500\times(1-20\%)}{(1+i)^5}$$

$$350=\sum_{t=1}^{5}\frac{39.215}{(1+i)^t}+\frac{400}{(1+i)^5}$$

当 $i=12\%$ 时：

右式＝3.604 78×39.215＋0.567 43×400＝141.361＋226.972＝368.333

当 $i=14\%$ 时：

右式＝3.433 08×39.215＋0.519 37×400＝134.628＋207.748＝342.376

故有：

$$税前资金成本=12\%+\frac{368.333-350}{368.333-342.376}\times2\%==12\%+1.41\%=13.41\%$$

（2）用不考虑货币时间价值的不同简化方法计算：

按（6.13）式计算：

$$税前资金成本 = \frac{500 \times 8.243\% - 100 \times 2\%}{500 \times (1-20\%) - 50} = \frac{39.215}{350} = 11.20\%$$

按（6.14）式计算：

$$税前资金成本 = \frac{500 \times 8.243\% - 100 \times 2\% + 50 \div 5}{500 \times (1-20\%)} = \frac{49.215}{400\%} = 12.30\%$$

再将考虑货币时间价值方法的计算结果与不考虑货币时间价值的两种简化方法的计算结果相比较，可以发现，其与（6.13）式计算结果的差异扩展为 2.21 个百分点（13.41%－11.20%），而与（6.14）式计算结果的差异则仅为 1.11 个百分点（13.41%－12.30%），用（6.14）式计算的结果比用（6.13）式计算的结果更为精确。

以上分析说明，贷款年限和筹资费用是引起（6.13）式、（6.14）式两种计算方法计算结果差异的重要原因。筹资费用越大，贷款年限越短，用两种方法计算出来的结果的差异也会越大。因此，（6.13）式最多只适用于筹资费用少和贷款年限长的长期负债资金成本的近似计算。在本书中，在运用简化方法近似计算长期负债资金成本时，只要给出的资料存在长期负债的年限，可以计算各年的筹资费用分摊额，我们均坚持用（6.14）式计算资金成本。而（6.13）式只有在长期负债年限资料未知的情况下使用。

（四）考虑通货膨胀影响后的长期借款资金成本的计算

通货膨胀将导致借款现金流入量和现金流出量价值的变化，这必然会影响到借款的实际资金成本。考虑通货膨胀的影响，前述资金成本的计算公式应作适当的修改。考虑通货膨胀之后的资金成本计算公式如下：

$$\left(\begin{matrix}本\\金\end{matrix} - \begin{matrix}保护性\\存\ 款\end{matrix} - \begin{matrix}筹资\\费用\end{matrix}\right) \times \left(1 - \begin{matrix}所得\\税率\end{matrix}\right) = \sum_{t=1}^{n} \frac{\left(\begin{matrix}本\\金\end{matrix}\times\begin{matrix}借\ 款\\利息率\end{matrix} - \begin{matrix}保护性\\存\ 款\end{matrix}\times\begin{matrix}存\ 款\\利息率\end{matrix}\right) \times \left(1 - \begin{matrix}所得税\\税\ \ 率\end{matrix}\right)}{(1+i)^t \times (1+f)^t} +$$

$$\frac{\begin{matrix}本\\金\end{matrix} - \begin{matrix}保护性\\存\ 款\end{matrix}}{(1+i)^n \times (1+f)^n} \tag{6.15}$$

式中　i——考虑通货膨胀因素之后的实际资金成本；

　　　　f——年通货膨胀率。

【例 6-5】　假定［例 6-2］的年通货膨胀率为 4%，其他条件不变。问公司该笔长期借款的实际资金成本为多少？

解：

根据公式可得：

$$500 \times (1-20\%) - 20 \times (1-30\%) = \sum_{t=1}^{5} \frac{(500 \times 8.243\% - 100 \times 2\%) \times (1-30\%)}{(1+i)^t \times (1+f)^t} +$$

$$\frac{500 \times (1-20\%)}{(1+i)^5 \times (1+f)^5}$$

$$386=\sum_{t=1}^{5}\frac{27.4505}{(1+i)^t\times(1+f)^t}+\frac{400}{(1+i)^5\times(1+f)^5}$$

根据前面的计算结果可知：

$$(1+i)\times(1+f)-1=(1+i)\times(1+4\%)-1=7.73\%$$

故有：

$$i=\frac{1+7.73\%}{1+4\%}-1=3.59\%$$

需要指出，在直接用简化方法，即"$i^*=\frac{1+i}{1+f}-1$"（i^*为考虑通货膨胀后的实际资金成本），计算考虑通货膨胀影响的实际资金成本时，要注意所得税与通货膨胀之间的关系，即式中的 i 应用税前资金成本还是税后资金成本的问题。如果 i 为税前资金成本，那么需采用"$i^*=\left(\frac{1+i}{1+f}-1\right)\times(1-\text{所得税税率})$"计算考虑通货膨胀后的实际资金成本，其实质是先计算通货膨胀的影响，再计算所得税的影响。如果采用"$i^*=\frac{1+i\times(1-\text{所得税税率})}{1+f}-1$"计算考虑通货膨胀后的实际资金成本，其实质是先计算所得税的影响，再计算通货膨胀的影响。两种计算方法究竟谁对谁错，下面通过实例讨论加以解决。

【例 6-6】 根据[例 6-1]税前资金成本为 11.19% 的计算结果，分别用上述两种方法计算如下：

解：

(1) 先计算通货膨胀影响再计算所得税影响的计算结果如下：

$$i=\left(\frac{1+11.19\%}{1+4\%}-1\right)\times(1-30\%)=6.91\%\times(1-30\%)=4.84\%$$

(2) 先计算所得税影响再计算通货膨胀影响的计算结果如下：

$$i=\frac{1+11.19\%\times(1-30\%)}{1+4\%}-1=3.69\%$$

比较两种计算方法的结果，可以发现，先计算通货膨胀影响再计算所得税影响的计算结果，比先计算所得税影响再计算通货膨胀影响的计算结果高出了 1.15 个百分点（4.84%-3.69%）。用这两种计算结果与[例 6-5]的计算结果相比较，可以发现，先计算所得税影响再计算通货膨胀影响的结果与[例 6-5]的计算结果较接近，是正确的；而先计算通货膨胀影响再计算所得税影响的结果与[例 6-5]的计算结果相差太远，是不正确的。究其原因，是因为在通货膨胀条件下，所得税本身也受通货膨胀的影响，但是用先计算通货膨胀影响再计算所得税影响的计算方法没有考虑到通货膨胀对所得税的影响。

所以,涉及用简化方法计算受通货膨胀影响的实际资金成本时,必须坚持先计算所得税影响再计算通货膨胀影响的计算方法。

二、长期债券的资金成本

(一)长期债券现金流量的特征

1. 长期债券现金流入量

长期债券现金流入量是企业发行债券实际收到的金额。实际现金流入量受两个因素的影响:一是长期证券票面利息率与同风险市场收益率之间的差异,二是发行债券的各种筹资费用。

长期债券票面利息率与同风险市场收益率之间经常存在差异,这种差异会导致长期债券的发行价格既可能高于面值(溢价发行),也可能低于面值(折价发行)。因此,发行长期证券的现金流入量不是发行债券的面值,而只能是实际收到的金额。例如,某公司按长期债券面值的90%折价发行面值为3 000万元的长期债券,那么公司实际收到的现金就只有2 700万元。相反,如果是按面值的110%溢价发行,那么收到的现金就应为3 300万元。

发行长期债券将会有比银行贷款更多的筹资费用,这些费用包括:证券的印刷费用、发行手续费、行政费用、律师费用、审计费用、资产评估费、资信评估费用和公证费用等等。由于这些筹资费用均是在长期债券发行时发生的费用,因此,可以视为发行长期债券实际现金流入量的抵减项目。长期债券发行金额抵减筹资费用之后的余额,就是发行长期债券实际的现金流入量。如上例公司为了发行长期债券,发生了筹资费用200万元,那么公司实际收到的现金流入量,在折价发行的情况下为2 500万元(2 700－200),在溢价发行的情况下则为3 100万元(3 300－200)。

2. 长期债券现金流出量

长期债券现金流出量可以分为筹资费用、债券利息和债券本金三种形式的现金流出量。筹资费用由于是债券发行时发生的,已经将它作为现金流入量的抵减项目处理,在这里不再对它进行讨论。

长期债券利息是剩余债券面值与票面利息率之乘积。所谓剩余债券面值,是指尚未偿还的债券面值。长期债券结息方式分为到期一次付息、每年付息一次和每年多次付息等多种付息方式。长期债券本金的偿还首先具有按面值偿还的特征,即不论公司债券发行时是溢价发行还是折价发行,均只能按债券面值偿还。另外,长期债券的偿还方式还有到期一次还本和分期多次还本之分。

不同的还本付息方式,会形成不同的现金流出量序列,这是在分析长期债券现金流出量时必须加以注意的。由于各种长期债券的还本付息方式均是在合同上规定了的,因此需要根据债券合同的规定具体问题具体分析。

在通常情况下,多数长期债券是每年年末付息、到期一次还本的债券。因此,在以后的分析中主要以这类债券为分析对象。

(二) 长期债券资金成本的计算

根据上述长期债券现金流入和现金流出的特征,其资金成本可按下面的方法计算。

1. 税前资金成本

长期债券资金成本计算的基本公式与长期借款资金成本的计算公式基本一样,只是无保护性存款和本金必须按面值偿还而已。每年年末付息,到期一次还本的长期债券的资金成本计算公式如下:

$$债券实际\atop 发行金额 - 筹资\atop 费用 = \sum_{t=1}^{n} \frac{债券面值 \times 票面利息率}{(1+i)^t} + \frac{债券面值}{(1+i)^n} \tag{6.16}$$

用逐次测试法求解出来的 i 就是长期债券的税前资金成本。

【例 6-7】 某公司发行的长期债券面值为 1 000 元/张,年利息率为 10%,每年年末付息,到期还本,期限为 5 年。债券按面值溢价 30% 发行。筹资费用为债券面值的 10%。问该公司债券的税前资金成本为多少?

解:

根据公式,有:

$$1\,000(1+30\%) - 1\,000 \times 10\% = \sum_{t=1}^{5} \frac{1\,000 \times 10\%}{(1+i)^t} + \frac{1\,000}{(1+i)^5}$$

$$1\,200 = \sum_{t=1}^{5} \frac{100}{(1+i)^t} + \frac{1\,000}{(1+i)^5}$$

当 $i=5\%$ 时:

右式 $=4.329\,48 \times 100 + 0.783\,53 \times 1\,000 = 1\,216.48$

当 $i=6\%$ 时:

右式 $=4.212\,36 \times 100 + 0.747\,26 \times 1\,000 = 1\,168.50$

故有:

$$税前资金成本 = 5\% + \frac{1\,216.48 - 1\,200}{1\,216.48 - 1\,168.50} \times 1\% = 5\% + 0.34\% = 5.34\%$$

2. 税后资金成本

长期债券的筹资费用和利息费用也是可以抵减所得税的,因此,需要计算税后资金成本。其计算方法与长期借款税后资金成本的计算方法一样。下面采用近似计算法计算税后资金成本。

【例 6-8】 假定[例 6-7]中公司的所得税率为 30%,问该债券的税后资金成本为多少?

解:

根据简化计算公式,有:

$$税后资金成本 = 5.34\% \times (1-30\%) = 3.738\%$$

（三）不考虑货币时间价值的近似计算法

以上讨论的长期借款和长期债券的资金成本计算公式,都是考虑了货币时间价值的计算公式。虽然这些公式计算的结果较准确,但是计算比较复杂。为了简化计算,也可以用不考虑货币时间价值的静态计算方法来近似求解。基本静态近似计算公式如下:

$$资金成本 = \frac{年利息 + \dfrac{到期时现金流出量 - 发行时现金流入量}{n}}{发行时现金流入量} \qquad (6.17)$$

【例 6-9】 试用简化的静态计算方法近似计算[例 6-7]的税前和税后资金成本。

解:

直接根据简化公式求解如下:

$$税前资金成本 = \frac{1\,000 \times 10\% + \dfrac{1\,000 - 1\,200}{5}}{1\,200} = 5\%$$

$$税后资金成本 = 5\% \times (1-30\%) = 3.5\%$$

将上述近似计算结果与[例 6-7]的精确计算结果相比较,两者的税前资金成本相差 $0.34\%(5.34\% - 5\%)$,税后资金成本相差 $0.238\%(3.738\% - 3.5\%)$。这是因为近似计算没有考虑货币时间价值。

（四）考虑通货膨胀影响后的长期债券资金成本的计算

在计算出不考虑通货膨胀的长期债券的税后资金成本之后,就可以直接按求解受通货膨胀影响的资金成本的简化计算公式" $i^* = \dfrac{1+i}{1+f} - 1$ "来求解。

【例 6-10】 如[例 6-8]中的年通货膨胀率为 2%,问考虑通货膨胀影响的实际资金成本为多少?

解:

根据简化公式可得:

$$\begin{array}{l}考虑通货膨胀后\\的实际资金成本\end{array} = \frac{1+i}{1+f} - 1 = \frac{1+3.738\%}{1+2\%} - 1 = 1.7\%$$

从前面所述长期借款和长期债券的资金成本计算实例中,可以看出,由于负债筹资的筹资费用和利息可以抵减应纳税所得,因此,其实际资金成本要大大低于其账面资金成本。这是企业用负债筹资的主要好处之一。

当然,如果企业没有利润,或利润低于负债可以抵减应纳税所得时,负债筹资的实际资金成本就会上升。这说明,负债的风险随企业经营状况的变化而变化。当企业经营状况好,盈利能力大时,负债的资金成本低,风险小;相反,当企业经营状况差,盈利少,特别是发生亏损时,负债的资金成本就高,风险也会相应增大。

三、优先股票的资金成本

(一)优先股票现金流量的特征

1. 优先股票的现金流入量

优先股票既是企业的一种资金来源,又是优先股股东的资产。由于公司理财的基本目的是股东财富最大化,因此需要从股东的角度去考察股东拥有资产的现金流入量。这样,优先股票的现金流入量便可以从企业和股东两个主体来观察。

站在抽象的企业立场来看,优先股票的现金流入量,就是企业发行优先股票所引起的实际流入企业的现金。如企业以 100 元/股的价格发行了优先股票 100 万股,支付发行等筹资费用 500 万元,那么实际流入企业的现金就应为 9 500 万元(100×100－500)。

站在优先股股东的立场来看,优先股票市场价格的高低与他们可获得的现金流入量的大小密切相关,如不考虑交易成本,优先股票的市场价格就等于他们可获得的现金流入量。假如上述优先股票的市场价格为 120 元/股,那么从股东的立场上看,实际可获得的现金流入量就为 12 000 万元(120×100)。可见,股东可获得的现金流入量就是股东持有资产的价值。

虽然长期借款和长期债券等负债也存在债权持有人的现金流入量问题,但是因为公司理财并不注重超出借债合同范围之外的债权人的利益得失,所以,在讨论负债资金成本时,我们只站在公司主体的立场上,以公司现金流入量作为计算负债资金成本的依据。

2. 优先股票的现金流出量

优先股票无规定到期日,可视为一种永续性的证券,即没有归还本金而引起的现金流出,其现金流出量就是定期支付的优先股票股利。优先股股利一般等于优先股票面值乘以规定股利率。如优先股票的票面值为 100 元/股,规定股利率为 10%,那么,每股每年的现金流出量就等于 10 元。

另外,优先股作为一种资本,其股利只能从税后利润中支付,不能抵减应纳税所得。因此,以股利形式表示的优先股票现金流出量不存在税前现金流出量与税后现金流出量之分,以优先股票股利形式流出的现金都属于税后现金流出量。

(二)优先股票资金成本计算

根据前述优先股票现金流入量的主体分类,优先股票的资金成本也可以分别从抽象的企业主体和优先股股东主体来考察,相应地,资金成本计算方法也就分为了如下两类。

1. 以企业立场计算

站在企业立场上看,优先股票的资金成本,就是发行优先股票的实际现金流入量与股利形式产生的现金流出量相等时的折现率。其计算公式为:

$$\begin{matrix}\text{实　际} \\ \text{发行价}\end{matrix} - \begin{matrix}\text{筹资} \\ \text{费用}\end{matrix} \times \left(1 - \begin{matrix}\text{所得税} \\ \text{税　率}\end{matrix}\right) = \sum_{t=1}^{\infty} \frac{\text{优先股票面值} \times \text{票面利率}}{(1+i)^t} \tag{6.18}$$

由于：

$$\sum_{t=1}^{n} \frac{1}{(1+i)^t} = \frac{1-(1+i)^{-n}}{i}$$

当 $n \to \infty$ 时，有：

$$\frac{1-(1+i)^{-n}}{i} \to \frac{1}{i}$$

故：

$$i = \frac{\text{优先股票面值} \times \text{票面利率}}{\text{实际发行价} - \text{筹资费用} \times (1 - \text{所得税税率})} =$$

$$\frac{\text{优先股票股利}}{\text{实际发行价} - \text{筹资费用} \times (1 - \text{所得税税率})} \tag{6.19}$$

【例 6-11】　某优先股票面值为 100 元/股，票面利率为 10％，折价发行，发行价为 90 元/股。另按发行价的 3％支付承销费，公司所得税税率为 30％。问从企业角度，该优先股票的资金成本为多少？

解：

根据公式得：

$$\begin{matrix}\text{优先股票} \\ \text{资金成本}\end{matrix} = \frac{100 \times 10\%}{90 - 90 \times 3\% \times (1 - 30\%)} = 11.35\%$$

2. 以优先股股东立场计算

前面讨论的两种立场计算资金成本的差异，主要在于对现金流入量的认识不一样。从企业立场看，现金流入量应是企业实际收到的金额；从股东立场看，现金流入量应是优先股票的市场价格。因此，站在优先股股东的立场上，优先股票的资金成本应按下式计算：

$$i = \frac{\text{优先股票股利}}{\text{优先股票市场价格}} \tag{6.20}$$

【例 6-12】　设［例 6-11］中的优先股票的市场价格为 120 元/股。试问从优先股股东角度，该优先股票的资金成本为多少？

解：

根据公式得：

$$i = \frac{100 \times 10\%}{120} = 8.33\%$$

比较以上两种角度计算的优先股票资金成本，可以看出，站在企业立场上计算出的资金成本是固定的，因为企业实际筹资量和优先股票的股利是固定的；但站在股东立场上计算出的资金成本是变动的，因为在确定资金成本的两个因素中，只有优先股票股利是固定的,而优先股票的市场价格则是不断波动变化的,优先股票的资金成本与优先股票的市场价格成反比。在[例 6-12]中,如优先股票的市场价格下降为 100 元/股时,其资金成本上升为 10%;当上升为 150 元/股时,其资金成本则下降为 6.67%。显然,用优先股票的市场价格作为确定优先股票资金成本的基础,是符合优先股股东利益的。故在本书以后讨论优先股票资金成本时,都采用站在股东立场上来计算优先股票的资金成本。

由于优先股票的股利不可以抵税,因此不存在优先股票税后资金成本计算问题。作为固定息票的优先股票,会受通货膨胀的影响,但由于从股东角度出发计算的资金成本是以优先股票的市场价格为基础的,而通货膨胀的影响已在优先股票的市场价格中得到反映,因此也可不必再计算通货膨胀条件下优先股票的资金成本。

对公司而言,如果公司经营不善,没有利润来支付优先股票股利,并不会导致企业破产。因此,与长期负债筹资相比,优先股票的风险低于长期负债,但资金成本却高于长期负债。

四、普通股票的资金成本

(一)普通股票现金流量的特征

1. 普通股票的现金流入量

普通股票现金流入量的确定与优先股票一样,也可以分别从企业角度和股东角度来考察。只是由于公司理财的基本目的是为普通股股东利益最大化服务的,因此,普通股票的现金流入量更多的是从普通股股东的立场上去考察,即用普通股票的市场价格作为普通股票的现金流入量。在本书以后涉及普通股票的资金成本时,均以普通股票的市场价格作为其资金成本计算的基础。

2. 普通股票的现金流出量

普通股票的现金流出量主要以普通股票股利形式表示。普通股票股利具有极大的不确定性,股利支付率除了随企业经营状况好坏而变动之外,还受公司盈利分配政策的影响,因此,要准确确定各年的股利支付额难度极大,甚至可以说根本无法精确确定。人们为了简化普通股票股利的确定问题,设计出诸如股利不变、股利随企业经营状况变化而成正比变化、股利按一个既定的年增长率递增等股利确定模型。其中,最常用的模型是股利按一个既定的年增长率递增的模型,即:

第 t 期普通股票股利＝基期普通股票股利×(1＋股利年平均增长率)^t

虽然这一函数式简化了各期股利的计算方法,但可能与实际情况的差异较大。

另外,普通股票股利也是只能用税后利润支付,不可以抵税,因此也不存在税后现金流量的问题。

(二)普通股票资金成本的计算

从上述可知,由于普通股票的现金流入量与现金流出量均具有极大的不确定性,因此普通股票的资金成本是难以准确确定的。为了解决普通股票资金成本的确定问题，人们设计出了许多不同的方法，如股利按一定比例持续增长的资金成本计算方法、资本资产定价方法、债券收益率加风险补偿收益率法或市盈率法等等。下面仅介绍股利零增长和股利按一定比例持续增长的普通股票资金成本计算的基本方法。

1. 股利零成长

在股利零成长的情况下，普通股票其实就成为一种永续性的收益证券，其资金成本就可以按照如下公式计算：

$$D_0 = D_1 = D_2 = D_3 = \cdots = D_n$$

故有

$$P_0 = \frac{D_1}{1+i} + \frac{D_2}{(1+i)^2} + \cdots + \frac{D_n}{(1+i)^n} = \sum_{t=1}^{n} \frac{D_0}{(1+i)^t}$$

当 $n \to \infty$ 时，运用数学归纳法可得：

$$P_0 = \sum_{t=1}^{n} \frac{D_0}{(1+i)^t} = \frac{D_1}{i} \quad (n \to \infty) \tag{6.21}$$

$$i = \frac{D_1}{P_0} \tag{6.22}$$

运用股利零增长的普通股票资金成本计算方法，可以大大地简化普通股票资金成本的计算，故它被普遍运用于资料不足情况下的普通股票资金成本计算。

2. 股利按一定比例持续增长

普通股票资金成本的基本计算公式为：

$$P_0 = \sum_{t=1}^{\infty} \frac{D_t}{(1+i)^t} \tag{6.23}$$

式中　P_0——普通股票在 0 期的市场价格；

D_t——t 期普通股票股利；

i——普通股票的资金成本。

从理论上讲，企业只要能确定地估计出未来的股利序列，就可以求出那个使该股利序列的现值等于目前普通股票市场价格的折现率。但在实际中，由于预期的未来股利很难准确估计，因此也就难以直接按基本公式来估计普通股票的资金成本。

为了解决这一难题，通常采用如下简化式求解普通股票的资金成本，即：

$$P_0 = \sum_{t=1}^{\infty} \frac{D_0(1+g)^t}{(1+i)^t} \tag{6.24}$$

式中　g——普通股票股利年平均增长率。

采用该公式，只要能较准确地预测出公司普通股票在一个相当长时期内的每股股利年平均增长率,就可以较准确地求得公司普通股票的资金成本。既然 g 是股利年平均增长率,因此,它可以根据公司预测的在相当长一个时期后的股利水平是现在水平的多少倍来求得。

用 $\frac{1+i}{1+g}$ 乘以方程式(6.27),得:

$$\frac{P_0(1+i)}{(1+g)}=D_0+\frac{D_0(1+g)}{(1+i)}+\cdots+\frac{D_0(1+g)^{n-1}}{(1+i)^{n-1}} \tag{6.25}$$

(6.25)式—(6.24)式,得:

$$\frac{P_0(1+i)}{(1+g)}-P_0=D_0-\frac{D_0(1+g)^n}{(1+i)^n}$$

由于 $i>g$,故当 $n\to\infty$ 时,有:

$$\frac{D_0(1+g)^n}{(1+i)^n}\to 0$$

因此

$$\frac{P_0(1+i)}{1+g}-P_0=D_0$$

$$P_0\left[\frac{(1+i)-(1+g)}{1+g}\right]=D_0$$

$$P_0(i-g)=D_0(1+g)$$

$$P_0=\frac{D_1}{i-g} \tag{6-26}$$

$$i=\frac{D_1}{P_0}+g \tag{6.27}$$

i 即为普通股票的资金成本。

【例 6-13】 某股份有限公司的普通股票,现市场价格为 30 元/股,上年股利为 1.5 元/股,预计公司股利在未来 20 年内将均匀增长,在第 20 年股利将达到 6 元/股。试问该公司普通股票的资金成本为多少?

解:

该问题可按以下过程计算:

(1) 计算股利的年平均增长率。

$$(1+g)^{20}=\frac{6}{1.5}$$

即:

$$(1+g)^{20}=4$$

方程式两边同时开 20 次方,有:

$$(1+g)=\sqrt[20]{4}$$

再两边取对数,得:

$$\log(1+g)=\log\sqrt[20]{4}=\frac{1}{20}\log4=\frac{1}{20}\times0.602\,6=0.030\,1$$

再两边取反对数,得:

$$1+g=1.071\,77$$

所以:

$$g=0.071\,77$$

(2)计算普通股票的资金成本。

根据计算公式,得:

$$普通股票资金成本=\frac{1.5\times(1+0.071\,77)}{30}+0.071\,77=$$

$$0.053\,59+0.071\,77=0.125\,36=12.54\%$$

【例 6-14】 假设某普通股票现时市场价格为 20 元/股,预计第 1 年股利为 1 元/股,在未来相当长的一段时间内该股票的年平均增长率为 6%。试问该股票的资金成本为多少?

解:

根据公式得:

$$普通股票资金成本=\frac{1}{20}+6\%=11\%$$

五、留存收益的资金成本

留存收益是企业在支付股利之后的税后利润,它是企业内部形成的资金来源。留存收益实际上是股东权益的增加,普通股票持有者虽然没有以股利形式取得这部分利益,但是可以从股票市场价格的提高中得到补偿。留存收益等于股东对企业追加了投资。留存收益往往被认为是一种不花成本的资金来源,但事实上并非如此。因为,至少从股东的观点来看,企业中保存的留存收益是可以作为股利支付给股东的。如果股东获得这部分股利,就可用它进行投资获利。因此,公司保留的这部分收益就涉及一种机会成本,这种机会成本就是留存收益的成本。

留存收益的成本比普通股票的成本低,这是因为:首先,如将留存收益全部作为股利分给股东,股东将因其收入增加而多支付个人所得税;而企业将利润留存下来进行再投资是不需要纳税的。进一步,股东用取得的股利再投资时还会发生投资手续费,如购买股票就必须支付交易费用;而企业用留存收益进行再投资是不会发生筹资费用的。

企业留存收益（内部积累）的资金成本应按下式计算：

$$留存收益资金成本＝i(1-b)(1-T) \tag{6.28}$$

式中　i——普通股票的资金成本；

　　　b——股利再投资的交易费用率；

　　　T——所得税税率。

【例 6-15】　假定某公司普通股票的资金成本为 10％，个人所得税率为 20％，股利再投资的交易费用率为 2％，问该公司留存收益的资金成本为多少？

解：

根据公式可得：

$$留存收益的资金成本＝10\%×(1-2\%)×(1-20\%)＝7.84\%$$

可见留存收益的资金成本较普通股票的资金成本低，且对公司而言，其风险很小，所以留存收益对企业而言是极为有利的。留存收益对股东，特别是大股东也极为有利。因为，大股东获取的股利多，用于再投资的股利也多，如果企业用留存收益再投资不但可以获得低筹资成本的利益，而且还可以获得所持有股票升值的利益；如果企业将留存收益用于分配股利，那么大股东将损失这两方面的利益。所以，大股东一般比小股东更倾向于企业多保留留存收益。

除了上述各种长期资金来源的资金成本之外，还可以计算融资租赁固定资产和折旧基金融资金来源的资金成本。只不过这些资金来源的资金成本计算方法与上述资金来源的资金成本计算方法基本相同，如融资租赁固定资产资金成本的计算方法与长期借款资金成本的计算方法基本相同，折旧基金资金成本计算方法与留存收益资金成本的计算方法基本相同，故不再加以讨论。

第三节　加权平均资金成本

上节讨论了各种资金来源的资金成本计算问题，但是任何一家企业都不可能只从一个渠道取得资金，而是根据企业自身的条件和可能从多种渠道取得资金，因此，存在一个综合的资金成本问题。加权平均资金成本就是考察企业综合资金成本高低的一种指标，该指标在公司理财中有着重要的意义。本节将讨论加权平均资金成本的基本计算理论和方法。

一、加权平均资金成本

（一）企业全部资金加权平均资金成本

企业全部资金加权平均资金成本，是指将企业所有资金来源进行加权后计算出来的综合资金成本。其计算公式如下：

$$K_w = \sum_{j=1}^{n} W_j \times K_j \qquad (6.29)$$

式中　　K_w——加权平均资金成本；

　　　　W_j——第 j 种资金来源占全部资金来源的比重；

　　　　K_j——第 j 种资金来源的资金成本。

需要指出的是，计算各种资金来源比重时，不同的资金来源使用的价值是不同的。对负债而言，应使用其到期必须偿还的价值作为加权的权数，在会计上，到期必须偿还的价值就是其账面价值，故应该以账面价值作为加权的权数，而不应以负债的市场价值作为加权的权数。因为，不论负债的市场价值是大于还是小于其账面价值，只要公司不按市场价值提前收回发行在外的负债，在负债到期时，公司都必须按账面价值偿还各种负债。

相反，对公司股东权益资本而言，由于公司理财的目的是股东权益最大化，而股东的真实权益只能用公司股东权益的市场价值来反映，只有以市场价值作为权数计算出的股东权益资本的加权平均资金成本才能满足追求股东权益最大化的要求，即只有用该资金成本才能选择出对股东而言最有利的投资和筹资方案；因此，本书在计算股东权益资金成本时，坚持采用股东权益的市场价值作为计算的权数。

【例 6-16】 假定某股份有限公司各种长期资金来源的市场价值和相应的资金成本如表 6-1 所示。

表 6-1

某股份有限公司各种长期资金来源的市场价值和相应的资金成本

单位：万元

长期资金来源	账 面 价 值	市 场 价 值	资金成本（%）
长期银行借款	20 000 000	20 000 000	6
长期债券	40 000 000	40 000 000	5
优先股票	10 000 000	20 000 000	10
普通股票	30 000 000	80 000 000	12
留存收益	40 000 000	40 000 000	9
合　　计	140 000 000	200 000 000	—

试根据表 6-1 的资料计算加权平均资金成本。

解：

根据资料计算出的加权平均资金成本如表 6-2 所示。

表 6-2

某股份有限公司加权平均资金成本

单位：万元

长期资金来源	市 场 价 值	比重(%)	资金成本(%)	加权平均资金成本(%)
长期银行借款	20 000 000	10	6	0.6
长期债券	40 000 000	20	5	1.0
优先股票	20 000 000	10	10	1.0
普通股票	80 000 000	40	12	4.8
留存收益	40 000 000	20	9	1.8
合　　计	200 000 000	100	—	9.2

由表 6-2 可知,该股份有限公司的加权平均资金成本为 9.2%。

计算出的加权平均资金成本是否准确,取决于各种资金来源的成本率测定的准确程度,以及加权方式和其他的各种假设条件是否正确。如果上述加权平均资金成本能相当准确地反映公司的实际资金成本,那么,该股份有限公司在选择各种投资方案时,采用的折现率(投资的极限收益率)就应为 9.2%。

(二) 企业部分资金加权平均资金成本

除了上述的企业全部资金加权平均资金成本之外,还可以根据需要计算企业某一个部分的加权平均资金成本。如为某一个投资项目计算其加权平均资金成本,可以更加准确地确定该投资项目的折现率,以确保投资项目可行性研究的正确性;如为企业某一个分支机构计算其加权平均资金成本,除有利于该分支机构选择筹资和投资方案之外,还有利于企业对该分支机构的考核,有利于企业制定科学合理的管理方案。计算投资项目和分支机构的加权平均资金成本与计算企业全部资金加权平均资金成本相比,其特殊性主要表现在风险差异方面,以及由此而引起的加权权数方面的差异。

某一投资项目和某一分支机构加权平均资金成本的具体计算方法,与企业全部资金加权平均资金成本的计算方法基本上是一致的,需要注意的只是应以投资项目和分支机构所拥有的全部的资金来源作为基础来计算加权平均资金成本。在计算前,对投资项目和分支机构资金的划分需要特别注意,只有在科学划分的基础上,计算出的投资项目和分支机构的加权平均资金成本才能起到应有的作用。

二、加权平均资金成本的理论意义

(一) 对企业投资决策的意义

加权平均资金成本对企业投资决策的基本理论意义,在于为企业提供了正确选择折现率的基础,因为正确确定某一投资项目的可行性离不开正确的折现率。折现率选择的正确与否,会直接影响到企业决策的正确性。投资决策的基本模型是未来现金净流入量的折现模型,即:

$$NPV = \sum_{t=1}^{n} \frac{CI_t}{(1+i)^t} - CO_0$$

从上式中可以看出,折现率与净现值成反比。在其他因素不变的条件下,折现率越低,净现值就越大;相反,折现率越高,净现值就越小。因此,折现率的选择对正确决策有着重要的影响。

当测定的加权平均资金成本低于真实的加权平均资金成本时,企业就可能会按所测定的加权平均资金成本选择过低的折现率。这样,企业就有可能将本为负的净现值算为正的净现值,从而会采纳某些可能会减少股东财富的投资方案。当测定的加权平均资金成本高于真实的加权平均资金成本时,企业可能会按测定的加权平均资金成本选择过高的折现率。折现率越高,净现值就越低。这样,企业就有可能将本来为正的净现值算为负的净现值,从而放弃某些可能增加股东财富的投资方案。可见,准确测定企业的加权平均资金成本对正确选择投资方案有着重要的意义。

(二)对企业筹资决策的意义

从加权平均资金成本的计算公式中可以看出,由于不同资金来源的资金成本不同,当各种资金来源所占资金来源总额的比重发生变化时,其加权平均资金成本也会相应地发生变化。一般而言,降低企业的加权平均资金成本可以提高企业的盈利能力。在其他条件相同的情况下,加权平均资金成本较低的资金结构由于盈利能力强,因此优于加权平均资金成本较高的资金结构。加权平均资金成本是考察企业资金结构优劣以及企业选择最优筹资方案的重要标准之一。

(三)加权平均资金成本的边际性

加权平均资金成本的计算方法暗示,企业无论采用哪种资金成本的加权平均方式,只要它希望加权平均资金成本保持不变,那么就必须按照计算加权平均资金成本时的筹资比例筹集资金。但在实际中,企业的新增投资是一种边际投资,相应的筹资也是一种边际筹资。由于种种原因,企业是不可能严格按照某一既定不变的比例关系为每一投资方案筹集资金的。比如,公司可能会为某一投资项目举债筹资,而对另一些项目则采用发行优先股票、普通股票或动用留存收益筹资。因此,企业在为新投资项目选择折现率时,应该重视的是边际筹资成本,而不是过去的加权平均资金成本。

边际资金成本视筹资情况不同,既可能是单一一种资金来源的筹资成本,也可能是多种资金来源加权平均的资金成本。如仅用某种负债来满足新投资需要时,该种负债筹资的资金成本就是边际资金成本;而如果满足新投资需要的资金来源不止一种时,就需要计算边际加权平均资金成本。但应注意,计算边际加权平均资金成本使用的权数必须是边际权数,即必须符合企业新筹资来源的比例。

总之,企业按规定的比例筹集资金,并采用其收益率超过加权平均资金成本的投资方案时,就会为其股东,特别是普通股股东带来资本增值的利益。

思考与练习

一、复习思考题

1. 什么是资金成本? 决定资金成本的主要因素有哪些?

2. 资金成本计算的基本公式是什么?

3. 简化资金成本计算方法有哪几种? 你认为哪种计算比较精确?

4. 长期借款资金成本计算的基本理论和方法是什么?

5. 长期债券与长期借款在资金成本计算方面有什么区别?

6. 通货膨胀是如何影响到负债资金成本的?

7. 如何理解税前资金成本与税后资金成本?

8. 计算优先股票资金成本的主体可以有哪些? 其基本理论与方法是什么?

9. 普通股票资金成本计算的基本理论与方法是什么?

10. 计算留存收益资金成本的基本理论与方法是什么?

11. 如何理解加权平均资金成本的经济含义?

12. 计算加权平均资金成本基本理论与方法是什么?

二、单项选择题

1. 资金占用成本是指企业因占用资金而向资金供应者支付的各种资金占用费,以下选项中,不属于资金占用成本的是(　　　)。

  A. 长期债券的利息　　　　　　　B. 各种长短期借款的利息

  C. 发行股票的承销费用　　　　　D. 优先股的股息

2. 某公司向银行借款 500 万元,年利率为 5％、期限为 2 年,到期一次还本付息,发生资产评估、信用评估等手续费为 15 万元,不考虑其他因素,该长期借款的资金成本是(　　　)。

  A. 5％　　　　　　　　　　　　　B. 6.49％

  C. 4.04％　　　　　　　　　　　D. 4.88％

3. 某公司发行面值为 1 000 万元、票面利率为 6％、期限为 2 年的债券,每年年末付息,到期还本,发行价格为 1 030 万元,发行手续费为 20 万元,不考虑其他因素,用插值法计算,该债券资金成本是(　　　)。

  A. 6％　　　　　　　　　　　　　B. 4.54％

  C. 7.11％　　　　　　　　　　　D. 5.54％

4. 某公司发行面值为 100 万元、票面利率为 8% 的优先股票，每年年末付息，发行价格为 108 万元，承销费用等手续费为 5 万元，不考虑其他因素，该债券资金成本是（　　）。

A. 7.77%　　　　　　　　　　　B. 7.41%

C. 8%　　　　　　　　　　　　D. 无法计算

5. 某公司发行的长期债券面值为 1 000 元/张，共 10 000 张，年利息率为 10%，每年年末付息，到期还本，期限为 10 年。债券按面值溢价 12% 发行，筹资费用为债券面值的 12%。公司的所得税率为 25%，该债券的税后资金成本为（　　）。

A. 10%　　　　　　　　　　　B. 12%

C. 7.5%　　　　　　　　　　　D. 9%

6. 某公司发行优先股，面值为 1 000 元/股，票面利率为 12%，溢价发行，发行价为 1 300 元/股，另按发行价的 2% 支付承销费，公司所得税率为 25%，从企业角度看，该优先股票的资金成本为（　　）。

A. 9.42%　　　　　　　　　　B. 9.23%

C. 12.18%　　　　　　　　　　D. 9.37%

7. 某公开发行 A 股的股份有限公司采取固定股利政策，每年股利为 0.84 元/股，当前股价为 7.5 元/股，公司所得税税率为 25%，该公司普通股票的资金成本为（　　）。

A. 8.4%　　　　　　　　　　　B. 11.2%

C. 14.93　　　　　　　　　　　D. 以上都错误

8. 某公开发行 A 股的股份有限公司采取永续增长的股利政策，股利每年增长 3%，预计下年股利为 0.6 元/股，当前公司股票市场价格为 9.6 元/股，公司所得税税率为 25%，该公司普通股票的资金成本为（　　）。

A. 9.25%　　　　　　　　　　B. 6.94%

C. 9.43%　　　　　　　　　　D. 7.08%

9. 关于留存收益，下列表述中，错误的是（　　）。

A. 留存收益的成本比普通股票的成本低

B. 公司用留存收益再投资不但可以获得低筹资成本的利益，而且还可以获得所持有股票升值的利益

C. 留存收益等于股东对企业追加了投资

D. 如将留存收益作为股利分给股东，股东不需要因其收入增加而多支付个人所得税，因为留存收益是公司在支付股利之后的税后利润

10. 公司普通股票的资金成本为 12%，股利的个人所得税税率为 20%，股利再投资的交易费用率为 3%，该公司留存收益的资金成本为（　　）。

A. 9.6%　　　　　　　　　　　B. 11.64%

C. 9.31%　　　　　　　　　　　D. 9.90%

三、多项选择题

1. 资金筹资成本是指企业在筹资过程中发生的各种费用,具体包括(　　　)。
   A. 发行手续费　　　　　　　　　　B. 审计费用
   C. 资产评估费　　　　　　　　　　D. 发行债券每年支付的利息

2. 有关资金成本的性质,正确的包括(　　　)。
   A. 资金成本是资金使用者向资金所有者和中介机构支付的费用
   B. 资金成本必须以使用资金产生的收益来补偿
   C. 资金成本是在商品经济条件下企业所有权与经营权相分离的结果
   D. 资金成本是在商品经济条件下资金所有权与使用权相分离的结果

3. 资金成本按用途分类,可分为(　　　)。
   A. 权益资金成本　　　　　　　　　B. 个别资金成本
   C. 加权平均资金成本　　　　　　　D. 边际资金成本

4. 关于各类资金成本的意义和联系,下列说法中,正确的有(　　　)。
   A. 个别资金成本主要用来比较和评价各种筹资方式的利弊
   B. 加权平均资金成本主要作用在于确定计算企业价值使用的折现率和企业的最
      优资金结构
   C. 边际资金成本主要用于追加筹资和投资的决策
   D. 个别资金成本是加权平均资金成本和边际资金成本计算的基础

5. 资金成本在公司理财中处于至关重要的位置,其主要意义有(　　　)。
   A. 资金成本是选择筹资方式、进行资金结构决策的依据
   B. 资金成本是评价投资方案、进行投资决策的重要标准
   C. 资金成本是构成评价企业价值的折现率的基础
   D. 资金成本是构成评价企业的经营风险的基础

6. 资金成本受(　　　)因素的影响。
   A. 无风险收益率　　　　　　　　　B. 流通风险
   C. 信用风险　　　　　　　　　　　D. 币值变动风险

7. 长期借款现金流出量可以分为(　　　)。
   A. 期初发生的筹资费用　　　　　　B. 借款利息
   C. 利息抵税　　　　　　　　　　　D. 偿还的本金

8. 关于长期负债与优先股筹资,正确的表述有(　　　)。
   A. 优先股票的股利不可以抵税　　　B. 优先股票的风险低于长期负债
   C. 偿还长期负债的本金可以抵税　　D. 优先股资金成本低于长期负债

9. 准确测定公司的加权平均资金成本对正确选择投资方案的重要意义在于(　　　)。
   A. 为企业提供了正确选择折现率的基础

  B. 有效降低公司的投资方案的风险

  C. 当测定的加权平均资金成本低于真实的加权平均资金成本时,可能导致公司采纳某些减少股东财富的投资方案

  D. 当测定的加权平均资金成本高于真实的加权平均资金成本时,可能导致公司放弃某些增加股东财富的投资方案

 10. 计算普通股票资金成本的常见方法包括( )。

  A. 股利按一定比例持续增长的资金成本计算方法

  B. 资本资产定价方法

  C. 债券收益率加风险补偿收益率法

  D. 市盈率法

四、判断题

 1. 资金成本由资金的筹资成本和占用成本两部分组成,其中,资金的筹资成本是资金成本的主体,也是降低资金成本的主要方向。( )

 2. 资金成本在数量上与货币时间价值不一致,资金成本是货币时间价值与风险水平的统一。( )

 3. 无风险收益率和风险补偿收益率直接影响到以资金占用费形式表示的现金流入量,筹资费用则直接影响到所筹集资金的实际现金流出量。( )

 4. 借款方为了保证其贷款的安全性和变相提高借款利息率等方面的原因,在合同中规定的借款方必须将所借款项的一部分存入银行,这一部分存款就是保护性存款。

                                    ( )

 5. 无论公司债券发行时是溢价发行还是折价发行,到期均按债券面值偿还。( )

 6. 优先股票无规定到期日,可视为一种永续性的证券,没有归还本金而引起的现金流出。( )

 7. 优先股票股利可以抵减应纳税所得,因此,其实际资金成本要大大低于其账面资金成本。这是企业用优先股票筹资的主要好处之一。( )

 8. 留存收益不需要支付利息或者股利,因此它是一种不花成本的资金来源。( )

 9. 以市场价值作为权数计算出的股东权益资本的加权平均资金成本更能满足追求股东权益最大化的要求。( )

 10. 在计算企业全部加权平均资金成本时,对负债而言,应使用其到期必须偿还的价值作为加权的权数。( )

五、计算题

 1. 已知某企业 5 年期借款的年利息率为 8%,最低存款余额为 20%,借款费用为借款金额的 5%,存款利息率为 2%,企业所得税税率为 33%,年通货膨胀率为 6%,问该笔借

款的实际资金成本为多少?

2. 设某公司向银行贷款 1 000 万元,贷款期限 5 年,贷款利息率为 10%,3 个月结息一次。借款协议规定公司必须保持 20% 的保护性存款余额,存款利息率为 2%,1 年结息一次。借款时发生资产评估费、审计费和律师费等费用共 50 万元。该公司的所得税税率为 33%。请分别用如下三种方法计算该笔长期借款的税前成本:

(1) 资金成本等于现金流入量与现金流出量相等时的折现率的方法。

(2) 资金成本等于资金占用费除以实际筹资额与筹资费用之差的方法。

(3) 资金成本等于资金占用费加上筹资费用与贷款年限之商再除以实际筹资额的方法。

3. 分别精确计算法和近似计算法计算"计算题 2"贷款的税后成本。

4. 假设"计算题 2"中的年通货膨胀率分别为 4% 和 8%,试用精确计算法和近似计算法分别计算该笔长期借款的税前成本和税后成本。

5. 试指出如下三个资金成本计算公式异同:

(1) $\dfrac{\text{本}}{\text{金}} - \dfrac{\text{保护性}}{\text{存}\ \text{款}} - \dfrac{\text{筹资}}{\text{费用}} = \sum\limits_{t=1}^{n} \dfrac{\left(\dfrac{\text{本}}{\text{金}}\times\dfrac{\text{借}\ \ \text{款}}{\text{利息率}} - \dfrac{\text{保护性}}{\text{存}\ \text{款}}\times\dfrac{\text{存}\ \ \text{款}}{\text{利息率}}\right)}{(1+i)^t} + \dfrac{\dfrac{\text{本}}{\text{金}} - \dfrac{\text{保护性}}{\text{存}\ \text{款}}}{(1+i)^n}$

(2) $\dfrac{\text{资金}}{\text{成本}} = \dfrac{\text{资金占用费}}{\text{实际筹资额} - \text{筹资费用}}$

(3) $\dfrac{\text{资金}}{\text{成本}} = \dfrac{\text{资金占用费} + \dfrac{\text{筹资费用}}{\text{贷款年限}}}{\text{实际筹资额}}$

6. 试证明在考虑通货膨胀率后,如下两个实际资金成本近似计算公式的正确性:

$$i^* = \left(\frac{1+i}{1+f} - 1\right) \times (1 - \text{所得税税率})$$

$$i^* = \frac{1 + i \times (1 - \text{所得税税率})}{1 + f} - 1$$

i^* 为考虑通货膨胀后的实际资金成本。

7. 某公司发行的长期债券面值为 1 000 元/张,年利息率为 8%,每年付息,到期还本,期限为 5 年。债券按面值发行。筹资费用为债券面值的 10%。试用分别精确计算法和近似计算法计算该公司债券的税前资金成本和税后成本。

8. 某公司发行的长期债券面值为 1 000 元/张,年利息率为 10%,每年付息两次,到期还本,期限为 5 年。债券按面值溢价 30% 发行。筹资费用为债券面值的 10%。试用分别精确计算法和近似计算法计算该公司债券的税前资金成本和税后成本。

9. 某公司发行的长期债券面值为 1 000 元/张,年利息率为 6%,每年付息,到期还本,期限为 5 年。债券按面值折价 10% 发行。筹资费用为债券面值的 10%。试用分别精确计算法和近似计算法计算该公司债券的税前资金成本和税后成本。

10. 某公司按长期债券面值折价 30% 发行面值为 1 000 元/张的无票面利息率,到期还本,期限为 5 年的债券。筹资费用为债券面值的 10%。试用分别精确计算法和近似计算法计算该公司债券的税前资金成本和税后成本。

11. 分别精确计算法和近似计算法计算"计算题 7"、"计算题 8"、"计算题 9"、"计算题 10"等题,在年通货膨胀率分别为 −4% 和 6% 条件下的实际资金成本。

12. 分别精确计算法和近似计算法计算"计算题 7"、"计算题 8"、"计算题 9"、"计算题 10"等题,在年通货膨胀率分别为表 6-3 条件下的实际资金成本。

表 6-3

资 料 表

年　　次	第 1 年	第 2 年	第 3 年	4 年	第 5 年
通货膨胀率(%)	−4	−6	0	4	6

13. 分别精确计算法和近似计算法计算"计算题 7"、"计算题 8"、"计算题 9"、"计算题 10"等题,在年通货膨胀率分别为表 6-4 条件下的实际资金成本。

表 6-4

资 料 表

年　　次	第 1 年	第 2 年	第 3 年	第 4 年	第 5 年
通货膨胀率(%)	6	4	0	−4	−6

14. 某优先股票面值为 100 元/股,票面利率为 10%,折价发行,发行价为 90 元/股,另按发行价的 3% 支付承销费。从企业角度看,该优先股票的资金成本为多少? 优先股资金成本有无税前成本和税后成本之分? 为什么?

15. 某优先股票面值为 100 元/股,票面利率为 10%,在其市场价格分别为 120 元/股、150 元/股、200 元/股时,试从股东角度考虑如下问题:

(1) 该优先股票的资金成本分别为多少?

(2) 优先股资金成本高对股东有利还是优先股资金成本低对股东有利? 为什么?

(3) 优先股资金成本是否受通货膨胀率的影响? 为什么?

16. 某公司发行普通股票,发行价为 8 元/股,股票发行费用为筹资额的 4%,预计第 1 年支付股利 0.40 元/股,以后按年 5% 的速度递增。该普通股票的市场价格为 12 元/股。请回答如下问题:

(1) 从公司角度看和股东角度看的资金成本分别为多少?

(2) 以上两种普通股票的资金成本计算法,哪一种对股东财富最大化有帮助? 为什么?

(3) 普通股票资金成本是否受通货膨胀率的影响? 为什么?

17. 某股份有限公司的普通股票,现市场价格为 20 元/股,去年股利为 1.00 元/股,预计公司股利在未来 20 年内将均匀增长,在第 20 年股利将达到 3.00 元/股。试问该公司普通股票的资金成本为多少?

18. 假定某公司普通股票的资金成本为 10%,个人所得税税率为 20%,股利再投资的交易费用率为 1%,问该公司留存收益的资金成本为多少?

第七章　投资收益与风险

【本章提要】　公司投资活动考虑的因素是多种多样的,但从财务角度去考察,最基本的因素是收益和风险。本章在讨论投资收益的定义和表现形式,以及讨论风险投资风险的理论和计量方法等问题的基础之上,进一步讨论投资收益和风险与投资结构的关系问题,最后对投资的基本策略进行综述。

【学习目标】　通过本章学习,要求掌握和了解如下内容:(1)掌握投资收益的概念和不同投资收益率指标。(2)了解投资收益率递减的规律以及对投资活动的影响。(3)掌握投资风险的基本理论。(4)掌握投资风险的计量方法。(5)掌握投资规模和投资结构与投资收益和投资风险之间的关系。(6)了解公司投资策略的分类以及不同投资策略的基本内容。

第一节　投资收益及其表现形式

从事投资活动就是为了追求投资收益,认识投资收益和投资收益的表现形式对制定正确的投资决策是必不可少的,因此,本节将对投资收益的问题进行讨论。

一、投资收益的定义

投资收益是剔除公司筹资活动影响之后的纯投资活动带来的收益,其收益水平的高低用投资收益率(盈利率)来表示,由于公司的投资最终会形成资产,因此,投资收益率也可以称为资产收益率,即:

$$投资(资产)收益率=\frac{投资收益}{平均投资额}$$

具体地看,投资收益按照是否受所得税影响,分为息税前收益和含利息在内的税后收益两类,息税前收益是税前利润加上税前利息之和,含利息在内的税后收益是税后利润加上税后利息之和。平均投资额是相关资产的平均余额。在实际工作中,为了将投资收益

率与资金成本率相比较,以确定公司的收益水平的高低,一般将投资收益率换算为投资的年收益率。故有:

$$投资(资产)年收益率=\frac{年投资收益}{年平均投资额}$$

根据投资收益的含义,投资收益率分为息税前投资收益率和含利息在内的税后投资收益率。由于不同企业的所得税税率不一致,社会平均收益率、社会同风险收益率等指标一般是不含税的指标,因此,在将公司投资收益率与社会平均收益率、同风险利息率等指标相比较的时候,应该用息税前投资收益率指标。而含利息在内的税后投资收益率主要是用来与公司的资金成本率相比较,以确定投资的可行性。从公司的角度看,公司更关注的投资收益应该是含利息在内的税后投资收益,因此,在以后未加专门说明的投资收益率,均是含利息在内的税后投资收益率。息税前投资收益率指标与含利息在内的税后投资收益率指标的关系如下:

$$含利息在内的税后投资收益率=息税前投资收益率\times(1-所得税税率)$$

投资收益率因具体的投资形式(资产)和不同投资形式的收益构成不一致而有多种具体的表现形式。一般而言,可对投资收益作如下的分类:一类是以投资收益形成的业务基础分,可将投资收益分为投资利润收益和投资资本收益;另一类是以投资收益形成的资产基础分,可将投资收益分为存量投资收益、边际投资收益、总投资收益、具体投资收益等。下面将投资收益率分为总投资收益率和具体投资收益率来讨论。

二、总投资收益率

因为,无论企业的何种投资,在会计上均表现为企业的某种资产,企业各项投资之和就是企业各项资产之和,企业总投资就是企业总资产;所以,企业总投资收益率就是企业总资产收益率。即:

$$总投资(资产)收益率=\frac{税后利润+税后利息}{总资产平均余额}$$

【例7-1】　假定某企业年总资产平均余额为1 000万元,税后利润总额为100万元,实际利息支出为50万元,所得税税率为30%,问该企业总投资收益率为多少?

解:根据公式得:

$$总投资收益率=\frac{100+50\times(1-30\%)}{1\ 000}=13.5\%$$

企业总投资收益率是公司理财中一个十分重要的指标,用它与企业负债成本率相比较,可以判断企业投资活动和筹资活动的得失。当投资收益率大于负债成本率时,投资有利可图,企业投资和筹资均是可取的。当投资收益率小于负债成本率时,说明投资会发生亏损,企业用负债资金投资不可取。不受企业筹资活动影响的企业总投资收益率代表了企业的真实盈利能力,用它与社会同风险和不同风险的税后收益率相比较,还可以直接判断企业真实盈利能力相对于社会盈利水平的强弱,从而有利于企业进行投资决策。

三、具体投资收益率和边际投资收益率

(一)具体投资收益率

具体投资,是指企业投放于各种具体资产上的投资,如投放于流动资产上的现金、应收账款、存货等资产,投放于有价证券上的各种长短期债券和股票等资产,投放于固定资产上的房屋建筑物、机器设备等资产,以及投放于无形资产上的专利技术和商标等资产等等。

各类具体投资按是否能单独产生投资收益来分,可分为能单独产生投资收益的投资和不能单独生产投资收益的投资。能单独生产投资收益的资产主要包括:银行存款、短期有价证券、长期有价证券、直接对外的股权投资,以及对外租赁性的资产等等。各种对外转让的资产也可以按转让价与购入价之差确定投资收益。这些资产的具体投资收益率可按下式计算:

$$具体资产收益率 = \frac{具体资产收益额}{具体资产平均余额}$$

【例 7-2】　设某公司有一账面价值为 100 万元的房屋对外出租,年租金收入为 20 万元。该房屋的年折旧费用为 5 万元,修理费用为 2 万元,营业税税率为 5%,所得税税率为 30%。问该房屋的投资收益率为多少?

根据公式计算得:

$$该房屋的投资收益率 = \frac{[20\times(1-5\%)-(5+2)]\times(1-30\%)}{100} = 8.4\%$$

一般来讲,一个以生产经营为主的企业这类资产占总资产的比重均较小。需要指出,在我国计划经济年代常用的一些具体资产收益率指标,如流动资产利润率、固定资产利润率等指标,实际上并不能反映各种具体资产对企业收益的贡献,对企业各种具体资产投资的指导意义不大,故我们不予讨论。

(二)追加投资的边际收益率

公司的多数资产是不能单独计算其投资收益的,而是需要多种资产共同发挥作用才能产生收益的资产,如一个工业企业的销售利润便是各类存货资产、固定资产、应收账款资产等多种资产共同作用的结果。不能单独产生投资收益的资产是一个以生产经营为主的企业的主要资产。对于这类不能单独产生投资收益的资产,一方面,单独计算其投资收益十分困难,另一方面,单独计算其投资收益也没有什么必要。一般只在追加对某项资产的投资时,计算其追加投资的边际收益率。即:

$$追加资产的边际收益率 = \frac{追加资产增加的投资收益}{追加资产的平均余额}$$

【例 7-3】 设某公司生产经营某产品的资产总额为 1 000 万元,现税后利润和税后利息之和为 100 万元。已知该公司的固定资产生产能力有所闲置,如果公司能追加 200 万元的流动资产,那么,税后利润和税后利息之和能在现有的基础上增长 30%。问追加 200 万元流动资产的边际收益率为多少?

根据题意可得:

$$追加流动资产的边际收益率 = \frac{100 \times 30\%}{200} = 15\%$$

掌握追加投资的边际收益率,有利于公司对追加投资的可行性进行论证,以上例为例,如果公司能筹集到资金成本在 15% 以下的资金,那么,公司追加 200 万元的流动资金投入就是可取的;反之,如果新筹集的资金成本在 15% 以上,那么,追加投资则是不可取的。

(三)节约投资而产生的边际收益率

除了追加投资存在边际收益之外,减少投资也存在着边际收益,减少或计算节约投资产生的边际收益率等于减少资产后的投资收益率与原投资收益率之差,具体计算公式如下:

$$\frac{节约投资(资产)}{的边际收益率} = \frac{减少资产后的投资收益}{减少资产后的平均余额} - \frac{原投资收益}{原资产平均余额}$$

【例 7-4】 假定[例 7-3]中固定资产平均余额减少 200 万元之后,公司的税后利润和税后利息之和不变,问节约 200 万元固定资产的边际收益率为多少?

根据公式有:

$$\frac{节约固定资产}{的边际收益率} = \frac{100}{800} - \frac{100}{1\,000} = 12.5\% - 10\% = 2.5\%$$

当然,公司节约投资生产的边际收益并不限于以上的 2.5%。因为,节约了资金占用量,也就节省了公司的筹资量,相应地会减少公司的利息支出,使公司的税后利润增加。假定上例公司的负债资金成本为 8%,那么,因节约固定资产而增加的税后利润就为 16 万元(200×8%),使净资产收益率得到提高。

掌握节约投资所产生的边际收益率,有如下两个作用:一是有利于公司判断追加投资或减少投资,以及相应筹资活动的利弊;二是有利于公司调整资产的分布,将资金用于能产生最大收益的项目,充分发挥资金的使用效益。

四、投资收益率递减规律

投资收益率递减规律是经济学上的一个规律,投资收益率之所以会递减,是由于企业拥有的有利可图资源的有限性和市场需求的有限性两个方面的原因所致。

从有利可图资源的有限性来看,企业为了追求投资收益率最大,通常都会优先使用最优资源,然后再使用次优资源,最后才使用非优资源。最优资源的收益率高于次优资源,次优资源的收益率又高于非优资源,呈现出收益率递减的趋势。例如,某公司在市区繁华的商业中心、市郊的居民区、乡村的集市各有一处适合开办百货商店的房产,据预测三处的投资收益率分别为 30%、15%、5%。显然,公司应优先选择在市区繁华商业中心投资开店、其次选择在市郊居民区开店,最后才是考虑是否在乡村集市开店。这样,公司的投资收益率就随投资额的增大呈现出递减的趋势。

从市场需求的有限性来看,随着投资规模的扩大,供给也会相应增加,从而导致供求关系发生不利于供的变化,使市场价格逐步下降,并最终使边际投资收益率趋近于零。我国近年来频繁爆发的消费电子类家电产品的价格大战就是这种情况的典型案例。以彩色电视机为例,以前彩色电视机在市场上供不应求,价格高企,利润极高,各地区、各厂商在自身利益的驱使下,纷纷加大对彩色电视机生产的投资,结果使产生能力迅速地大大高于了市场需求能力,导致市场竞争日趋激烈,价格一降再降,利润一泻千里,使我国彩色电视机行业几乎陷入无利可言的困境。

由于收益率递减规律的存在,因此,企业在投资活动中必须不断地寻找新的和有效的经济资源,以及不断寻求新的高收益的投资项目,只有这样,才能防止投资收益率的下降,获取更大的投资收益。

五、投资收益率的结构

投资收益率的结构从理论上看,由无风险收益率和风险收益率两部分构成,即:

投资收益率＝无风险收益率＋风险收益率

无风险收益率,是指将资金投放于某一项目可以百分之百获得确定收益的收益率,如购买国库券的收益率,就是无风险收益率。风险收益率,是指由于承受风险而要求的风险补偿收益率。投资承受的风险分为许多类别,如系统风险、非系统风险,不可分散风险、可分散风险,经营风险、币值变动风险、信用风险、变现能力风险和期限风险等等。

考虑投资收益结构的主要目的,在于使投资者能根据风险与收益对等的基本原理,按其承受风险的程度来确定合理的投资收益率和折现率,减少投资决策的失误。

第二节　投资风险

投资风险是与投资收益同样重要的问题,在讨论投资收益之后,本节将讨论投资风险的问题。

一、投资风险的定义及其分类

投资风险,是指投资所形成的资产价值面临的在市场上实现的不确定性。这种不确定性从个别投资主体的角度看,可进一步分为有市场引起的不确定性和由经营引起的不确定性两大类。由市场引起的不确定性称为市场风险,由经营引起的不确定性称为经营风险。投资风险产生的根源有二:一是投资者缺乏充分信息不能准确地对市场进行预测,二是投资者缺乏有效的控制力不能对经营过程实施有效的控制。这说明,投资风险既与企业经营的外部环境有关,又与企业经营的内部条件有关。由企业经营的外部环境产生的风险是企业难以分散的风险,称之为不可分散风险或系统风险;由企业经营的内部条件产生的风险是企业可以分散的风险,称为可分散风险或非系统风险。

系统风险和非系统风险是由证券投资理论发展而来的。系统风险是由于广泛的经济因素变化造成的市场全面风险。这种风险不能通过投资多元化的方法来加以分散。如通货膨胀、经济衰退、战争等造成的投资风险。这类风险虽然不能分散,但是仍是可以回避的。例如,在经济衰退期,压缩投资就可以减少投资损失。非系统风险是由于企业特征引起的,它与全面、系统地影响投资市场的政治、经济和其他因素无关。这类风险是可以通过多元化投资来加以分散的。

二、投资风险计量

投资风险的大小通常用投资收益水平的不确定程度来计量。估计风险最常用的方法是主观概率法。所谓主观概率法,就是先估计某一事件在不同条件下发生的概率;然后,再根据估计的概率计算期望值、方差、标准差、变化系数等指标;最后,根据期望值、方差、标准差、变化系数等值的大小来判断风险的大小。根据数理统计学,方差、标准差、变化系数的值越大,其风险就越大。下面以简例说明投资风险的计量方法。

【例 7-5】 某公司拟从两个投资方案中选择一个投资项目,其投资额均为 1 000 万元。两个投资方案在不同经济环境下的预期收益率和概率分布如表 7-1 所示。

表 7-1

投资方案预期收益率和概率分布表

经 济 环 境	发 生 概 率	预计年收益率（%）	
		方 案 A	方 案 B
好	0.4	30	20
一般	0.4	10	15
差	0.2	0	10

试问该公司应选择那一个投资方案为优。

解：该例可按以下步骤求解。

（1）计算期望收益率。

期望收益率等于各种可能的收益率与相应概率之积的和，用公式表示如下：

$$E(R)=\sum_{i=1}^{n}P_iR_i$$

式中　$E(R)$——期望收益率；

　　P_i——第 i 种情况下的概率；

　　R_i——第 i 种情况下的收益率。

将表 7-1 的有关数据代入上式，可得：

$$E(R_A)=0.4\times30\%+0.4\times10\%+0.2\times0\%=16\%$$

$$E(R_B)=0.4\times20\%+0.4\times15\%+0.2\times10\%=16\%$$

仅从计算结果来看，两种投资方案的期望收益率相等，两方案似乎无优劣之分。但如果进一步考虑，两个方案的概率分布状况的差异，则可从风险水平的高低来判断两个方案的优劣。而风险水平是通过方差、标准差和变化系数来确定的。

（2）计算方差、标准差、变化系数。

方差等于随机变量离差的期望值，标准差等于方差的平方根，变化系数等于标准差与期望值之比。其计算公式如下：

$$\sigma^2=\sum_{i=1}^{n}(R_i-R)^2P_i$$

式中　σ^2——方差；

　　R——期望收益率。

$$\sigma=\sqrt{\sum_{i=1}^{n}(R_i-R)^2P_i}$$

式中　σ——标准差。

$$V=\frac{\sigma}{\sum_{i=1}^{n}P_iR_i}$$

式中　V——变化系数。

根据表 7-1 和前面计算出的期望收益率，A、B 两方案的方差、标准差和变化系数的计算结果如下：

$$\sigma_A^2 = (30\% - 16\%)^2 \times 0.4 + (10\% - 16\%)^2 \times 0.4 + \times 0.2 = 0.014\ 4$$

$$\sigma_B^2 = (20\% - 16\%)^2 \times 0.4 + (15\% - 16\%)^2 \times 0.4 + (10\% - 16\%)^2 \times 0.2 = 0.001\ 4$$

$$\sigma_A = \sqrt{0.0144} = 0.12$$

$$\sigma_B = \sqrt{0.0014} = 0.037\ 4$$

$$V_A = \frac{0.12}{0.16} = 0.75$$

$$V_B = \frac{0.037\ 4}{0.16} = 0.233\ 75$$

（3）选择最优方案

根据标准差和变化系数，可以看出方案 A 的风险是方案 B 的风险的 3 倍以上 [(0.75÷0.233 75)>3]，显然，在两方案收益率相等时，选择风险低的方案为优。故方案 B 优于方案 A。

第三节　投资规模和投资结构

投资规模和投资结构与投资收益和投资风险存在着密切的关系，为了加深对投资收益和投资风险的认识，必须对投资规模和投资结构有深入的认识。本节重点对投资规模和投资结构的基本理论问题进行探讨。

一、投资规模

投资规模与投资收益和投资风险之间的关系可以表述如下：在生产要素资源和产品市场容量不受约束的条件下，投资规模与投资收益成正比，投资规模越大，取得的投资收益就越多。但在生产要素资源和产品市场容量受到制约的情况下，投资规模与投资风险成正相关，投资规模越大，投资所承受的风险也越大。

在现实生活中，一方面，生产要素资源总是有限的，特别是有效的生产资源更是有限的，这样，随着投资规模的扩大，企业取得有效资源的成本必然会上升；另一方面，产品的市场容量也是有限的，随着投资规模的扩大，企业产出日益增多，市场日趋饱和，其结果必然是市场竞争日益激烈，产品价格逐步下降。成本上升和价格下降这两方面的综合结果必然是企业投资收益递减。投资收益率递减这一规律说明，企业投资规模是要受到限制的，任何企业的投资规模都不能无限制地增大。投资收益率递减的情况可用下例简要说明。

【例 7-6】　设某企业从事某种电子产品的生产。现有投资规模为 1 000 万元，投资收益率为 20%，现根据生产要素资源和产品市场容量的制约状况，预测了追加不同投资项目及其相应投资收益率。其预测如表 7-2 所示。

表 7-2

不同投资项目投资额和收益率情况表

投 资 项 目	投 资 金 额(万元)	投 资 收 益 率(%)
A	200	15
B	400	10
C	300	8
D	500	6
E	300	4
F	100	2
G	200	0

　　将表 7-2 追加投资项目按投资收益率高低排序,可制成追加投资金额与投资收益率的关系图(见图 7-1)。

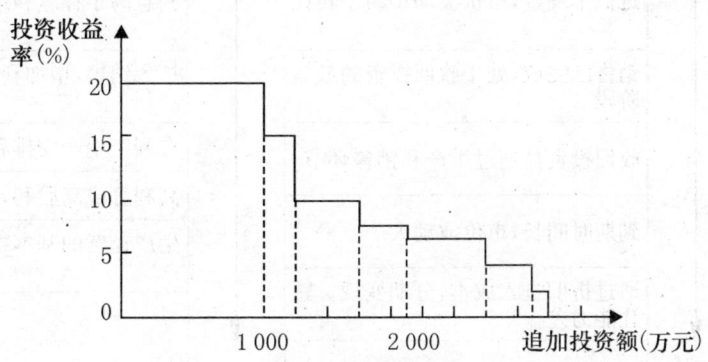

图 7-1　不同投资项目投资额和收益率简图

　　从图 7-1 可以看出,该公司最大追加投资量为 1 800 万元,或最大投资规模为 2 800 万元。超过这一投资规模的为无效投资,甚至为负效益投资。

　　当然,上述讨论的主要是针对从事某一行业的企业而言的,如果,一家企业从事跨行业的多元化经营,其投资规模可以不受某行业生产要素资源和产品市场容量的制约,投资规模也相应可以大于主营业务突出的企业。

　　企业实际投资规模一般会低于理论最大投资规模。这是因为企业可能设定了最低的投资收益率水平,从而放弃一些投资收益率低于设定最低收益率的投资项目;也可能因企业管理能力的制约,从风险控制角度考虑,主动放弃一些有利可图的投资项目;也可能因企业筹资能力的限制,被迫放弃一些有利可图的投资项目;等等。

二、投资结构

　　在企业投资总额既定的前提下,不同的投资结构也存在着不同的投资收益和投资风险。从总的来说,投资的流动性越大,风险越低,但相应的收益也越低。

投资流动性的强弱可从资产负债表的排序中看出。在资产负债表左方,即资产方,资产是按流动性的大小排列的,流动性大的排在前面,流动性小的排在后面。因此,可用资产负债表的资产方简约地揭示各类投资的风险和收益。其具体解释如表 7-3 所示。

表 7-3

各类资产风险水平与收益水平比较表

资产分类	风　险　水　平		收　益　水　平	
	风险水平	基　本　原　因	收益水平	收　益　来　源
流动资产	低		低	
现金	↓	不需变现	↓	无收益或低收益的存款利息
短期投资(短期有价证券)		近似于现金,市价波动小易于转让		利息高于存款利息
应收账款		销售已完成,处于收回投资的最后阶段		扩大销售,增加利润
存货		收回投资需通过生产和销售环节		有利于生产安排和扩大销售
长期投资		到期时间长,市价波动大		高利息或高股利,以及资本价差
固定资产		通过折旧进入成本,分期变现。转让能力差		生产经营的基本物质基础
无形资产	高	通过摊销进入成本,分期变现。对企业的依附性强,转让困难	高	低生产成本,提高销售价格,扩大市场占有率

资产结构的风险与收益水平除上表描述之外,还存在各类资产结构上的均衡问题,特别是生产经营资产上的均衡问题。资产在结构上的均衡直接影响到资产使用效率的高低,资产使用效率的高低又直接影响到风险水平和收益水平,因此,资产结构的均衡性问题是企业投资中需要注意的一个重要问题。一般而言,它由企业所处行业、生产经营特征以及管理思想等因素所决定。比如,一个技术密集型企业,它投资于固定资产、无形资产的比重就会高于一个劳动密集型企业。一个控股公司长期投资占总资产的比重会大大高于一般生产型企业。

当然,同一类资产的内部也存在着投资结构的问题,比如存货内就分为原材料存货、在制品存货和产成品存货,长期投资则分为长期债权投资和长期股权投资等等。在这些分类的基础上,还可以进行更细致的分类,比如长期股权投资,可以分为直接的股权投资和股票投资,而它们又都可以进一步细分,形成不同的证券(股权)投资组合,使企业能在追求收益的过程中适度地分散非系统风险。关于各类资产内部投资结构的问题,将在以后相关章节中讨论。

第四节　公司投资策略综述

本节在前面讨论公司投资收益、投资风险、投资规模和投资结构的基础上,讨论如何将这几个方面结合起来,制定科学的投资策略。

一、公司投资策略概述

公司投资策略是为了确保公司战略目标的实现,在充分分析不同投资行为的收益和风险的基础上,制定的投资战略的具体实施措施。投资策略首先可以从追逐收益和控制风险两个方面来考察。

追逐收益是投资最基本的目的,从这个角度看,企业为了获取高额投资收益,可取的投资策略是在投资项目选择时尽可能选择可以为企业带来最大投资收益率的项目。并将资金投放于可以带来最大收益的长期资产之上;同时,还要求企业敢于进行创新性的投资,即从时间上敢于先于其他企业将资金投放于一些新兴产品或项目上,通过保持或增强企业的创新力来获取最大收益。

控制风险是确保企业投资收益实现的必不可少的手段。虽然,企业采取上述投资方法之后有可能为企业带来最大的投资收益;但是,一旦投资失误,则会给企业带来巨大的投资损失。投资收益的不确定性就是投资风险。一个企业如果不重视控制投资风险,其后果可能是灾难性的。在现实中,不乏因忽略控制投资风险而导致企业倒闭的案例。从控制风险的角度看,可取的投资策略应是相对保守的策略,该策略要求企业不可贸然地向新兴产品、项目或行业投资,也不可将资金过多地投放于长期资产之上,而是要求企业多向成熟行业投资,并使资产保持足够的流动性,以应付万一出现的投资失误。

企业投资策略,就是在权衡投资收益和投资风险的基础上,根据企业风险承受能力,选择投资方向、投资结构、投资时机等的方法。因为,在实际中追逐收益的问题容易理解,但判断企业风险承受能力的事情则十分复杂;所以,企业在制定具体投资策略的时候,除了要充分估计投资风险之外,还要准确地判断企业对风险的承受能力,只有这样,才能确保投资战略的实施。

二、公司投资策略分类

公司投资策略可按多种标准进行分类,下面讨论一些基本的投资策略分类。

（一）按投资策略的基本目的分类

按投资策略的基本目的分类,可将投资策略分为追逐盈利、控制风险、追逐盈利和控制风险并重等三种类型的投资策略。

1. 追逐盈利型投资策略

该策略是指企业将追逐盈利放在最优先位置来考虑的投资策略。这是一种激进的投资策略。实施这种投资策略,不但要求企业将基金投放于可能带来最大收益的项目或资产上,而且还要求企业积极地从事开创性投资,以追逐超额利润。采用这种投资策略的优点是如投资成功,可以为企业带来超额利润;缺点是如果投资失败,则会给企业带来巨额损失,甚至企业破产。因此,从理论上讲,追逐盈利型投资策略只适用于那些财务风险极低和管理水平很高的企业。

2. 控制风险型投资策略

该策略是指将企业控制风险放在最优先位置来考虑的投资策略。这是一种保守的投资策略。实施这种投资策略,不但要求企业要谨慎投资,小心选择投资项目,而且要求企业的资产保持足够的流动性,以应付投资失败对企业的冲击。另外,该投资策略一般不鼓励企业从事风险大的开创性投资。采用这种投资策略的优点是如果投资失败,企业将有足够的财力承担由投资失败而引起的不良后果,避免风险的进一步扩大;缺点是这种投资策略,不可能为企业带来高回报。因此,一般来讲,控制风险型投资策略只适用于那些财务风险极高或管理能力不强的企业。

3. 追逐盈利和控制风险并重型投资策略

该投资策略是指企业既重视投资收益又重视控制风险的策略。这种投资策略其实是介于以上两种策略之间的一种折衷型策略。从投资效果来看,其盈利能力和风险水平均低于追逐盈利型的投资策略,但高于控制风险型的投资策略。该种策略不激进也不保守,从理论上讲,适用于绝大多数的企业。当然,它会因不同企业对追逐盈利和控制风险的态度而有不同的侧重点,从而在这种投资策略之下形成多种追逐盈利和控制风险的模式。

(二) 按选择投资的时机标准分类

按选择投资的时机标准分类,可以分为率先投资和跟进投资两种投资策略。

1. 率先投资型策略

该投资策略是指企业先于整个社会在某个行业、产品或项目上投资的投资策略。企业采用该种投资策略的目的多是为了追逐高额利润,所谓"人无我有,人有我新,人新我转"便是对这种投资策略的形象描述。虽然,奉行这种投资策略可能给企业带来高收益,但是,也存在高风险。因为,创新是否成功,除受技术成熟程度的影响之外,还受到市场对新产品认同程度的影响。企业成功推出一个新产品,往往一方面会投入巨大的科研费用、开发费用、市场营销费用等多种费用,使成本高企;而另一方面由于市场尚未全面接受新产品,因此会使销售价格相对于成本偏低。这一高一低必然使企业在蒙受巨大的风险时也难以获得正常利润。在现实中,虽然不少企业依靠率先投资策略获得了巨大成功,但是也不乏采用率先投资策略失败的案例。从理论上讲,率先投资策略主要适应于那些的确掌握有先进技术和管理经验,并有雄厚资金实力的公司。

2. 跟进投资策略

该策略是指企业对成熟的行业、产品或项目进行投资的投资策略。企业实施这种投资策略的基本目的多是为了回避投资失误的风险。由于成熟行业、产品或项目的技术成熟、市场又已形成,因此,其研究、开发、生产、营销等成本均相对较低,风险较小。但是处于成熟期的产品,市场竞争日趋激烈,价格逐步下降,利润日渐减少,因此,采用该投资策略的收益也相对较低。该投资策略一般适应于研究开发能力不够强的企业。

虽然,采用跟进投资策略可以降低研究、开发和生产的风险,但市场销售风险并不能因此降低。在我国,由于企业研究开发能力普遍偏低,采用跟进式投资策略的企业比比皆是。我国普遍存在的重复投资,就是这种投资策略普遍运用的结果。重复投资、低水平竞争引发的价格大战,最终使许多企业陷于困境,蒙受了巨大损失。我国 VCD 厂家的价格大战,引发的 VCD 企业大量倒闭,便是一个典型案例。这充分说明,跟进投资策略仍然存在风险。

实施跟进投资策略,必须选择好投资时机。从理论上讲,该投资策略的最佳投资时机应是某产品的成长初期。在产品成长初期投资,既可以回避产品研究开发和开拓市场的风险,又可以获取较高和时间较长的投资回报率。

(三) 按投资结构调整方式分类

按投资结构调整方式分类可以将投资分为增量调整投资策略、存量调整投资策略和减量调整投资策略三类。

1. 增量调整投资策略

该投资策略是指通过增加投资金额来调整投资结构的投资策略。这种投资策略不仅改变了投资结构,而且也增加了投资规模。投资额的增加,对投资结构可以产生三种形式的调整影响:第一种,是增加投资金额用于新项目的投资,由于投资项目的增加,原有投资项目占总投资的比重相应下降。而且,新项目的增加,也使投资的种类和结构被改变。第二种,是将新增加的投资金额按原投资项目的比重相应地分配在不同投资项目之上,原投资项目的结构不变。第三种,是增加的投资金额。主要用于某一些投资存量项目之上,在不增加新投资的前提之下,改变投资项目的内部结构。这种投资策略适用于企业成长期或社会经济繁荣期。这种投资策略调整后的投资结构偏向于追逐盈利型投资结构。

2. 存量调整投资策略

该策略是在现有投资规模下进行投资结构调整的投资策略。它包括三种基本方式:一是投资项目调整。这是指放弃一个原有投资项目转入一个新的投资项目的调整方式。这种调整方式的结果是投资项目的种类结构发生了变化,但各项目占总投资比重并不发生变化。二是投资金额调整,即原投资项目间投资金额的调整。应该说这是一种经常性的调整行为,随着企业现金的流出和流入,投资项目之间投资额必然会发生变动,这种存量结构调整只是项目之间的比重变化,而没有增加任何新项目。三是项目及其比重的调整。这种调整是在不放弃原投资项目的基础上,将原投资项目的一部分投资额转移到新投资项目之上,这种存量结构调整的结果是不仅项目发生变化,而且比重也发生了变化。

存量调整必须以一个项目可以收缩或放弃为前提。

这种投资策略通常适用于企业成熟期或社会经济相对稳定期,且按这种投资策略调整后的投资结构偏向于中庸型投资结构。

3. 减量调整投资结构策略

该策略是指通过收缩企业既有投资规模来调整投资结构的策略。它也可以分为三种形式:一是通过放弃原投资项目实现投资收缩。在这种情况下,虽然其他投资项目的投资额不变,但由于投资总额减少和部分投资项目被放弃,使原投资项目占总投资的比重上升和投资结构发生变化。二是按原投资项目的比重相应减少各个投资项目的投资额,其结果是原投资结构不发生变化,但投资规模发生了变化。三是减少的投资额主要集中分布在投资存量的几个主要项目之上,这种调整的结果是不放弃原投资项目,只改变原投资结构。

减量调整投资策略是一种收回投资的策略。它适用于企业衰退期或社会经济衰退期的投资策略,经这种投资策略调整后的投资结构偏向于保守型。

上述投资结构调整的方式,只是一种理论分类,在实际的投资结构调整中,由于企业投资额的收益水平与各投资项目的收益水平变动不一致,而且大量的只涉及某一项或几项投资项目收益水平的变动。这样,就可能同时采用几种方式来调整投资结构,如放弃一个投资项目的同时,开发一个新项目,且投资总额既可增又可减。

思 考 与 练 习

一、复习思考题

1. 怎样理解投资收益的基本概念?

2. 投资收益有哪些表现形式?

3. 如何计算不同的投资收益率指标?

4. 为什么存在投资收益率递减的规律?

5. 投资收益率递减规律对公司的投资活动有什么影响?

6. 投资风险的基本理论是什么?

7. 投资风险应该如何进行分类?

8. 投资风险的基本计量方法是什么?

9. 投资规模和投资结构与投资收益和投资风险之间存在着什么关系?

10. 公司投资策略可以分为哪几类?

11. 不同投资策略的基本内容是什么?

二、单项选择题

1. 下列关于投资收益的公式中,错误的是(　　)。

A. 投资（资产）收益率 $= \dfrac{投资收益}{平均投资额}$

B. 投资（资产）年收益率 $= \dfrac{年投资收益}{年平均投资额}$

C. 含利息在内的税后投资收益率＝息税前投资收益率－所得税税率

D. 含利息在内的税后投资收益率＝息税前投资收益率×（1－所得税税率）

2. 企业总投资收益率是公司理财中一个十分重要的指标，用它与企业负债成本率相比较，可以判断企业投资活动和筹资活动的得失。其计算公式是（　　）。

A. 总投资（资产）收益率 $= \dfrac{税后利润}{总资产平均余额}$

B. 总投资（资产）收益率 $= \dfrac{税后利润＋税后利息}{总资产平均余额}$

C. 总投资（资产）收益率 $= \dfrac{税后利润＋税前利息}{总资产平均余额}$

D. 总投资（资产）收益率 $= \dfrac{税后利润＋税后股息}{总资产平均余额}$

3. 某企业年初总资产为 600 万元，年末总资产为 680 万元，税后利润总额为 80 万元，实际利息支出为 40 万元，所得税率为 25%，问该企业总投资收益率为（　　）。

A. 18.33%　　　　　　　　B. 16.18%

C. 17.19%　　　　　　　　D. 14.07%

4. 某企业年初总资产为 600 万元，年末总资产为 680 万元，税前利润总额为 80 万元，实际利息支出为 40 万元，所得税税率为 25%，问该企业总投资收益率为（　　）。

A. 18.33%　　　　　　　　B. 16.18%

C. 17.19%　　　　　　　　D. 14.07%

5. 设某公司有一账面价值为 200 万元的闲置设备对外经营性出租，年租金收入为 45 万元。该设备的年折旧费用为 20 万元，修理费用为 4 万元，营业税税率为 5%，所得税税率为 25%。该设备的投资收益率是（　　）。

A. 7.03%　　　　　　　　B. 7.88%

C. 7.48%　　　　　　　　D. 9.38

6. 下列各项中，关于投资时机说法，不正确的是（　　）。

A. 按选择投资的时机标准分类，可以分为率先投资和跟进投资两种投资策略

B. 率先投资策略主要适应于那些的确掌握有先进技术和管理经验，并有雄厚资金实力的公司

C. 跟进投资策略一般适应于研究开发能力不够强的企业

D. 跟进投资策略的最佳投资时机应是某产品的成熟期

7. （　　），公司股权结构已经定型，产品也有了相对成熟的市场，公司理财的具体目

的将从关注公司的生存转变为如何加快公司的发展之上。

    A. 公司初创时期　　　　　　　　B. 公司成长期

    C. 公司成熟期　　　　　　　　　D. 公司衰退期

8. 关于各类资产风险水平与收益水平的比较,正确的是(　　　)。

    A. 现金不需变现,流动性最大,收益也最大

    B. 短期有价证券市场价格波动大,难于转让,因此风险较高

    C. 无形资产通过摊销进入成本,对企业的依附性强,转让困难,收益水平较低

    D. 固定资产投资的风险比存货投资风险大

9. 下列关于投资风险的说法中,不正确的是(　　　)。

    A. 投资者缺乏充分信息不能准确地对市场进行预测是投资风险产生的根源之一

    B. 投资者缺乏有效的控制力不能对经营过程实施有效控制是投资风险产生的根源之一

    C. 非系统风险是由于企业特征引起的,而且不可以通过多元化投资来加以分散的

    D. 由企业经营的外部环境产生的风险是企业难以分散的风险,称之为不可分散风险或系统风险

10. 不能用来衡量投资风险大小的指标是(　　　)。

    A. 期望值　　　　　　　　　　　B. 方差

    C. 标准差　　　　　　　　　　　D. 变化系数

三、多项选择题

1. 能单独生产投资收益的资产主要包括(　　　)。

    A. 短期有价证券　　　　　　　　B. 长期有价证券

    C. 直接对外的股权投资　　　　　D. 银行存款

2. 风险收益率,是指由于承受风险而要求的风险补偿收益率。投资承受的风险包括(　　　)。

    A. 经营风险　　　　　　　　　　B. 币值变动风险

    C. 信用风险　　　　　　　　　　D. 变现能力风险

3. 企业实际投资规模一般会低于理论最大投资规模。这是因为(　　　)。

    A. 从风险控制角度考虑,主动放弃一些有利可图的投资项目

    B. 企业筹资能力的限制,被迫放弃一些有利可图的投资项目

    C. 设定了最低的投资收益率水平

    D. 受到企业管理能力的制约

4. 按投资策略的基本目的分类,可将投资策略分为(　　　)。

    A. 追逐盈利型投资策略

　　B. 控制风险型投资策略

　　C. 多元化投资策略

　　D. 追逐盈利和控制风险并重型投资策略

5. 按投资结构调整方式分类,投资策略可以将投资分为(　　)。

　　A. 增量调整投资策略　　　　　　　　B. 保守型投资策略

　　C. 减量调整投资策略　　　　　　　　D. 存量调整投资策略

6. 下列各项中,关于投资策略的陈述,正确的有(　　)。

　　A. 追逐盈利型投资策略是一种激进的投资策略

　　B. 控制风险型投资策略是一种保守的投资策略

　　C. 控制风险型投资策略适用于那些财务风险极低和管理水平很高的企业

　　D. 追逐盈利型投资策略适用于那些财务风险极高或管理能力不强的企业

7. 增量调整投资策略对投资结构可能产生的调整影响有(　　)。

　　A. 增加投资金额用于新项目和原有的投资项目,原有投资项目占总投资的比重
　　　　不变

　　B. 增加投资金额用于新项目的投资,原有投资项目占总投资的比重相应下降

　　C. 新增加的投资金额按原投资项目的比重相应地分配在不同投资项目之上,原
　　　　投资项目的结构不变

　　D. 在不增加新投资项目的前提之下,改变投资项目的内部结构

8. 存量调整投资策略是在现有投资规模下进行投资结构调整的投资策略,基本方式
包括(　　)。

　　A. 放弃一个原有投资项目转入一个新的投资项目

　　B. 原投资项目间投资金额的调整

　　C. 增加新的投资金额,主要用于某一些投资存量项目之上

　　D. 在不放弃原投资项目的基础上,将原投资项目的一部分投资额转移到新投资
　　　　项目之上

9. 减量调整投资结构策略是指通过收缩企业既有投资规模来调整投资结构的策略,
它的形式可以分为(　　)。

　　A. 通过放弃原投资项目实现投资收缩

　　B. 按原投资项目的比重相应减少个投资项目的投资额

　　C. 减少的投资额主要集中分布在投资存量的几个主要项目之上,结果是不放弃
　　　　原投资项目,也未改变原投资结构

　　D. 减少的投资额主要集中分布在投资存量的几个主要项目之上,结果是不放弃
　　　　原投资项目,只是改变原投资结构

10. 下列各项中,关于投资结构调整的方式,正确的说法有(　　)。

　　A. 减量调整投资策略是一种收回投资的策略

B. 增量调整投资策略适用于企业成长期或社会经济繁荣期

C. 存量调整投资策略通常适用于企业成熟期或社会经济相对稳定期

D. 减量调整投资策略适用于企业衰退期或社会经济衰退期的投资策略

四、判断题

1. 在将公司投资收益率与社会平均收益率、同风险利息率等指标相比较的时候,应该用含利息在内的税后投资收益率指标。而息税前投资收益率主要是用来与公司的资金成本率相比较,以确定投资的可行性。　　　　　　　　　　　　　　　（　　）

2. 投资收益率的结构从理论上看,由无风险收益率和风险收益率两部分构成,即:投资收益率＝无风险收益率＋风险收益率。　　　　　　　　　　　　　　（　　）

3. 公司债券的票面利率是固定的,因此可以把购买公司债券的收益率看成无风险收益率。　　　　　　　　　　　　　　　　　　　　　　　　　　　　　　（　　）

4. 由企业经营的外部环境产生的风险是企业难以分散的风险,称为不可分散风险或非系统风险;由企业经营的内部条件产生的风险是企业可以分散的风险,称为可分散风险或系统风险。　　　　　　　　　　　　　　　　　　　　　　　　　（　　）

5. 通货膨胀、金融危机、战争等系统风险既不能通过投资多元化的方法来加以分散,也不可以通过压缩投资来回避。　　　　　　　　　　　　　　　　　　　（　　）

6. 如果两种投资方案的期望收益率相等,那么两方案就无优劣之分。　　（　　）

7. 追逐盈利型投资策略的优点是如果投资失败,企业将有足够的财力承担由投资失败而引起的不良后果,避免风险的进一步扩大。　　　　　　　　　　　　　（　　）

8. 采取追逐盈利和控制风险并重型投资策略的公司,从投资效果来看,其盈利能力和风险水平均低于追逐盈利型的投资策略,但高于控制风险型的投资策略。　（　　）

9. 企业投资策略,就是在权衡投资收益和投资风险的基础上,根据企业风险承受能力,选择投资方向、投资结构、投资时机等的方法。　　　　　　　　　　　（　　）

10. 在企业投资总额既定的前提下,不同的投资结构也存在着不同的投资收益和投资风险。从总的来说,投资的流动性越小,风险越低,但相应的收益也越低。　（　　）

11. 通常而言,一个技术密集型企业,它投资于固定资产、无形资产的比重就会高于一个劳动密集型企业。一个控股公司长期投资占总资产的比重会大大低于一般生产型企业。　　　　　　　　　　　　　　　　　　　　　　　　　　　　　　（　　）

12. 对于多个投资方案而言,无论各方案的期望值是否相同,标准离差率最大的方案一定是风险最大的方案。　　　　　　　　　　　　　　　　　　　　　　（　　）

五、计算题

1. 假定某企业年总资产平均余额为3 000万元,利润总额为200万元,实际利息支出为150万元,所得税税率为25%,问该企业总投资收益率为多少?

2. N 公司将一账面价值为 200 万元的固定资产对外出租,年租金收入为 30 万元。该固定资产的年折旧率为 5%,计提修理费率为 2%,营业税税率为 5%,所得税税率为 25%。问该房屋的投资收益率为多少?

3. M 公司生产经营某产品的资产总额为 1 000 万元,现利润总额为 100 万元,实际支付利息为 50 万元。已知该公司的固定资产生产能力有所闲置,如果公司能追加 200 万元的流动资产,那么,利润总额能在现有的基础上增长 30%。追加流动资产的资金来源是年利息率为 6% 短期贷款。公司的所得税税率为 25%。问追加 200 万元流动资产的边际收益率为多少? 追加流动资产是否可取?

4. 假定上述 M 公司将闲置的固定资产 200 万元按账面价出售,使固定资产的平均余额减少 200 万元,并将出售固定资产所得现金用于偿还年利息率为 8% 的公司长期负债,其余不变。问 M 公司在采取该行动之后的投资收益率和相应的边际收益率为多少? 公司的税后利润会增加多少?

5. 某公司拟从两个投资项目中选择一个投资项目,其投资额均为 1 000 万元。两个投资项目在不同经济环境下的预期收益率和概率分布如表 7-4 所示。

表 7-4

某公司两个投资项目在不同经济环境下的预期收益率和概率分布表

经 济 环 境	发 生 概 率	预期年收益率(%)	
		方 案 A	方 案 B
好	0.3	35	20
一般	0.5	15	14
差	0.2	0	10

试问该公司应选择哪一个投资项目为优?

第八章 公司筹资

【本章提要】 筹集资金是公司一项连续不断的理财行为,是公司理财的三大基本内容之一。公司筹资重点是研究如何最合理地从不同渠道取得满足公司生产经营需要的资金来源。本章只对公司不同渠道资金来源的筹资问题进行简要的讨论,关于更深入的公司筹资理论和方法,将在《公司中级理财学》中讨论。

【学习目标】 通过本章学习,要求掌握和了解如下内容:(1)掌握公司资金来源的分类以及认识不同分类的作用。(2)认识不同资本金制度的特征及其对公司理财的影响。(3)认识非股票形式的资本金筹资的特征及其优缺点。(4)认识普通股票的特征、基本权利、分级和筹资利弊。(5)认识优先股票筹资的特征、分类和筹资利弊。(6)认识长期负债筹资的特点和分类。(7)掌握长期银行借款的还款计划的编制方法、保护性条款的制定,认识筹资利弊。(8)认识长期债券的特征、分类、发行与收回以及筹资的利弊。(9)认识流动负债的特征、分类以及筹资利弊。(10)认识公司内部筹资的特征,掌握筹资量的计算方法。

第一节 公司筹资规划

筹集资金,是公司从事各种经营活动的前提,为了追求公司收益,并使公司价值和股东财富最大化,公司必须在筹资过程中降低筹资成本和控制筹资风险。公司筹资成本和筹资风险都与公司筹资规模和筹资结构与存在着密切的关系,因此,公司筹资规划实际上就是对筹资规模和筹资结构的规划,确定公司筹资规模和筹资结构是公司筹资首先应该考虑的主要问题。本节重点对公司筹资规模和筹资结构规划的基本理论问题进行探讨。

一、筹资规模

公司筹资是需要付出一定代价的,该代价一般用资金成本(资金价格)来表示,根据供求关系对价格产生影响的基本理论,不难推出公司的筹资规模与筹资成本成正比,筹资规模越大,筹资成本就越高。公司将筹集来的资金用于投资,其筹资成本一定要低于投资收益,公司才能获得筹资利益。在公司投资收益固定的条件下,随着筹资成本的递增,公司筹资的利益会逐渐降低,在筹资成本与投资收益相等时,再继续扩大筹资,将不会为公司带来任何利益,公司就应该停止再筹资。在筹资成本与投资收益相等时的筹资规模,就是公司最大的理论筹资规模。

最大筹资规模仅是一种理论上的表述,在实际上,筹资规模则可能与理论筹资规模存在差异,产生这种差异的原因可以从外部和内部两个方面来考察:从外部来看,资金市场资金供给量的充沛程度,会直接影响到公司在资金市场上筹资的能力。当资金市场资金供应量充沛时,公司筹资会相对容易,筹资成本也会较低;反之,则筹资难度增加,筹资成本提高。

从内部来看,公司筹资量的多少受公司当前的盈利能力和风险水平的影响,如果公司现有盈利能力不强、风险水平较高,达不到资金市场所要求的水平,公司实际筹资量就很难达到理论上的最佳筹资规模。除此以外,由于在公司投资收益一定时,随着筹资量的增大,筹资成本的提高,投资收益与筹资成本之差就必然会缩小,公司盈利的安全边际降低意味着公司整体风险增大。在公司盈利边际较低的情况下,一旦公司外部和内部发生不利于公司的各种变化时,公司就很可能面临亏损的局面,放大公司风险。这也决定了公司会根据自己的实际情况限定筹资量。

在现实生活中,一方面,市场资金供给量总是有限的,公司将筹资额作最有效投资的机会也是有限的;另一方面,随着公司筹资规模的扩大,公司筹资成本必然会上升。筹资成本率递增这一规律说明,公司筹资规模是要受到限制的,任何公司的筹资规模都不能无限制地增大。筹资成本率递增的情况可用下例简要说明。

【例 8-1】 设某公司现有筹资规模为 2 000 万元,筹资成本率为 8%,公司预测增加筹资量与筹资成本率存在的关系,如表 8-1 所示。

表 8-1

公司预测增加筹资量与筹资成本率存在的关系表

投 资 金 额(万元)	筹 资 成 本 率(%)
0~2 000	8
2 000~3 000	9
3 000~4 000	11
4 000~5 000	14
5 000~6 000	18
6 000~7 000	23
7 000~8 000	30

将表 8-1 制成筹资金额与筹资成本率的关系如图 8-1 所示。

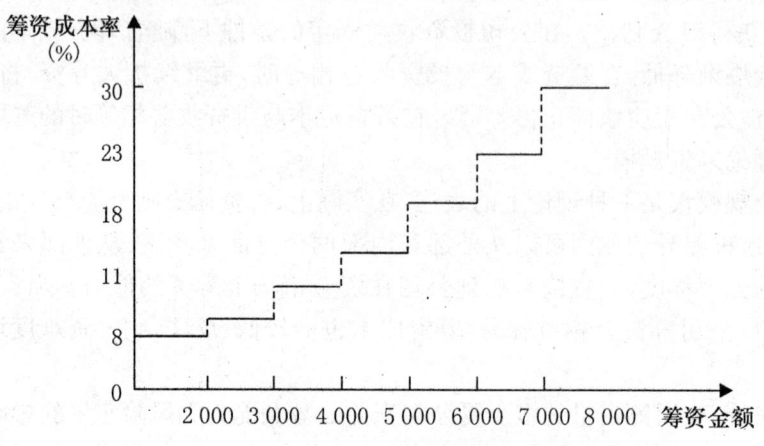

图 8-1　筹资金额与筹资成本率的关系图

从图 8-1 可以看出,该公司随着筹资量的增加,筹资成本呈加速上涨的趋势。

公司实际筹资规模一般会低于理论最大筹资规模。这是因为公司可能设定了最低的筹资成本率水平,从而放弃了一些筹资成本率高于设定最低筹资成本率的资金来源;也可能因公司控制风险的需要,主动放弃了一些筹资成本低于最低筹资成本率的资金来源;等等。为了追求盈利和控制风险,公司必须对筹资规模进行有效的规划。

二、筹资结构

在公司筹资总额既定的前提下,不同的筹资结构存在着不同的筹资成本和筹资风险。筹资成本与资金来源的稳定性呈正相关,筹资风险与资金来源的稳定性呈负相关。资金来源的稳定性越强,筹资成本越高,风险越低;反之,筹资成本越低,风险越高。

资金来源稳定性的强弱可从资产负债表的排序中看出。在资产负债表右方,即资金来源方,资金来源是按稳定性的强弱排列的,稳定性差的排在前面,稳定性强的排在后面。因此,可用资产负债表的资产方简约地揭示各类资金来源的成本和风险。其具体解释如表 8-2 所示。

资金来源结构的风险与成本除表 8-2 描述之外,还存在同一类资金来源内部结构的问题,比如流动负债可以进一步分为短期银行借款、短期债券、应付账款、其他应付款等,长期负债可以分为长期银行借款、长期应付债券等等。在这些分类的基础上,还可以进行更细致的分类,形成不同成本和风险的组合,这些都是公司在实际筹资中需要认真考虑的问题。

表 8-2

各类资金来源风险水平与成本水平比较表

资产分类	风 险 水 平		成 本 水 平	
	风险水平	基 本 原 因	成本水平	基 本 原 因
	高		低	
流动负债		本金、利息固定,还款期限短,压力大		利息率低
长期负债		本金、利息固定,还款期长,压力推后		利息率高
优先股权益		股利固定,但不需还本		股利率高且股利不能抵税
普通股权益	低	无固定的股利,永久性的资金来源,不需还本	高	股利不能抵税,潜在资本增值率高,稀释现有股东权益

第二节 公司资金来源分类

一个公司的资金来源可以从多种角度进行分类,比如按照时间、渠道、方式等等进行分类,这些分类既相互联系,又有一定差异,掌握公司资金来源的不同分类,有利于根据公司对资金的不同需要,安排筹资结构。以下将对公司资金来源的分类进行讨论。

一、按照筹集资金使用期限的长短分类

按照筹集资金使用期限的长短划分,可以分为长期资金来源和短期资金来源。掌握筹集资金使用期限的长短,有利于公司安排资金的使用,或根据资金的需要情况筹集资金,使公司能在控制风险的前提之下,追求收益最大化。

(一)长期资金来源

长期资金来源,在会计上是指使用期限在 1 年以上的资金来源。具体地说,包括所有者权益和长期负债。所有者权益由股本金(包括优先股和普通股)、资本公积、盈余公积金、留存收益等组成,长期负债由长期银行借款、长期债券、长期应付款等组成。在复杂资本结构中,还存在介于长期负债和所有者权益之间的可转换性证券。

公司筹集长期资金来源主要是为了满足长期资产占用资金的需要,当然也可以满足短期资产占用资金的需要。运用长期资金来源筹资的优缺点如下:长期资金来源的优点是,使用期限长、灵活性大,公司的财务风险低。长期资金来源的缺点是,筹资成本高。

(二)短期资金来源

短期资金来源,在会计上是指使用期限在 1 年以内的资金来源。具体地说,就是公司的短期负债。短期负债组成复杂,一般包括短期银行借款、短期应付票据、应付账款以及

其他各种短期应付款等。在 1 年内到期的各种长期负债也属于短期负债。

公司筹集短期资金来源的主要目的,是为了满足短期资产占用资金的需要,非迫不得已时,一般不应该运用短期资金来源进行长期投资。短期资金来源的优点是:筹资成本低。短期资金来源的缺点是:使用期限短、灵活性差,公司的财务风险高。

二、按照筹集资金的性质分类

按照筹集资金的性质划分,资金来源可以分为所有者权益资金(简称权益资金)和负债资金。按照会计原则,负债和所有者权益的定义如下。

(一)负债资金来源

负债,是指过去的交易、事项形成的现时义务,履行该义务预期会导致经济利益流出公司。在资产负债表上,负债按照其流动性分类分项列示,包括流动负债、长期负债等。

负债筹资的优点是:筹资相对容易,成本低,不会稀释股东权益,当资产收益率大于负债成本率时可以获得财务杠杆利益。负债筹资的缺点是:财务风险大,特别是当负债率过高的时候,会降低公司价值。

(二)所有者权益资金来源

所有者权益,是指所有者在公司资产中享有的经济利益,其金额为资产减去负债后的余额。在资产负债表上,所有者权益按照实收资本(或者股本)、资本公积、盈余公积、未分配利润等项目分项列示。

所有者权益筹资的优点是:风险低,甚至没有财务风险。所有者权益筹资的缺点是:会稀释股东权益,筹资难度大,成本高。

三、按照资金提供者的性质分类

公司资金来源按照资金提供者的性质划分,公司筹集的资金可以分为如下的类别。

(一)国有资金

在我国,公司国有资金包括财政和主管部门拨给公司的各种专项资金,有权代表国家的政府部门向公司投资形成的资本,有权代表国家投资的投资公司、资产经营公司、国有集团公司等机构对公司的投资等等。公司获取国有资金的优点是:占用期限长,筹资成本低,风险小;缺点是:国有资本的管理链条长,公司的自主性差。国有资本曾经是我国各类公司的主要资金来源,但是,随着国有资本逐渐退出竞争性领域,国有资金占公司总资金来源的比重呈逐渐下降的趋势。

(二)法人资金

公司的法人资金,是公司从其他法人公司处筹集来的资金,这类资金既包括股权资金,又包括负债资金。随着我国市场化水平的提高,法人资金来源在公司总资金来源的比重正逐步提高,成为公司的重要资金来源之一。公司获取法人资金的优点是,筹资选择面宽,筹资方式灵活,筹资相对容易;另外,公司还可以在筹资过程中选择战略投资者,从而有利于公司的长远发展。缺点是,其他公司无论是借款还是股权投资,都是为了通过提供资金的方式获取收益,对公司的监管较严,公司的管理成本较高;另外,在公司运用这些资金的过程中,一旦出现问题,其他公司会立即通过各种方法,甚至法律程序收回资金,或接管公司,因此,风险较大。

（三）自然人资金

自然人资金,是自然人以个人的名义借给公司或投入公司的资金。在我国,随着资金市场的日趋完善,这部分资金来源的比重正逐渐增大。公司获取自然人资金的优点是:自然人投资比较踊跃,筹资相对容易;另外,自然人人数众多,向自然人筹资可以扩大公司的影响。缺点是:公司一旦向自然人筹资,公司就变为公众性公司,社会对公众性公司监管较严,公司的管理成本较高;另外,在公司运用这些资金的过程中,一旦出现问题,会给公司的形象带来广泛的不利影响,使公司难以渡过难关。

四、按照资金提供者的国别分类

按照资金提供者的国别划分,公司筹资可以分为如下类别。

（一）国内资金

国内资金,是指从国内投资者和债权人处筹集的资金,具体地讲,包括从国内各级政府或国有资本代表机构处筹集的国有资金,从国内公司筹集到的法人资金,从国内公民处筹集到的自然人资金等。筹集国内资金的优点是:筹资相对容易,筹资成本较低;缺点是:筹资量可能因资金市场的限制,而无法扩大,以及难以引进国际上最先进的技术。

（二）国际资金

国际资金,是指公司通过国际资金市场或直接从国外投资者处筹集到的负债资金和股权资金。国际资金,从理论上讲,也包括国外的国家资金、法人资金和自然人资金。筹集国际资金的优点是:筹资量大,可以在筹资的同时引入先进的技术;缺点是:筹资难度大,成本高,风险大。

五、按照筹集资金是否通过金融机构分类

按照筹资是否通过金融机构划分,公司筹资可以分为如下类别。

（一）直接筹资

直接筹资,是指公司不通过银行等金融机构为中介,直接从资金供给者处筹集资金。直接筹资的具体形式包括发行股票、债券、商业票据和接受商业信用等等。直接筹资的优点是:筹资面广,筹资方式和筹资对象的选择余地大,筹资成本较低;缺点是:社会对直接筹资的公司要求较高,达不到规定的公司无法进行直接筹资,无中介机构参与,所有风险均由筹资公司承担,风险较大。

（二）间接筹资

间接筹资,是指公司从银行等金融机构筹集资金。筹资的主要形式是银行借款、非金

融机构的借款和融资租赁等等。间接筹资的优点是：筹资要求不如直接筹资高，取得相对容易，筹资效率高；缺点是：金融中介机构要获取一定的利益，筹资成本较高，另外，间接筹资方式单一，选择面狭窄，难以进行优选。

六、按照筹集资金是否为内部产生分类

按照筹集资金是否来源于公司内部划分，公司筹资可以分为如下类别。

（一）内部筹资

内部筹资，是指公司从经营活动过程中筹资到的资金，具体包括留存收益、折旧基金、形成在前支付在后的应计费用等等。内部筹资的优点是：筹资成本低、风险小，带有自然筹资的性质，筹资容易；缺点是：筹资量受限，且受公司经营状况的影响，难以满足公司发展对资金的需要。

（二）外部筹资

外部筹资，是指公司从公司外部通过负债或吸收股权资金筹集资金。外部筹资的形式多种多样，是公司的主要资金来源。外部筹资相对于内部筹资的优点是：筹资量大，受公司经营状况的限制较小；缺点是：成本较高，风险较大。

总之，上述关于资金来源的分类，是相互联系的，可以在某一标准之下，再按照另一标准进行分类，从而全面揭示资金来源的特征。公司应该根据其实际情况选择筹资的渠道、方式和时间，使公司综合筹资成本最低，风险最小。

第三节　资本金筹资

资本金筹集的形式多种多样，有非股票形式的资本金，以及股票形式的普通股票、优先股票等等，在本节，对资本金筹资的基本问题进行讨论。

一、公司资本金制度

资本金制度是规范和约束公司及其投资者行为的法律规范，资本金制度的基本内容如下。

（一）资本金制度

1. 资本金

资本金是公司投资者创办公司时投入公司的本钱，法律之所以规定办公司必须要投入一定量的资本金，是因为：资本金是公司设立和从事经营活动的前提，是国家维护社会经济秩序的手段，是公司对外借债的基础，是投资者权益的保障。

2. 资本金制度分类

世界上流行的资本金制度主要有如下三种：

（1）实收资本制。实收资本制，又称法定资本制，它要求在公司设立时，必须确定资

本金总额并一次缴足,否则不得设立。公司要增减资本,都必须修改公司章程,并重新办理登记手续。实收资本制主要在属于成文法系的国家使用,如欧洲大陆国家。

（2）授权资本制。授权资本制,只要求公司在公司章程中确定资本金总额,但不要求在公司设立时一次缴足全部资本,只要缴纳了第一期出资额,公司即可成立。剩余未缴资本金,则授权董事会在公司成立之后分期到位。授权资本制主要在属于非成文法系的国家使用,如英、美等国。

（3）折衷资本制。折衷资本制是介于实收资本制和折衷资本制之间的一种资本金制度,它要求在公司设立时,应确定资本金总额,并规定首期出资额或比例,以及未来缴纳的时间。我国对外商投资公司实行的就是折衷资本制。

3. 资本金管理原则

资本金制度是指国家围绕资本金的筹集、管理以及投资者权责等方面所作的法律规范。从筹资行为看,资本金制度是公司与投资者之间签约的基本规范,主要体现在一国《公司法》及相应的法规制度中。我国的资本金管理原则主要有:资本确定、资本充实、资本不变、资本保值增值四项。

（二）我国资本金制度的基本内容

1. 资本金筹集制度

我国资本金筹集制度主要涉及法定资本金、资本金构成、筹资方式、筹资期限、验资及出资证明、投资者违约责任等方面的内容。其中:法定资本金,是指国家规定的开办某类公司必须筹集的最低资本金限额,该最低资本金限额因公司经营的性质和公司组织形式而异。筹资方式,是指筹资的具体形式,制度规定,公司可以吸收货币资金,实物资产、无形资产等方式的投资。筹资期限,是指公司资本金可一次筹足,也可按法律或公司章程规定分期筹集。验资及出资证明,是指投资者投入的资本,必须经会计师事务所验证,公司应根据验资报告的内容向投资者出具出资证明。投资者违约责任,是指投资者违反公司章程和有关协议或者合同的规定,应该承担违约责任。

2. 资本金管理制度

资本金管理要求因公司组织形式而异,但主要包括如下两方面的内容:资本金保全制度和投资的权利与责任。资本金保全,是指公司资本金在公司生产经营期间内,投资者只能依法转让,不得抽回投资。投资的权利与责任,是指投资者对其出资所拥有分享公司利润的权利和承担分担风险以及亏损的责任。

二、非股票形式的资本金筹资

非股份公司制公司资本金是采用非股票形式的方式筹集,其基本特征和优缺点如下。

（一）非投票形式资本金筹资的特征

非股票形式的资本金筹资是公司直接与各类投资者之间签订投资合同融入资本金的筹资形式。该类筹资形式的基本特征如下。

1. 不以股票为媒介

不以股票为媒介是该种筹资方式不同于股票筹资的最显著特征。公司给予投资者的出资证明不是股票,而是收据。它广泛适用于各类非股份公司制公司。

2. 出资方式多样化

非股份公司制公司筹资时,股东出资方式十分多样化,具体形式有:现金出资和非现金出资。现金出资的优点是在使用上具有充分的灵活性,可以变成任何一种资产或清偿债务,因此,各国法律法规都对现金在出资总额中的比例有一定的规定。非现金形式的出资优点是:可以直接形成经营所需资产,有利于缩短公司经营筹备期,提高效率;缺点是:价值估计困难,不能根据公司的需要灵活地改变资产结构。

(二)非股票形式资本金的资金成本计算

非股票形式资本金的资金成本计算,首先应该考虑到它转让不频繁、一般也不存在现存的市场价格的特点。因此,在计算非股票形式资本金的资金成本时,可以不考虑非股票形式资本金的市场价格。在不考虑资本金市场价格的条件下,资本金的成本就简化为了公司的净资产收益率。下面以实例说明非股票形式资本金的资金成本计算方法。

【例 8-2】　爱华有限责任公司现有总资产 2 000 万元、净资产 1 000 万元、负债 1 000 万元,总资产收益率 10%、负债成本率为 5%、净资产收益率为 15%,现因生产经营的需要,新追加筹资额 1 000 万元,并全部由资本金筹集,拟引进新股东,合同规定新增股份占总股份的 2/5,追加投资之后的总资产收益率不变。问爱华公司筹集资本金前后的资金成本各为多少? 增加资本金后对原股东是否有利?

解:

(1)计算增资前后的资金成本。

增资前的资本金成本(净资产投资收益率)=15%

增资后的资本金成本=[(2 000+1 000)×10%-1 000×5%]÷2 000=12.5%

增资前后的资本金成本变化=15%-12.5%=2.5%

(2)计算增加资后原股东获得的利益。

增资后归原股东的投资收益=[3 000×10%-1 000×5%]×(3÷5)=150(万元)

增资后原股东的投资收益率=150÷1 000=15%

增资前后原股东的投资收益率的变化=15%-15%=0

增资前后原股东占有净资产额的变化=2 000×(3÷5)-1 000=200(万元)

通过上述计算,可以发现,增资后的资金成本比增资前的资金成本下降了 2.5 个百分点,获取的收益额和收益率均没有发生变化,但是净资产占有额增加了 200 万元,这充分说明增加资本金对原股东有利。

(三)非股票形式资本金筹资的优缺点

非股票形式资本金筹资的优点有二:一是法律程序简单,筹资速度快,可以迅速增加公司对外的借债能力,解决公司资金不足的问题。二是筹集资产的种类多样化,既包括现金和非现金的实物资产,又包括各种无形的技术和经验,可以在很大程度上将公司的筹资过程和投资过程统一起来,缩短了生产经营的准备周期。

非股票形式资本金筹资的缺点也有二:一是交易市场不活跃,转让程序复杂,转让成本高,转让能力差,直接导致非股票形式的资本金的资金成本要高于股票的资金成本。二是变现能力差,产权关系无股票明确,容易产生产权纠纷,因此,不利于吸引投资者,筹资较为困难。

三、普通股票筹资

普通股是构成股份公司的最基本的股份,普通股票持有人是公司的最终所有者,离开了普通股,股份公司将不会存在,普通股本也是公司向外借债的基础。以下将对普通股票筹资的问题进行讨论。

(一)普通股票的特征

普通股票代表对公司剩余资产的所有权,其主要特征如下。

1. 永久性资金来源和有限责任

普通股票是没有规定最后到期日的有价证券,普通股票持有者不能将自己持有的普通股票卖给公司,从公司收回自己的投资,只可以把持有的股票转让给其他投资者,从二级市场上收回投资。只有在公司清算时,普通股票持有者才能从公司分得剩余资产。

普通股股东是公司的所有者,并承担以其投资额为限的风险,即只承担有限责任。

2. 定额股份、已发行股份、流通中股份和库存股份

定额股份,也称之为法定股份,是指公司章程中所规定的普通股票的最大发行量。已发行股份,是指定额股份中已发售出去的部分。流通中的股份,是指已发行股份中为社会大众所持有的股份。库存股份,是指由公司收回的已发行在外的部分股份。应该注意的是,库存股份必须是已发行而后又购回的股票,因此,已发行股份等于库存股份与流通中的股份之和。库存股份没有选举、收取股利或其他方面的股东权利。在公司资产负债表上,应分别注明定额股份、已发行股份和库存股份的数量。

3. 票面价值

我国有关法规明文规定,普通股票必须标明票面价值,并进一步规定,普通股票不得以低于票面价值的价格发行。如果普通股票的发行价低于其票面价值的话,那么,普通股票持有者就要对债权人承担股票的购价与面值之间的差额的责任。发行价高于面值的溢价收入,则单独反映在资本公积账户中。

如果普通股票没有面值,那么发行时的股票账面价值就是发行价或预先规定的某个价格,股票溢价则反映发行价格与规定价格之间的差额。

4. 账面价值

全部普通股票的账面价值等于公司资产净账面值减去流通在外的优先股票权益之

差,每股普通股账面价值等于全部普通股的账面价值除以流通在外的普通股股数之商。

5. 市场价值

普通股票每股市场价值,是指其当前的市场交易价格。为了能准确地反映股票的市场价值,可以采用一段时间(如1周、1个月或3个月等)股票的加权平均市场价格来表示股票的市场价值。

(二)普通股票持有者的基本权利

如无特殊规定,在我国普通股票持有者应享有以下的一些基本权利。

1. 盈利分配权

普通股票持有者在公司有盈利的条件下,有权获得股利。但普通股股利的发放与否完全取决于公司董事会和股东会,公司董事会和股东会完全有可能在公司有盈利的前提之下也不分配股利。而普通股票持有者则不可能采取法律行动要求公司分配股利。

2. 剩余资产索赔权

公司进行清算时,普通股票持有者有权在债权人、优先股票持有人分得公司资产之后,分享公司的剩余资产。如清算之后公司资产不能补偿自己的投资,普通股股东也只能自己承担损失。普通股股东与公司存在着风险共担、利益共享的关系。

3. 投票表决权

普通股票持有者是公司的所有者,有权选举公司董事,并对公司的重大经济活动有投票表决权。普通股票持有者是通过由他们选举产生的董事会来间接控制公司。公司的直接控制权则掌握在董事会和由董事会选出的经理人员手中。董事的选举方法通常采用多数票选举制、累计票数选举制两种方法。

多数票选举制,是指股东对董事会的每一个席位逐一进行投票表决,股东每持有一张股票就有一票表决权,只要得到多数选票的候选人就可以成为公司董事。在这种选举制下,只要某一股东所持有的股份总额超过了总股份的50%,那么,他们就可以获取公司全部的董事席位,而其他股东则无法获得任何一个席位。

所谓累计票数选举制,是指股东可以将其投票权累计用于一个或数个董事候选人身上,而不必像多数选举制那样平均投于每一个候选人身上的选举制度。比如,公司要从若干名董事候选人选出9名董事,那么,每一股就可以获得9张投票权,股东可以将这9张投票权全部投在某一位候选人身上,使该候选人从这一股中就获得了9票,从而令该候选人的得票数量迅速增加。累计票数选举制与多数票选举制不同,它可以使少数股权所有者也能选出一定数额的董事。其选出某个数额的董事所必需的最低股数的计算公式如下:

$$\frac{\text{选出董事所}}{\text{必需的股数}} = \frac{\text{流通在外的普通股票总数} \times \text{希望选出的董事人数}}{\text{拟选举的董事总数} + 1} + 1$$

【例 8-3】　设某公司有 100 000 000 股普通股票流通在外,拟选举董事总数为 9 人,少数股东集团至少需掌握多少股份才能获得 1 名董事席位?

解：根据公式有：

$$选出董事所必需的股数=\frac{100\ 000\ 000\times 1}{9+1}+1=10\ 000\ 001(股)$$

即：只要拥有 1 000 0001 股，就能保证少数集团获得 1 名股董席位。

显然，由于累计票数选举制能使少数股权有机会选出自己在公司董事会中的代表，因此这种选举制度比多数票选举制更为民主。

4. 优先购股权

按照相关法规，公司在发行新股票时，必须给予现有股东优先认购的权利。给予现有股东优先购股权的目的有二：一是维护股东在公司的既得利益，为股东提供免于股票价值稀释的保障。二是维持股东对公司所有权的比例，保护现有股东对公司的控制权。

【例 8-4】 假定 B 公司发行在外的普通股票 1 000 万股，目前每股市场价格为 10 元/股，其中 A 股东持有 10 万股，现 B 公司拟新发行 500 万股，发行价格为 8 元/股。问给予现有股东优先认购权，A 股东可以获得什么好处？其金额为多少？

解：

（1）可以获得股票价值不被稀释的好处，其金额为：

$$新股发行后每股的除权价值=\frac{1\ 000\times 10+500\times 8}{1\ 000+500}=9.33(元/股)$$

$$避免每股价值稀释的金额=10-9.33=0.67(元/股)$$

（2）可以维持占公司所有权比例不变的好处，其比例仍为：

$$\frac{10}{1\ 000}=\frac{10+5}{1\ 000+500}=1\%$$

5. 查账权

按照我国有关法律规定，公司应按每个会计年度，在股东大会召开 15 日前，将经会计师事务所验证过的公司当年的资产负债表、利润表、财务状况变动表、营业报告、利润分配方案等会计账表和其他有关文件资料，备置于公司注册所在地，供股东查阅。如有必要，股东还可进一步检查公司会计账册。股东拥有监督公司经营和财务管理的权利，以及提出建议或质询的权利。

（三）普通股票的利弊

从发行公司的角度考察，利用普通股票筹资的利弊和筹资策略可概括如下。

1. 普通股票的优点

普通股票的优点可以简单地归纳如下：第一，普通股票是一种永久性的资金来源，没有固定的费用负担，因此，用普通股票筹资，公司风险最小。第二，普通股票的预期收益高，且对公司有一定的控制权，因此，普通股票筹资比债券筹资更容易。第三，普通股票筹资由于降低了公司的财务风险,增加了负债价值,因此,有利于负债筹资和降低负债的资金成本。

2. 普通股票的缺点

普通股票的缺点也可以简单地归纳如下:第一,普通股票筹资虽无财务风险,但也享受不到财务杠杆带来的利益,不能像负债那样以加速的形式提高现有权益资金盈利率。第二,普通股票的资金成本比其他的筹资形式的资金成本高。第三,增加普通股票发行量,容易导致现有股东对公司控制权被稀释。

(四)我国发行普通股票的基本规定

股票的发行是指股份有限公司出售股票以筹集资本的过程。我国《公司法》明确规定只有股份有限公司才能发行股票,而有限责任公司是不能发行股票的。股份有限公司发行股必须符合一定的条件,还要经过一定的程序。同时,在股票发行工作开始前,还要确定股票的发行价格,选择一定的发行方式。

股票发行人必须是具有股票发行资格的股份有限公司,股份有限公司发行股票,必须符合一定的条件。我国《股票发行与交易管理暂行条例》对新设立股份有限公司公开发行股票、原有公司改组设立股份有限公司公开发行股票、增资发行股票及定向募集公司公开发行股票的条件分别作出了具体的规定。

1. 新设立股份有限公司公开发行股票的条件

新设立股份有限公司申请公开发行股票,应当符合下列条件:

(1) 公司的生产经营符合国家产业政策。

(2) 公司发行的普通股只限一种,同股同权。

(3) 发起人认购的股本数额不少于公司拟发行的股本总额的35%。

(4) 在公司拟发行的股本总额中,发起人认购的部分不少于人民币3 000万元,但是国家另有规定的除外。

(5) 向社会公众发行的部分不少于公司拟发行的股本总额的25%,其中公司职工认购的股本数额不得超过拟向社会公众发行的股本总额的10%;公司拟发行的股本总额超过人民币4亿元的,证监会按照规定可酌情降低向社会公众发行的部分的比例,但是,最低不少于公司拟发行的股本总额的15%。

(6) 发行人在近3年内没有重大违法行为。

(7) 证券委规定的其他条件。

2. 原有公司改组设立股份有限公司公开发行股票的条件

原有公司改组设立股份有限公司申请公司发行股票,除了要符合新设立股份有限公司申请公开发行股票的条件外,还要符合下列条件:

(1) 发行前1年年末,净资产在总资产中所占比例不低于30%,无形资产在净资产中所占比重不高于20%,但是证券委另有规定的除外。

(2) 近3年连续盈利。

3. 关于增资发行新股的条件

股份有限公司增资申请公开发行新股,除了要满足前面所列的条件外,还要满足下列条件:

(1)前一次的股份已经募足,并间隔 1 年以上。

(2)公司在最近 3 年内连续盈利,并可向股东支付股利。

(3)公司在最近 3 年内财务会计文件无虚假记载。

(4)公司预期利润率可达到同期银行存款利率。

公司以当年利润分派新股,不受前款第(2)项限制。

4. 定向募集公司公开发行股票的条件

定向募集股份有限公司申请公开发行股票除了要符合新设立和改组设立股份有限公司公开发行股票的条件外,还应符合下列条件:

(1)定向募集所得资金的使用同招股说明书所述内容相符,并资金使用效益好。

(2)距最近一次定向募集股份的时间不少于 12 个月。

(3)从最后一次定向募集到本次公开发行期间没有重大违法行为。

(4)内部职工股权证按照规定发放,并且已交国家指定的证券机构集中托管。

(5)证券委规定的其他条件。

四、优先股票筹资

优先股虽然是公司权益资金之一,但是,它又与普通股存在着很大的差异,这里主要讨论优先股票筹资的若干问题。

(一)优先股票的特征

1. 优先股票中优先的含义

优先股票的优先是相对与普通股票而言的,其优先有如下两重含义:一是对剩余资产的要求权的优先,优先股票在公司清算时对偿付债务后所余净资产的要求权要优先普通股票;二是获取股利的权利优先,即它的股利支付应先于普通股票股利的支付。

2. 具有混合性证券的特征

优先股票的收益是股票面值与其规定股利率之积,它们一般不参与公司剩余利润的分配,就这点而论,优先股票与债券的性质相同。但优先股票无到期日,不需要还本,甚至可以不支付股利,就这点而论,优先股票与普通股票的性质相同,因而我们说,优先股票是一种混合性的筹资形式,它既有债券又有普通股票的特点。总的来说,优先股票持有者对公司资产的要求权小于债权人,但大于普通股票持有人。

3. 股利支付方面的特征

虽然优先股票规定有固定股利,但是,这种股利并非必须支付不可。公司在优先股股利支付方面有较大的自主权,不支付优先股股利,并不会像不支付债券利息那样,使公司面临破产的境地。

（二）优先股票的种类

优先股票按发行条款和股利的分配条款不同，可分为若干种类。下面简述最常见的分类。

1. 按股利能否累积为标准分类

优先股票，按股利能否累积为标准分类可分为累积优先股票和非累积优先股票。

累积优先股票，是指任何 1 年未付的股利都能递延到以后各年去支付的优先股票。几乎所有的优先股票都具有累积股利的特征，公司必须付清了优先股股利之后才能支付普通股的股利。

非累积优先股票，是指当年未付的优先股票股利不能转移到以后年度补付的优先股票。在这种情况下，公司没有补付过期优先股股利的义务，优先股票持有者也无权要求公司予以补付。公司在以后年度一旦有盈利，只要先支付该年的优先股票股利，就可以支付普通股票股利了。由于非累积优先股票不利于保护该类股票持有人的权益，因此，在实际中很少发行该类优先股票，一般只有在公司改组的情况下才可能发行。

2. 按能否参与剩余利润分配为标准分类

优先股票，按能否参与剩余利润分配为标准，可分为参与分配优先股票和非参与分配优先股票。

参与分配优先股票，是指优先股票在获取自己应得的股利之外，如公司有超额利润，有权参与同普通股票一样的分配，而分享额外股利的优先股票。在实际中，很少有优先股票能享受这种参与优惠。

非参与分配优先股票，是指只能获得事先规定股利的股票。公司所获得的超额利润全部归普通股所有，优先股票持有人无权参与其再分配。

3. 按是否可转换为普通股票为标准分类

优先股票，按是否可转换为普通股票为标准，可分为可转换优先股票和不可转换优先股票。

可转换优先股票，是指该股票在持有一段时间之后，可以按事前规定的兑换率转换为普通股票的优先股票。转换权力归优先股股东所有。

不可转换优先股票，是指只能享受固定股利，不能转换为普通股票的优先股票。该类股票与普通股票不发生任何联系。

4. 按是否有收回优先股票的权利为标准分类

优先股票，按是否有收回优先股票的权利为标准，可分为可收回优先股票和不可收回优先股票。

可收回优先股票，是指在发行合同中附有某种收回条款的优先股票。需要强调的是，此项收回的决定权归发行公司所有，而不是优先股票持有人。优先股票的收回性质增加了公司筹资机动性。

不可收回优先股票，是指在有关合同条款中，没有赋予公司以某一价格或方式收回优先股票的权利的优先股票。公司如要收回此类优先股票,只能在证券市场上按市价收购,或者以其他证券调换优先股票。

（三）优先股票的利弊

优先股票筹资的利弊可概括如下。

1. 优先股票的优点

优先股票的优点可以归纳为:第一,由于优先股票股利不是发行公司必须偿付的一项法定债务,如果公司财务状况恶化时,这种股利可以不付,从而可以减轻公司的财务负担。第二,由于优先股票没有规定最终到期日,它实质上是一种永续性借款。优先股票是否收回完全由公司决定,公司可在有利条件下收回优先股票,具有较大的灵活性。第三,有利于在不稀释普通股股东权益的前提下,巩固公司的财务状况,降低公司的财务风险,提高了公司的举债能力,使普通股票获得财务杠杆利益。

2. 优先股票的缺点

优先股票的缺点可以归纳如下:第一,由于优先股票股利不能抵减所得税,因此其成本高于债务成本。第二,股利支付带有固定性,会形成公司的财务负担。

第四节　长期负债筹资

按会计学的定义,长期负债是偿债期 1 年以上的负债,其风险大于股东权益,成本高于短期负债,它在很大程度上是可以与股东权益和短期负债互相交换的,其筹资策略变化多端,是需要重点关注的筹资方法。本节只对公司长期借款、长期债券等长期负债筹资的基本问题进行讨论。

一、长期借款筹资

（一）长期借款的特征

长期借款,是指从银行或其他金融机构和公司借入的,偿债期在 1 年以上的借款,它是公司长期负债的主要来源之一。根据长期借款的偿还方式为标准,长期借款可以分为分期付息到期还本,分期还本付息,分期等额偿还本息等等形式;根据长期借款的是否存在抵押和担保为标准,长期借款可以分为信用贷款、抵押贷款和担保贷款。

由于长期借款金额大、期间长,为了保证按期还本付息,公司应该根据公司现金流入量的时间和积累速度来编制偿债计划,尽量使长期借款的偿债期和偿付量与现金流入期和积累量相衔接,以回避偿还长期借款的风险。

（二）长期借款合同

公司取得长期借款,首先要向银行提出借款申请,在银行愿意提供长期借款的条件下,借贷双方依据《中华人民共和国经济合同法》和《借款合同条例》以及银行的有关业务办法的规定,经过平等协商,达成长期借款合同。下面以固定资产建设长期借款为例,说明合同应该包括的主要条款。

1. 借款币种、金额和期限

在借款币种、金额和期限条款中，借款金额除本金之外，还包括备付利息；而借款期限从第一笔提款之日起算。

2. 借款用途

在借款合同中要详细规定借款的用途，包括备付利息款的用途，一般规定备付利息款仅限于支付建设期各期利息。

3. 提款

借款方必须按照规定的借款额提款，除此之外，还应该满足如下的要求：

(1) 已提交贷款方认可的项目预(概)算资金已全部落实的证明，包括拨款和发行股票、债券的批准件；各类已签署生效的融资合同副本；自有资金已落实的证明。

(2) 已提交贷款方认可的销售渠道已落实的其他证明。

(3) 已提交贷款方认可的还款担保；抵押合同已办妥登记及公证手续。

(4) 自筹资金已按贷款方要求或按计划投入使用或到账。

(5) 未发生合同中所列任何一种违约行为。

(6) 提款计划，公司在提款期限内，还应该编制提款计划。提款计划如需调整，应提前提出，并经贷款方同意。提款期到期，未提贷款部分即自动注销，但事前已经贷款方书面同意延展提款期限者除外。

4. 利息和费用

(1) 借款利率。合同中会详细规定借款年率和利息计收方式、结息日和计息方法。在我国银行一般以 360 天为 1 年，按贷款余额和实际用款天数计收利息。

(2) 承诺费。如未按提款计划提用贷款，又未按提前通知调整提款计划，对该未提或超计划提款部分，贷款方有权按未提或超提金额的某个百分比一次性收取承诺费。

(3) 管理费。公司应在第一次提款时按合同借款金额的百分比一次性向贷款方支付管理费。

(4) 借款方应该于结息日主动支付利息，届时未付，贷款方有权主动从借款方的存款账户中扣收。如存款不足以支付利息，对应付未付利息，贷款方可计收复利。

(5) 凡因签订和履行本合同及其附属文件而发生的其他费用均由借款方承担。

5. 还款

(1) 还款资金来源。包括主要资金来源和及其他可用于还款的资金。

(2) 还款计划。借款方必须编制还款计划表，以保证在规定的期限内的按期偿还借款本金。

(3) 还款计划调整。借款方在原定借款期限内不能按期归还贷款，应在计划还款日之前 1 个月提出调整还款计划申请，经贷款方同意并对还款作出修订后执行。贷款到期(指分期还款计划中的最后一期)，借款方因客观因素无力归还，最迟应在贷款到期日前 1

个月提出展期申请,经贷款方同意展期的,借贷双方就本合同中的贷款期限、利率和还款计划部分作出补充和修订,展期贷款利率按修改后期限的相应利率档次确定。

(4)借款方未按还款计划规定的分期还款计划按期如数还款,又未经贷款方同意调整还款计划,对未还贷款部分贷款方有权从计划还款日后的第一天起在原定利率基础上按照某个百分比加收利息。

(5)借款方提前还款应经贷款方同意方可办理,并应提前数个银行营业日通知贷款方,提前还款应在结息日并应按还款计划所列的还款期序的倒序进行,而不能抵冲即将到期或下一期的还款。

6. 担保

借款方还需要提供还款担保,并详细列明具体的担保内容。如借款方未能履行,贷款方可行使上述担保项下的权利。

7. 陈述与保证

(1)借款方向贷款方陈述并保证。陈述并保证的内容包括:借款方是经工商行政管理部门登记注册的、独立的企事业法人,具有履行本合同的资格和能力;借款方已办妥签署本合同所需的所有批准和授权手续,并切实履行本合同项下的义务;签署和履行本合同与对借款方资产具有约束力的任何合同或抵押权并无抵触之处;借款方提供的一切报表、资料和情况是真实准确的,自向贷款方提出本贷款申请以来,借款方的综合财务状况未发生重大不利变化或未损害借款方履行本合同项下义务的能力;借款方未隐瞒任何已发生或即将发生的影响贷款方权益的下列事件:① 重大违纪违法或被索赔事件;② 未结案的诉讼仲裁事件;③ 向第三者提供信用担保、权益和资产抵押以及各类债务承诺;④ 各类举债、欠债;⑤ 其他重大事件;等等。

(2)上述陈述与保证,亦作为借款方在每一提款日和每一利息支付日作出的陈述与保证。

8. 约定事项

(1)借款方应按贷款方要求开立本外币往来户和/或专户。在合同项下开证、付款等应在贷款方办理,并接受贷款方的审核。

(2)合同签订后,借款方应按计划对外订货,进口订货卡片应交贷款方审核,贸易合同副本应交贷款方,贷款方凭以开证、付款,借款方在本合同签订后的数个月内未能签订贸易合同,贷款方有权撤销本贷款。

(3)借款方同意无条件接受贷款方的信贷监督和检查,并为之提供工作便利。贷款方有权参与招标、商务谈判、竣工验收等活动,有权参加借款方有关工程建设、生产经营、计划财务等方面的重要业务办公会议或列席董事会,有权参与贷款方认为有必要参加的其他重大活动和会议。借款方应将上述重要活动和会议事先通知贷款方。借款方应按贷款方要求及时报送与项目建设、贷款使用和生产经营有关的各类重要设计文件、统计财会报表、各年计划及其执行情况的书面报告、董事会重大决议和决定(包括人事安排方面)。

借款方应保证上述报表资料的真实性和完整性,贷款方有权调阅原始凭证,审查借款方的资产和财务状况。

(4) 在合同有效期间,在借款方建设和经营期间,借款方应将本贷款项下财产以所借币种向贷款方指定的保险公司按期连续投保有关险种。保险额应该超过财产的原值。如原值低于市场价时,应按重置价投保。借款方如中断保险,贷款方有权主动代为保险,一切费用由借款方负担。

(5) 借款方应将本贷款项下未参与周转的全部折旧基金积累和不低于某个百分比的其他专项基金存入贷款方,将不低于某个百分比的各类结算业务交由贷款方办理。

(6) 借款方对本贷款和其他同类债务的清偿,应按照比例平等原则进行。如果今后为其他建设项目采取抵押担保方式筹措建设资金,借方应同比例地向贷款方提供抵押品。借款方不会与第三方签订任何有损贷款方在本合同项下的权益或影响借方履行本合同能力的合同或协议。

(7) 借款方发生下列事件应事先征得贷款方的同意:以资产和收入为其他单位提供信用担保或设定抵押权;出售、转让、出租或以其他方式处分以本贷款购置的设施、设备、器具及其他任何固定资产。

9. 违约责任

(1) 如果发生下列任何一种事件,借款方即构成违约:借款方未能按4、5等条款的规定按期如数支付各项应付款项;未按2条款规定使用贷款;未能履行和遵守本合同项下应由借方履行或遵守的任何约定事项,如果上述不履行或不遵守发生之后30天内没有得到补救或纠正;借款方在本合同中所作的任何陈述与保证,或在递交的与本合同有关的任何其他文件中的陈述与保证被证明其在作出、重复作出时,在任何重要方面是不真实、不准确的、或使人误解的;借款方未能履行与第三者签订的其他任何借款和融资合同中的义务而被采取信贷制裁措施;担保人丧失担保资格或能力、或抵押品现值低于原估价某个百分比以上,而借款方在接到贷款方有关通知后1个月内没有按贷款方要求提供或补充新的还款担保;停止项目建设或生产经营;借款方(被)申请破产。

(2) 贷款方未能按提款计划及时供应贷款即构成违约,但由于国家经济政策和信贷政策变更者除外。

(3) 如借款方违约,贷款方有权立即同时或先后采取以下任何一种或数种措施:从借款方在贷款方的任何账户中主动扣收欠款;对上述的违约事件,将在原定利率基础上加收罚息,并中止或终止借款方的部分或全部提款权利;宣布贷款本息部分或全部到期并限期或立即偿付;等等。

贷款方因追索贷款而发生的一切费用和损失应由借款方负责。对贷款方采取上述任何措施,借款方无条件放弃抗辩权。

(4) 如贷款方违约,借款方可从违约之日起按违约金额和违约天数每天向贷款方收取不高于某个百分比的违约金,直至违约行为纠正之日为止。

二、长期债券筹资

(一) 长期债券的基本特征

长期债券,是公司依照法定程序发行的、约定在一定期限还本付息的直接在市场上发行的、筹集负债资金的有价证券。在债券上载明有还本期和本金额,以及规定的利率和付息期。举债公司应该按照债券上载明的利率定期向债券持有者支付利息,并在到期日按债券面值偿还本金。

长期债券有如下的基本特征:第一,对公司而言,长期债券的现金流出量是固定不变的。第二,由于市场利率是不断变动的,而债券的利率是固定的,这样,公司债券的利息率会与市场利息率存在差异。第三,由于债券利息率与市场利息率之间存在着差异,因此,无论债券是按照面值发行,还是溢价或折价发行,最终的结果都会使得债券的市场价格不等于债券的面值。

长期债券可按多种不同的标准分类,如:按债券是否记名,分为无记名债券和记名债券,按债券是否可转换普通股,分为不可转换债券和可转换债券,按债券的抵押、担保标准来对债券进行分类,可以分为信用债券、抵押债券和担保债券。

(二) 我国发行公司债券的基本规定

在我国发行公司债券,必须符合下列条件。

1. 基本条件

① 股份有限公司的净资产额不低于人民币 3 000 万元,有限责任公司的净资产额不低于人民币 6 000 万元;② 累计债券总额不超过公司净资产额的 40%;③ 最近 3 年平均可分配利润足以支付公司债券 1 年的利息;④ 筹集的资金投向符合国家产业政策;⑤ 债券的利率不得超过国务院限定的利率水平;⑥ 国务院规定的其他条件。

发行公司债券筹集的资金,必须用于审批机关批准的用途,不得用于弥补亏损和非生产性支出。

2. 再发行公司债券的条件

凡有下列情形之一的,不得再次发行公司债券:① 前一次发行的公司债券尚未募足的;② 对已发行的公司债券或者其债务有违约或者延迟支付本息的事实,且仍处于继续状态的。

3. 发行公司债券的其他要求

股份有限公司、有限责任公司发行公司债券,由董事会制订方案,股东会作出决议。

国有独资公司发行公司债券,应由国家授权投资的机构或者国家授权的部门作出决定。

在作出上述决议或者决定后,公司应当向国务院证券管理部门报请批准。

公司债券的发行规模由国务院确定。国务院证券管理部门对符合本法规定的发行公司债券的申请,予以批准;对不符合本法规定的申请,不予批准。

对已作出的批准如发现不符合本法规定的,应予撤销。尚未发行公司债券的,停止发行;已经发行公司债券的,发行的公司应当向认购人退还所缴款项并加算银行同期存款利息。

4. 发行公司债券的文件

公司向国务院证券管理部门申请批准发行公司债券,应当提交下列文件:① 公司登记证明;② 公司章程;③ 公司债券募集办法;④ 资产评估报告和验资报告。

5. 发行公告

发行公司债券的申请经批准后,应当公告公司债券募集办法。公司债券募集办法中应当载明下列主要事项:① 公司名称;② 债券总额和债券的票面金额;③ 债券的利率;④ 还本付息的期限和方式;⑤ 债券发行的起止日期;⑥ 公司净资产额;⑦ 已发行的尚未到期的公司债券总额;⑧ 公司债券的承销机构。

6. 公司债券的格式和公司债券存根簿

(1) 公司债券格式。公司发行公司债券,必须在债券上载明公司名称、债券票面金额、利率、偿还期限等事项,并由董事长签名,公司盖章。公司债券可分为记名债券和无记名债券。

(2) 公司债券存根簿。公司发行公司债券应当置备公司债券存根簿。

发行记名公司债券的,应当在公司债券存根簿上载明下列事项:债券持有人的姓名或者名称及住所;债券持有人取得债券的日期及债券的编号;债券总额,债券的票面金额,债券的利率,债券的还本付息的期限和方式;债券的发行日期。

发行无记名公司债券的,应当在公司债券存根簿上载明债券总额、利率、偿还期限和方式、发行日期及债券的编号。

7. 公司债券转让

公司债券可以转让。转让公司债券应当在依法设立的证券交易场所进行。公司债券的转让价格由转让人与受让人约定。

记名债券,由债券持有人以背书方式或者法律、行政法规规定的其他方式转让。记名债券的转让,由公司将受让人的姓名或者名称及注所记载于公司债券存根簿。

无记名债券,由债券待有人在依法设立的证券交易场所将该债券交付给受让人后即发生转让的效力。

三、长期负债筹资的利弊

长期负债筹资有利有弊,其利弊如下。

1. 长期负债筹资的优点

长期负债筹资的优点主要有如下几点:第一,可以为公司带来财务杠杆利益,使公司净资产收益率加速上升;第二,长期负债利息可以抵税,资金成本比权益性资金来源的资金成本低;第三,长期负债筹资的方式多种多样,灵活机动,受外部的干预比较少,特别对长期债券以外的长期负债,还可以不必向社会公开公司经营状况,有利于保护公司的经营秘密。

2. 长期负债筹资的缺点

长期负债筹资的缺点主要有如下几点:第一,当负债资金所获收益不能补偿负债的资金成本时,会产生负财务杠杆效应,使所有者权益收益减少;第二,负债合同中的限定性条款会影响到公司生产经营活动的灵活性,不利于公司的发展战略的实施;第三,长期负债会形成公司固定的财务负担,使公司风险增大。

第五节　流动负债筹资

流动负债,是指将在1年内(含1年)或者超过1年的一个营业周期内需要偿还的债务,包括短期借款、应付票据、应付账款、预收账款、应付职工薪酬、应付股利、应交税费、其他暂收应付款项、预提费用和1年内到期的长期借款等等,是公司的短期资金来源。本节重点讨论短期借款、应付票据、应付账款等流动负债的特征和资金成本计算的问题。

一、短期银行借款筹资

（一）短期银行借款的特征

短期银行借款是公司通过与银行签订借款合同,从银行取得的一种短期资金来源,短期银行借款是绝大多数公司流动负债中最重要的组成部分。

短期银行借款按是否需要担保分为无担保贷款和担保贷款两大类。

无担保贷款,实际上是公司凭借自身的信誉从银行取得的贷款,因此,又称信用贷款。公司申请无担保短期贷款时,需要将公司近期的财务报表、现金预算和预测报表等送交银行。银行根据这些资料对公司风险和报酬进行分析后,决定是否向公司贷款,并拟定具体的贷款条件。贷款条件主要包括贷款额度、周转信贷协定、逐笔贷款、利息率、最低存款额等方面的内容。

担保贷款,是公司通过财产担保或第三者担保取得的贷款。它具体可以分为保证贷款、抵押贷款和质押贷款三类。保证贷款,是指第三者承诺在借款人不能偿还贷款时愿意承担一般保证责任或者连带责任发放的贷款。抵押贷款,是指以借款人或第三人的财产作为抵押物发放的贷款。质押贷款,是指以借款人或第三人的动产或权利作为质押物发放的贷款。

（二）抵押合同

抵押贷款,需要借贷双方签订抵押合同,抵押合同的一般格式如下。

（1）借款方自愿以本单位所拥有的财产作为贷款抵押物抵押给贷款方,包括固定资产、可封存的流动资产、有价证券、其他资产(详见抵押物清单,如表8-3所示),评估现值,抵押期限,抵押率为现值的百分比,贷款方以借款方抵押物为条件,核定借款方最高贷款额度。在这个额度内,按照银行贷款办法和信贷政策,借款方可以一次申请贷款,也可分次申请借款,在抵押期限内,贷款归还后可以申请贷款,但借款期不得超过抵押期。

(2) 经贷款方同意,抵押清单所列由借款方保管(使用)的抵押财产。抵押期间借款方可继续使用、保管,并负责保养、维修,其费用开支由借款方负担。在借款方保管(使用或封存)的抵押物,未经贷款方同意,借款方不得变卖、转移、租借或另行抵押。在抵押期间,属借款方保管使用的抵押物如有损坏、损失或变质,由借款方负责,并在规定的时间内通知贷款方,并由借款方另行提供其他等值的财产作为抵押物,或由贷款方核减相应的贷款额。抵押清单所列的由贷款方保管的抵押物,自本契约签订之时,移交贷款方保管。

(3) 借款方不能按期还清借款本息时,贷款方有权处理抵押物,收回贷款本息。如处理抵押物不足以收回贷款本息时,借款方应用其他资金归还。

(4) 在抵押期间,如充当抵押物的有价证券到期兑现,由借贷双方共同负责办理并偿还贷款。

(5) 在抵押期间,如发生抵押物价格下降时,贷款方相应调低放款额度。

(6) 抵押物必须参加财产保险(有价证券等除外)。如遇保险公司不同意保险或续保,借款方应另找意外财产损失担保人。在抵押期间抵押物保险到期,借款方应负责续保,并将续保的保险单交贷款方保管,如发生灾害损失,借款方必须以保险理赔款归还贷款本息。

(7) 抵押物的保险、鉴定、登记、运输、保管以及合同公证等费用开支由借款方负担。

(8) 贷款方有权随时对借方保管和使用的抵押物进行监督检查,借款方须在工作上保证协助。

(9) 抵押合同依法需变更或解除的,必须经借贷双方协商同意。协商未成之前,原抵押合同继续有效。

(10) 借款方发生合并、分立时,由变更后的当事人承担或分别承担履行合同的义务和享受应有的权利。

贷款抵押物清单的基本格式如表 8-3 所示。

表 8-3

抵 押 物 清 单

单位:元

公司名称						经济性质				
地址						电话				
抵押物名称	规格	单位	数量	账面价值 原值	账面价值 净值	抵押现值	折扣率	抵押价值	存放地点	保险单 保险号码	保险单 起止时间

（三）短期银行借款资金成本的确定

短期银行借款资金成本的计算除了要考虑合同利息率之外，还应该考虑到取得短期银行借款所花费的全部费用，具体地看，这些费用主要包括：按周转信贷最高限额的未用部分付给银行的承诺费、银行要求借款公司在其银行存款账户中保持的最低存款额度、花费在担保和抵押费方面的费用等等，另外还要考虑所得税的影响。下面以实例说明短期银行借款资金成本的计算方法。

【例 8-5】 假定某公司的周转信贷额为 1 000 万元，贷款利息率为 8％，承诺费率为 5％，该公司年度平均借款余额为 600 万元，所得税税率为 30％。问该公司本年度短期银行借款的资金成本为多少？

解：根据题意有：

$$\text{借款的实际资金成本} = \frac{600 \times 8\% + (1\,000 - 600) \times 5\%}{600} \times (1 - 30\%) = 7.93\%$$

【例 8-6】 假定某公司向银行取得 1 年期的担保贷款 2 000 万元，合同规定的贷款利息率为 8％，实际发生的资产评估费用为 5 万元，向担保者支付的担保费用为借款总金额的 3％，借款合同中还规定该公司的最低存款余额为借款金额的 20％，存款利息率为 2％。该公司的所得税税率为 30％。问该公司的这一笔短期银行借款的资金成本为多少？

解：根据题意有：

$$\text{借款的实际资金成本} = \frac{2\,000 \times 8\% - 2\,000 \times 20\% \times 2\% + 5 + 2\,000 \times 3\%}{2\,000 \times (1 - 20\%)} \times (1 - 30\%) = 9.49\%$$

二、应付票据筹资

（一）应付票据的特征

应付票据就是公司应付的商业汇票，商业汇票是指公司间根据购销合同进行延期付款的商品交易时，由收款人或付款人（或承兑申请人）签发，由承兑人承兑，委托付款人在到期日无条件支付确定的金额给收款人或持票人的票据。该票据是一种反映债权债务关系的期票。根据承兑人不同，商业汇票分为商业承兑汇票和银行承兑汇票两种。商业承兑汇票是由付款人承兑的汇票。付款人应在商业承兑汇票到期前将票款足额交存其开户银行，银行则在到期日凭票将款项划给收款人、背书人或贴现银行。银行承兑汇票是由承兑申请人向开户银行申请，经银行审查同意承兑的票据。银行承兑汇票，由于有银行参与，因此，信誉程度比商业承兑汇票高。

（二）应付票据资金成本的确定

应付票据的资金成本主要受现款购货与应付票据购货的价格差异、应付票据的票面利息率，以及其他各种费用的影响。一般来讲，销售者都愿意采用现款销售的方式销售商品，只是由于竞争的原因，不得已向购买方提供赊销，但是，赊销的价格往往会高于现销的价格,这样,公司用应付账款和应付票据筹资就有了成本。对存在票面利息率的应付票据,该利息率自然就构成了应付票据的资金资成本之一。如果应付票据是银行承兑汇票,还可能发生诸如银行承兑的费用。银行承兑的费用,主要是公司缴存银行的保证金和手续费等引起的。缴存银行的保证金,会减少公司的实际筹资量,增加应付票据的实际资金成本。下面以实例对应付票据资金成本的计算方法加以说明。

【例 8-7】　假定在现款销售的条件下,商品的价格为 100 元/件,如果用不带利息的 3 个月期的商业承兑汇票延期支付,商品的价格为 102 元/件。问应付票据的税前资金成本为多少?

解:根据题意可得:

$$资金成本 = \frac{102-100}{100} \times \frac{12}{3} = 8\%$$

【例 8-8】　假定[例 8-7]中的销售商规定,如果用年利息率为 6% 的带息的 3 个月期的银行承兑汇票支付获款,那么,商品的价格可以维持在 100 元/件不变。但是,购买方的开户银行的承兑条件如下:第一,保证金为承兑金额的 20%,第二,手续费为承兑金额的 1%。问该银行承兑汇票的税前资金成本为多少?

解:根据题意可得:

$$资金成本 = \frac{6\% + 1\% \times \frac{12}{3}}{1-20\%} = 12.5\%$$

三、应付账款筹资

(一)应付账款的特征

应付账款是卖方为了促销,向买方提供赊销而形成的信用,从买方的角度看,应付账款是一种短期资金来源。影响应付账款筹资的主要因素有:产品的经济特征、供应商与销售商的经济实力、产品的供求关系等等。应付账款可按信用期的长短、信用是否有成本等多种标准进行分类。应付账款的成本是指卖方给予了现金折扣的信用。这种信用条件以"2/10,n/60"这类形式在发票上注明。"2/10"表示在 10 天内付款可以获得 2% 的折扣,"n/60"表示如不享受折扣可以延期至 60 天付款。

(二)应付账款资金成本的确定

在不考虑延期成本的情况下,应付账款成本主要是由现金折扣所引起的,即由于买方在可取得现金折扣的信用期限后付款所损失的现金折扣引起的。

如将因失去现金折扣而发生的信用成本换算为年利率,那就有利于把握筹资成本的大小。

令:r 为现金折扣的百分比,n 为按发票付款的信用期限天数,d 为可取得现金折扣信用期限的天数,v 为每次赊购商品的金额。

不考虑货币时间价值的资金成本,那么就有:

$$每一筹资期间的利率 = \frac{r \times v}{(1-r) \times v} = \frac{r}{1-r}$$

$$每年的筹资次数 = \frac{365}{n-d}$$

$$用年利息率表示的年资金成本 = \frac{r}{1-r} \times \frac{365}{n-d}$$

【例 8-9】 问在"2/10,n/60"条件下,放弃可取得的现金折扣在信用期限未付款的应付账款的税前资金成本为多少?

解:根据公式可得:

$$\begin{matrix} 用年利息率表示 \\ 的年资金成本 \end{matrix} = \frac{2\%}{1-2\%} \times \frac{365}{60-10} = 2.04\% \times 7.3 = 14.892\%$$

根据上面计算结果,如果公司可以从其他渠道能够筹得其年筹资成本低于 14.892% 的资金,那么,公司就应该在可取得现金折扣的信用期限内付款,获取现金折扣为优。总之,公司在利用应付账款时,必须将其可以在一定程度下自由使用的资金来源所能获得的收益,与它放弃利用现金折扣的机会成本和延期付款而导致的信用等级下降的机会成本进行权衡,以求取得的利益最大。

四、应计费用筹资

(一)应计费用的含义

应计费用是随生产经营过程产生的、形成在前支付在后的各种费用。它是一种最为典型的自然筹资形式,只要公司的生产经营活动在不断地进行,就会产生应计费用,就会产生一定的内部筹资量。公司中最常见的应计费用有诸如应交税金、应付租金、应付工资等。在正常情况下,应计费用一般没有资金成本。因此,也不需要计算应计费用的资金成本。所谓应计费用筹资,主要是计算出公司应计费用筹资量的大小,以便于公司能将它作为视同股东权益资金来使用。虽然,计算内部筹资量并不可能增加公司的资金来源,但是,可以使公司准确地把握实际需要的筹资量,从而有利于公司编制筹资计划,降低整个公司的资金成本。

(二)应计费用筹资额的计算

应计费用筹资量的计算通常有两种方法:一是按最低占用期计算,二是按平均占用期计算。下面简介这两种计算方法。

1. 按最低占用期计算

所谓最低占用期是指从会计上计算出应计费用日开始一直到支付日为止的这一段期间。会计上一般都是在月末计算或结出各种应付费用的余额,但实际支付日则因费用的性质不同而有差异,比如税金支付日是由国家税收征管法规定,租金支付日是由租赁合同

约定,工资支付日则是由公司决定,等等。因此,按最低占用期计算的应计费用筹资量的计算公式如下:

$$应计费用筹资量 = \frac{某期费用总额}{某期天数} \times 费用计算日与费用支付日之间相差天数$$

【例 8-10】　某公司每月应交税金总额为 300 000 元,按规定在每月 10 日前缴纳。问该公司的应交税费的筹资量为多少?

解:

$$应交税费筹资量 = \frac{300\,000}{30} \times 10 = 100\,000(元)$$

2. 按平均占用期计算

所谓平均占用期是指从应计费用产生日起到支付日止这一段时间的平均数。因为从产生到支付这一段时间内应计费用是不断增加的,到支付日累积到最高点,因此,从理论上讲,若要计算其占用平均数,应该用这一段时间的每日余额之和除以该段时间的日数的方法来计算,即:

$$应计费用筹资量 = \frac{\sum 计算期每日应计费用余额}{计算期天数}$$

但是上式在实际中使用并不方便,其主要原因是,在会计上平时并没有计算应计费用的每日余额,故难以用上式直接计算应计费用筹资量。为了简化计算,就采用了按平均占用期近似计算应计费用筹资量的方法。其计算公式如下:

$$应计费用筹资量 = \frac{某期费用总额}{某期天数} \times \frac{支付间隔期}{2}$$

【例 8-11】　试根据[例 8-10]的资料,用平均占用期法计算该公司应交税费的筹资量。

解:按平均占用期法的计算结果如下:

$$应交税费筹资量 = \frac{300\,000}{30} \times \frac{30}{2} = 150\,000(元)$$

显然,按最低占用期计算的筹资量较为保守,按平均占用期计算的筹资量更符合实际情况。

需要指出的是,公司在经营活动过程中产生的各种应计费用筹资额,在平时并没有在会计账面上作记录,会计只在月末才对应付未付的各种应计费用进行记录,因此,公司通过应计费用方式筹集的资金量要大于会计账面上表示的筹资量。

(三)确定应计费用额的意义

应计费用是一种无成本的资金来源。但这种筹资方式又是不能由公司自主利用的筹资方式。比如:应交税金的支付期是由税法规定,公司必须按时缴纳,如不按时缴纳,税务机关将对它罚款,责令其缴纳滞纳金等;如推迟发放职工工资,则必定会受到职工强有力的反对;如推迟支付固定资产租金,出租人也定不情愿;等等。应计费用筹资量的多少,主要取决于公司经营规模的大小,在一些规模庞大的公司,仅应付税金筹资量就有可能超过亿元。再加上其他各种应付未付的费用,其应计费用的筹资量的确不可低估。

五、流动负债的利弊

流动负债与长期负债在很大程度上可以相互替代,与长期负债相比,其主要优缺点如下。

（一）流动负债的优点

流动负债的优点主要有:第一,流动负债的资金成本比长期负债的资金成本低,可以为公司带来更大的财务杠杆利益;第二,流动负债筹资比长期负债筹资更容易;第三,流动负债筹资方式方法多种多样,公司的可选择性更强。

（二）流动负债的缺点

流动负债的缺点主要有:第一,公司必须经常面临偿债的压力,财务负担重、风险大;第二,资金用途受到的限制多,不能随意利用,灵活性较差;第三,资金调度的难度大,要求有较高的理财技巧。

思 考 与 练 习

一、复习思考题

1. 如何认识公司资金来源的分类?
2. 不同资本金制度对公司理财有何影响?
3. 非股票形式的资本金筹资有何特征及其优缺点?
4. 普通股票的基本特征是什么? 成本如何计算?
5. 怎样认识普通股票筹资的利弊?
6. 优先股票有什么基本特征? 成本如何计算?
7. 怎样认识优先股票筹资的利弊?
8. 长期负债筹资有何特点? 可以分为多少类别?
9. 怎样认识长期负债筹资的利弊?
11. 流动负债的特征是什么? 如何进行分类?
12. 怎样认识各类流动负债筹资利弊?
13. 什么是应计费用筹资? 有何基本特征?
14. 公司应计费用筹资量应该如何确定?

二、单项选择题

1. 关于企业筹资方式,下面说法中,不正确的是(　　)。

    A. 间接筹资的优点是:筹资要求不如直接筹资高,取得相对容易,筹资效率高;缺点是:金融中介机构要获取一定的利益,筹资成本较高,另外,间接筹资方式单一,选择面狭窄,难以进行优选

    B. 筹集国内资金的优点是:筹资相对容易,筹资成本较低;缺点是:筹资量可能因资金市场的限制,而无法扩大,以及难以引进国际上最先进的技术

    C. 直接筹资的优点是:筹资面狭窄,筹资方式和筹资对象的选择余地小,筹资成本较低;缺点是:社会对直接筹资的公司要求较高,达不到规定的公司无法进行直接筹资,无中介机构参与,所有风险均由筹资公司承担,风险较大

    D. 筹集国际资金的优点是:筹资量大,可以在筹资的同时引入先进的技术;缺点是:筹资难度大,成本高,风险大

2. 下列各项中,(　　)可以为企业筹集短期资金。

    A. 融资租赁　　　　　　　　　　B. 商业信用

    C. 内部积累　　　　　　　　　　D. 发行股票

3. 下列各项中,不属于吸收直接投资优点的是(　　)。

    A. 筹资面广　　　　　　　　　　B. 有利于尽快形成生产能力

    C. 资金成本较低　　　　　　　　D. 有利于降低财务风险

4. 按照资金是否通过金融机构划分为(　　)。

    A. 内部筹资和外部筹资　　　　　B. 直接筹资和间接筹资

    C. 权益筹资和负债筹资　　　　　D. 国内筹资和国际筹资

5. 下列各项中,(　　)属于企业内部筹资。

    A. 利润留存　　　　　　　　　　B. 融资租赁

    C. 发行债券　　　　　　　　　　D. 发行普通股

6. 下列各项中,不属于利用商业信用筹资形式的是(　　)。

    A. 赊购商品　　　　　　　　　　B. 预收货款

    C. 短期借款　　　　　　　　　　D. 商业汇票

7. 长江公司现有总资产 100 万元,全部来源于股权筹资,总资产收益率保持 10% 不变,先准备借入长期借款 50 万元,借款利息率 12%,不考虑所得税影响,长江公司筹资后的净资产收益率为(　　),长江公司(　　)长期借款。

    A. 10%　应当借入　　　　　　　B. 6.3%　不应当借入

    C. 9%　不应当借入　　　　　　　D. 11%　应当借入

8. 假设上题中总资产收益率 10% 为税前收益率,借款利息率 12% 为税前利息率,所得税税率为 30%。考虑所得税影响,长江公司筹资后的净资产收益率为(　　),长江公

司（ ）长期借款。

A. 10%　应当借入　　　　　B. 6.3%　不应当借入

C. 9%　应当借入　　　　　D. 11%　不应当借入

9. 设某公司有 5 000 万股普通股票流通在外,拟选举董事总数为 10 人,少数股东集团至少需掌握（ ）股份才能获得 2 名董事席位。

A. 9 090 910　　　　　　B. 909 091

C. 10 000 000　　　　　　D. 10 000 001

10. 假定黄河公司发行在外的普通股票 100 万股,目前每股市场价格为 12 元/股,现黄河公司拟新发行 20 万股,发行价格为 8 元/股,新股发行后每股的除权价格为（ ）元。

A. 11.33　　　　　　　　B. 10.33

C. 9.33　　　　　　　　D. 8.33

11. 关于长期债券的基本特征,下面说法中,不正确的是（ ）。

A. 举债公司应该按照债券上载明的利率定期向债券持有者支付利息,并在到期日按债券面值偿还本金

B. 对公司而言,长期债券的现金流出量是固定不变的

C. 由于市场利率是不断变动的,而债券的利率是固定的,这样,公司债券的利息率会与市场利息率存在差异

D. 无论债券是按照面值发行,还是溢价或折价发行,债券的市场价格都会等于债券的面值,因为市场具有自我调节作用

12. 长江公司的周转信贷额为 100 万元,贷款利息率为 10%,承诺费率为 2%,该公司年度平均借款余额为 70 万元,所得税税率为 30%。则该公司本年度短期银行借款的资金成本为（ ）。

A. 7.6%　　　　　　　　B. 7%

C. 10.86%　　　　　　　D. 10%

13. 假定在现款销售的条件下,商品的价格为 100 元/件,如果用不带利息的 6 月期的商业承兑汇票延期支付,商品的价格为 104 元/件,则应付票据税前资金成本为（ ）。

A. 4%　　　　　　　　　B. 8%

C. 12%　　　　　　　　D. 以上都不对

14. 企业可以享受的现金折扣是“2/10,n/60”,企业可以借到的短期借款的利率为 15%,则企业应当（ ）。

A. 借短期借款在第 10 天付款,因为借款成本高于放弃现金折扣成本

B. 借短期借款在第 10 天付款,因为借款成本低于放弃现金折扣成本

C. 在第 60 天付款,因为借款成本高于放弃现金折扣成本

D. 在第 60 天付款,因为借款成本低于放弃现金折扣成本

15. 下面各项中,不是流动负债筹资优点的是(　　　)。

    A. 流动负债的资金成本比长期负债的资金成本低

    B. 流动负债筹资比长期负债筹资更容易

    C. 流动负债筹资方式方法多种多样,公司的可选择性更强

    D. 资金调度的难度小,易于灵活运用

三、多项选择题

1. 关于企业筹资,下列说法中,正确的是(　　　)。

    A. 一般来讲,在现实生活中,市场资金供给量总是有限的,公司将筹资额作最有效投资的机会也是有限的,随着公司筹资规模的扩大,公司筹资成本通常会上升

    B. 资金来源的稳定性越强,筹资成本越高,风险越低;反之,筹资成本越低,风险越高

    C. 公司筹集短期资金来源的主要目的,是为了满足短期资产占用资金的需要,非迫不得已时,一般不应该运用短期资金来源进行长期投资

    D. 负债筹资的缺点是,筹资相对较难,成本高,这是因为负债筹资会增加财务风险

2. 关于内部筹资和外部筹资,下列说法中,正确的有(　　　)。

    A. 内部筹资,是指公司从经营活动过程中筹资到的资金,具体包括留存收益、折旧基金、形成在前支付在后的应计费用等等

    B. 内部筹资的优点是:筹资成本低、风险小,带有自然筹资的性质,筹资容易,而且容易筹集,便于满足企业经营发展的需要

    C. 外部筹资,是指公司从公司外部通过负债或吸收股权资金筹集资金

    D. 外部筹资的成本较高,风险较大

3. 关于非股票形式资本金筹资的优缺点,下列说法中,不正确的有(　　　)。

    A. 法律程序简单,筹资速度快,可以迅速增加公司对外的借债能力,解决公司资金不足的问题

    B. 筹集资产的种类单一,公司法规定非股票筹资只能使用实物资产

    C. 交易市场活跃,转让程序简单,转让成本低,转让能力强,因此资金成本比较低

    D. 变现能力差,产权关系无股票明确,容易产生产权纠纷

4. 在我国,普通股票持有者应享有的基本权利有(　　　)。

    A. 盈利分配权　　　　　　　　　B. 剩余资产索赔权

    C. 优先分配权　　　　　　　　　D. 投票权

5. 优先股票的优先是相对与普通股票而言的,其"优先"体现在(　　　)。

    A. 对剩余资产的要求权的优先　　　B. 获取股利的权利优先

C. 获取利息的权利优先　　　　　　　D. 投票权的优先

6. 以下关于优先股票的特征中,正确的是(　　)。

A. 优先股票无到期日,不需要还本,甚至可以不支付股利

B. 优先股票是一种混合性的筹资形式,它既有债券又有普通股票的特点

C. 优先股票的收益是股票面值与其规定股利率之积,它们一般不参与公司剩余利润的分配

D. 总的来说,优先股票持有者对公司资产的要求权小于债权人,但大于普通股票持有人

7. 长期负债筹资的优点主要有(　　)。

A. 无论长期负债的利息率是否大于资产收益率,都可以为公司带来财务杠杆利益,使公司净资产收益率加速上升

B. 即使长期负债的约定利息率高于资产收益率,其实际成本也可能低于资产收益率,从而从总体上降低资金成本

C. 长期负债筹资的方式多种多样,灵活机动,受外部的干预比较少

D. 相比于股票,长期负债合同中的限定性条款较少,有利于公司的发展战略的实施

8. 债券与股票的区别在于(　　)。

A. 债券是债务凭证,股票是所有权凭证

B. 债券的投资风险大,股票的投资风险小

C. 债券的收入一般是固定的,股票的收入一般是不固定的

D. 股票在公司剩余财产分配中优先于债券

四、判断题

1. 在其他条件既定的情况下,股权资本越多,企业越容易筹资债务资本。　　　　　　(　　)

2. 普通股票筹资虽无财务风险,但也享受不到财务杠杆带来的利益,不能像负债那样以加速的形式提高现有权益资金盈利率。　　　　　　　　　　　　　　　(　　)

3. 股份有限公司和有限责任公司可以发行股票,而合伙制和个人独资企业是不能发行股票的。　　　　　　　　　　　　　　　　　　　　　　　　　　　　(　　)

4. 优先股的股利支付带有固定性,会形成公司的财务负担,这跟长期债券比较类似,但是优先股的股利不能够在所得税税前抵扣,所以资本成本大都高于债券。　　(　　)

5. 优先认股权是优先股股东的优先权。　　　　　　　　　　　　　　　　　(　　)

6. 股份有限公司申请上市,如果公司的股本总额是 4.5 亿元,则向社会公开发行股份达到股份总数的 25% 才符合条件。　　　　　　　　　　　　　　　　　(　　)

7. 企业在利用商业信用筹资时,如果企业不放弃现金折扣,则没有实际成本。(　　)

8. 银行承兑汇票,由于有银行参与,因此,信誉程度比商业承兑汇票高。　　(　　)

五、计算题

1. 已知光明股份有限公司已发行股份 30 000 万股,现有库存股份为 5 000 万股,问该公司流通中的股份为多少?

2. 南珠股份有限公司资产负债表的权益资料如表 8-4 所示。

表 8-4

南珠股份有限公司权益资料表

优先股(每股面值 10 元)	10 000
普通股(每股面值 1 元)	10 000
资本公积	40 000
盈余公积	20 000
未分配利润	30 000
所有者权益合计	110 000

公司的优先股票为累积优先股票,优先股票的票面股利率为 10%,但公司已经连续两年未计提和分配优先股票的股利。

试根据上表计算普通股的每股账面价值。

3. 设"计算题 2"中,南珠公司在清算后的净资产分别为 30 000 万元和 120 000 万元,问在这两种情况下,普通股票每股可以各分得多少金额?

4. 假定某公司向银行取得年利息率为 12% 的长期贷款,按合同要求需保持借款量的 20% 作为最低存款余额,借款利息每月支付一次,而存款利率则仅为 3%,每 6 个月结息一次,试求这笔长期借款的实际利率。

5. 假定某公司向银行取得年利息率为 10% 的长期贷款,但按合同要求,应该在期初支付全年的贷款利息,且需保持借款量的 20% 作为最低存款余额,存款利率则为 2%,每年结息一次,试求这笔长期借款的实际利率。

6. 已知付款的信用条件为"1/10,n/60",试回答下列问题:

(1) 计算放弃可取得的现金折扣在信用期限末付款的资金成本。

(2) 如应付账款展期至 90 天,那么资金成本又为多少?

7. 假定在现款销售的条件下,商品的价格为 100 元/件,如果用不带利息的 6 个月期的商业承兑汇票延期支付,商品的价格为 103 元/件。问应付票据的税前资金成本为多少?

8. 假定"计算题 7"中的销售商规定,如果用年利息率为 6% 的带息的 6 个月期的银行承兑汇票支付货款,那么,商品的价格可以维持在 100 元/件不变。但是,购买方的开户银行的承兑条件如下:第一,保证金为承兑金额的 20%,第二,手续费为承兑金额的 1%。问该银行承兑汇票的税前资金成本为多少?

9. S公司5月应交税金总额为2 000 000元,按规定在每月10日前缴纳。请分别按最低占用期和平均占用期计算应交税费筹资量。

10. E公司的工资支付政策是每月8前支付工资,每月应付工资总额为1 200 000元,请分别按最低占用期和平均占用期计算应付工资筹资量。

11. M公司每月发生如下应付费用:

(1) 应交税金800 000元,10日前缴纳;

(2) 应付工资2 000 000元,8日支付;

(3) 水电费300 000元,5日支付;

(4) 房租30 000元,6日支付;

(5) 其他100 000元,12日支付。

请分别按最低占用期和平均占用期计算M公司的应计费用筹资量。

第九章　公司投资

【本章提要】 公司理财学中所讲的投资,就是资产负债表左方的全部资产。本章在第七章讨论公司投资收益与风险的基础之上,进一步讨论流动资产投资、固定资产投资、无形资产投资和股权投资等的相关理论和方法。

【学习目标】 通过本章学习,要求掌握和了解如下内容:(1)了解公司投资规划的主要内容。(2)掌握公司流动资产投资的基本理论和方法。(3)掌握公司固定资产投资的基本理论和方法。(4)掌握证券投资的基本理论和方法。

第一节　流动资产投资管理

流动资产投资属于短期投资,是公司中连续不断的投资行为,流动资产投资管理的好坏直接关系到公司经营的成败。本节将重点讨论流动资产中现金、短期有价证券、应收账款、存货等主要项目的投资和管理问题。

一、现金管理

从严格的意义上讲,现金不属于投资,因为所谓投资就是将现金转变为非现金形态的资产。但从持有现金会丧失投资机会的角度看,也可以将现金作为一种机会性的投资损失来看待。

（一）现金管理的意义

现金一般指可以立即用来购买商品、支付各种费用或用来偿还各种债务的支付手段。它是一种流动性最强但无法或很少产生盈利的资产。尽管公司必须以现金支付薪金,购买原材料、固定资产,支付各种税收、利息、股利,以及偿还各种债务等等,但现金本身不能或基本不能为公司创造盈利,并还必须为持有现金负担高额的机会成本。现金管理的主要目的就是要在现金的流动性与收益性之间进行选择,将现金余额降低到足以维持公司运营的最低水平,并充分利用暂时闲置的现金去获取尽可能高的收益,使其持有量既能满足公司生产经营的需要,又能使风险降至合理的水平。具体地说,公司持有现金主要的意义如下:第一,满足交易性的需要;第二,满足预防性的需要;第三,满足投机性的需要;第四,满足补偿性的需要。

(二) 现金预算

现金收支,或称财务收支,是公司资金运动的主要形式。公司的现金支出意味着一次资金运动的开始,现金收入意味着一次资金运动的结束,现金收支是资金循环的纽带。要使现金收支在数量上相适应和时间上相衔接,就必须对它进行管理,进行全面的安排和调度。现金预算正是对现金收支进行管理的一种有用方法。

现金预算就是对公司一段时间内现金流入量与流出量所做出的预先安排,它是公司预算体系的重要组成部分,是公司进行现金管理的必要手段。有了现金预算,就可以了解公司各期现金收支情况,估算现金富余或短缺的金额和时间,为现金管理提供依据。现金预算有两种主要的编制方法:现金收支法和调整净收益法。关于现金预算方法,见本书第十二章"财务预算"。

(三) 现金持有量决策

现金管理的主要目的有二:一是保证足额和及时地满足公司生产经营对现金的需要;二是尽量缩减公司闲置现金数量,提高资金收益率。

但是,现金管理的两个目的具有相互排斥性。当财务部门为了消除闲置现金而减少现金持有量时,就容易造成现金短缺;当为了满足各种潜在的现金需要和提高其保证程度而加大现金持有量时,又会导致现金闲置数额增加,资金收益率下降。因此,在现实工作中,财务人员必须要进行周密的计划,确定最佳现金持有量,使两个具有互相排斥性的目标有机结合起来,并同时实现。确定最佳现金持有量的方法较多,主要有存货模型、现金周转模型和随机模型等三种。

在确知有关情况的条件下,可以用确定存货经济批量的公式来求解公司应该持有的最佳平均现金余额。这个模型是通过对现金持有量成本同买卖短期有价证券的固定成本的权衡。

(四) 现金流量管理

加强现金流量管理是实现现金管理第二个目标的前提。现金流量管理分为现金流入管理和现金流出管理。

现金流入管理的主要任务就是加速货款进入公司银行账的速度,即缩短公司不能利用客户已付支票(或汇票)款项的时间。从客户交付支票到公司实际可动用支票款项的时间可分为两个阶段:第一阶段,是公司内部处理支票的时间,它是指从公司受到客户支票起到公司把支票交给银行收款为止的这一段时间。常见方法是银行业务集中法、锁箱法等等。第二阶段,是银行间清算支票的时间,它是指公司把支票交给银行收款开始到支票金额实际存入公司在银行的存款账上止的这一段时间。缩短这段时间的方法主要是选择结算银行。

现金流出管理的主要任务是尽可能地在合理的范围之内延缓现金支出的时间。主要方法是充分利用各种商业信用。

二、应收账款投资管理

应收账款的投资和管理是公司流动资产管理的一项重要内容。在这里,将对应收账款投资和管理的若干问题进行探讨。

（一）信用策略

公司的信用策略是决定公司应收账款投资水平的最主要和最直接的因素。公司在确定应收账款投资量时,需要考虑的主要因素有:信用标准、信用期限与现金折扣、坏账损失、收账费用等。

1. 信用标准

信用标准是指公司向购货方提供商业信用时间的长短,它直接影响到应收账款的投资量。应收账款投资量的多少,会从两个方面影响到公司收益:一方面,应收账款的增加可以扩大公司的销售量,使公司从销售收入的增长中获得更大的收益;另一方面,应收账款的投资会产生投资成本,该投资成本为应收账款的筹资成本。从理论上讲,只要增加应收账款的收益可以弥补应收账款成本,那么增加在应收账款上的投资就是可取的。

2. 信用期限与现金折扣

公司在提供信用时,可以给客户以较长期限的信用或现金折扣的选择权。这种选择权也称为信用条件。公司给出信用条件前,除了需要对收益和成本进行权衡之外,还要进行收益与风险的权衡,最后根据权衡的结果制定最有利的信用条件。

3. 坏账损失

坏账损失是由于客户违约不支付货款而造成的损失。坏账损失的大小与信用期限有关,信用期限越长,坏账损失的风险就越大。因此,在制定信用策略时,公司必须要考虑到信用期限与坏账损失之间的关系,通过权衡不同信用期限生产的收益和风险来确定信用期限和信用条件。

4. 收账费用

收账费用包括收账所花的邮电通讯费、派专人收款的差旅费和不得已时发生的法律诉讼费等。在其他条件不变的情况下,收账费用与坏账损失成反比,即收账费用花得越多,坏账损失就越少,平均收账期也就越短。但是,收账费用与坏账损失和平均收账期并不存在线形关系,而是存在着一个"饱和点",在这一点时,无论追加多少收账费用都不会引起坏账损失的明显下降。

在充分考虑上述各种因素之后,公司就可以全面地估计应收账款投资的效益,制定出合理的信用策略。

（二）应收账款投资的效益分析

通过应收账款投资收益与应收账款的投资成本的比较,可以计算出应收账款投资的效益。应收账款的投资收益是追加应收账款投资而增加的销售利润,应收账款的投资成本是增加应收账款而发生的机会成本、收账费用、坏账损失等。下面以实例说明应收账款投资效益的计算方法。

【例9-1】 某公司只生产和销售一种产品,其销售单价为80元/件,生产和销售的单位变动成本为40元/件。假设该公司生产经营能力尚未能充分发挥作用,可以在不增加固定成本的条件下增加产品的产售量。如果该公司上年度产品全部采用现款销售,其销售量为50 000件。公司本年度的生产和销售形式均没有发生变化。公司估计若采用延期30天付款的信用销售方式,可以使销售额增加30%。已知增加应收账款的机会成本率为6%,预计收账费用为赊销额的3%,坏账损失为赊销额的5%。试根据上述资料计算该公司投资应收账款的边际投资收益率。

解:

根据上述资料计算应收账款的边际投资收益率可以按以下步骤进行。

(1)计算应收账款的投资额:

$$80 \times 50\,000 \times (1+30\%) \div (360 \div 30) = 433\,333(元)$$

(2)计算应收账款的投资收益额:

$$50\,000 \times 30\% \times (80-40) - 50\,000 \times (1+30\%) \times 80 \times (3\%+5\%) = 184\,000(元)$$

(3)计算应收账款的边际投资率:

$$应收账款的边际投资收益率 = 184\,000 \div 433\,333 \times 100\% = 42.46\%$$

由于投资收益率42.46%大于投资的机会成本6%,因此,该公司投资应收账款是有利可图的。

或者直接计算增加的净收益,增加的净收益 = 184\,000 - 433\,333 × 6% = 158\,000.02 > 0,因此该公司投资应收账款可增加158\,000.02元的收益,是有利可图的。

在实际工作中,应该以应收账款的实际资金占用额作为应收账款的投资额。计算过程如下。

(1)计算应收账款的投资额:

$$40 \times 50\,000 \times (1+30\%) \div 12 = 216\,666.67(元)$$

(2)计算应收账款的投资收益额:

$$50\,000 \times 30\% \times (80-40) - 50\,000 \times (1+30\%) \times 40 \times (3\%+5\%) = 392\,000(元)$$

(3)计算应收账款的边际投资率:

$$应收账款的边际投资收益率 = 392\,000 \div 216\,666.67 \times 100\% = 180.9\%$$

由于投资收益率180.9%远大于投资的机会成本6%,因此,该公司投资应收账款是有利可图的。

或者直接计算增加的净收益,增加的净收益 $= 392\,000 - 216\,666.67 \times 6\% = 379\,000 >$ 0,因此该公司投资应收账款可增加 379 000 元的收益,是有利可图的。

（三）信用动态管理

产品赊销出去后,公司还应该加强对应收账款的管理工作,及时掌握信用动态,采取各种必要的措施催收越期货款,确保公司的经济利益。信用动态管理的管理方法主要有:应收账款投资总额控制法、平均收账期控制法和应收账款账龄分析法等。除此之外,公司还要对不同拖欠货款的客户要制定可行的收账策略。

三、存货投资管理

存货包括各种原材料存货、在制品存货和产成品存货等,它是一般工商公司中占用资金量最大的一类资产之一。与现金和应收账款的管理相比,存货管理要复杂得多,应该引起公司足够的重视。

（一）存货投资总额的决策

存货投资总量的大小直接影响到公司的收益和风险,决策应该在权衡存货投资的收益和风险的条件下做出。公司在进行存货投资决策时,首先要计算存货投资的边际投资收益率,其次要注意存货投资所面临的风险。下面以实例说明存货边际投资收益率的计算方法。

【例 9-2】　爱华公司生产现有资产总额为 2 000 万元,现税后利润和税后利息之和为 200 万元。假定该公司的产品有销路,只是由于存货投资量不够,导致固定资产生产能力有所闲置。如果公司能追加 400 万元的存货投资,那么,税后利润和税后利息之和能在现有的基础上增长 30%。问追加 400 万元存货投资的边际收益率为多少？对总投资收益率的影响如何？

解:

根据题意可得:

$$目前存货投资的实际收益率 = \frac{200}{2\,000} \times 100\% = 10\%$$

$$追加存货投资的边际收益率 = \frac{200 \times 30\%}{400} \times 100\% = 15\%$$

上述计算结果表明,爱华公司存货的边际投资收益率高于目前的总资产投资收益率,追加流动资产的投资会增加公司总投资收益率。

【例 9-3】　假定[例 9-2]中的爱华公司,存货的投资存在风险,具估计,由于市场的不确定性,投资 400 万元,税后利润和税后利息之和能在现有的基础上增长 30% 的概率只有 60%,问考虑风险后追加 400 万元存货投资的边际收益率为多少？对总投资收益率的影响又如何？

解:

根据题意可得：

$$考虑风险后的追加存货投资的边际收益率 = \frac{200 \times 30\% \times 60\%}{400} \times 100\% = 9\%$$

上述计算结果表明，在考虑投资风险之后，爱华公司存货的边际投资收益率将低于目前的总资产投资收益率，因此，追加流动资产的投资会降低公司总投资收益率。

（二）存货投资结构的决策

存货结构首先可分为原材料存货、在制品存货和产成品存货三大类，在每一大类之下又分为若干小类。在这三大类存货中，在制品是风险最大和收益极不确定的一类存货，因此，在存货结构的安排中，应尽可能地减少在制品存货占存货总额的比重。减少在制品的方法，包括缩短生产周期，实行少量小批生产等。对产成品而言，应适当减少产成品的库存量，实行以销定产，使产成品存货的库存量尽可能与市场需求保持一致。对原材料存货，应坚持按需采购，以减少盲目采购所带来的风险和损失。

总之，对存货投资结构的管理，是一个日常性的工作，三类存货的比重随生产活动周期而不断变化，在实际的存货结构管理中，应为不同的生产周期制定不同的结构标准，以加强存货结构管理。

存货投资决策除了要重视投资总额和结构决策之外，还要重视各类存货品种的投资额的决策。存货品种投资额的决策就是确定各类存货的最佳持有量的决策。该决策一般包括如下四个步骤：第一，选择决策对象；第二，取得最佳订货批量或经济批量；第三，决定存货保险量；第四，确定各类存货的最佳持有量。需要注意的是，存货最优投资额，不能单纯以数学公式计算出来的最佳采购批量为标准，而应是在充分考虑多种因素的综合影响后，通过收益与风险或不同成本的权衡求得。关于这一问题，将放在《公司中级理财学》中去讨论。

第二节　固定资产投资管理

固定资产是公司从事生产经营活动的物质基础，虽然固定资产投资是所有投资中风险最大的，但是公司也不可能为回避风险而不进行固定资产投资。为了避免固定资产投资失误，公司必须重视固定资产的投资的决策和管理。具体地说要做好如下两方面的工作：第一，事先对固定资产投资项目的可行性进行科学的预测和论证；第二，加强固定资产投资过程的管理，以降低投资成本。

一、固定资产投资的特征及分类

（一）固定资产投资的特征

在会计上，固定资产，是指公司使用期限超过 1 年的房屋、建筑物、机器、机械、运输工具以及其他与生产、经营有关的设备、器具、工具等。不属于生产经营主要设备的物品，单位价值在规定价值标准以上,如2 000元以上,并且使用年限超过2年的,也应当作为固定资产。固定资产投资从财务角度考察,是具有在使用过程中保持原来物质形态的那部分资产,具体来说,具有如下的一些基本特征:第一,单项投资金额大和回收期长,会在一个相当长的时期中对公司财务状况产生全面的影响;第二,投资的一次性和回收的分次性,这一特征决定了对固定资产的投资所需的资金应该以长期资金来源为基础;第三,使用效益的递减性,这一特征决定了在进行固定资产投资决策时,必须重视其有效的经济生命周期,而不能仅考虑其有形的实物寿命周期;第四,变现能力差,这特征决定了固定资产投资的风险大;第五,资金占用量相对稳定。

（二）固定资产投资项目分类

虽然,固定资产投资项目可以按照多种标准进行分类,但是,为了计算固定资产投资项目现金流量的方便,一般都按固定资产投资项目之间的关系为标准来对固定资产投资项目进行分类。按照固定资产投资项目之间的关系,固定资产投资项目可以分为独立投资项目、互不相容的投资项目、先决投资项目和重置投资项目等几类。独立投资项目,是指一个投资项目的现金流量变化不影响另一些投资项目的现金流量变化的项目。互不相容的投资项目,是指在一组投资项目中,各项目之间具有排他性,其中一个项目的收益将会因采用另一个投资项目而完全丧失。先决投资项目,是指接受某一投资项目的同时或在前必须接受另一投资项目的投资项目。重置投资项目,是指为了能更有效地生产同一产品或发挥同样作用而进行的取代现有资产的投资。按这种标准分类的好处是有利于测算投资一项目与不投资一项目时公司的现金流量差异,这样就为准确计算每一投资项目可能产生的现金流入量和现金流出量提供方便,为正确的投资决策奠定基础。

二、投资项目的现金流量分析

对投资项目进行正确决策的关键是要准确地估计投资项目在不同时期的现金流入量和现金流出量。

（一）现金流量函数

现金流量是时间的函数,可以用一个简单的图形来加以表示。如图9-1所示。

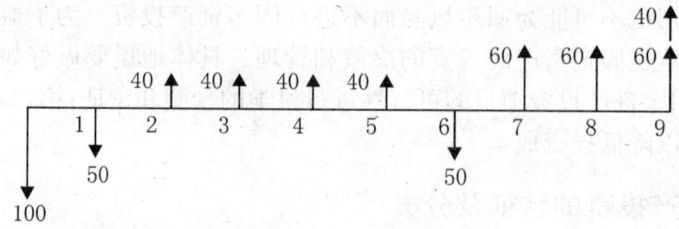

图9-1　现金流量示意图(单位:万元)

图9-1表示的是一个各年度现金流入量和现金流出量的示意图。从图中可以看出,投资项目的期限是9期,每期的现金流量情况,以及要求的投资收益率为10%。运用现

金流量图来分析现金流入量和现金流出量的最突出优点是,可以直观地描述投资的全过程。

(二) 投资项目现金流入量的确定

在投资项目分析中,最重要和最困难的环节就是预测其现金流量,而预测现金流入量的难度又高于预测现金流出量。

投资项目的现金流入量主要是指项目投入营运后的年度净现金流入量,此外,还包括项目终止后的固定资产残值和收回的流动资金。计算现金流入量需要注意如下两个问题:

第一,投资项目营运后的年度净现金流入量不等于会计账面上的利润,而是按照收付实现制原则计算的。由于会计是以权责发生制为基础的,它无法直接提供以收付实现制为基础计算的净现金流入量,因此,在实际中,为了简化净现金流入量的计算,多采用税后利润加上折旧等非现金支出的费用作为公司或投资项目的净现金流入量。即:

$$净现金流入量=税后利润+折旧费和长期资产摊销$$

第二,投资项目营运后的净现金流入量具有边际性,是一种边际净现金流入量。它是在某一特定时期内,投资一个项目与不投资一个项目之间产生的净现金流入量之差。其基本计算公式如下:

$$某投资项目的 \atop 净现金流入量=公司投资该项目后的 \atop 净现金流入量总额-公司不投资该项目的 \atop 净现金流入量总额$$

(三) 投资项目现金流出量的确定

在把投资项目营运后的各种经营上的现金流出量纳入了年度净现金流入量中之后,投资项目的现金流出量,实际上就是指建设该投资项目本身,以及为使该投资项目在有效期内正常运转所产生的现金流出量。

估计一个小型的固定资产投资项目的现金流出量比较简单,但是要精确估计一个大型而复杂的投资项目的现金流出量则是极困难的,存在着较大的不确定性或风险,需要认真对待。

【例 9-4】 假定某公司当前的年净利润额为 1 000 万元,折旧和长期资产年摊销额为 200 万元,现有一个投资项目,投资总额为 2 000 万元,有效期为 10 年,年净利润为 200 万元。该投资项目投入使用以后,会导致原有项目的净利润减少 10%。问投资该项目的现金净流入量为多少?

解:

原有投资项目的现金净流入量=1 000+200=1 200(万元)

新投资项目的现金净流入量=200+2 000÷10=400(万元)

投资新项目公司的净现金流入量总额=1 000×(1−10%)+200+400=1 500(万元)

投资新项目的边际净现金流入量=1 500−1 200=300(万元)

三、投资项目的评价方法

公司在收集到投资项目的现金流入量和现金流出量资料之后,就可以采用一定的数量分析方法对各种拟定的投资项目的经济效益的大小进行评价了。常用的投资项目评价方法有回收期法、平均收益率法、净现值法、获利能力指数法、内部收益率法等五种。下面加以简要介绍。

（一）回收期法

投资回收期法,是确定收回投资项目需要多少时间的方法。决定固定资产投资回收期的两个因素是,投资额的大小和每年回收额的多少。其基本计算公式如下:

$$\sum_{t=1}^{PP} CI_t = CO_0$$

式中　　PP——回收期;

CI_t——t 期现金流入量;

CO_0——原始投资额。

其计算步骤如下:

(1) 确定投资回收期区间。具体方法是逐期将各期现金流入量相加,并与投资总额相比较,求得现金流入量合计数从正负两个方向最接近投资额的两个时期,这两个时期就是投资回收期所在的区间,投资回收期就在这两个时期中间。

(2) 用插值法求投资回收期。

【例 9-5】 假定甲公司有一个投资方案 A,采用直线折旧法计提折旧,其有关资料如表 9-1 所示。

表 9-1

A 方案净收益和净现金流量表

单位:元

期　　间	净　收　益	净现金流入量
0	—	(300 000)
1	10 000	70 000
2	20 000	80 000
3	30 000	90 000
4	40 000	100 000
5	50 000	110 000

试根据表 9-3 计算 A 投资项目的投资回收期。

解：A 投资方案的投资回收期如下：

$$PP(A) = 3 + \frac{300\,000 - 240\,000}{340\,000 - 240\,000} = 3.6(年)$$

将计算出的回收期与期望回收期相比较，可以判断投资项目是否可行。判断方法如下：

投资回收期≤期望回收期；投资方案可行。

投资回收期＞期望回收期；投资方案不可性。

假定上述甲公司的期望回收期为 5 年，那么，方案 A 可行，如果期望回收期仅为 3 年，那么该投资方案则不可行。

投资回收期越短，投资项目的变现能力就越强，风险就越小。因此，投资回收期可以作为衡量投资项目变现能力的一个指标。

当然，由于回收期法没有考虑到回收期以后的现金流量，回收期间流入现金的数额，以及货币时间价值；因此，不能用它来准确评价投资项目的经济效益。

（二）平均收益率法

投资平均收益率法是投资项目各年净收益额与该投资项目平均投资额的比率。其计算公式如下：

$$年平均收益率 = \frac{年平均净收益}{平均投资额}$$

【例 9-6】 试根据［例 9-5］的资料计算 A 方案的年平均收益率。

解：

（1）计算年平均收益额：

A 方案的年平均收益额如下：

$$A 方案年平均收益额 = \frac{10\,000 + 20\,000 + 30\,000 + 40\,000 + 50\,000}{5} = 30\,000(元)$$

（2）计算年平均投资额：

$$A 方案平均投资额 = \frac{300\,000 + 0}{2} = 150\,000(元)$$

该投资方案的年平均收益率如下：

$$A 方案年平均收益率 = \frac{30\,000}{150\,000} \times 100\% = 20\%$$

投资平均收益率指标同人们所熟悉的会计相关指标完全一致，易于为人们理解、掌握和接受。但是如将该指标作为投资项目决策的准则，则有着重大的缺陷。这些缺陷主要是：

第一，投资平均收益率法在计算投资项目收益时用的是会计收益而不是净现金流入量,因此,在进行投资项目评价时无法考虑边际投资额和边际收益额。

第二,投资平均收益率法假设在投资项目有效期内的历年会计收益相等,但实际与假定存在着很大差异。

第三,投资平均收益率法没有考虑到现金流入和现金流出的时间,忽视了货币时间价值,因此,不能精确地反映投资项目的真实的经济效益。

（三）净现值法

净现值是指投资项目未来现金流入量的折现值与其原始投资现金流出量的折现值的差额。其计算公式如下:

$$NPV = \sum_{t=1}^{n} \frac{CI_t}{(1+i)^t} - CO_0$$

显然,当某个投资项目的净现值为负时,该项目应予以否定;只有净现值为正时,该项目才可以接受。如评价中的两个投资项目是互不相容的,那么,应该选择净现值大的那一个投资项目。

【例 9-7】 根据[例 9-5]的资料,计算折现率为 10％时的 A 方案的净现值。

解:根据公式有:

$$NPV(A) = \left[\frac{70\,000}{(1+10\%)^1} + \frac{80\,000}{(1+10\%)^2} + \frac{90\,000}{(1+10\%)^3} + \frac{100\,000}{(1+10\%)^4} + \frac{110\,000}{(1+10\%)^5} \right] - 300\,000 =$$
$$333\,973 - 300\,000 = 33\,397.3(元)$$

以上计算结果表明,该投资项目的净现值为正,投资方案是可取的。

净现值法可以弥补投资回收期法和平均收益率法的缺陷,使决策能建立在科学合理的基础之上,因此,是评价投资项目是否可取的最主要指标。

（四）获利能力指数法

获利能力指数,又称现值指数,它是现金流入量现值与现金流出量现值之比。设计获利能力指数的目的主要是为了克服净现值指标不能反映净现值与投资量关系的弊端。净现值法虽然有前述的若干优点,但是,对投资额不相等的不同方案,单纯依据净现值的绝对量来选择投资项目是不可能得出正确结论的。因为投资额不一致的各个投资方案,其净现值是不可比的。获利能力指数的计算公式如下:

$$PI = \frac{\sum_{t=1}^{n} \frac{CI_t}{(1+i)^t}}{CO_0}$$

式中　PI——获利能力指数。

PI 与 NPV 存在着如下关系:

当 $NPV > 0$ 时,$PI > 1$;

当 $NPV = 0$ 时,$PI = 1$;

当 $NPV < 0$ 时,$PI < 1$。

显然,只要 PI 等于或者大于 1 时,投资方案就可以采纳,而 PI 小于 1 时,投资方案则不可以采纳。获利能力指数越大,表明投资项目的获利能力越大。

【例 9-8】 根据[例 9-5]的资料,计算折现率为 10% 时的 A 方案的获利能力指数。

解:按公式有:

$$PI(A) = \frac{333\ 973}{300\ 000} = 1.1132$$

由于获利能力指数使不同投资方案具有共同可比的基础,因此,它有广泛的适用性。但是在利用获利能力指数法时也要注意到,在一组互不相容的投资方案中,选择一个方案时,用获利能力指数作为标准可能会与用净现值作为标准产生矛盾。这时,还是采用净现值作为评价标准为好。因为,获利能力指数只能表示投资项目的相对获利能力,而不能反映投资项目预期获取的绝对经济效益。

（五）内部收益率法

内部收益率,是指投资项目的现金流入量现值等于现金流出量现值时的折现率。其计算公式如下:

$$\sum_{t=1}^{n} \frac{CI_t}{(1+r)^t} - CO_0 = 0$$

在公式中,CI_t 和 CO_t 均为已知量,r 为内部收益率,是一个未知变量。对于这个高次方程,可用逐次测试和内插值的两步骤近似计算方法求解 r。

根据内部收益率的计算公式,可以看出内部收益率具有如下特征:

当 $\sum_{t=1}^{n} CI_t = CO_0$ 时,$r = 0$

当 $\sum_{t=1}^{n} CI_t < CO_0$ 时,$r < 0$

当 $\sum_{t=1}^{n} CI^t > CO_0$ 时,$r > 0$

第一种情况表明,投资项目产生的现金流入量之和刚好等于其现金流出量,没有带来任何盈利,这时的收益率为 0。第二种情况表明,投资项目产生的现金流入量之和小于其现金流出量,这时投资项目不仅没有产生任何盈利,而且还使一部分投资不能收回,投资收益率为负。第三种情况表明,投资项目产生的现金流入量之和大于其现金流出量,获得了一定的盈利,投资收益率为正。盈利越多,收益率 r 就越大;同样的盈利额取得越早,r 也就越大,反之则越小。可见一个投资项目的现金流入和现金流出的数量和时间都可以通过 r 的变化表示出来,因此,r 是一个投资项目经济效益的综合体现。

【例 9-9】 根据[例 9-5]的资料,计算 A 方案的内部收益率。

解:根据公式有:

$$\frac{70\,000}{(1+r)^1}+\frac{80\,000}{(1+r)^2}+\frac{90\,000}{(1+r)^3}+\frac{100\,000}{(1+r)^4}+\frac{110\,000}{(1+r)^5}-300\,000=0$$

解得：$r=14\%$

上述不同投资项目的评价标准，在评价同一项目时可能会产生矛盾，从理论上讲，判断投资项目评价标准优劣的最佳方法，就是将这些标准与公司价值最大化和股东财富最大化联系起来，能够选择出使公司价值最大化和股东财富最大化的评价标准就是优的标准；反之，则是劣的标准。关于这一问题，将在《公司中级理财学》中去讨论。

四、固定资产建设过程的管理

固定资产建设过程的管理，直接涉及固定资产建成后的成本，影响到投资效益，因此，是固定资产管理工作的重点之一。固定资产的建设分为自行建设和委托他人建设两种。对于自行建设固定资产的管理，首先应该编制详细的固定资产投资、施工等预算，然后从固定资产投资项目的设计开始就严格按照预算执行，在以后的物资采购、建设安装、环境工程等等投资实施过程中，也都必须严格执行预算，任何个人均不得随意更改预算，保证预算的严肃性。为了提高固定资产建设单位或个人的工作积极性，使固定资产投资项目能够保质保量和低成本地完成，公司还应该强化对固定资产投资项目建设过程的核算工作，区分出不同单位，甚至个人的责任，激励各个单位和个人为最优地完成投资预算而努力。对于委托他人建设的固定资产，首先要按照投资预算与建设单位签订有利的建设合同，然后要加强对建设单位的监督，通过按进度拨款，并结合奖励和惩罚的方式，控制建设单位可能发生的不利行为，确保固定资产投资项目能按照预算顺利地进行。

按照固定资产投资项目的大小，建设项目可以分为大型、中型和小型等各类项目；按照固定资产投资项目与现行固定资产的关系分类，建设项目又可以新建项目、固定资产更新改造项目、大修理项目等；按照固定资产投资项目的实施情况分类，还可以分为处于施工前期准备的项目、正在施工中的建设工程等。工程项目较多且工程支出较大的公司，应当按照工程项目的性质分项核算。公司应该对不同的固定资产建设项目采用不同的具体管理方式，分别设置不同的责任单位，以保证优质、高效和低成本地完成固定资产建设项目。

固定资产的建设项目，在实际中必然涉及许多单位或部门，但是，财务上必须加强对建设项目的成本控制，为了达到该目的，财务上应该对固定资产投资项目进行专门的核算，进行深入的成本分析，考核建设单位的业绩，并通过资金调度支持和控制固定资产建设项目的建设进度和成本，从价值方面加强对固定资产建设过程的管理。

五、固定资产使用过程的管理

固定资产投入使用之后，财务上还要对它的价值进行管理，主要的管理内容包括：制定固定资产目录，确定固定资产的折旧年限和折旧方法，固定资产的处理等。

公司首先应当根据固定资产定义,结合本公司的具体情况,制定适合于本公司的固定资产目录,固定资产目录主要是按照固定资产的不同特征对固定资产进行分类,在会计上,固定资产可以按多种标准进行分类。如按照是否计提折旧为标准,可以分为计提折旧的固定资产和不需要计提折旧的固定资产等;按照固定资产的经济用途为标准,可以分生产用固定资产、销售用固定资产、科研开发用固定资产、生活福利用固定资产等;按照固定资产使用状况为标准,可以分为使用中的固定资产、未使用的固定资产、不需用的固定资产等;按照固定资产的所有关系为标准,可以分为自有的固定资产、筹资租入的固定资产等。

公司必须在固定资产分类的基础上,根据固定资产的性质和消耗方式,合理地确定不同固定资产的预计使用年限和预计净残值,并根据科技发展、环境及其他因素,选择合理的固定资产折旧方法。为每类或每项固定资产确定折旧年限、预计净残值和折旧方法,作为进行固定资产核算的依据。在我国,固定资产折旧方法可以采用年限平均法、工作量法、年数总和法、双倍余额递减法等。公司因更新改造等原因而调整固定资产价值的,应当根据调整后价值,预计尚可使用年限和净残值,按选用的折旧方法计提折旧。固定资产的折旧年限、预计净残值和折旧方法直接影响到公司的财务业绩和现金净流入量,是公司必须关注的问题。

公司制定的固定资产目录、分类方法、每类或每项固定资产的预计使用年限、预计净残值、折旧方法等,应当编制成册,并按照管理权限,经股东大会或董事会,或经理会议等机构批准,按照法律、行政法规的规定报送有关各方备案,同时备置于公司所在地,以供投资者等有关各方查阅。公司已经确定并对外报送,或备置于公司所在地的有关固定资产目录、分类方法、预计净残值、预计使用年限和折旧方法等,一经确定不得随意变更,如需变更,仍然应当按照上述程序,经批准后报送有关各方备案,并在会计报表附注中予以说明。

公司还应该对固定资产的处理权限作出明确的规定,建立固定资产使用和保管的责任制度,对固定资产的出售必须要按照规定的权限经股东大会或董事会,或经理会议等机构批准,甚至还需要按照法律、行政法规的规定报送有关各方备案。对固定资产的盘亏、报废和毁损的处理,也要按照规定的权限经股东大会或董事会,或经理会议等机构批准,并追究过失人的赔偿责任,以及向保险公司索偿,只有减去保险公司、过失人赔偿部分后的差额才能计入当期损益。

第三节 证券投资管理

证券投资不是生产性投资,而是金融性投资。按金融资产的类别来分,证券投资可以分为债券投资、优先股票投资、普通股票投资、权益交换性证券投资,以及其他衍生性金筹资产投资等大类,在本节,只讨论债券和普通股票的投资问题。

一、债券投资

对任何一种证券进行投资，首先是要确定它的价值，证券价值是其未来现金流入量的折现值。证券现金流入量、流入期、适用折现率是证券最重要的特征。下面，对债券投资的基本进行讨论。

（一）债券的基本特征

债券是发行者按承诺条款还本付息的债务凭证。在债券上标明了票面值、利息率、付息期、还本期，债券应该支付的利息额等于债券面值乘以票面利息率，应该偿还的借款金额等于票面值，因此，债券的基本特征是现金流量和现金流动的时期是已知的。这样，计算债券价值的关键因素就只剩下确定适用折现率的问题了。

（二）债券估价

根据投资的需要，对债券估价，可以分为绝对值估价和相对值估价。所谓绝对值估价，就是估计每一张债券的价值；所谓相对值估价，就是估计投资债券的实际收益率。下面分别讨论这两种估价的方法。

1. 债券估价

进行债券投资首先应该了解债券的内在投资价值，确定债券内在投资价值的方法就是债券估价。所谓债券的内在价值就是债券未来现金流入量的折现值。其基本计算公式如下：

$$PV=\sum_{t=1}^{n}\frac{I}{(1+i)^t}+\frac{B}{(1+i)^n}$$

式中　　PV——债券的内在价值；

　　　　I——每期利息现金流入量；

　　　　B——债券面值。

由于债券的未来现金流入量（利息和本金）以及现金流入量的时间（付息期和还本期）是确定的，因此，对债券估价而言，最关键的问题是要准确估计市场同风险收益率。如果能正确地估计出市场同风险收益率，那么就可以准确地估计出债券的内在价值。

需要指出，如果同风险市场收益率难以估计，该收益率也可用投资者要求的最低收益率来替代。只不过用投资者要求的最低收益率作为折现率计算出的债券内在价值，只是对该投资者而言的内在价值，而不是对社会而言的内在价值。

【例 9-10】 甲公司打算投资购买 A 公司的债券。已知 A 公司债券的市场价格为 1 050元/张，债的面值为 100 元/张，票面利息率为 8％，每年年末付息，到期一次还本。A 公司债券现刚刚支付过利息，现距债券到期日尚有 5 年。如果甲公司投资债券的最低收益率为 8％，问甲公司是否应该购买 A 公司债券？

解：

甲公司是否应该购买 A 公司债券的判断过程如下。

（1）计算 A 公司债券对甲公司而言的内在价值：

$$PV=\sum_{t=1}^{5}\frac{1\,000\times10\%}{(1+8\%)^t}+\frac{1\,000}{(1+8\%)^5}=100\times3.99\,271+1\,000\times0.68\,058=1\,079.85(元/张)$$

（2）将债券市场价格与其内在价值相比较，判断购买债券是有利还是无利：

当债券市场价格＜内在价值相比较，购买债券有利；

当债券市场价格＞内在价值相比较，购买债券无利。

显然，由于 A 公司债券的市场价格 1 050 元小于对甲公司而言的内在价值 1 079.85 元，甲公司购买 A 公司债券有利。

2. 收益率计算

债券的实际收益率，是指因购买债券所引起的现金流出量与现金流入量相等时的折现率，该折现率就是内部收益率。故债券的实际收益率的计算公式如下：

$$PV=\sum_{t=1}^{n}\frac{I}{(1+i)^t}+\frac{B}{(1+i)^n}$$

式中 i——为债券的实际收益率。

【例 9-11】 乙公司准备于 2005 年 5 月 1 日花 110 000 元购入面值为 100 000 元，票面利息率为 9％，每年 4 月 30 日付息的 2010 年 4 月 30 日到期的公司债券。公司的期望收益率为 8％。试问乙公司是否应该向该债券投资？

解：

（1）计算投资该债券的实际收益率：

根据公式有：

$$110\,000=\sum_{t=1}^{n}\frac{100\,000\times9\%}{(1+i)^t}+\frac{100\,000}{(1+i)^5}$$

逐次测试：

当 $i=7\%$ 时，有：

右式＝9 000×4.1 002＋100 000×0.71 299＝108 200＜110 000

当 $i=6\%$ 时，有：

右式＝9 000×4.12 236＋100 000×0.74 726＝112 637＞110 000

内插值求解：

$$i=6\%+\frac{112\,637-110\,000}{112\,637-108\,200}\times(7\%-6\%)=6.59\%$$

（2）比较实际收益率与期望收益率的大小，判断是否应该投资于该债券：

由于实际收益率 6.59%＜期望收益率 8%，因此，公司不应该对该债券投资。

（三）债券投资风险分析

虽然债券是还本付息的有价证券，但是，债券投资仍然存在风险。债券风险包括信用风险、利率风险、币值变动风险、变现力风险和再投资风险。下面仅对债券的信用风险加以讨论。

信用风险是指借款人无法按时支付债券利息和偿还本金的违约风险。反映信用风险的信用级别是由专门的信用评级机构评定的。债券的信用等级反映了债券偿债能力的强弱和信用风险的大小。世界最著名的评信公司有"标准—普尔（Standard & Poor's Corporation）"和"穆迪投资者服务公司（Moody's Investors Service）"。它们使用的债券等级如表 9-2 所示。

表 9-2

债券信用等级表

	高品质级	投资级	次标准级	投机级
标准—普尔	AAA　AA	A　BBB	BB　B	CCC　CC　C
穆迪投资者服务公司	Aaa　Aa	A　Baa	Ba　B	Caa　Ca　C

债券等级对公司和投资者都很重要。这是因为：第一，债券等级是衡量债券风险的指标，对债券票面利息率和公司负债资金成本有直接的影响。第二，机构投资者是购买债券的大户，而机构投资者受法律的限制，往往只能对具有投资级别以上的债券进行投资，因此，如果公司债券的信用级别低于 BBB 级，则公司债券发行将会遇到困难。第三，信用等级变动会对公司未来的负债资金筹资产生影响。债券级别越低，债券购买者就越少，发行公司筹资就越困难，并且债券的资金成本也越高。

二、普通股票投资

股票分为优先股票和普通股票，由于优先股票可以视为永久性债券，其投资方式与债券相似，且在现实中交易量较少，故我们只讨论普通股票的投资问题。

（一）普通股票投资应考虑的相关概念

普通股票是股份有限公司发给普通股东的所有权凭证，是投资人入股并借以取得股利的一种有价证券。普通股票投资具有风险大、收益高的特点。公司进行普通股票投资，既可能取得来自于股利收益和资本收益的利益，也可能蒙受资本的巨额亏损。因此，公司在进行普通股票投资时必须要有周密的策略。投资普通股票要关注如下的因素。

1. 普通股票市场价格

普通股票在市场上的买卖价格就是普通股票的市场价格。普通股票的市场价格由供求关系决定，而供求关系则受诸如市场利率、预期收益率、社会政治和经济、甚至投资者个人心理等多种因素的影响。

2. 普通股票的票面价值

普通股票的票面价值是在普通股票上标明的每一股的价值。对普通股票而言,由于它是一种无到期日不需要按票面价值计算应付股利的有价证券,因此,从理论上讲,普通股票有无票面价值并不重要。这个票面价值仅是公司章程中规定的用于登记公司实收股本账户的每股普通股票的金额,它本身没有什么经济意义。

3. 普通股票的账面价值

全部普通股票的账面价值等于公司净资产减去优先股票权益之差,每股普通股票的账面价值等于全部普通股票账面价值除以流通在外的普通股票股数之商。普通股票的账面价值在一定程度上代表了普通股票的内在价值,因此,它是普通股票投资时应该考虑的一个重要因素。

4. 普通股票的内在价值

普通股票的内在价值,又称理论价值,其最基本的表达式是普通股票预期未来现金流量的折现值。普通股票的内在价值都是投资者决定是否对某种普通股票投资的基础。普通股票的内在价值还可以用普通股票账面价值的现时成本来表示,即清算价值来反映。当一家公司连续发生亏损,持续经营能力受到影响时,就可以按该方法来估计普通股票的内在价值。

5. 普通股票股利

普通股票股利是公司从税后利润中支付给普通股票股东的一种投资报酬。这里所指的股利仅是指现金股利。由于普通股票股利除受公司盈利能力的影响之外,还受公司盈利分配政策等诸多因素的影响,因此,在现实中,普通股票股利并非一个常数。

6. 普通股票的预期收益率

普通股票的预期收益率是指投资者期望在持有普通股票期间内所获收益与投入资本之比。预期收益率由预期股利收益率和预期资本收益率两个部分所组成。即:

普通股票的预期收益率＝预期股利收益率＋预期资本收益率

预期股利收益率是预期股利除以股票买入价格之商,预期资本收益率是卖出价与买入价之差除以买入价格之商。

(二) 普通股票估价

普通股票估价就是确定普通股票的内在价值,以便投资者通过内在价值与市场价格的比较来决定普通股票的投资行为,即决定是买入、卖出还是继续持有的行为。传统的普通股票估价模型主要有股利估价模型,会计收益估价模型,以及市盈率和市净率等估价模型三类。下面分别讨论这三类模型。

1. 普通股票股利估价模型

按照传统有价证券的估价模型,普通股票的内在价值应该等于未来股利的折现值。但是,普通股票与债券不一样,它并无规定的股利,这样,要准确计算其内在价值非常困难。为了解决普通股票内在价值的估计问题,传统的普通股票估价模型对以普通股票股利形式的现金流入量作了若干假定,并在此基础之上对普通股票的内在价值进行估计。普通股票内在价值的股利估价模型主要有如下几种:

(1) 普通股票股利估价的基本模型。对于永久持有普通股票的股东来说,他获得的现金流入量是永无休止的股利,因此普通股票的内在价值就是这一系列股利的折现值,即:

$$PV = \frac{D_1}{1+i} + \frac{D_2}{(1+i)^2} + \cdots + \frac{D_n}{(1+i)^n}$$

式中　PV——普通股票的内在价值;

D_t——t 年的股利;

i——折现率(必要收益率);

t——普通股票股利支付期(一般用年表示)。

对于不准备永久持有普通股票,而是持有一段时间后将其出售的投资者来说,未来现金流入量等于持有期间所获股利和转让普通股票所获得的收入,如果不考虑转让的成本,那么,转让普通股票所获得的收入就等于转让普通股票时的普通股票市场价格。其估价模型为:

$$PV = \sum_{t=1}^{n} \frac{D_t}{(1+i)^t} + \frac{PV_n}{(1+i)^n}$$

式中　PV_n——普通股票在 n 期的市场价格。

应用普通股票估价基本模型的难点在于如何估计未来的股利收入和如何确定折现率。股利的多少取决于每股股利和股利支付率两个因素,具体估计可以采用对历史资料的时间序列分析、回归分析的分析方法进行分析估计。折现率是投资者所要求的最低报酬率,可以参照债券收益率加上风险报酬率来确定,通常是直接使用市场利率。因为市场利率是投资于普通股票的机会成本,即用于其他投资可获得的报酬率。

【例 9-12】 某公司拟购买 B 公司发行的普通股票,预计每年能获股利 2 元,3 年以后该普通股票的市场价格为 50 元/股,公司要求的最低收益率为 10%,试问该普通股票的内在价值为多少?

解:

根据公式有:

$$PV = \sum_{t=1}^{3} \frac{2}{(1+10\%)^t} + \frac{50}{(1+10\%)^3} = 2 \times 2.4869 + 50 \times 0.7513 = 42.54(\text{元}/\text{股})$$

(2) 零成长普通股票股利估价模型。在上述基本模型中要预测普通股票的内在价值,必须先预测未来各期普通股票的股利,而各期的普通股票股利又是离散变量,再加上普通股票是一种永续性的证券,要预测无限长时期的普通股票股利其难度极大,且可靠性差。因此,在实际中大量运用近似计算法来确定普通股票的内在价值。零成长普通股票估价模型便是近似计算法中的一种。

零成长普通股票估价模型是假定预期普通股票股利的增长率为零,运用零成长普通股票估价模型估计普通股票的内在价值可以使估价过程大大简化。它被普遍运用于资料不足情况下的普通股票内在价值估计。

【例 9-13】 A 公司购入了一种零成长型普通股票,该股票每年股利为 1 元/股,适用折现率为 10%,问该零成长型普通股票的内在价值为多少?

解:

$$PV = \frac{1}{10\%} = 10(元/股)$$

(3) 固定成长普通股票股利估价模型。当公司普通股票的股利保持某一固定比例 (g)增长时,那么,就可以将原来离散的股利变量转化为一个连续函数,即:

$$D_t = D_0 \times (1+g)^t$$

运用固定成长普通股票股利估价模型,也可以大大简化对普通股票内在价值的估计。

【例 9-14】 某公司拟购买 G 公司发行的普通股票,该普通股票上年支付股利为 0.6 元/股,估计以后每年股利增长率为 5%,公司要求的投资报酬率为 8%。问 G 公司普通股票的内在价值为多少?

解:

按公式有:

$$PV = \frac{0.6 \times (1+5\%)}{8\% - 5\%} = 21(元/股)$$

若公司按 25 元/股购买 G 公司普通股票,那么实际收益率则只为:

$$i = \frac{0.6 \times 1.05}{25} + 5\% = 7.52\%$$

不能获得 8% 的投资报酬率。公司购买 G 公司普通股票的最高价格是 21 元/股。

(4) 分段成长普通股票股利估价模型。前述的零成长和固定成长的普通股票估价模型均是建立在若干假定基础之上的,与现实差异过大,为了克服其缺点,可以按分段成长的普通股票估价模型来估计普通股票的内在价值。分段成长普通股票估价模型可以比较准确地反映普通股票成长的现实状况,从而较准确地估计出普通股票的内在价值。比如,一个处于成长初期的公司,其增长速度较快,而后增长速度渐渐减慢,到了成熟期则停滞不前。分段成长普通股票估价模型可以较好地模拟这种状况,使估计出的普通股票内在价值更能反映公司的实际情况。

分段成长普通股票估价模型的基本表达式如下:

$$PV=\sum_{t=1}^{m}\frac{D_0(1+g_1)^t}{(1+i)^t}+\sum_{t=m+1}^{n}\frac{D_0(1+g_2)^t}{(1+i)^t}+\cdots$$

【例 9-15】 设 B 普通股票上年的股利为 0.8 元/股,预计第 1～5 年的股利增长率为 10%,第 6～10 年的股利年增长率为 5%,第 11 年起,以后股利年增长率为 0。该普通股票的适用折现率为 10%。问 B 普通股票的内在价值为多少?

解:

根据公式有:

$$PV=\sum_{t=1}^{5}\frac{0.8\times(1+10\%)^t}{(1+10\%)^t}+\sum_{t=6}^{10}\frac{0.8\times(1+10\%)^5\times(1+5\%)^{t-5}}{(1+10\%)^t}+\sum_{t=11}^{\infty}\frac{0.8\times(1+10\%)^5\times(1+5\%)^5}{(1+10\%)^t}=$$

$$\sum_{t=1}^{5}\frac{0.8\times(1+10\%)^t}{(1+10\%)^t}+\frac{1}{(1+10\%)^5}\sum_{t=1}^{5}\frac{0.8\times(1+10\%)^5\times(1+5\%)^t}{(1+10\%)^t}+$$

$$\frac{1}{(1+10\%)^{10}}\sum_{t=1}^{\infty}\frac{0.8\times(1+10\%)^5\times(1+5\%)^5}{(1+10\%)^t}=0.8\times5+0.8\sum_{t=1}^{5}\frac{(1+5\%)^t}{(1+10)^t}+\frac{1}{(1+10\%)^{10}}\times$$

$$\frac{1.6444}{10\%}=4+0.8\sum_{t=1}^{5}\frac{1}{(1+4.76\%)^t}+\frac{16.444}{(1+10\%)^{10}}=4+0.8\times4.3585+16.444\times0.38554=$$

$$4+3.4868+6.34=13.83(元/股)$$

2. 普通股票的会计收益估价模型

普通股票的会计收益估价模型,是指在估计普通股票内在价值所用的现金流入量不是普通股票的股利,而是诸如会计收益。在现实中,公司盈利与支付的股利不可能相等,一般是公司只将盈利的一部分用来支付普通股票的股利,而将另一部分盈利以留存收益的形式留存于公司之中,用于满足公司生产经营对资金的需要。但是留存于公司的盈利仍归股东所有,留存收益一方面可以增加普通股票的票面价值,另一方面可以促使公司未来盈利加速增长,因而留存收益也会使普通股票的内在价值增加。正是基于这种思路,才发展出用会计收益来替代股利估计公司内在价值的模型。

会计收益估价模型与股利估价模型基本相同,唯一的差别是用会计收益来取代了股利。其基本计算公式如下:

$$PV=\sum_{t=1}^{n}\frac{R_t}{(1+i)^t}$$

式中 R——会计收益。

该公式也可以根据会计收益的增长性,进一步分为会计收益的零增长估价模型和会计收益的固定增长模型等形式。

会计收益的零增长估价模型为:

$$PV=\sum_{t=1}^{n}\frac{R_t}{(1+i)^t}=\frac{R_0}{i}\quad(n\rightarrow\infty)$$

式中 $R_0=R_1=R_2=R_3=\cdots=R_n$

会计收益的固定增长模型等形式为：

$$PV = \sum_{t=1}^{n} \frac{R_0(1+g)^t}{(1+i)^t} = \frac{R_1}{i-g} \quad (n \to \infty)$$

【例9-16】 设 K 普通股票上年每股收益为 1 元/股，估计以后每年每股收益的增长率分别为 0 和 5%，适用折现率为 8%，问两种情况下的 K 普通股票的内在价值各为多少？

解：

根据公式有：

(1) 当每股收益年增长率为 0 时，K 股票的内在价值为：

$$PV = \frac{R_0}{i} = \frac{1}{8\%} = 1.25(\text{元/股})$$

(2) 当每股收益年增长率为 5% 时，K 股票的内在价值为：

$$PV = \frac{R_0(1+g)}{i-g} = \frac{1 \times (1+5\%)}{8\%-5\%} = 35(\text{元/股})$$

3. 其他传统模型

其他普通股票估价的传统模型主要有市盈率估价模型和市净率估价模型两种，其含义如下。

(1) 市盈率估价模型。市盈率是每股市价与每股收益之比。它是从普通股票收益与市价之间的关系来衡量普通股票价值的一种指标。在资本市场上得到广泛运用。

$$市盈率 = \frac{股票市场}{每股收益}$$

用同行业普通股票过去若干时期的平均市盈率乘以目前某个别普通股票的每股收益，可以计算出该种普通股票的公允价值。即：

$$个别股票价格 = 个别股票市盈率 \times 每股收益$$

$$股票的公允价值 = 行业平均市盈率 \times 每股收益$$

从上式可以看出，市盈率估价模型其实是以行业股票的平均市盈率来决定个别股票的价值。把个别股票价格与按市盈率计算出来的公允价值相比较，可以了解目前个别股票的市场价格是否合理。

【例9-17】 设 H 普通股票上年每股收益为 1 元/股，H 普通股票目前的市盈率为 18 倍，所在行业的平均市盈率为 14 倍，问 H 普通股票的公允价值为多少，以及 G 普通股票的市场价格是否合理？

解：

$$H 普通股票市场价格 = 1 \times 18 = 18(元/股)$$
$$H 普通股票公允价值 = 1 \times 14 = 14(元/股)$$

比较 H 普通股票的公允价值和市场价格,可以发现该股票的市场价格高于其公允价值。这种情况一方面说明 H 普通股票的市场评价较高,另一方面说明购买 H 普通股票的风险较大。

(2)市净率估价模型。市净率是指每股市价与每股净资产之比。它是从普通股票净资产与市价之间的关系来衡量普通股票价值的一种指标。在资本市场上也得到广泛运用。

$$市净率 = \frac{股票市场}{每股净资产}$$

用同行业普通股票过去若干时期的平均市净率乘以目前某个别普通股票的每股净资产,可以计算出该种普通股票的公允价值。即:

$$个别股票价格 = 个别股票市净率 \times 每股净资产$$
$$股票的公允价值 = 行业平均市净率 \times 每股净资产$$

从上式可以看出,市净率估价模型其实是以行业股票的平均市净率来决定个别股票的价值。把个别股票价格与按市净率计算出来的公允价值相比较,可以了解目前个别股票的市场价格是否合理。

【例 9-18】 设 H 普通股票上年每股净资产为 5 元/股,H 普通股票目前的市净率为 3.4 倍,所在行业的平均市净率为 4 倍,问 H 普通股票的公允价值为多少,以及 H 普通股票的市场价格是否合理?

解:

$$H 普通股票市场价格 = 5 \times 3.4 = 17(元/股)$$
$$H 普通股票公允价值 = 5 \times 4 = 20(元/股)$$

比较 H 普通股票的公允价值和市场价格,可以发现该股票的市场价格低于其公允价值。这种情况一方面说明 H 普通股票的市场评价不高,另一方面说明购买 H 普通股票的风险较小。

(三)普通股票投资的风险分析

按普通股票投资风险产生的原因看,主要可以分为如下几类。

1. 系统风险

系统风险是来自于证券市场上供求关系不平衡而引起的价格波动,是有价证券投资中最常见的风险。这种风险是不能通过证券投资组合来分散的风险。它一般是由整个政治经济形式变化造成的。诸如自然灾害、政治危机、战争危险等等。普通股票投资必须特别注意这类风险。

2. 非系统风险

非系统风险是公司所特有的风险,是由诸如公司的法律诉讼、专利申请、高级管理层变动、收购和兼并等公司内部事件所引起的风险。这种风险是投资者可以通过证券投资组合来加以分散的风险。

此外,通过市盈率也可以对普通股票的风险进行简单的分析。一般而言,市盈率的高低与普通股票风险的大小成正比,市盈率高,风险大;市盈率低,风险小。但是,用市盈率进行风险分析,必须与股票的成长性分析联系在一起,才能得出正确的结果。

思 考 与 练 习

一、复习思考题

1. 公司投资应考虑的基本因素有哪些?
2. 投资收益率应该如何计算?
3. 投资风险的基本计量方法是什么?
4. 现金投资应考虑的基本因素是什么?
5. 应收账款投资应考虑的基本因素是什么?
6. 存货投资应考虑的基本因素是什么?
7. 现金流量与会计利润的区别与联系。
8. 固定资产投资项目的基本评价指标有哪些?
9. 证券投资应考虑的基本因素有哪些?
10. 债券类资产的基本估价方法是什么?
11. 股票类资产的基本估价方法可以分为多少种?

二、单项选择题

1. 下列资产类型中,风险最大的是( )。
   A. 存货   B. 现金
   C. 无形资产   D. 固定资产
2. 下列资产类型中,收益最高的是( )。
   A. 短期投资   B. 长期股权投资
   C. 存货   D. 无形资产
3. 红日公司 2007 年的销售额为 50 000 元,全部为赊销,信用期限为 30 天,红日公司现决定将信用期限延长至 60 天,预计销售会增长 30%,坏账损失增加 3 000 元,应收账款的资金成本为 8%,销售的变动成本率为 60%,则红日公司延长信用期限的净收益为( )元。

A. 2 680 　　　　　　　　　　B. 2 456

C. 1 548 　　　　　　　　　　D. 2 313

4. 长江公司生产现有资产总额为 1 000 万元,现税后利润和税后利息之和为 100 万元。假定该公司的产品有销路,只是由于存货投资量不够,导致固定资产生产能力有所闲置。如果公司能追加 200 万元的存货投资(A 项目),那么,税后利润和税后利息之和能在现有的基础上增长 20%。追加 300 万元存货投资的边际收益率为(　　)。

A. 6.67% 　　　　　　　　　B. 10%

C. 6.75% 　　　　　　　　　D. 以上都不对

5. 假设上题中长江公司的投资存在风险,税后利润和税后利息之和能在现有的基础上增长 20% 的概率是 50%,增长 10% 的概率是 20%,增长 5% 的概率是 30%,追加 200 万元存货投资的边际收益率为(　　),假设企业还有一金额为 200 万元,边际收益率等于现有总资产收益率的投资项目 B 可供选择,则企业应该投资(　　)。

A. 6.67%　A 项目 　　　　　B. 6.67%　B 项目

C. 6.75%　A 项目 　　　　　D. 6.75%　B 项目

6. 下列常用的投资项目评价方法中,没有考虑资金的时间价值的是(　　)。

A. 净现值法 　　　　　　　　B. 内部收益率法

C. 投资回收期法 　　　　　　D. 获利能力指数法

7. 关于常用的投资项目评价方法的优缺点,下列说法中,正确的是(　　)。

A. 投资回收期越短,投资项目的变现能力就越弱,风险就越大。因此,投资回收期可以作为衡量投资项目变现能力的一个指标

B. 投资平均收益率法假设在投资项目有效期内的历年会计收益相等,但实际与假定存在着很大差异,但是投资平均收益率法考虑到了现金流入和现金流出的时间,因此比投资回收期法更加精确

C. 投资平均收益率法在计算投资项目收益时用的是会计收益而不是净现金流入量,因此,在进行投资项目评价时无法考虑边际投资额和边际收益额

D. 净现值法可以弥补投资回收期法和平均收益率法的缺陷,使决策能建立在科学合理的基础之上,但是净现值法仍然没有考虑资金的时间价值。

8. 净现值法、获利能力指数法和内部收益率法都考虑了资金的时间价值,关于三者的关系说法中,正确的是(　　)。

A. 净现值等于 0 时,获利能力指数也等于 0

B. 当净现值大于 0 时,内部收益率大于 1

C. 获利能力指数大于 1 时,内部收益率大于 0

D. 获利能力指数大于 1 时,内部收益率大于 1

9. 某公司有一个投资方案,期初投入 30 000 元,第三年累积现金流入为 28 000 元,第四年累积现金流入为 33 000 元,因此投资回收期为(　　)年。

A. 3.4   B. 3.6

C. 4   D. 3

10. 华新公司准备投资一个项目,预计投资额为 50 000 元,投资期 3 年,第一年年末可以产生现金流入 20 000 元,第二年年末可以产生现金流入 15 000 元,第三年年末可以产生现金流入 30 000 元,该公司使用的折现率为 12%,则净现值为( )。

A. 1 168.46 元   B. 7 308.67 元

C. 15 000 元   D. 以上都不对

11. 下列各项中,不会影响债券价值的因素是( )。

A. 票面价值   B. 票面利率

C. 市场利率   D. 购买价格

12. 某公司于 2003 年 1 月 1 日发行 5 年期、到期一次还本付息债券,面值为 1 000 元,票面利率 10%,甲投资者于 2004 年 1 月 1 日以 1 020 元的价格购买该债券并打算持有至到期日,则该投资者进行该项投资的到期收益率为( )。

A. 41.18%   B. 10.12%

C. 4.12%   D. 10%

13. 某公司于 2003 年 1 月 1 日发行 5 年期、每年 12 月 31 日付息的债券,面值为 1 000 元,票面利率 10%,甲投资者于 2007 年 7 月 1 日以 1 020 元的价格购买该债券并打算持有至到期日,则该投资者进行该项投资的到期收益率为( )。

A. 15.69%   B. 8.24%

C. 4.12%   D. 10%

14. 某公司发行 5 年期债券,债券的面值为 1 000 元,票面利率 5%,每年付息一次,到期还本,投资者要求的必要报酬率为 6%。则该债券的价值为( )元。

A. 784.67   B. 769

C. 1 000   D. 957.92

15. 甲公司以 10 元的价格购入某股票,假设持有 1 年之后以 10.5 元的价格售出,在持有期间共获得 1.5 元的现金股利,则该股票的持有期收益率是( )。

A. 12%   B. 9%

C. 20%   D. 35%

16. 某种股票为固定成长股票,股利年增长率 6%,预计第 1 年的股利为 8 元/股,无风险收益率为 10%,该股票的风险溢价为 7.8%,则该股票的内在价值为( )元。

A. 65.53   B. 67.8

C. 55.63   D. 71.86

17. 下面各项中,不属于系统风险因素的是( )。

A. 中央银行宣布降息   B. 金融危机

C. 石油提价   D. 投资失败

18. 设金牛公司普通股票上年每股净资产为 12 元/股,该普通股票目前的市盈率 5 倍,市净率为 3 倍,所在行业的平均市盈率为 8 倍,市净率为 5 倍,则该普通股票的市场价格为(　　),公允价值为(　　),该公司股票价值被(　　)。

    A. 60 元/股　96 元/股　低估　　　　B. 60 元/股　96 元/股　高估

    C. 36 元/股　60 元/股　低估　　　　D. 36 元/股　60 元/股　高估

三、多项选择题

1. 公司持有现金的主要用途有(　　)。

    A. 满足交易性的需要　　　　　　　B. 满足预防性的需要

    C. 满足投机性的需要　　　　　　　D. 满足补偿性的需要

2. 固定资产是具有在使用过程中保持原来物质形态的那部分资产,下列各项中,属于固定资产特征的有(　　)。

    A. 投资的一次性和回收的分次性,这一特征决定了对固定资产的投资所需的资金应该以长期资金来源为基础

    B. 使用效益的递减性,这一特征决定了在进行固定资产投资决策时,必须重视其有形的实物寿命周期,而不能仅考虑其有效的经济生命周期

    C. 变现能力强,这特征决定了固定资产投资的风险小

    D. 单项投资金额大和回收期长,会在一个相当长的时期中对公司财务状况产生全面的影响

3. 关于投资平均收益率指标优劣的说法中,正确的有(　　)。

    A. 投资平均收益率指标同人们所熟悉的会计相关指标完全一致,易于为人们理解、掌握和接受

    B. 投资平均收益率法在计算投资项目收益时用的是会计收益而不是净现金流入量,因此,在进行投资项目评价时无法考虑边际投资额和边际收益额

    C. 投资平均收益率法假设在投资项目有效期内的历年会计收益相等,但实际与假定存在着很大差异

    D. 投资平均收益率法没有考虑到现金流入和现金流出的时间,忽视了货币时间价值,因此,不能精确地反映投资项目的真实的经济效益

4. A 公司对两个项目都使用净现值法和内部收益率法评价,A 公司作出的下列判断中,正确的有(　　)。

    A. 如果两个项目是互斥的,则应当选择净现值比较高的

    B. 如果两个项目是互斥的,则应当优先将资金投入内部收益率大的

    C. 如果两个项目是独立的,则应当优先将资金投入内部收益率大的

    D. 如果两个项目是独立的,则应当选择净现值比较高的

5. 证券投资收益包括(　　)。

  A. 证券交易的现价   B. 证券交易的原价

  C. 证券交易现价与原价的差 D. 定期的股利或利息

 6. 债券收益率的影响因素包括(　　)。

  A. 债券的买价   B. 债券的期限

  C. 债券的票面收益率   D. 债券的付息期

 7. 股票收益的影响因素包括(　　)。

  A. 股份公司的经营业绩   B. 股票市价的变化情况

  C. 股份公司的股利政策   D. 宏观经济环境

 8. 某企业准备发行 3 年期企业债券,每半年付息一次,票面年利率 8%,面值 1 000 元,平价发行。以下关于该债券的说法中,正确的是(　　)。

  A. 该债券的实际周期利率为 4%

  B. 该债券的年实际必要报酬率是 8.16%

  C. 该债券的名义利率是 8%

  D. 该债券的半年的实际必要报酬率为 4%

四、判断题

 1. 在公司投资总额既定的前提下,不同的投资结构也存在着不同的投资收益和投资风险。总的来说,投资的流动性越大,风险越高,但相应的收益也越低。　　　　　(　　)

 2. 现金持有量增加有利于满足企业的不时之需,保证足额和及时地满足公司生产经营对现金的需要,因此能够提高资金收益率。　　　　　　　　　　　　　　　(　　)

 3. 存货结构首先可分为原材料存货、在制品存货、产成品存货等三大类,在这三大类存货中,原材料是风险最大和收益极不确定的一类存货。　　　　　　　　　　(　　)

 4. 投资项目营运后的年度净现金流入量不等于会计账面上的利润,而是按照收付实现制原则计算的,在实际中,为了简化净现金流入量的计算,多采用税后利润加上折旧等非现金支出的费用作为公司或投资项目的净现金流入量。　　　　　　　　　　(　　)

 5. 在一组互不相容的投资方案中,选择一个方案时,用获利能力指数作为标准可能会与用净现值作为标准产生矛盾。这时,还是采用获利能力指数作为评价标准为好。(　　)

 6. 计算债券价值的关键就是确定适用折现率,因为其他因素并不重要。　　(　　)

 7. 一般而言,市盈率的高低与普通股票风险的大小成正比,市盈率高,风险大;市盈率低,风险小,因此,使用市盈率股价不需要考虑企业的成长性。　　　　　　　(　　)

 8. 系统风险是公司所特有的风险,是由诸如公司的法律诉讼、专利申请、高级管理层变动、收购和兼并等公司内部事件所引起的风险。这种风险是投资者可以通过证券投资组合来加以分散的风险。　　　　　　　　　　　　　　　　　　　　　(　　)

 9. 分段成长普通股票股利估价模型比其他模型更加符合企业发展的实际。　(　　)

 10. 普通股票的预期收益率=预期股利收益率+预期资本收益率。　　　(　　)

五、计算题

1. 假定某公司年总资产平均余额为 3 000 万元,利润总额为 200 万元,实际利息支出为 150 万元,所得税税率为 25%,问该公司总投资收益率为多少?

2. M 公司生产经营某产品的资产总额为 1 000 万元,现利润总额为 100 万元,实际支付利息为 50 万元。已知该公司的固定资产生产能力有所闲置,如果公司能追加 200 万元的流动资产,那么,利润总额能在现有的基础上增长 30%。追加流动资产的资金来源是年利息率为 6% 短期贷款。公司的所得税税率为 25%。问追加 200 万元流动资产的边际收益率为多少?

3. 某公司只生产和销售一种产品,其销售单价为 100 元/件,生产和销售的单位变动成本为 60 元/件。假设该公司生产经营能力尚未能充分发挥作用,可以在不增加固定成本的条件下增加产品的产售量。如果该公司上年度产品全部采用现款销售,其销售量为20 000 件。公司本年度的生产和销售形式均没有发生变化。公司估计若采用延期 30 天付款的信用销售方式,可以使销售额增加 20%。已知增加应收账款的机会成本率为 8%,预计收账费用为赊销额的 3%,坏账损失为赊销额的 6%。试根据上述资料计算该公司投资应收账款的边际投资收益率。

4. 大华公司生产现有资产总额为 5 000 万元,现税后利润和税后利息之和为 600 万元。假定该公司的产品有销路,只是由于存货投资量不够,导致固定资产生产能力有所闲置。如果公司能追加 300 万元的存货投资,那么,税后利润和税后利息之和能在现有的基础上增长20%。问追加 300 万元存货投资的边际收益率为多少? 是否应该增加存货的投资?

5. E 公司拟进行一项固定资产投资。该投资项目的固定资产投资额为 2 000 万元,寿命期为 10 年,寿命终止后的残值为原始投资额的 10%;流动资产投资额为 200 万元。投资该项目与不投资该项目的年经营现金流量如表 9-3 所示。

表 9-3

净现金流入量计算表

单位:万元

	投资该项目	不投资该项目	差 异
销售额	5 000	4 000	
经营成本	3 200	2 800	
折旧费	400	200	
税前收益	1 400	1 000	
所得税(30%)	420	300	
税后收益	980	700	
加:折旧费	400	300	
经营净现金流入量	1 380	1 000	

试解答如下问题(折现率为 8%)：

(1) 计算投资该项目的年经营现金流量。

(2) 描绘该投资项目的现金流量图。

(3) 计算该投资项目的投资回收期。

(4) 计算该投资该项目的平均会计收益率。

(5) 计算该投资该项目的平均现金流入率。

(6) 计算该投资该项目的考虑货币时间价值的回收期。

(7) 计算该投资该项目的净现值。

(8) 计算该投资该项目的获利能力指数。

(9) 计算该投资该项目的内部收益率。

6. 东风公司打算投资购买 A 公司的债券。已知 A 公司债券的市场价格为 1 050 元/张,债券的面值为 1 000 元/张,票面利息率为 10%,每年付息一次,到期一次还本。A 公司债券现刚刚支付过利息,现距债券到期日尚有 5 年。如果甲公司投资债券所要求的最低收益率为 9%,问甲公司是否应该购买 A 公司债券?

7. 设 B 债券的面值为 1 000 元/张,票面利息率 6%,每半年付息一次,到期一次还本。现刚刚付过息,距到期日还有 6 年。已知同风险市场收益率为 7%,试求 B 债券的内在价值。

8. 设 C 债券的面值为 1 000 元/张,期限为 10 年,票面利息率为 8%,每年付息一次,分两次还本。还本期分别为第 5 年末和第 10 年末。已知同风险市场利率为 6%。求 C 债券的内在价值。

9. 设公司持有 10 年期的国库券面值为 10 000 元,该国库券一次还本付息,票面利率为 8%,单利计息,现距到期日尚有 4 年,已知现市场无风险收益率为 6%。试问该国库券的内在价值应为多少?

10. 乙公司准备于 2002 年 5 月 1 日花 115 000 元购入面值为 100 000 元,票面利息率为 9%,每年 4 月 30 日付息的 2007 年 4 月 30 日到期的公司债券。公司的期望收益率为 7%。试问乙公司是否应该向该债券投资?

11. 某公司拟购买 H 公司发行的普通股票,预计每股每年能获股利 1 元,5 年以后该普通股票的市场价格为 30 元/股,公司要求的最低收益率为 10%。试问该普通股票对该公司而言的内在价值为多少?

12. 某公司购入了一种零成长型普通股票,现在每年股利为 0.8 元/股,适用折现率为 8%。试问该零成长型普通股票的内在价值为多少?

13. 某公司拟购买 F 公司发行的普通股票,该普通股票上年支付股利为 1 元/股,估计以后每年股利增长率为 4%,公司要求的投资报酬率为 8%。问 F 公司普通股票对该公司而言的内在价值为多少?

14. 设 B 普通股票上年的股利为 1 元/股,预计第 1～5 年的股利增长率为 8%,第 6～

10年的股利年增长率为4%,第10年以后股利年增长率为0。该普通股票的适用折现率为10%。问B普通股票的内在价值为多少?

15. 设K普通股票上年每股收益为0.5元/股,估计以后每年每股收益的增长率分别为0和5%,适用折现率为9%。问两种情况下的K普通股票的内在价值各为多少?

16. 设G普通股票上年每股收益为1元/股,G普通股票目前的市盈率为16倍,所在行业的平均市盈率为13倍。问G普通股票的公允价值为多少,以及G普通股票的市场价格是否合理?

17. 设H普通股票上年每股账面价值为8元/股,G普通股票目前的市净率为3.5倍,所在行业的平均市净率为5倍。问H普通股票的公允价值为多少,以及G普通股票的市场价格是否合理?

第十章　盈利分配

【本章提要】　盈利分配是投资者最关心的、又最有发言权的问题，是公司理财的重要内容。在本章，将对参与公司盈利分配的主体、盈利分配的形式、盈利分配与股利分配的关系、常见的股利政策、股利支付策略、不同股利策略的利弊等一些基本问题进行讨论。

【学习目标】　通过本章学习，要求掌握和了解如下内容：(1) 了解参与公司盈利分配的利益主体。(2) 掌握公司盈利分配的程序。(3) 掌握盈利分配与股利分配之间的关系。(4) 了解常见的股利分配政策的种类。(5) 掌握股利的支付程序。(6) 了解股利分配对不同利益主体的影响。(7) 了解不同现金股利支付策略的利弊。(8) 了解股票股利的本质及其利弊。

第一节　盈利分配的形式

公司在经营活动过程中取得盈利之后，需要进行分配。公司盈利分配的形式又是多种多样的，在本节将讨论公司盈利分配的形式。

一、参与公司盈利分配的利益主体

公司在经营活动过程中取得盈利之后，需要在不同利益主体之间进行分配。下面，将对参与公司盈利分配的利益主体进行讨论。

（一）参与公司盈利分配利益主体的理论分析

参与公司盈利分配的利益主体与盈利定义的范围有密切的关系。从理论上说，公司在经营活动中创造的收益应该是增加值，增加值是销售收入中扣除外购商品和劳务后的余额，具体地看，它包括公司员工的工资、借款利息、各种税收、股东所获得的股利、留存在公司内部的未分配利润等等。如果以增加值定义盈利，那么，参与公司盈利分配的利益主体就包括公司员工、债权人、投资者、国家税务机关、企业法人本身等等。

只不过，在经济发展的现阶段，普遍将公司员工的工资作为公司的一种支出，且在公司与员工的雇佣合同中规定了固定的工资标准，在会计处理上将工资作为了成本和费用处理,使员工不再享有参与公司盈利分配的权利。但是,需要注意的是,即使在现行的经济条件下,员工收入的一部分与利润挂钩也是非常常见的现象。这部分收入主要是以奖金的形式体现。公司所获得的利润越高,员工所获得的奖金也就越多。在这种情况下,员工也就成为参与公司盈利分配的一种利益主体。

公司向国家上缴的诸如流转税、财产税、资源税、印花税等各种税收,其实也是一种盈利的分配,只不过国家这一利益主体为了保证自己收入的稳定性,强行在利润形成之前就予以收取,因此,这些税收不与公司的利润相联系,在会计处理上将它们作为了费用处理。

增加值扣除员工工资和国家在利润形成前收取的各种税收之后的余额就是公司的息税前收益,即:包含利息和所得税在内的收益。对这部分收益,由于在现实中,利息是按照借款合同固定从费用中支付的,所得税是国家凭借政治权力从税前利润中强制征收的,因此,在会计处理上也没有将它们纳入盈利分配的范围。需要注意的是,在现实中,公司中也可能会存在诸如收益债券的负债形式,这样,债权人也就成为公司的盈利分配的主体之一。

(二) 参与公司盈利分配的现实利益主体

息税前收益,扣除利息和所得税之后,就是税后利润,或称为净利润,能够参与公司这部分盈利分配的利益主体主要有:作为法人的公司、公司员工或经营者、优先股股东、普通股股东等。不同利益主体获得的那部分公司盈利,有不同的名称。

作为法人的公司分得的那部分盈利,称为盈余公积金。股份有限公司的盈余公积由法定盈余公积、任意盈余公积两部分组成。这部分留存的盈余属于普通股东所有。公司的盈余公积可以用于弥补亏损、转增股本。符合规定条件的公司,也可以用盈余公积分派现金股利。

公司员工或经营者分得的那部分盈利,称为职工福利基金、奖励基金等。公司员工或经营者分得的这部分利益,可能以现金的形式发给员工,也可能以基金的形式留在企业,专门用于员工的福利。

优先股股东分得的那部分盈利,称为优先股股利。优先股股利是一种现金股利。

普通股股东分得的那部分盈利,称为普通股股利。普通股股利从法律形式上看,可分为现金股利和普通股股票股利两种形式。从实质上看,则应该以企业盈利是否以现金形式流向股东为标准。关于这一问题,我们将在后面加以讨论。

盈利分配的最初方案由公司董事会提出,经公司股东大会同意之后实施。公司董事会提出的公司年度利润分配方案(除股票股利分配方案外),在股东大会召开前,应当列入利润分配表。如果股东大会批准的利润分配方案,与董事会或类似机构提请批准的报告年度利润分配方案不一致时,其差额应当调整会计报表有关项目的年初数。

二、盈利分配程序

(一) 确定可供分配利润

公司当期的净利润并不等于当期可供分配的利润,可供分配利润是在当期净利润的基础上调整得到的。按照我国《公司法》规定,公司当期实现的净利润,加上年初未分配利润(或减去年初末弥补亏损)和其他转入后的余额,求出当期可供分配的利润;如可供分配的利润为负,即为亏损,在公司亏损状态之下,一般不得进行分配。当期可供分配的利润为正则可以按一定的顺序进行分配。

(二)可供分配利润的分配顺序

按照我国《公司法》规定,当期净利润按下列顺序分配:

提取法定盈余公积,是指公司按照 10% 从净利润中提取的盈余公积。公司法定公积金累计额为公司注册资本的 50% 以上的,可不再提取。

当期净利润减去提取的法定盈余公积后,加上上期未分配利润等于当期可供投资者分配的利润。可供投资者分配的利润,按下列顺序分配:

(1) 应付优先股股利,是指公司按照利润分配方案分配给优先股股东的现金股利。

(2) 应付普通股股利,是指公司按照利润分配方案分配给普通股股东的现金股利。

(3) 以利润转增的股本,是指公司按照利润分配方案以分派股票股利的形式转作的普通股本。

公司弥补亏损和提取公积金后所余利润,有限责任公司按照股东的出资比例分配,股份有限公司按照股东持有的股份比例分配。股东会或者董事会违反前款规定,在公司弥补亏损和提取法定公积金之前向股东分配利润的,必须将违反规定分配的利润退还公司。

上述的可供投资者分配利润经过上述分配后的余额称为期末未分配利润(或未弥补亏损)。期末未分配利润可留待以后年度进行分配。公司如发生亏损,可以按规定由以后年度利润进行弥补。公司未分配的利润(或未弥补的亏损)应当在资产负债表的所有者权益项目中单独反映。

公司提取的法定盈余公积、分配的优先股股利、提取的任意盈余公积、分配的普通股股利、转作股本的普通股股利,以及年初未分配利润(或未弥补亏损)、期末未分配利润(或来弥补亏损)等,均应当在利润分配表中分别列项予以反映。

可供投资者分配利润减去优先股股利之后的余额,称为可供普通股股东分配的利润,公司对可供普通股股东分配的利润的分配,即确定提取任意盈余公积金、支付普通股股利、以利润转增股本和期末未分配利润等的金额和比例,称为普通股股利分配,简称股利分配。

在 2006 年以前,我国公司还必须按照 5%～10% 从净利润中提取的用于职工集体福利设施的公益金。并在公益金用于职工集体福利时,应当将其使用数转入任意盈余公积。但是在 2006 年以后,公司则不需要再从净利润中提取公益金。

三、股利分配政策

公司股利分配政策,是指当期可供普通股股东分配利润的分配政策。制定股利政策需要考虑许多因素,并按照企业价值最大化或股东财富最大化的标准选择具体的股利分配策略。

（一）股利政策制定需要考虑的主要因素

公司股利政策的基本目标应该是企业价值或股东财富最大化。为了达到该目标,在制定股利政策时必须充分考虑影响企业价值的各个因素。这些因素可以分为市场因素和内部因素。

需要考虑的市场因素主要有:股利的信息内涵,市场的不确定性,不同收益的风险性,不同收益的时间差异,法律限制,税务因素,通货膨胀,等等。

需要考虑的内部因素主要有:公司的投资机会,公司股东对收益的偏好,公司股本的流动性,公司再筹资的能力,公司再筹资成本,公司留存收益成本,公司控制权结构,公司负债协议中的限制性条款,等等。

（二）股利分配的具体策略

公司股利分配政策,按照股利占税后利润或可供普通股东分配利润的比率大小进行分类,从理论上讲,可以分为如下几类。

1. 全额发放股利政策

全额发放股利的政策,是指公司将全部盈利用于发放股利。这种盈利分配政策在实际中是很难行得通的。因为,在公司盈利分配的法定程序中,股利分配是放在最后一个环节的。在支付股利之前,企业必须提取各种公积金。在我国公司只有在提取的盈余公积金达注册资本50％以上时,才可以不提取盈余公积金。旧公司法中还规定必须按税后利润的5％～10％提取法定公益金,在2006年1月1日开始实施的新《公司法》第167条中删除了原提取法定公益金的规定。

2. 高股利分配政策

高股利政策,是指公司将税后利润的大部分用于发放股利。一般认为,股利支付率达到税后利润的50％以上时,就称为高股利分配政策。处于企业生命周期中成熟阶段的公司,由于投资机会减少,现金溢余量增多,因此,多倾向于采取这种盈利分配政策。

3. 低股利分配政策

低股利政策,是指公司将税后利润的大部分留存下来,自己用一小部分的利润来支付股利。一般而言,正处于企业生命周期中发展阶段的公司,由于投资机会多,筹资需要量大,因此,倾向于低股利分配的盈利分配政策。

4. 不支付股利政策

不支付股利政策,是指公司将税后利润全部留存下来,不支付任何股利的盈利分配政策。处于企业生命周期初期,即公司创建期的公司,由于筹资需要量大,但对外筹资的能力较弱,内部留存收益筹资成为一种重要的筹资手段,再由于将绝大多数资金用于购置固定资产和充当长期流动资金,公司的流动性较低;因此这类公司为了保持公司应付各种意外情况的机动性,一般倾向于不支付股利的盈利分配政策。

四、股利发放程序

股利发放程序,是指从股利宣告开始一直到股利支付到股东手中为止这一段时间中的程序安排。制定股利发放程序的基本目的是确定在什么时候持有股票的股东可以获得股利。

(一)宣告分红日期

是否分发股利和何时分发股利,首先由董事会提出方案,然后交股东大会审议,审议通过后,股东大会将授权董会处理发放股利的有关事项。一旦董事会决定何时分发股利之后,公司就发出通告,公告每股股利额、分红日期、实际支付额以及股东分红的资格等等。例如,公司在有关报纸上公布:"经公司董事会 2004 年 7 月 10 日会议决定,将向所有普通股股东分配现金股利,支付比率为每股 0.3 元,有权参加分配的人为 2004 年 7 月 15日完成登记手续的股票持有者,股利支付日期为 2004 年 7 月 18 日"。

(二)股权登记日

按上例,公司将在 7 月 15 日这一天停止营业后,编制出当天公司所有在册的股东名单。如股票持有者在 7 月 15 日在册,将参加股利分配;如果是在 7 月 15 日或以后才完成登记手续,则股利仍为原有股东获得。

(三)股利分配权转移日

该日又称除息日,该日一般是股权登记日的后一天。在除息日,股票价格将会下跌,下跌幅度与股利额相当。如股票价格转移日前一日的收盘价原为 12 元一股,那么在转移日的开盘价将跌至 11.70 元。

(四)股利支付日

按上例,公司将在 7 月 18 日将股利寄给股票登记日持有人。对上市公司而言,由于股东人数众多,因此股利多是委托券商代支股利。公司只对股票经纪人,而不直接对股东。

第二节 盈利分配对股东的影响

对于盈利分配与股东财富是否存在着联系的问题,有不同的理论,这里不对它们作深入的讨论。本节只讨论如下两个问题:一是盈利分配对公司经营和股东的影响,二是股利支付方式对股东财富的影响。

一、盈利分配对公司经营和股东的影响

从参与公司盈利分配的利益主体可以看出,公司盈利分配首先会影响到不同利益集团的经济利益,其次,根据管理学的基本原理,不同的利益集团的行为又受其经济利益的影响,而不同的利益集团的行为又直接影响到公司的经营活动,影响到公司未来的盈利水平。因此,公司盈利分配是一个复杂的问题,需要公司认真对待。公司盈利分配对公司的影响,可以从如下两个方面来考察。

（一）盈利分配对公司未来的盈利能力和风险水平的影响

盈利分配对公司未来的盈利能力和风险水平的影响是通过对员工的激励作用和对公司资金来源两个方面起作用的。如何激励员工，使企业员工与企业投资者形成利益共享、风险共担的分配机制，一直是企业管理学界研究的重点课题。公司如果能在盈利分配时充分考虑到企业员工的利益，并将它同员工的贡献密切联系在一起，就可以对员工起到激励作用，提高企业员工的工作积极性，为企业创造更好的效益，相应的，投资者也可以从中获得应有的经济利益。

公司不同的盈利分配政策，会使公司留存收益的量发生变化，进而影响到公司的发展后劲。从纯粹的公司资源的角度看，公司留存收益越多，公司追逐盈利和抵御风险的能力就越强，发展后劲也就越大。但是，在任何一个时期，公司的可分配的盈利额总是一定的，公司留存收益多，与公司相关的利益主体分得的利益量就少，而公司各种利益主体的行为会受到其分得利益量的影响。因此，公司盈利分配不能只考虑如何更多地将收益留存于企业内部，而是应该进一步考虑如何平衡公司与各种利益主体之间的利益，以及各种利益主体眼前与长远利益之间的关系。

（二）股利分配对股东财富的影响

关于公司股利分配政策是否会对股东财富产生影响，在理论界存在着不同的观点，主要有股利无关论和股利相关论两种理论。股利无关论认为，在满足诸如存在完全的资本市场、理性投资者、股利收入与资本增值两者之间不存在区别、不存在所得税差异、不存在筹资费用和投资交易费用等条件下，公司的股利政策对其股票市价不会产生任何影响。但是，股利相关论认为，形成股利无关论的所有假定条件都是不成立的，因此，公司盈利分配政策会对股东财富产生影响。

排除理论上的争论不说，在实际中，由于公司的股东形形色色，各自的利益来源多少存在着差异，公司股利分配政策对他们实现其利益的目标会造成不同的影响，因此，公司股利分配会影响到股东财富，至少是不同股东的财富。这可以从任何公司股东会讨论股利分配政策的争论中得到充分的证明。

二、股利支付方式对股东财富的影响

股利分配政策与股利支付方式既有联系，又有区别。其区别是，股利分配研究的是公司应该将税后利润的多少用于发放股利，多少留存在企业的问题；而股利支付方式研究的是如何和怎样将股利支付给股东的问题，偏重的是支付的技术性问题。两者的联系是，股利支付的金额受公司股利分配政策的制约。股利支付方式对股东财富的影响，可以从如下三个方面来分析。

（一）股利支付稳定性对股东财富的影响

在其他诸因素不变的情况下，公司股利支付的稳定性，会影响到股票投资者的投资风险，使投资者用不同的折现率对股利收益进行折现，从而得到了不同价值，不同的股票价值自然会对股票市场价格产生不同影响。

　　一般来看,股利支付越稳定,股票投资者的风险就越小,在这种情况下,投资者就愿意用较低的折现率对股利收益进行折现,从而使股票价格升高。反之,在长期股利支付金额之和完全相等的情况下,只是由于股利支付缺乏稳定性,这也会使股票投资者的风险增大,使他们用较高的折现率对股利进行折现,从而使股票价格下跌。这说明,公司必须重视股利支付的稳定性,以确保股东财富最大化。

　　(二)股利发放时间频率对股东财富的影响

　　股利发放时间频率是指多少时间发放一次股利。从法律规定上看,股利可以按季、半年和一年一次的频率发放。公司究竟应该如何选择股利支付的时间频率,应注意股利支付次数与股票价格和公司资金使用效率之间的关系。

　　从股利支付频率与股票价格的关系来看,股利发放的次数越多,股利支付就越容易趋向于稳定,对股东越有吸引力,股东财富就越容易达到最大化。按照这种思路,显然,公司应该在1年之内多次支付股利。

　　从公司资金安排的角度看,股利支付次数越多,公司的资金安排的难度就越大,公司为了满足经常性的股利支付需要,必然在平时保留大量现金,这样,就会影响到公司资金的使用效益,对公司盈利能力的提高带来不利。

　　所以,1年多次发放股利的支付政策,也不一定对增加股东财富有利。公司应该根据自身的实际情况,制定股利支付的时间频率。

　　(三)股利支付的具体形式

　　股利支付的具体形式,从理论上讲,可以有现金股利、财产股利、债券股利、股票股利、股票回购等。其中:现金股利是用公司的货币资金支付的股利,它是最常见的股利形式。财产股利,是指公司用自身的实物资产或证券资产支付股利。债券股利,是指公司通过定向向股东发行债券的形式来支付股利。股票股利,是指公司将利润转增股本时,按股东现有的股份比例赠送给股东的股票。股票回购,是指公司不是将现金直接用来支付股利,而是将它用来回购自己的股票,使公司股票上涨,把股东的股利收益转变为资本收益。

　　对上市公司而言,由于股东人数众多,再由于财产和债券又不可能无限细分,因此,在上市公司中,用财产和债券支付股利,基本上是不可能的事。除非上市公司重组和清算的时候,才有可能出现这一现象。

第三节　现金股利

　　虽然,在现实中各个企业的现金股利支付策略千差万别,但归纳起来主要有四种:固定股利或稳定增长股利、固定股利支付率、正常股利加额外股利、投资剩余额股利支付等策略。我们下面分别讨论这几种股利支付策略。

一、固定股利或稳定增长股利

（一）固定股利支付策略的特点

首先，规定了每股的年股利额，并保持不变；其次，在确信未来公司收益可以维持新的更高股利时，才增加每股固定的年股利额。

该种股利支付策略可用图 10-1 表示。

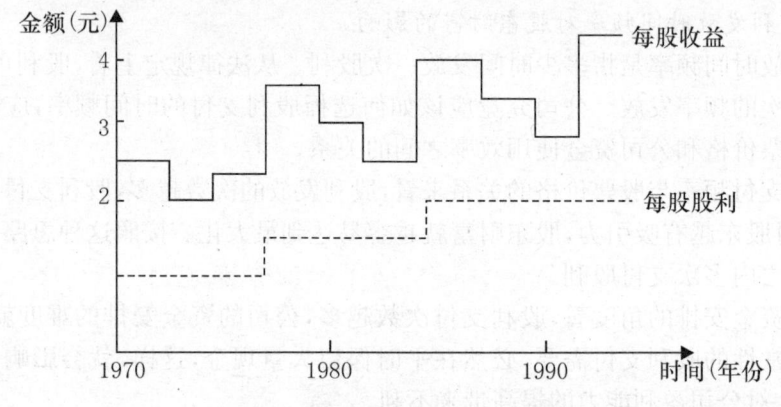

图 10-1　固定股利支付策略图

图 10-1 反映了公司各年支付股利的实际情况是在相当长一个时期内，无论每股收益如何变化，它都按一个固定的数额支付股利。只有当确信每股收益会长期增长时，才提高每股股利，但该新的每股股利一旦确定下来之后，又需保持一个相当长的时间不变。但总的来说该种股利支付策略是呈稳定增长趋势的。

（二）固定股利支付策略的利弊

固定股利支付策略的优点主要有：第一，表明企业经营状况的稳定性。在公司利润减少甚至亏损时，公司都不削减每股股利情况下，会使更多投资者相信公司经营状况稳定，有能力克服各种暂时性的困难。因为当公司经营状况长期不佳时，它将无法支付固定股利。这就有利于增加投资者购买公司股票的信心。第二，满足希望获得固定收入的投资者的要求。许多投资者是以股利为生，这类投资者除个人之外，还包括退休基金组织、保险公司等单位。当公司能支付固定股利时，就减少了这类投资者的风险，从而有效地刺激了他们的投资热情。第三，由于以上两点的作用，当公司支付固定股利时，就有更多的投资者愿购买该类公司的股票，从而使股票价格上升，普通股成本降低，促使股东财富最大化目标的实现。

固定股利支付策略也有其不足之处，这主要是：第一，固定股利会成为公司的一项财务负担，当公司经营处于不利状态时，这项负担可能极为沉重，从而影响了公司的发展。第二，公司为了回避过重的财务负担，往往会尽量减少每股年股利，使股利支付额显得过于保守。

二、固定股利支付率

（一）固定股利支付率策略的特点

这一股利支付方法不同于前者，它固定的是股利占收益的比重，而每股股利完全随公司当年的收益多少而定。如某公司确定其固定股利支付率为收益的 50%，那么，其每股收益与每股股利的关系可用图 10-2 表示。

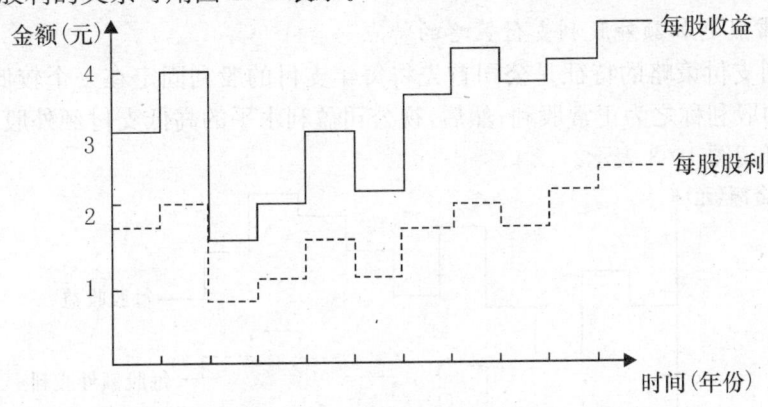

图 10-2 固定股利支付率策略

（二）固定股利支付率策略的利弊

固定股利支付率策略的利弊不能简单而论，应按股份公司的类型来加以讨论。

对一般上市公司的普通股股东而言，由于这种股利支付策略的股利支付额完全随公司的年收益而变化，虽然从长期来看，每股股利之和并不低于固定股利支付策略所得的股利之和，但它每年波动太大；因此，普通股股东获取股利的风险也就很大。对普通股票的短期持有者来说，他们不可能或难以得知在其股票持有的这段时间中能获得多少股利，甚至能否获得股利；对希望获取固定股利以利于支付其固定开支的普通股票的长期持有者（如退休基金组织和保险公司等单位）而言，这种股利支付策略则不便于他们的财务收支安排。所以，投资者一般不愿对奉行该类股利支付策略的公司的股票进行投资，这样，就势必影响到股票的市场价格，不利于股东财富最大化目标的实现。故在现实中，上市公司很少采用固定股利支付率的股利策略，在西方，甚至有人称这种股利支付策略是令公司倒闭的策略。

那么这种股利支付策略是否就完全不可取呢？笔者认为并非如此。这种固定股利支付率的策略很适应企业内部职工股比例较大的股份公司（包括上市股份公司）。在内部职工股比例较大的股份公司中采用这种股利支付策略，可以将职工的个人利益与公司利益紧密地捆在一起，产生巨大的激励力，从而充分调动广大职工积极性和创造性，增强企业活力。这样，就有利于企业提高经济效益，为企业盈利逐年增长创造了良好条件。随着企业经济效益连续稳定的提高，每股股利亦随之增加，这就不但保证了职工股东财富的增加,而且也相应地使企业外部股东获取的股利增加,减少了投资风险,进而使更多的投资者乐于购买这类公司的股票,使股票的市场价格上涨,保证了股东财富最大化目标的实现。可见,在内部职工股多的条件下,固定股利支付率的股利策略是有可取之处的。

三、正常股利加额外股利

（一）正常股利加额外股利支付策略的特点

这种股利支付策略的特征是公司首先将每年支付的股利固定在一个较低的水平,这个较低水平的股利称之为正常股利;然后,视公司盈利水平的高低支付额外股利。这种股利支付策略可用图 10-3 表示。

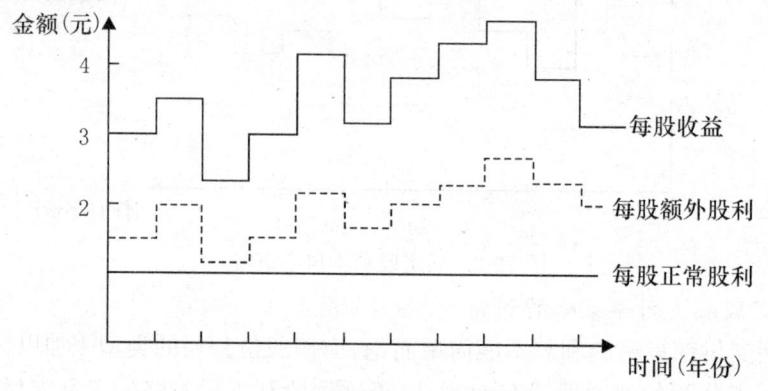

图 10-3　正常股利加额外股利支付策略

这种股利支付策略介于前述两种股利支付策略之间,它既为公司的股利支付提供了灵活性,又可以使投资者得到了获取最低股利的保证。

（二）正常股利加额外股利支付策略的利弊

这种股利支付策略的优点可从公司和投资者两个方面来看:首先,从公司的角度看,第一,这种股利支付策略给予了公司较大的灵活性,当公司盈利状况不佳时,可以不必支付额外股利,减轻了公司负担;第二,正常股利通常低于固定股利支付政策的每股股利,这就使公司在盈利状况不佳时也能够负担,而在盈利状况佳和资金充实的情况下,才多支付股利,享有较大的灵活性。其次,从投资者的角度来看,这种股利支付策略保证了投资者获取股利的最低数量,使获取股利的风险低于固定股利支付率的风险,因而使不少投资者乐于购买采用这种股利支付策略的股票,从而使公司股票保持在一个较好价格水平之上,这就有助于股东财富最大化目标的实现。

该种股利支付策略的弊端也是相对于固定股利支付策略和固定股利支付率策略来看的。首先,该种股利支付方法的灵活性不如固定股利支付率方法大,公司在盈利状况不佳时,仍要承担支付正常股利的负担,不利于公司渡过难关,这最终势必影响到股东财富最大化目标的实现。其次,该种股利支付方法每股正常股利没有固定股利支付方法多,因此,对期望获得较高稳定股利收入的投资者的吸引力也就没有后者大,这就使得股票价格可能低于采用后者的价格。另外,当公司持续地支付额外股利时,必然容易给市场上的投资者留下额外股利是正常股利的印象,从而希望公司永保某一额外股利的水平。如果公司因盈利下降,减少额外股利时,会引起股东的不满。以上各因素均可使股东财富最大化的目标难以实现。

在西方,一般认为,这种正常股利加额外股利的方法是各年收益变化较大的公司股利支付的最佳策略。

四、投资剩余额股利支付策略

(一) 投资剩余额股利支付策略的特点

该股利支付策略完全不同于上述三种股利支付策略,它是建立在股利无关论基础上的股利支付策略。其基本特点是,只要投资收益率大于资金成本率,公司就应尽可能地用留存收益去满足投资需要,只有满足投资需要之后的剩余才向股东支付股利。用该股利支付策略的重点是确定满足投资需要后的盈利剩余额。

(二) 投资剩余额股利支付策略的利弊

该股利支付策略的主要优点是,将投资所需资金放在首位,有利于投资计划能够正常进行,为企业未来盈利的稳定增长奠定了良好的基础,可以促使企业股票价值上升。

该股利支付策略的主要缺点是,股利支付额除受盈利水平的制约之外,还直接受投资机会的制约。在该策略下,即使一个企业的盈利水平不变,甚至增加,也不能保证股利的不变,从而造成股利的多少与盈利水平的高低脱节,这将影响到股利收益的稳定性,难受追求稳定股利收益的股东欢迎。当然,公司也可以通过诸如利用留存收益以丰补歉和提高资产负债率的方法,在不影响投资资金需要的前提下来相对稳定股利支付率,但是,这已不是典型的投资剩余额股利支付方式了。

第四节　股　票　股　利

股票股利是一种常见的股利支付方式,在本节,将对股票股利的问题进行讨论。

一、股票股利的本质及其对资本结构的影响

(一) 股票股利的本质

股票股利是指公司不以现金的形式支付股利,而是以增发股票的形式付给股东的股利。从本质上看,股票股利并不属于公司将利润分配给股东的事件,而仅是公司收益的资本化。股票股利是按原股份的比例发给股东的新股,因此,股票股利不会使股东所有权比

例发生变化。除此之外,股票股利也不会使股东权益的总数发生任何变化,仅是股东权益中的股本增加和留存收益的金额相应减少而已。如不考虑税费因素,仅从账面上看,股票股利对公司和股东都没有任何的实质影响。

(二)股票股利对资本结构、每股账面值和每股收益的影响

下面我们通过一个实例来说明股票股利对资本结构、每股账面价值和每股市场价格的影响。

【例 10-1】 已知某公司分配股票股利之前的普通股票的市场价格为 10 元/股,资本结构如表 10-1 所示。

表 10-1

某公司分配股票股利前资本结构表

单位:元

普通股票(50 000 000 股,面值 1 元/股)	50 000 000
资本公积金	30 000 000
留存收益	40 000 000
普通股权益合计	120 000 000

现公司按股票面值 10 股送 2 股的比例向全体股东支付股票股利。试确定分配股票股利之后的资本结构、每股账面价值和每股市场价格。

解:

(1)确定按 10 股送 2 股的比例分配股票股利之后的公司资本结构如表 10-2 所示。

表 10-2

某公司分配股票股利后资本结构表

单位:元

普通股票(6 000 000 股,面值 1 元/股)	60 000 000
资本公积金	30 000 000
留存收益	30 000 000
普通股权益合计	120 000 000

其会计处理方式为:

借:留存收益   10 000 000

贷:普通股   10 000 000

（2）计算按 10 股送 2 股的比例分配股票股利之后的每股账面价值：

$$每股账面价值＝120\,000\,000÷60\,000\,000＝2.0（元/股）$$

（3）计算按 10 股送 2 股的比例分配股票股利之后的每股市场价格：

$$每股市场价格＝（50\,000\,000×10）÷60\,000\,000＝8.33（元/股）$$

根据上述计算结果,虽然发放股票股利之后,普通股票的每股账面值和市场价格都有所下降,但是,股东所持有股票的总价值并没有发生任何变化。因为,现在 12 股的账面价值和市场价格正好等于原 10 股的账面价值和市场价格。其证明如下：

$$2.0（元/股）×12（股）＝2.4（元/股）×10（股）$$
$$8.33（元/股）×12（股）≈10（元/股）×10（股）$$

这充分说明,是否发放股票股利对股东财富没有任何影响。因此,从严格的意义上讲,股票股利其实并不是股利,而是公司收益的资本化。

二、股票股利的利弊

（一）股票股利对公司而言的优缺点

1. 股票股利对公司而言的优点

首先,股票股利可以在公司根本没有支付任何现金或其他有价值的东西的前提之下,使股东感觉到获得了股利,至少使他们感觉是在进行再投资,满足了股东获利的心理期望。其次,公司采用分配股票股利的办法,可以使股票价格维持在一个自己认为合乎需要的范围。如当股票价格过高,失去对小额投资者的吸引力时,通过股票股利分配的方法,可以使股票价格调整到公司感到满意的范围之内。

2. 股票股利对公司而言的缺点

股票股利对公司而言的主要缺点是它的管理费用比现金股利高得多。这些费用包括注册会计师的验资费用、工商行政管理部门的注册登记费用、证券登记公司的股份的登记费用等等。从纯理论的角度看,这笔管理费用是股东的损失,因为公司不发股票股利,节约的管理费用就会使公司的利润有所增加。

（二）股票股利对股东而言的优缺点

1. 股票股利对股东而言的优点

虽然,从理论上看,股票股利不会给股东们带来任何益处或价值,甚至还在某种程度上损失了权益资金。但事实上,股票股利能给股东们带来某些利益或价值。这些价值主要来自于股东们的心理感受和期望。比如,某些股东不会把股利股票的销售看成是原有股本的减少,而当着是意外之财,从而感觉到股票股利具有价值。

2. 股票股利对股东而言的缺点

股票股利对股东而言的最大缺点是分配股票股利与支付现金股利一样必须支付所得

税。按我国税法规定,股票股利的所得税与现金股利所得税一样均为 20%。支付股票股利,仅是公司资本结构发生了变化,没有给股东带来任何实质性的好处;但却引起了税收形式的现金流出,无论该股票股利所得税是由公司支付,还是由股东支付,最终都会给股东造成实质性的损失,这就是股票股利对股东而言的最大缺点。

三、资本公积金转增股本

(一)资本公积金的内容

按照我国会计制度规定,资本公积包括资本(或股本)溢价、接受捐赠资产、拨款转入、外币资本折算差额等。资本公积的具体项目包括:

(1)资本(或股本)溢价,是指企业投资者投入的资金超过其在注册资本中所占份额的部分。

(2)同一控制下企业合并涉及的资本公积。

(3)自用房地产或存货转换为采用公允价值模式计量的投资性房地产产生的资本公积。

(4)股权投资价值变动形成的资本公积,是指企业对被投资单位的长期股权投资采用权益法核算时,因被投资单位被投资单位除净损益以外所有者权益的其他变动增加的资本公积,企业按其持股比例计算而增加的资本公积。

(5)拨款转入,是指企业收到国家拨入的专门用于技术改造、技术研究等的拨款项目完成后,按规定转入资本公积的部分。企业应按转入金额入账。

(6)将持有至到期投资重分类为可供出售金融资产产生的资本公积、可供出售金融资产公允价值变动产生的资本公积等。

(7)其他资本公积,是指除上述各项资本公积以外所形成的资本公积,以及从资本公积各准备项目转入的金额。如套期保值产生利得或损失、递延所得税涉及的资本公积等。

(二)资本公积金的用途

公司的资本公积金的用途主要是用于扩大公司生产经营或者转为增加公司资本。股份有限公司经股东大会决议将公积金转为资本时,按股东原有股份比例派送新股或者增加每股面值。但法定公积金转为资本时,所留存的该项公积金不得少于注册资本的 25%。资本公积各准备项目不能转增资本(或股本)。此外,新《公司法》169 条规定,公司"资本公积不得用于弥补亏损",这与盈余公积不同。

(三)资本公积金转增股本与股票股利的异同

资本公积金转增股本与发放股票股利的异同可以用下例说明。

【例 10-2】　假定[例 10-1]中公司采用资本公积金转增股本的方式,按股票面值 10 股转增 2 股的比例向全体股东赠送股票。试确定转增股票之后的资本结构、每股账面价值和每股市场价格。

解：

（1）确定按 10 股送 2 股的比例分配股票股利之后的公司资本结构如表 10-3 所示。

表 10-3

分配股票股利之后的公司资本结构表

单位：元

普通股票（6 000 000 股,面值 1 元/股）	60 000 000
资本公积金	20 000 000
留存收益	40 000 000
普通股权益合计	120 000 000

其会计处理方式为：

借：资本公积金   10 000 000

    贷：普通股   10 000 000

（2）计算按 10 股送 2 股的比例转增股票之后的每股账面价值：

$$每股账面价值＝120 000 000÷60 000 000＝2.0（元/股）$$

（3）计算按 10 股送 2 股的比例转增股票之后的每股市场价格：

$$每股市场价格＝（50 000 000×10）÷60 000 000＝8.33（元/股）$$

比较［例 10-2］和［例 10-1］的结果可知,资本公积金转增股本与发放股票股利的区别只在于使用的资金来源不一样,但是对公司的影响完全一样。当然如果考虑发放股票股利要缴纳个人所得税的因素的话,利用资本公积金转增股本与发放股票股利对股东的影响是存在差别的。

思 考 与 练 习

一、复习思考题

1. 参与公司盈利分配的利益主体有哪些？

2. 我国对公司盈利分配顺序有哪些基本的规定？

3. 常见的盈利分配政策可以分为多少类？

4. 股利支付有哪些基本的程序？

5. 股利分配是如何影响到股东利益和公司未来的发展方向的？

6. 怎样认识不同现金股利支付策略的利弊？

7. 如何认识股票股利的本质？

8. 股票股利对资本结构、每股账面价值和每股市场价格会产生什么影响?

9. 股票股利的利弊是什么?

二、单项选择题

1. 下列在确定公司利润分配政策时应考虑的因素中,不属于股东因素的是(　　)。
   A. 规避风险　　　　　　　　　B. 稳定股利收入
   C. 防止公司控制权旁落　　　　D. 公司未来的投资机会

2. (　　)的依据是股利无关论。
   A. 剩余股利政策　　　　　　　B. 固定股利政策
   C. 固定股利支付率政策　　　　D. 低正常股利加额外股利政策

3. 剩余股利政策的优点是(　　)。
   A. 有利于树立良好的形象
   B. 有利于投资者安排收入和支出
   C. 有利于企业价值的长期最大化
   D. 体现投资风险与收益的对等

4. 某公司2005年度净利润为4 000万元,预计2006年投资所需的资金为2 000万元,假设目标资金结构是负债资金占60%,企业按照15%的比例计提盈余公积金,公司采用剩余股利政策发放股利,则2005年度企业可向投资者支付的股利为(　　)万元。
   A. 2 600　　　　　　　　　　B. 3 200
   C. 2 800　　　　　　　　　　D. 2 200

5. (　　)适用于经营比较稳定或正处于成长期、信誉一般的公司。
   A. 剩余股利政策　　　　　　　B. 固定股利政策
   C. 固定股利支付率政策　　　　D. 低正常股利加额外股利政策

6. (　　)既可以在一定程度上维持股利的稳定性,又有利于企业的资本结构达到目标资本结构,使灵活性与稳定性较好的结合。
   A. 剩余股利政策　　　　　　　B. 固定股利政策
   C. 固定股利支付率政策　　　　D. 低正常股利加额外股利政策

7. 上市公司发放现金股利的原因不包括(　　)。
   A. 投资者偏好　　　　　　　　B. 减少代理成本
   C. 传递公司的未来信息　　　　D. 减少公司所得税负担

8. (　　)是确定在什么时候持有股票的股东可以获得股利的日期
   A. 股利宣告日　　　　　　　　B. 股权登记日
   C. 除息日　　　　　　　　　　D. 股利支付日

9. 某公司现有发行在外的普通股200万股,每股面值1元,资本公积300万元,未分配利润800万元,股票市价10元,若按10%的比例发放股票股利并按市价折算,公司报表中资本公积的数额将会增加(   )万元。

    A. 180   B. 280

    C. 480   D. 300

10. 在下列股利政策中,股利与利润之间保持固定比例关系,体现风险投资与风险收益对等关系的是(   )。

    A. 剩余股利政策   B. 固定股利政策

    C. 固定股利支付率政策   D. 低正常股利加额外股利政策

11. 某公司 2006 年末已发行在外的普通股为 2 000 万股,拟发放 10% 的股票股利,并按发放股票股利后的股数支付现金股利,股利分配前的每股市价为 20 元,每股净资产为 5 元,若股利分配不改变市净率,并要求股利分配后每股市价达到 18 元。则派发的每股现金股利应达到(   )元。

    A. 0.045 5   B. 0.034 2

    C. 0.025 5   D. 0.265 0

12. 下列情形中,会使公司采取偏紧的股利政策的是(   )。

    A. 在通货膨胀时期   B. 缺乏良好投资机会

    C. 具有较强举债能力   D. 能获得长期稳定的盈余

三、多项选择题

1. 在确定利润分配政策时须考虑股东因素,其中主张限制股利的是(   )。

    A. 稳定收入考虑   B. 避税考虑

    C. 控制权考虑   D. 规避风险考虑

2. 固定股利支付率政策的优点包括(   )。

    A. 使股利与企业盈余紧密结合   B. 体现投资风险与收益的对等

    C. 有利于稳定股票价格   D. 缺乏财务弹性

3. 企业选择股利政策类型时通常需要考虑的因素包括(   )。

    A. 企业所处的成长与发展阶段   B. 管理层的喜好

    C. 目前的投资机会   D. 企业的信誉状况

4. 关于股票股利的说法中,正确的是(   )。

    A. 发放股票股利满足了股东获利的心理期望

    B. 发放股票股利不会引起所有者权益总额的变化

    C. 发放股票股利会引起所有者权益内部结构的变化

    D. 发放股票股利没有改变股东的持股比例,但是改变了股东所持股票的市场价值总额

5. 资本公积金的用途不包括(   )。

    A. 用于利润分配   B. 用于弥补亏损

  C. 用于增资扩股　　　　　　　　　　D. 用于股票回购

 6. 采用固定或持续增长的股利政策的理由有(　　)。

  A. 表明企业经营状况的稳定性

  B. 使股利与公司盈余紧密配合

  C. 当公司经营状况长期不佳时,它将无法支付固定股利。这就有利于增加投资者购买公司股票的信心

  D. 满足希望获得固定收入的投资者的要求

 7. 关于股利分配,下列说法中,正确的是(　　)。

  A. 从纯粹的公司资源的角度看,公司留存收益越多,公司追逐盈利和抵御风险的能力就越强,发展后劲也就越大

  B. 公司盈利分配不能只考虑如何更多地将收益留存于企业内部,而是应该进一步考虑如何平衡公司与各种利益主体之间的利益,以及各种利益主体眼前与长远利益之间的关系

  C. 一般来看,股利支付越稳定,股票投资者的风险就越小,在这种情况下,投资者就愿意用较低的折现率对股利收益进行折现,从而使股票价格升高

  D. 从股利支付频率与股票价格的关系来看,股利发放的次数越多,股利支付就越容易趋向于稳定,对股东越有吸引力,股东财富就越容易达到最大化,因此,从实际角度来看,公司股利支付次数越多越好

 8. 公司的资本公积金可以来源于(　　)。

  A. 股本溢价　　　　　　　　　　　　B. 资本溢价

  C. 接受其他企业捐赠　　　　　　　　D. 金融资产公允价值变动

四、判断题

 1. 提取法定盈余公积,是指公司按照 10% 从净利润中提取的盈余公积。公司法定公积金累计额为公司注册资本的 60% 以上的,可不再提取。　　　　　　　　　(　　)

 2. 股东会或者董事会违反规定,在公司弥补亏损和提取法定公积金之前向股东分配利润的,必须在下一年弥补。　　　　　　　　　　　　　　　　　　　　(　　)

 3. 所谓剩余股利政策,就是在公司有着良好的投资机会时,公司的盈余首先应满足投资方案的需要。在满足投资方案需要后,如果还有剩余,再进行股利分配。　(　　)

 4. 处于成长期的公司多采取多分少留的政策,而陷入经营收缩的公司多采取少分多留的政策。　　　　　　　　　　　　　　　　　　　　　　　　　　　　(　　)

 5. 股份有限公司利润分配的顺序是:提取法定公积金、提取法定公益金、提取任意公积金、弥补以前年度亏损、向投资者分配利润或股利。　　　　　　　　　(　　)

 6. 只要企业有足够的现金就可以支付现金股利。　　　　　　　　　　　(　　)

 7. 出于稳定收入考虑,股东最不赞成固定股利支付率政策。　　　　　　(　　)

8. 在公司的初创期,企业往往需要大量的资金,此时适于采用剩余股利政策。（　　）

9. 固定股利政策的一个主要缺点是当企业盈余较少甚至亏损时,仍须支付固定数额的股利,可能导致企业财务状况恶化。（　　）

10. 公司资本公积金可以用来转增资本,但资本公积金转为资本时,所留存的该项公积金不得少于所有者权益的 25%。（　　）

五、计算分析题

1. 某公司分配股票股利之前的资本结构如表 10-4 所示。

表 10-4

资 料 表

单位：元

普通股票(10 000 000 股,每股面值 1 元)	10 000 000
资本公积金	30 000 000
留存收益	40 000 000
普通股权益合计	80 000 000

现普通股票的市价为每股 20 元。公司拟用留存收益,按每股 0.5 元的比率向所有普通股股东支付现金股利。要求：

(1) 编制股利分配后的资本结构表。

(2) 计算除权之后的股票市场价格。

2. 某公司分配股票股利之前的资本结构如表 10-5 所示。

表 10-5

资 料 表

单位：元

普通股票(40 000 000 股,每股面值 1 元)	40 000 000
资本公积金	20 000 000
留存收益	40 000 000
普通股权益合计	10 000 0 000

现普通股票的市价为每股 10 元。公司拟用留存收益 10 000 000 元按股票面值支付股票股利。要求：

(1) 计算送股的比例。

(2) 编制股利分配后的资本结构表。

(3) 计算除权之后的股票市场价格。

3. 某公司准备用资本公积金按普通股票面值转增股本,转增股本之前,公司的资本结构如表 10-6 所示。

表 10-6

资　料　表

单位:元

普通股票(30 000 000 股,每股面值 1 元)	30 000 000
资本公积金	30 000 000
留存收益	20 000 000
普通股权益合计	80 000 000

已知现公司普通股票的市价为每股 5 元。要求:

(1) 计算公司可以转增股本的最大比例。

(2) 编制股利分配后的资本结构表。

(3) 计算除权之后的股票市场价格。

第十一章　资金需要量预测

【本章提要】　公司从事任何生产经营活动都离不开资金,为了保证资金的有效供给和投放,公司必须要对资金需要量进行预测。只有在准确预测公司资金需要量的基础上,公司才能更好地安排筹资、控制投资风险、降低投资成本、增加投资收益。本章将讨论资金需要量的预测理论和方法。

【学习目标】　通过本章学习,要求掌握和了解如下内容:(1)了解资金存量与流量的关系。(2)了解资金需要量预测的基本程序。(3)掌握资金占用量预测的基本方法。(4)掌握筹资量预测的基本理论和方法。(5)了解生产经营能力扩张与资金需要量增长的关系。(6)掌握公司完全利用内部资金来源的扩张能力计算方法。(7)掌握公司适当增加负债资金后的扩张能力计算方法。

第一节　资金需要量预测的基本程序和方法

预测公司资金需要量在公司理财中有着重要的作用,作为一名财务人员,应该掌握有关资金需要量预测的理论和方法。本节将对资金需要量预测的基本理论和方法进行讨论。

一、公司资金需要量概述

(一)资金需要量分类

资金是公司进行生产经营活动的财务基础,公司财务必须为公司完成既定的生产经营目标准备足够和合理的资金数额。该足够和合理的资金数额就是公司的资金需要量。公司资金需要量,可以从资金流量和资金存量两个方面来考察。

从公司的资金流量看,资金表现为公司在一段时期中的各种支出,这些支出既包括日常生产经营活动所产生的采购支出、费用开支,又包括为扩大生产能力而产生的固定资产投资和为获取投资收益的各种对外投资支出,还包括偿还各种借款、支付股利等筹资性的支出。

从公司的资金存量看,资金表现为资产负债表左方的各种资产,它是公司在一定时点上资金占用的情况。资金存量代表着公司从事生产经营活动的物质基础。

公司的资金流量可以进一步分为资金流入量和资金流出量。虽然,从理论上讲,当公司资金流入量与流出量在时间上完全同步和在数量上完全相等时,公司的资金存量可以为零。但在实际中,公司资金流入量与流出量在时间上不可能完全同步,在数量上也不可能完全相等,比如固定资产的投资就不可能与固定资产折旧在时间和数量上完全同步、等量发生;因此,公司必然需要有资金存量。

（二）资金存量与资金流量的关系

公司一定时点上的资金存量与一段时期中的资金流量存在着密切的关系。这种关系可以进一步从资金流入量与存量,以及流出量与存量的关系来考察。首先,资金存量是资金流出量的基础,是满足资金流出量的保证,在资金流出量速度一定的条件下,资金存量越多,满足资金流出量的需要就越有保证。其次,资金流入量是形成资金存量的前提,资金流入量的大小和速度的快慢,会直接影响到资金存量的规模。一般而言,资金流入量越大和速度越快,资金存量的规模也就越大;相反,则越小。

资金存量是调节资金流入量与资金流出量的“储水池”。当资金流入量大于资金流出量时,资金存量增加;当资金流入量小于资金流出量时,资金存量减少。在公司理财中,主要是从资金存量角度考察资金需要量。资金存量表现在资产负债表中,就是资产。因此,预测公司资金需要量,实际上就是预测公司的资产占用量。

二、资金需要量预测的基本程序

根据上面所述,预测公司资金需要量,需要预测公司的资金流入量、流出量和资金存量。由于公司经营的基本目标是追求收益,因此,资金需要量预测应该以满足追求收益的需要作为预测目标,即将资金流入量作为预测资金需要量的起点。具体地说,其程序如下:

（1）以目标利润为起点,预测满足目标利润的销售收入和投资收益,并在此基础上估计资金的实际流入量和时间。

（2）根据销售收入与成本费用的关系,测算保证销售收入实现的目标成本,以及固定资产、无形资产等投资,根据投资收益与对外投资的关系,测算保证投资收益需要的对外投资规模;并进一步估计资金实际流出量和时间。

（3）根据资金流入量与资金流出量的关系,预测保证资金流出量需要的资金存量。

该程序可以用图 11-1 表示。

图 11-1 说明,公司资产占用额的多少与公司追求收益的目标、相关生产经营能力、对外投资等密切相关。根据资金存量与流量的关系,公司对资金需要量的预测,主要是预测公司需要的资金存量,即预测公司为完成目标利润需要占用的各种资产,包括资产负债表之内的流动资产、长期投资、固定资产、无形资产和其他资产等等。公司通过对资金需要量的准确预测,可以使公司有效地筹集和运用资金,从而为增加收益和控制风险奠定基础。

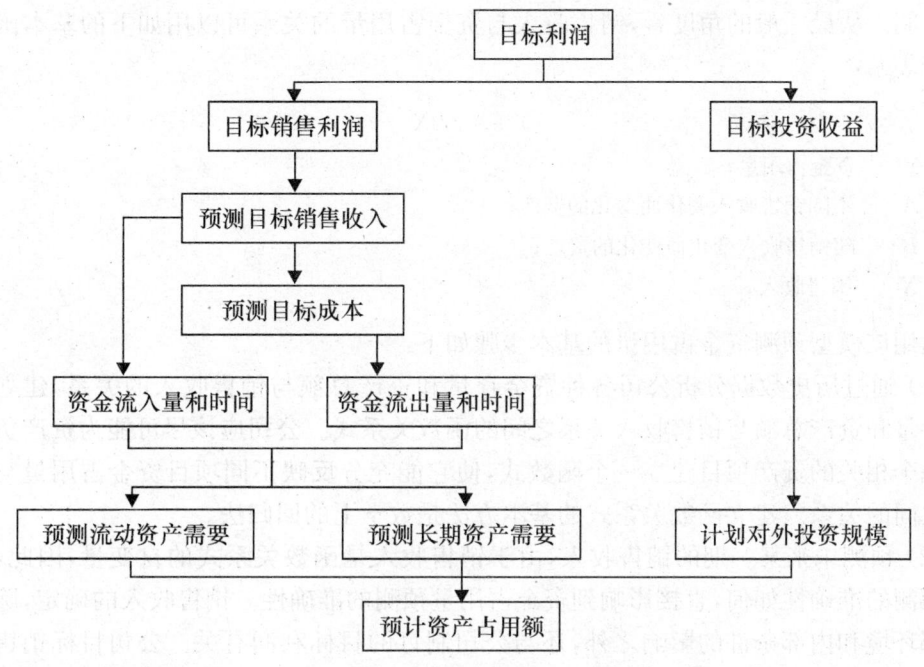

图 11-1 资金需要量预测程序

三、资金占用量的预测方法

公司资金占用量与公司目标利润数量和构成规划有密切的关系,完成不同类型的目标利润需要的资产不同,相应地与之匹配的资金占用量也不同。而预测不同资产的资金占用量,必须使用不同的预测方法,这样就形成了多种多样的预测方法。这里重点讨论常用的预测方法。

（一）主营业务资金占用量的预测模型

对一个生产经营型企业而言,生产经营规模的大小可以用销售收入指标来反映。公司完成一定量的销售收入,必须要占用一定的资产、支付一定的成本和费用,占用的资产就是资金存量,而为了保证成本和费用的正常支付,公司也必须要保有一定的资金,并与之相匹配。

公司为完成销售任务的资产是多种多样的,一些资产的占用与销售收入成正比。比如应收票据、应收账款等流动资产,对这类资产的占用量,可以直接用销售百分比法进行预测。而另一些资产的占用虽然与销售收入的大小有关,但并不完全成正比。比如货币资金、存货等流动资产,对这类资产的占用量,应该进行进一步的分析,将它们分解为与销售收入变化无关的占用量和有关的占用量,然后建立特殊的函数来进行预测。还有一些资产的占用量与销售收入不存在明显的线性相关,比如固定资产等长期资产。对固定资产等长期资产的占用量预测,关键在于把握某一资产占用量可以支持的销售收

入的区间。从最一般的角度看,销售收入与资金占用量的关系可以用如下的基本函数关系式来表示:

$$Y = A + BX$$

式中　Y——资金占用量;

　　　A——不随销售收入变化而变化的资产;

　　　B——随销售收入变化而变化的资产;

　　　X——销售收入。

运用该模型预测资金占用量的基本步骤如下:

(1)通过历史数据分析公司各种资金存量和资产总额与销售收入的关系,建立各种资金存量和资产总额与销售收入关系之间的函数关系式。公司应该尽可能为资产负债表中每一个相关的资产项目建立一个函数式,使它能充分反映不同项目资金占用量与销售收入之间的关系。建立函数关系式的基本方法是数学上的回归法。

(2)预测未来某一期的销售收入,由于销售收入是函数关系式的自变量,因此,销售收入预测的准确性如何,直接影响到资金占用量预测的准确性。销售收入的确定,除受公司外部环境和内部条件的影响之外,还与公司制订的目标利润有关。公司目标销售收入一般是确保目标利润完成的销售收入。

(3)将预测的未来某一水平的销售收入代入资金占用量的预测模型,直接计算出未来某一期公司对不同项目的资金占用量和资金总占用量。

(二)其他业务资金占用量的预测

这里所讲的其他业务,是指除主营业务之外,公司的一切非主营业务,包括资产出租、资产转让以及对外投资等等。公司开展这些业务,必须占用一定的资金,因此,需要对其占用的资金进行预测。

公司的非主营业务活动不会产生销售收入,即与公司的销售收入无关。此外,不同非主营业务活动产生的结果也是极不相同的。比如,资产出租产生的是租金收益,资产转让产生的是处理资产的收益,对外投资产生的是投资收益,等等。因此,公司对这些业务资金占用量的预测,不能以销售收入为基础,而只能依据公司不同方面的非主营业务计划来预测。例如,预测长期投资资金占用量的依据是投资收益计划。假定公司在投资收益率为10%的条件下,希望取得100万元的投资收益,那么,长期投资的资金占用量就应该为1 000万元(100÷10%)。

第二节　资金需要量预测方法例解

资金需要量从占用和筹资的角度看,可以分为资金占用量和筹资量。占用量预测,是筹资量预测的基础。本节将先讨论占用量的预测,再讨论筹资量的预测。

一、资金占用量预测

资金占用量的预测应分别按照主营业务和非主营业务来进行。对主营业务而言,应该以销售收入作为自变量,而对非主营业务来讲,则应该选择与资金占用量最相关的指标作为自变量。本节将以实例为基础,对资金占用量的预测方法加以说明。

【例 11-1】 南光公司是一家机械制造公司,近几年的资产负债表和利润表分别如表 11-1 和表 11-2 所示。

表 11-1

资产负债表

单位:万元

项　　目	2005 年	2006 年	2007 年	2008 年	2009 年
货币资金	500	550	600	700	650
应收账款	1 000	1 500	2 000	2 500	3 000
存货	2 000	2 200	2 400	2 800	3 000
长期投资①	3 000	2 000	3 500	4 000	4 500
固定资产净额②	5 000	5 000	6 000	6 000	7 000
资产总计	11 500	11 250	14 500	16 000	18 150
短期借款	1 500	1 806	2 200	3 000	2 400
应付账款	1 500	1 800	2 036	2 246	2 616
其他应付款	1 000	1 000	1 600	1 200	1 300
长期负债	2 000	1 000	2 000	2 000	3 000
负债合计	6 500	5 606	7 836	8 446	9 316
股本	3 000	3 000	3 000	3 000	3 000
留存收益	2 000	2 644	3 464	4 554	5 834
所有者权益合计	5 000	5 644	6 664	7 554	8 834
负债及权益总计	11 500	11 250	14 500	16 000	18 150

① 长期投资与销售收入无关,只与公司追求投资收益的要求成正比。

② 生产能力与固定资产的关系为销售收入在 10 000 万元以下时,固定资产占用量为 5 000 万元;销售收入在 10 000 万～15 000 万元时,固定资产占用量为 6 000 万元;销售收入在 15 000 万～20 000 万元时,固定资产占用量为 7 000 万元;销售收入大于 20 000 万元时,固定资产占用量为 8 000 万元。

表 11-2

利　润　表

单位：万元

项　　目	2005 年	2006 年	2007 年	2008 年	2009 年
销售收入	6 000	9 000	12 000	15 000	18 000
减：销售成本	4 000	5 800	7 200	9 000	11 000
销售毛利	2 000	3 200	4 800	6 000	7 000
减：期间费用	1 000	1 500	2 500	2 800	3 200
营业利润	1 000	1 700	2 200	3 200	3 800
加：投资收益	300	220	400	500	600
税前利润	1 300	1 920	2 600	3 700	4 400
减：所得税	390	576	780	1 110	1 320
税后利润	910	1 344	1 820	2 590	3 080
减：股利	400	700	1 000	1 500	1 800
未分配利润	510	644	820	1 090	1 280

假定 2010 年度的计划销售收入增长率为 20%，计划长期投资的收益率为 12%，投资收益为 660 万元。试确定 2010 年度的资金占用量。

解：

分析：对上述公司资金占用量的预测，应先分别预测主营业务的资金占用量和非主营业务的资金占用量，然后再将它们合并，计算出公司整体的资金占用量。

（一）主营业务资金占用量预测

1. 编制资产负债表各个项目占销售收入的百分比表

以资产负债表各个项目为分子，销售收入为分母，可以编制出反映资产负债表各个项目占销售收入百分比情况的表。根据南光公司资产负债表和利润表编制的资产负债表各个项目占销售收入的百分比表，如表 11-3 所示。

编制该表的目的是利用该表来观察资产负债表中各个项目与销售收入之间的关系，为建立资产负债表各个项目与销售收入之间的函数关系式提供资料。

从各年度资产负债表中各个资产项目占销售收入的百分比可以看出：

（1）应收账款与销售收入成正比，各年度均保持 16.67% 的水平。

（2）货币资金、存货等流动资产的绝对量随销售收入的增加而增加，但占销售收入的百分比随销售收入的增大而减少，不存在严格的正比关系，需要利用回归分析方法才能揭示它们之间的关系。

表 11-3

资产负债表各个项目占销售收入的百分比表

单位：%

项　　目	2005 年	2006 年	2007 年	2008 年	2009 年
货币资金	8.33	6.11	5.00	4.67	3.61
应收账款	16.67	16.67	16.67	16.67	16.67
存货	33.33	24.44	20.00	18.67	16.67
长期投资	50.00	22.22	29.17	26.67	25.00
固定资产净额	83.33	55.56	50.00	40.00	38.89
资产总计	191.67	125.00	120.83	106.67	100.83
短期借款	25.00	20.07	18.33	20.00	13.33
应付账款	25.00	20.00	16.97	14.97	14.53
其他应付款	16.67	11.11	13.33	8.00	7.22
长期负债	33.33	11.11	16.67	13.33	16.67
负债合计	108.33	62.29	65.30	56.31	51.76
股本	50.00	33.33	25.00	20.00	16.67
留存收益	33.33	29.38	28.87	30.36	32.41
所有者权益合计	83.33	62.71	55.53	50.36	49.08
负债及权益总计	191.67	125.00	120.83	106.67	100.83

（3）固定资产在某一个相关范围内保持不变，但当销售收入超过了某个水平，固定资产的绝对量会发生跳跃式的增长。具体情况是销售收入小于 10 000 万元，固定资产占用量为 5 000 万元；销售收入在 10 000 万元(含)至 15 000 万元时，固定资产占用量为 6 000 万元；销售收入在 15 000 万元(含)至 20 000 万元时，固定资产占用量为 7 000 万元；销售收入大于 20 000 万元(含)时，固定资产占用量为 8 000 万元。

（4）长期投资追求的是投资收益，该项资产占用不会产生销售收入，因此，不能以销售收入为自变量来预测长期投资，而只能以公司要求的投资收益为自变量，并结合预期的投资收益率预测长期投资。

下面，将详细讨论资金占用量的预测问题。

2. 建立货币资金、存货等流动资产与销售收入的函数关系式

根据货币资金、存货等流动资产与销售收入的历史资料，按照回归直线法建立货币资金、存货等流动资产与销售收入的函数关系式。

$$Y = A + BX$$

$$A = \frac{\sum Y - B \sum X}{N}$$

$$B = \frac{N \sum XY - \sum X \sum Y}{N \sum X^2 - (\sum X)^2}$$

（1）求货币资金占用量与销售收入的函数关系。货币资金占用与销售收入的历史资料及相关计算结果如表 11-4 所示。

表 11-4

货币资金占用与销售收入的历史资料及相关计算结果表

金额单位：万元

年 度	货币资金(Y)	销售收入(X)	XY	X²	Y²
2005	500	6 000	3 000 000	36 000 000	250 000
2006	550	9 000	4 950 000	81 000 000	302 500
2007	600	12 000	7 200 000	144 000 000	360 000
2008	700	15 000	10 500 000	225 000 000	490 000
2009	650	18 000	11 700 000	324 000 000	422 500
合　计	3 000	60 000	37 350 000	810 000 000	1 825 000

$$B = \frac{N \sum XY - \sum X \sum Y}{N \sum X^2 - (\sum X)^2} = \frac{5 \times 37\,350\,000 - 3\,000 \times 60\,000}{5 \times 810\,000\,000 - 60\,000^2} = \frac{6\,750\,000}{450\,000\,000} = 0.015$$

$$A = \frac{\sum Y - B \sum X}{N} = \frac{3\,000 - 0.015 \times 60\,000}{5} = \frac{2\,100}{5} = 420$$

故货币资金与销售收入的函数关系式如下：

$$Y = 420 + 0.015X$$

分析结果显示，货币资金的正常占用量为 420 万元，这部分占用量主要是受最低银行存款量等因素影响，与销售收入的关系并不密切。系数 0.015 表示货币资金随销售收入变化而变化的状况，即销售收入每增减变化 100 元，货币资金增减变化 1.5 元。

X 与 Y 之间是否存在着线性关系，可以用下式检验：

$$R = \frac{XY - N \overline{X} \overline{Y}}{\sqrt{[\sum X^2 - N(\overline{X}^2)] \times [\sum Y^2 - N(\overline{Y})^2]}}$$

根据上述公式的计算结果如下：

$$R = \frac{37\,350\,000 - 5 \times \frac{60\,000}{5} \times \frac{3\,000}{5}}{\sqrt{\left[810\,000\,000 - 5 \times \left(\frac{60\,000}{5}\right)^2\right] \times \left[1\,825\,000 - 5 \times \left(\frac{3\,000}{5}\right)^2\right]}} = 0.9$$

R 的绝对值越大，说明 X 与 Y 之间的相关性越强。相关程度显著或不显著的界限与抽样个数有关。根据相关系数检验表，当 $N - 2 = 3$ 时，只要 $R > 0.878$，显著水平就达到了 0.05，即南光公司的货币资金与销售收入之间存在着显著的相关关系。

（2）求存货资金占用量与销售收入的函数关系。存货资金占用与销售收入的历史资料及相关计算结果如表 11-5 所示。

表 11-5

存货资金占用与销售收入的历史资料及相关计算结果表

金额单位：万元

年 度	存货(Y)	销售收入(X)	XY	X^2	Y^2
2005	2 000	6 000	12 000 000	36 000 000	4 000 000
2006	2 200	9 000	19 800 000	81 000 000	4 840 000
2007	2 400	12 000	28 800 000	144 000 000	5 760 000
2008	2 800	15 000	42 000 000	225 000 000	7840 000
2009	3 000	18 000	54 000 000	324 000 000	9 000 000
合 计	12 400	60 000	156 600 000	810 000 000	31 440 000

$$B=\frac{N\sum XY-\sum X\sum Y}{N\sum X^2-(\sum X)^2}=\frac{5\times156\,600\,000-12\,400\times60\,000}{5\times810\,000\,000-60\,000^2}=\frac{39\,000\,000}{450\,000\,000}=0.086\,7$$

$$A=\frac{\sum Y-B\sum X}{N}=\frac{12\,400-0.086\,7\times60\,000}{5}=\frac{7\,200}{5}=1\,440$$

故存货资金与销售收入的函数关系式如下：

$$Y=1\,440+0.086\,7X$$

分析结果显示，存货资金的正常占用量为 1 440 万元，影响这部分占用量的主要因素包括存货的保险储备量、正常经营进行的最低存货保有量等，它们与销售收入的关系不密切。系数 0.0867 表示存货资金占用量随销售收入变化而变化的状况，即销售收入每增减变化 100 元，存货资金占用量将随之增减变化 8.67 元。

$$R=\frac{156\,600\,000-5\times\dfrac{60\,000}{5}\times\dfrac{12\,400}{5}}{\sqrt{\left[810\,000\,000-5\times\left(\dfrac{60\,000}{5}\right)^2\right]\times\left[31\,440\,000-5\times\left(\dfrac{12\,400}{5}\right)^2\right]}}=0.991\,2$$

相关系数检验表明，南光公司的存货资金占用量与销售收入之间存在着显著相关的关系。

3. 确定 2010 年度的销售收入总额

2010 年度的销售收入总额＝18 000×（1＋20％）＝21 600（万元）

（二）非主营业务资金占用量预测

南光公司的非主营业务资金占用量为长期投资，公司计划在 2010 年度获得 660 万元

的投资收益,预期的投资收益率为 12%,因此,长期投资占用资金量为 5 500 万元(660
÷12%)。

（三）2010 年度的资金占用总额预测

根据前述各种计算结果,可以编制出如下的资金占用量预测表,如表 11-6 所示。

表 11-6

资金占用量预测表

单位：万元

项　　目	计　算　公　式	2010 年度资金占用量
货币资金	$Y=420+0.015\times21\,600$	744.00
应收账款	$16.67\%\times21\,600$	3 600.72
存货	$Y=1\,440+0.086\,7\times21\,600$	3 312.72
长期投资	$660\div12\%$	5 500.00
固定资产净额	销售收入>20 000 万元	8 000.00
资　产　总　计		21 157.44

上述计算结果表明,公司在 2010 年度的总资金占用量为 21 157.44 万元。

二、筹资量预测

（一）筹资量预测应该考虑的因素和程序

上面讨论的资金需要量预测,是公司为完成经营任务目标所必须占用的资金量,它反
映在资产负债表的左方。要满足经营对资金的需要,公司还必须进一步研究筹集资金的
问题。

从各年度资产负债表中各个负债及权益项目占销售收入的百分比可以看出,短期借
款、应付账款、其他应付款、长期负债、股本和留存收益等项目均与销售收入没有明显的比
例关系。从理论上讲,这一点不难理解,因为影响资金来源的直接因素是资金占用量,销
售收入的变化是通过对资金占用量的影响间接影响到资金来源的。

在现实中,除了部分具有自然筹资性质的负债项目,如应付款项、预提费用等与销售
收入存在一定的联系之外,其他筹资项目均是公司按照自己对待风险的态度和公司内外
部客观环境确定的。销售收入对应付款项、预提费用等项目的影响是通过对存货的影响
间接起作用的,因此,应该直接用存货而不是销售收入作为自变量,来估计应付账款筹
资量。

公司筹资有内部筹资和外部筹资之分。公司的留存收益是内部筹资,公司对外发行
新股和负债等是外部筹资。研究公司的筹资,主要是研究公司的外部筹资。

从程序上看,首先,需要估计公司内部的筹资量;其次,再根据"对外筹资量=筹资总

量－内部筹资量"的公式,计算出对外筹资金额;最后,还要进一步确定对外筹资的结构。下面对筹资量预测的程序问题进行讨论。

(二)内部筹资量预测

预测公司内部筹资量,就是预测公司留存收益和自然筹资量。关于公司自然筹资的问题,将在本章第三节中讨论。在这里,只讨论留存收益的预测问题。公司留存收益受公司税后利润和利润分配政策两个因素影响。因此,要预测公司留存收益,首先要预测公司税后利润,其次要确定利润分配政策。

税后利润应该分别按照主营业务利润和其他业务利润来预测。主营业务利润与销售收入相关,其他业务利润与公司计划相关。下面仍以[例 11-1]资料为基础,对公司内部筹资量进行预测。

【例 11-2】 假定[例 11-1]中南光公司的生产经营总趋势没有发生变化,其 2010 年度的利润分配政策为按税后利润总额的 50% 支付股利。试确定公司内部筹资量。

解:

1. 预测 2010 年度税后利润

(1)预测 2010 年度主营业务利润。根据销售收入和营业利润的历史资料,编制如下计算表,如表 11-7 所示。

表 11-7

计 算 表

金额单位:万元

年 度	营业利润(Y)	销售收入(X)	XY	X^2	Y^2
2005	1 000	6 000	6 000 000	36 000 000	1 000 000
2006	1 700	9 000	15 300 000	81 000 000	2 890 000
2007	2 200	12 000	26 400 000	144 000 000	4 840 000
2008	3 200	15 000	48 000 000	225 000 000	10 240 000
2009	3 800	18 000	68 400 000	324 000 000	14 440 000
合 计	11 900	60 000	164 100 000	810 000 000	33 410 000

$$B=\frac{N\sum XY-\sum X\sum Y}{N\sum X^2-(\sum X)^2}=\frac{5\times164\ 100\ 000-11\ 900\times60\ 000}{5\times810\ 000\ 000-60\ 000^2}=\frac{160\ 500\ 000}{450\ 000\ 000}=0.236\ 67$$

$$A=\frac{\sum Y-B\sum X}{N}=\frac{11\ 900-0.236\ 67\times60\ 000}{5}=\frac{-2\ 300}{5}=-460$$

故主营业务利润与销售收入的函数关系式如下:

$$Y=-460+0.236\ 67X$$

上面的主营业务利润与销售收入的函数关系式说明,当销售收入为零时,南光公司的主营业务亏损为 460 万元,这是由于公司存在固定成本的缘故。从销售收入与利润的关系看,销售收入每增减变化 100 元,主营业务利润将增减变化 23.667 元。

$$R=\cfrac{164\,100\,000-5\times\cfrac{60\,000}{5}\times\cfrac{11\,900}{5}}{\sqrt{\left[810\,000\,000-5\times\left(\cfrac{60\,000}{5}\right)^2\right]\times\left[33\,410\,000-5\times\left(\cfrac{11\,900}{5}\right)^2\right]}}=0.995\,4$$

相关系数检验表明,南光公司的主营业务利润与销售收入之间存在着显著相关的关系。故可以用回归法确定的函数关系式来预测 2010 年的营业利润。

2010 年度营业利润为:

营业利润＝－460＋0.236 67×21 600＝4 652(万元)

(2)预测 2010 年度投资收益。根据公司计划,2010 年度的投资收益为 660 万元。

(3)预测公司 2010 年度税后利润总额。

税后利润总额＝(4 652＋660)×(1－30%)＝3 718(万元)

2. 预测公司 2010 年度留存收益

留存收益＝3 718×(1－50%)＝1 859(万元)

根据以上计算结果,南光公司 2010 年度的内部筹资金额为 1 859 万元。

(三)外部筹资量预测

南光公司在 2010 年度不对外发行股票筹资,因此,公司的外部筹资金额就等于负债筹资金额。根据"负债总额＝资金占用量－所有者权益"的公式,可以确定南光公司 2010 年度的负债筹资金额。具体计算过程如表 11-8 所示。

表 11-8

外部筹资量预测表

单位:万元

项　　　目	计　算　公　式	2010 年度资金占用量
负债合计	资金占用总额－所有者权益合计	10 464.44
股本		3 000.00
留存收益	(4 652＋660)×(1－30%)×(1－50%)＋5 834.00	7 693.00
所有者权益合计		10 693.00
负债及所有者权益总计	资金占用总额	21 157.44

(四)外部筹资结构计划

在确定了外部筹资量之后,公司还应该进一步确定外部筹资的结构。该结构应该根据公司规定的财务风险水平和外部筹资环境确定。在具体确定外部筹资结构之前,首先应该估计出应付款项、预提费用等具有自然筹资性质的负债金额,计算出实际需要对外筹资的金额;然后,再考虑不同外部筹资的结构。

假定南光公司 2010 年度的流动资产与流动负债之比计划为 1.4:1,应付账款的付款政策没有发生变化,计划其他应付款占用资金数为 1 000 万元,那么,公司的负债结构可以确定如下。

1. 确定应付账款资金筹资额

根据应付账款与存货的历史资料,可以利用回归模型确定 2010 年度应付账款的资金占用金额。根据应付账款与存货的历史资料,编制如下计算表,如表 11-9 所示。

表 11-9

应付账款与存货的历史资料及相关计算结果表

金额单位:万元

年　度	应付账款(Y)	存货(X)	XY	X^2	Y^2
2005	1 500	2 000	3 000 000	4 000 000	2 250 000
2006	1 800	2 200	3 960 000	4 840 000	3 240 000
2007	2 036	2 400	4 886 400	5 760 000	4 145 269
2008	2 246	2 800	6 288 800	7 840 000	5 044 516
2009	2 616	3 000	7 848 000	9 000 000	6 843 456
合　计	10 198	12 400	25 983 200	31 440 000	21 523 241

$$B=\frac{N\sum XY-\sum X\sum Y}{N\sum X^2-(\sum X)^2}=\frac{5\times25\ 983\ 200-10\ 198\times12\ 400}{5\times31\ 440\ 000-12\ 400^2}=\frac{3\ 460\ 800}{3\ 440\ 000}=1.006\ 05$$

$$A=\frac{\sum Y-B\sum X}{N}=\frac{10\ 198-1.006\ 057\times12\ 400}{5}=\frac{-2\ 276.98}{5}=-455.4$$

故应付账款与存货的函数关系式如下:

$$Y=-455.4+1.006\ 05X$$

上述应付账款与存货的函数关系式说明,当存货为零的时候,公司的应付账款为一455.4 万元。这表明,公司存在预付账款,当存货采购量很小的时候,公司将无法利用应付账款方式筹资。

$$R=\frac{25\ 983\ 200-5\times\frac{12\ 400}{5}\times\frac{10\ 198}{5}}{\sqrt{\left[31\ 440\ 000-5\times\left(\frac{12\ 400}{5}\right)^2\right]\times\left[21\ 523\ 241-5\times\left(\frac{10\ 198}{5}\right)^2\right]}}=0.981\ 1$$

相关系数检验表明,南光公司的应付账款与存货之间存在着显著相关的关系。故可以用回归法确定的函数关系式来预测 2010 年的应付账款。

将预测的 2010 年度的存货资金占用量 3 312.72 万元代入上述方程,有:

应付账款$=-455.4+1.006\ 05\times3\ 312.72=2\ 877.36$(万元)

2. 确定负债筹资额

负债筹资额=负债及所有者权益总计-所有者权益$=21\ 157.44-10\ 693.00=10\ 464.44$(万元)

3. 确定流动负债筹资额

流动负债筹资额＝流动资产÷规定流动比率＝7 657.44÷1.4＝5 469.6(万元)

4. 确定长期负债筹资额

长期负债筹资额＝负债筹资额－流动负债筹资额＝10 464.44－5 469.6＝4 994.84(万元)

5. 确定短期借款筹资额

短期借款筹资额＝流动负债－应付账款－其他应付款＝

5 469.60－2 877.36－1 000＝1 592.24(万元)

根据以上计算结果,可以得到如下的南光公司内部筹资和外部筹资情况,如表 11-10 所示。

表 11-10

南光公司资金结构表

单位：万元

项　　目	计　　算　　公　　式	2010 年度资金占用量
短期借款	流动负债－应付账款－其他应付款	1 592.24
应付账款	－455.4＋1.006 05×3 312.72	2 877.36
其他应付款	计划确定	1 000.00
流动负债	7 257.44÷1.4	5 469.60
长期负债	负债合计－流动负债	4 994.84
负债合计	负债及所有者权益总计－所有者权益合计	10 464.44
股本		3 000.00
留存收益	（－460＋0.236 67X）×(1－30%)×(1－50%)＋5 834	7 693.00
所有者权益合计		10 693.00
负债及所有者权益总计	资金占用总额	21 157.44

需要指出的是,[例 11-1]中的回归分析只使用了 5 年的资料,按照 5 年的资料进行回归分析的误差极大。在实际中,如有可能,可以将年度的资料转换为月度的资料,这样,历史数据就可以达到 60 期,其计算的误差就将会小很多。在这里,只是希望通过实例说明该种方法的具体运用。

还需要指出的是,上述的资金需要量预测只是一种简单的测算,目的在于揭示随着公司生产经营能力的增减变化,资金需要量增减变化的状况,以便于公司能迅速地作出决策。真正的在生产经营中发挥作用的资金需要量预测,还有赖于公司的全面财务预算。关于全面财务预算的问题,将在本书第十二章财务预算中专门讨论。

第三节　公司内部扩张能力

本节将利用上节分析的结果,讨论如何运用简化的资金需要量预测方法,揭示公司生产经营扩张能力以及生产经营能力扩张与资金需要量,特别是对外筹资量之间的关系。

一、生产经营能力扩张与资金需要量增长的关系

(一)公司生产经营能力的表述

公司生产经营能力虽然可以有多种不同的表示方法,比如产品生产能力、固定资产的生产能力、总资产、净资产、盈利积累能力和销售收入等等。但最根本的指标应该是销售收入和盈利积累能力,因为销售收入代表了公司实现的生产经营能力,而盈利积累能力则体现了净资产的增加状况,净资产又代表着公司潜在的生产经营能力。销售收入和盈利积累能力又是相互影响的。首先,销售收入会带来利润,利润在分配之后的留存部分会使净资产增加;其次,净资产的大小会影响到公司对外负债筹资的能力,从而影响到公司总资产的大小,总资产又是影响销售收入的重要因素。

(二)公司生产经营扩张能力分类

公司生产经营扩张能力,按上面关于生产经营能力的表述分类,可以分为销售收入的扩张能力、盈利积累能力、产品生产量提高的能力、固定资产生产规模扩大的能力、总资产增加的能力和净资产增加的能力。

上述这些能力都与公司资金占用量的多少有关。从生产经营能力扩张的资金来源来看,其资金来源不外乎有三类:一是公司在生产经营过程中内部形成的资金来源;二是从公司外部取得的负债资金;三是从股东处获得的股权资金。

生产经营的扩张能力,按照是否增加发行股份来看,可以分为内部扩张能力和外部扩张能力。外部扩张能力是指公司对外增加发行股份而形成的生产经营规模扩张的能力;内部扩张能力是指不对外增加发行股份条件下生产经营规模的扩张能力。

内部扩张能力从是否增加负债来考察,可以进一步分为不增加负债的纯粹的内部扩张能力和增加负债的非纯粹的内部扩张能力。如果不增加负债,完全利用内部资金来源来扩大生产经营规模的,那么,其可能达到的最大扩张能力称为完全利用内部资金来源的扩张能力。如果既利用内部资金来源,又适当增加负债来扩大生产经营规模的,那么,其可能达到的最大扩张能力称为利用负债资金的扩张能力。

从两种内部扩张能力的关系看,前者是后者的基础,因为,只有在公司生产经营能产生利润的情况下,公司对外负债才会成为可能。从扩张速度来看,后者的扩张速度要快于前者,因为,后者可以利用负债提供的杠杆作用进行加速扩张。

在这里,我们重视的是公司内部的生产经营扩张能力,即在不增加对外发行股本筹资量条件下,公司销售收入和内部形成的资金来源的扩张能力。

需要注意的是,公司内部形成的资金来源,除了由留存收益产生的净资产之外,还包括自然筹资形成的短期负债。所谓自然筹资,就是指随着公司生产经营活动的进行而自然产生的资金来源,这些资金来源既包括应付账款、预收账款,又包括形成在前支付在后的各种费用,如预提费用、应付税金、应付租金和应付工资等等。自然筹资可以视同为股东权益资金,是公司内部产生的重要资金来源之一。公司在计算实际对外筹资量时,应该将自然筹资量从筹资金额中剔除。

(三)生产经营能力扩张与资金需要量增长的关系

在这里,主要以销售收入指标和内部资金来源指标代表公司生产经营能力,讨论生产经营能力增减变化与资金需要量增长之间的关系。

为了使讨论更加具体化,我们仍然以前述实例为基础,再加入若干假定条件来分析。

【例 11-3】 假定[例 11-1]中南光公司的生产经营趋势没有发生变化,股利支付率为税后利润的 50%,并且不考虑长期投资占用资金的问题,试分析该公司生产经营能力扩张与资金需要量增长之间的关系,以及对外增加筹资量的要求。

解:

将前述计算结果归类整理,并列表反映于表 11-11,可以清楚看出该公司生产经营能力扩张与资金需要量增长之间的关系,以及对外增加筹资量的要求。

表 11-11

销售收入预测表

单位:万元

项　　目	计　算　公　式	预测销售收入(X)		
		22 000	24 000	26 000
货币资金	$420+0.015X$	750	780	810
应收账款	$16.67\%X$	3 667	4 001	4 334
存货	$1\ 440+0.086\ 7X$	3 347	3 521	3 694
固定资产净额	$20\ 000<X<25\ 000;Y=8\ 000$ $25\ 000<X<30\ 000;Y=9\ 000$	8 000	8 000	9 000
资产总计		15 764	16 302	17 838
减:股本		3 000	3 000	3 000
减:留存收益	$(-460+0.236\ 67X)\times(1-30\%)\times(1-50\%)+5\ 834$(期初留存收益)	7 495	7 661	7 827
负债筹资		5 269	5 641	7 011
减:自然筹资(应付账款)	$-455.4+1.006\ 05\times(1\ 440+0.086\ 7X)$	2 912	3 087	3 261
其他负债筹资		2 357	2 554	3 750

从表 11-11 可以清楚看出,随着公司销售收入的增加,公司内部形成的资金来源量也

相应增大,销售收入从 22 000 万元上升为 24 000 万元时,留存收益从 7 495 万元上升为 7 661 万元,自然筹资量从 2 912 万元上升为 3 087 万元,总的内部形成的资金来源增加了 341 万元(7 661＋3 087－7 495－2 912)。但是,相应的资金需要量会从 15 764 万元上升到 16 302 万元,增加了 538 万元(16 302－15 764)。这说明,公司内部形成的资金来源增加数并不能满足销售收入增加对资金的需要,缺口为 197 万元(538－341)。因此,公司还必须对外筹集 197 万元的资金。按此方法可推论出各种销售收入条件下的内部筹资额和要求的外部筹资额。

当销售收入从 24 000 万元上升为 26 000 万元时,留存收益从 7 661 万元上升为 7 827 万元,自然筹资量从 3 087 万元上升为 3 261 万元,总的内部形成的资金来源增加了 340 万元(7 827＋3 261－7 661－3 087)。但是,相应的资金需要量会从 16 302 万元上升到 17 838 万元,增加了 1 536 万元(17 838－16 302)。公司内部形成的资金来源与销售收入增加所需要的资金之间的缺口为 1 196 万元(1 536－340),因此,公司还必须对外筹集 1 196万元的资金,使公司其他负债筹资量从 2 554 万元上升为 3 750 万元。

生产经营能力扩大,会导致资金需要量增长。但有两点需要注意:一是从资金需要量来看,资金需要量的增长并不与生产经营能力的扩大成正比。对流动资产而言,资金需要量增长的速度会慢于生产经营能力增长的速度。对固定资产而言,由于固定资产与销售收入不存在连续的函数关系,而是分段函数关系,因此,在固定资产相关范围之内,资金需要量与销售收入的增减变化无关;而在相关范围之外,即当销售收入增长超过某临界点时,对固定资产的资金需要量会忽然产生跳跃式的增长。比如,当销售收入为 26 000 万元时,固定资产会忽然增加 1 000 万元,使公司总资金需要量以加速的形式上升。二是从资金来源看,由于存在内部形成的资金来源,因此,对外筹资量会小于资金需要量。另外,公司的内部筹资量与销售收入的规模成正相关。

二、公司完全利用内部资金来源的扩张能力

公司完全利用内部资金来源的扩张能力,简称为公司内部的扩张能力,是指公司完全不依靠外部筹资,仅利用公司内部形成的资金来源扩大生产经营规模的最大能力。公司内部形成的资金来源包括留存收益和自然筹资两个部分。公司内部的扩张能力可以用销售收入增长率和内部筹资量两个指标来反映。下面分别按这两个指标进行分析。

（一）完全利用内部资金来源的销售收入扩张能力

下面以实例说明公司销售收入增长率指标的确定方法。

【例 11-4】　根据[例 11-3]资料计算公司在不增加外部筹资量条件下,仅用内部形成的资金来源,可以达到的销售收入增长率水平和内部筹资量。

解:

分析:由于南光公司的固定资产需要量不是随销售收入变化而变化的一个连续函数,因此,无法进行连续的估计,而只能按照估计的销售收入区间来确定。为了更清楚地反映

销售收入增长率的情况,下面分别按照不考虑固定资产增长情况和考虑固定资产增长情况来预测公司的销售收入增长率。

1. 不考虑固定资产增长情况的公司销售收入增长率

设:销售收入$=X$,

那么,有:

(1) 确定满足销售收入 X 的资产占用量增长金额。

$$(420+0.015X+16.67\%X+1\,440+0.086\,7X)-6\,650=-4\,790+0.268\,4X$$

(2) 确定销售收入 X 形成的内部资金来源。

$$(-460+0.236\,67X)\times(1-30\%)\times(1-50\%)+[\quad 455.4+1.006\,05\times(1\,440+0.086\,7X)]-2\,616=$$
$$-161+0.082\,834\,5X+933+0.087\,224\,5X-2\,616=-1\,844+0.170\,059X$$

(3) 确定完全使用内部形成的资金来源可以产生的销售收入 X。

根据"资金占用=资金来源"的公式,可得:

$$-4\,790+0.268\,4X=-1\,844+0.170\,059X$$
$$0.268\,4X-0.170\,059X=4\,790-1\,844$$
$$0.098\,341X=2\,946$$
$$X=2\,946\div0.098\,341=29\,957(万元)$$

(4) 计算公司销售收入增长率。

计算结果表明,如果不考虑固定资产的增长情况,公司仅利用内部形成的资金来源可以使销售收入达到 29 957 万元,销售收入增长率为:

$$销售收入增长率=(29\,957-18\,000)\div18\,000=66.43\%$$

2. 考虑固定资产增长情况的公司销售收入增长率

显然,上述计算因为没有考虑销售收入的增长超过某一临界点后,就必须要增加固定资产投入的因素,因此,销售收入的增长能力被高估。在计算时,必须将固定资产增长的因素考虑在内。下面将计算在考虑固定资产增长因素条件下,公司仅利用内部形成的资金来源可以达到的销售收入和销售收入增长率。

(1) 可以达到的销售收入。

按照"资金占用=资金来源"的公式,有:

$$-4\,790+0.268\,4X+新增固定资产=-1\,844+0.170\,059X$$
$$0.268\,4X-0.170\,059X=4\,790-1\,844-新增固定资产$$
$$0.098\,341X=2\,946-新增固定资产$$
$$X=(2\,946-新增固定资产)\div0.098\,341$$

当新增固定资产为 1 000 万元时,有:

$$X=(2\,946-1\,000)\div0.098\,341=19\,788(万元)$$

（2）可以达到的销售收入增长率。

$$公司销售收入增长率=(19\,788-18\,000)\div18\,000=9.93\%$$

在本例中，新增固定资产 1 000 万元的方案，是唯一的增加固定资产的可行方案。因为，当新增固定资产为 2 000 万元时，公司的流动资产将会出现不足的现象，而固定资产则会闲置，总体销售收入将下降为 9 620 万元 $[(2\,946-1\,000)\div0.098\,341]$，显然是得不偿失的。新增固定资产 1 000 万元后，销售收入为 19 788 万元，正处于固定资产增减变化的分界点附近，可以为未来的销售收入增长提供足够的支持。

计算结果表明，在考虑固定资产增长条件下，公司利用现有的内部资源可以使销售收入从目前的 18 000 万元扩大到 19 788 万元，销售收入增长率为 9.93%。这说明，如果公司的各种趋势都不发生变化，那么，以销售收入表示的内部扩张加速度将会达到 9.93%。

（二）完全利用内部资金来源的内部筹资能力

1. 内部筹资量的确定

（1）不考虑固定资产增长情况的内部筹资量。

将不考虑固定资产增长情况的公司销售收入 29 957 万元代入资金来源方程式，可以求得内部形成的资金来源总金额为：

$$内部形成的资金来源总金额=-1\,844+0.170\,059\times29\,957=3\,250(万元)$$

（2）考虑固定资产增长情况的内部筹资量。

将考虑固定资产增长情况的公司销售收入 19 788 万元代入资金来源方程式，可以求得内部形成的资金来源总金额为：

$$内部形成的资金来源总金额=-1\,844+0.170\,059\times19\,788=1\,521(万元)$$

关于上述两种情况，前面已经进行了讨论，公司真正能从内部筹集到的资金量是考虑固定资产增长因素的内部筹资量，即公司的内部筹资量为 1 521 万元。

2. 内部形成的资金来源的其他用途探讨

当然，在本例中，由于公司的销售收入未能达到 20 000 万元，公司也可以不急于增加固定资产。如果公司将销售收入定在 20 000 万元，那么，可以将部分内部形成的资金来源，用于长期投资，增加投资收益；或者用于偿还债务、专项储存，以应付未来的需要。

根据公式，在销售收入为 20 000 万元时，公司内部形成的剩余资金来源为：

$$(-1\,844+0.170\,059X)-(-4\,790+0.268\,4X)=1\,557.18-578=979.18(万元)$$

在这种情况下，公司以销售收入表示的内部成长率将为：

$$公司内部成长率=(20\,000-18\,000)\div18\,000\times100\%=11.11\%$$

这说明，公司如果不增加固定资产，其销售收入仍然可以达到 20 000 万元，以销售收入表示的内部成长率将达到 11.11％，并且还能够产生 979.18 万元的剩余资金，以满足公司其他方面对资金的需要。

三、公司适当增加负债资金后的扩张能力

公司适当增加负债资金后的扩张能力也可以从销售收入增长率和内部筹资量两个方面来考察。公司负债筹资的适当标准，一般是公司根据自身承受风险的能力和外部筹资条件确定的。为了便于后面的计算，在这里，我们假定南光公司负债筹资的适当标准是保持公司原有资产负债率不变。下面，先讨论在资产负债率不变条件下的销售收入增长率，然后再讨论在资产负债率不变条件下的内部筹资量。

（一）公司适当增加负债资金后的销售收入扩张能力

前面讨论的问题是公司仅靠内部形成的资金来源扩大生产经营规模的能力问题，简单地说，就是不刻意增加负债而增加的生产经营能力。如果公司按照原有资产负债率增加负债对外筹集负债资金，那么，公司生产经营能力的增长速度将快于单靠内部形成的资金来源扩大生产经营规模的速度。下面仍以实例加以说明。

【例 11-5】　根据［例 11-3］资料计算在公司资产负债率保持不变条件下，增加负债资金后可以达到的销售收入增长率水平和内部筹资量。

解：

1. 确定可行的销售收入

根据"资金占用＝资金来源"的公式，可得：

$$-4\,790+0.268\,4X+\text{新增固定资产}=(-161+0.082\,834\,5X)\div(1-\text{资产负债率})$$

$$-4\,790+0.268\,4X+\text{新增固定资产}=(-161+0.082\,834\,5X)\div(1-51.33\%)$$

整理方程式，可得：

$$-4\,790+0.268\,4X+\text{新增固定资产}=-330.8+0.170\,2X$$

$$0.268\,4X\quad0.170\,2X=4\,790-\text{新增固定资产}-330.8$$

$$0.098\,2X=4\,459.2-\text{新增固定资产}$$

$$X=(4\,459.2-\text{新增固定资产})\div0.098\,2=45\,409.37-\text{新增固定资产}\div0.098\,2$$

当新增固定资产为零时：

$$X=45\,409.37-0\div0.098\,2=45\,409.37（万元）$$

当新增固定资产为 1 000 万元时：

$$X=45\,409.37-1\,000\div0.098\,2=35\,226.07（万元）$$

当新增固定资产为 2 000 万元时：

$$X=45\,409.37-2\,000\div0.098\,2=25\,042.77（万元）$$

当新增固定资产为 3 000 万元时:

$$X = 45\ 409.37 - 3\ 000 \div 0.098\ 2 = 14\ 859.47 (万元)$$

根据上述计算结果,可行的方案是新增固定资产 2 000 万元。因为,在这时,公司生产经营能力的上限将达到销售收入 25 000 万元,与计算出的该方案可以达到的 25 033 万元销售收入基本相等。除此方案之外,其他方案或因固定资产投资不足,无法满足生产经营的需要,或者就是流动资产不足,造成固定资产不能充分发挥作用。

2. 确定销售收入增长率

公司按照原有资产负债率增加负债资金后,公司最快的销售收入增长速度将达到如下水平:

$$销售收入增长率 = (25\ 042.77 - 18\ 000) \div 18\ 000 \times 100\% = 39.13\%$$

计算结果表明,在公司资产负债率不变,以及各种趋势都不变的条件下,公司既利用内部形成的资金来源,又按照原有的资产负债率从外部筹集负债资金,可以使公司销售收入扩张的加速度达到 39.13%。

(二) 公司适当增加负债资金后的内部筹资能力

将公司预期的销售收入 25 042.77 万元代入考虑自然筹资因素在内的资金来源方程式,可以求得内部形成的资金来源总金额为:

$$内部形成的资金来源总金额 = -1\ 844 + 0.170\ 059 \times 25\ 042.77 = 2\ 415 (万元)$$

将上述计算结果与不对外增加负债的情况比较,可以发现,按照原有资产负债率增加负债的扩张速度会大大快于不对外增加负债的扩张速度。具体地看,销售收入可以多增长 29.2 个百分点(39.13% - 9.93%),而内部筹资量则多 894 万元(2 415 - 1 521)。

需要注意的是,公司原有的资产负债率不一定是合理的,因此,按照不合理的资产负债率增加负债资金也未必是合理的和可行的。为了克服按照原有资产负债率确定负债筹资量的弊端,公司可以按照计划设定的资产负债率来计算确定公司生产经营的扩张能力。

思 考 与 练 习

一、复习思考题

1. 资金存量与流量存在什么关系?
2. 资金需要量预测有哪些基本程序?
3. 资金占用量预测的基本方法是什么?
4. 筹资量预测应该注意什么因素?

5. 如何预测公司的内部筹资量和外部筹资量？

6. 怎样认识生产经营能力扩张与资金需要量增长的关系？

7. 如何计算公司完全利用内部资金来源的扩张能力？

8. 如何计算公司适当增加负债资金后的扩张能力？

二、单项选择题

1. 下列关于资金存量与资金流量的关系的说法中，不正确的是（　　）。

A. 在资金流出量速度一定的条件下，资金存量越多，满足资金流出量的需要就越有保证

B. 资金流入量的大小和速度的快慢，会直接影响到资金存量的规模，一般而言，资金流入量越大和速度越快，资金存量的规模也就越大

C. 当资金流入量大于资金流出量时，资金存量增加，当资金流入量小于资金流出量时，资金存量减少

D. 资金存量表现在资产负债表中，就是资产；资金存量表现在利润表中，就是利润

2. 预测资金占用量的基本步骤主要有：（1）预测未来某一期的销售收入；（2）将预测的未来某一水平的销售收入代入资金占用量的预测模型；（3）通过历史数据分析公司各种资金存量和资产总额与销售收入关系，建立各种资金存量和资产总额与销售收入关系之间的函数关系式。正确的预测顺序是（　　）。

A. (1)、(2)、(3)　　　　　　　　　B. (3)、(1)、(2)

C. (1)、(3)、(2)　　　　　　　　　D. (3)、(2)、(1)

3. 一般情况下，下列项目中与销售有直接关系的项目是（　　）。

A. 存货　　　　　　　　　　　B. 长期投资

C. 留存收益　　　　　　　　　D. 实收资本

4. 长江公司 2007 年销售收入是 1 500 万元，利润总额 100 万元，其中投资收益 20 万元，所得税税率是 30%，长江公司采用固定股利支付率，股利支付率为 60%。假设长江公司未来的收入每增长 100 万元，营业利润增长 10 万元，投资收益率为 12%，长期股权投资保持不变，如果 2008 年长江公司收入达到 2 000 万元，则内部筹资为（　　）万元。

A. 42　　　　　　　　　　　　B. 36.4

C. 56　　　　　　　　　　　　D. 52.8

5. 下列说法中，正确的是（　　）。

A. 应付账款、预收账款、预提费用、应付税金、应付租金、应付工资等等都属于外部筹资，因为这类筹资都是债务筹资

B. 资金需要量的增长并不与生产经营能力的扩大成正比。对固定资产而言，资金需要量增长的速度会低于生产经营能力增长的速度；对流动资产而言，流动

　　　资产与销售收入不存在连续的函数关系,而是分段函数关系

　　C. 留存收益和自然筹资都属与内部形成的资金

　　D. 公司筹资有内部筹资和外部筹资之分。公司对外发行新股和负债是内部筹资,公司的留存收益是外部筹资

三、多项选择题

1. 公司资产占用额的多少与(　　　)有关。

　　A. 生产经营能力　　　　　　　　　B. 对外投资的规模

　　C. 企业未来发展的目标　　　　　　D. 企业的资产利用效率

2. 在公司对业务资金占用量进行预测时,不能以销售收入为基础来预测的是(　　　)。

　　A. 出租闲置房产　　　　　　　　　B. 主营商品销售

　　C. 对外股权投资　　　　　　　　　D. 处置不需用固定资产

3. 在表示销售收入与资金占用量的关系的基本函数关系式 $Y=A+BX$ 中,Y、A、X 分别代表(　　　)。

　　A. 资金占用量

　　B. 不随销售收入变化而变化的资产

　　C. 随销售收入变化而变化的资产

　　D. 销售收入

4. 按生产经营能力扩张的资金来源分类,生产经营能力扩张的经常性资金来源主要有(　　　)。

　　A. 公司在生产经营过程中内部形成的资金来源

　　B. 从公司外部取得的负债资金

　　C. 从股东处获得的股权资金

　　D. 从政府取得的补贴资金

5. 公司的留存收益主要受(　　　)的影响。

　　A. 利润总额　　　　　　　　　　　B. 所得税

　　C. 长期负债　　　　　　　　　　　D. 股利分配

四、判断题

1. 在主营业务资金占用量的预测中,占用的各类资产和主营业务收入都是成正比关系的,因此可以用一元一次方程来表示销售收入和资金占用的关系。　　　　(　　　)

2. 在对资金需要量进行回归分析时,相关系数 R^2 越大越好。　　　　　　(　　　)

3. 公司在计算实际对外筹资量时,应该将自然筹资量考虑进去,因为自然筹资可以视同为股东权益资金,是公司内部产生的重要资金来源之一。　　　　(　　　)

4. 货币资金与产销量变动不成正比关系。　　　　　　　　　　　　　　(　　　)

5. 公司筹资有内部筹资和外部筹资之分。公司的留存收益是内部筹资,公司对外发行新股和负债等是外部筹资。研究公司的筹资,主要是研究公司的内部筹资。　　　（　　）

五、计算题

1. 资料:

（1）天华公司近几年的资产负债表和利润表。分别如表 11-12、表 11-13 所示。

表 11-12

资 产 负 债 表

单位：万元

项　　目	2××1 年	2××2 年	2××3 年	2××4 年	2××5 年
货币资金	300	450	500	600	650
应收账款	1 200	1 600	2 100	2 600	3 000
存货	2 000	2 200	2 400	2 800	3 000
长期投资①	3 000	2 000	3 500	4 000	4 000
固定资产净额②	6 000	6 000	7 000	7 000	8 000
资产总计	12 500	12 250	15 500	17 000	18 650
短期借款	2 000	2 300	2 700	2 300	2 400
应付账款	2 000	2 150	2 200	2 700	2 000
其他应付款	1 000	1 000	1 600	1 000	600
长期负债	2 500	1 000	2 000	2 000	1 000
负债合计	7 500	6 450	8 500	8 000	6 850
股本	3 000	3 000	3 000	3 000	3 000
留存收益	2 000	2 800	4 000	6 000	8 800
所有者权益合计	5 000	5 800	7 000	9 000	11 800
负债及所有者权益总计	12 500	12 250	15 500	17 000	18 650

① 长期投资与销售收入无关,只与公司追求投资收益的要求成正比。

② 生产能力与固定资产的关系为:销售收入在 10 000 万元以下时,固定资产占用量为 6 000 万元;销售收入在 10 000 万～15 000 万元时,固定资产占用量为 7 000 万元;销售收入在 15 000 万～20 000 万元时,固定资产占用量为 8 000 万元;销售收入大于 20 000 万元时,固定资产占用量为 9 000 万元。

表 11-13

利　润　表

单位：万元

项　　目	2××1年	2××2年	2××3年	2××4年	2××5年
主营业务收入	8 000	10 000	12 000	15 000	18 000
减：主营业务成本	5 000	6 000	6 800	8 000	9 100
主营业务利润	3 000	4 000	5 200	7 000	8 900
减：期间费用	1 500	1 500	2 500	2 500	3 200
营业利润	1 500	2 500	2 700	4 500	5 700
加：投资收益	450	220	400	500	600
税前利润	1 950	2 720	3 100	5 000	6 300
减：所得税	585	816	930	1 600	1 890
税后利润	1 365	1 904	2 170	3 400	4 410
减：股利	565	704	870	1 400	1 610
未分配利润	800	1 200	1 300	2 000	2 800

（2）假定：2005 年度的计划销售收入增长率为 20%，计划长期投资的收益率为 12%，投资收益为 660 万元，企业所得税税率为 30%。

（3）要求：确定 2005 年度的资金占用量。

2. 假定天华公司的生产经营总趋势没有发生变化，其 2005 年度的利润分配政策为按税后利润总额的 50% 支付股利。试确定公司内部筹资量。

3. 假定天华公司 2005 年度的流动资产与流动负债之比计划为 1.8∶1，应付账款的付款政策没有发生变化，计划其他应付款占用资金数为 1 000 万元。试确定公司的负债结构。

4. 假定天华公司的生产经营趋势没有发生变化，股利支付率为税后利润的 50%，并且不考虑长期投资占用资金的问题。试分析该公司生产经营能力扩张与资金需要量增长之间的关系，以及对外增加筹资量的要求。

5. 根据上述资料计算天华公司在不增加外部筹资量条件下，仅用内部形成的资金来源，可以达到的销售收入增长率水平和内部筹资量。

6. 根据上述资料计算在天华公司资产负债率保持不变条件下，增加负债资金后可以达到的销售收入增长率水平和内部筹资量。

第十二章 财 务 预 算

【本章提要】 财务预算是公司对某个时期的筹资、投资和分配等全部理财活动进行控制的基础,是公司理财的重要技术方法之一。公司在对影响公司理财活动的各种因素进行预测,并作出决策之后,就需要用一定的形式,将决策内容反映出来,以指导公司的财务活动。公司财务预算就是反映公司现金收支、资金投放、资金筹集、营业收入、成本、费用以及盈利状况和财务状况的一整套财务计划。本章将对公司财务预算的基本理论和方法进行讨论。

【学习目标】 通过本章学习,要求掌握和了解如下内容:(1)了解财务预算的内容和作用。(2)掌握财务预算的形式及其编制依据。(3)认识财务预算编制原则。(4)认识财务预算管理的基本内容。(5)掌握全面财务预算的编制流程。(6)掌握全面财务预算的编制原理。(7)掌握全面财务预算的编制方法。

第一节 财务预算概述

一、财务预算的内容与作用

(一)财务预算的内容

财务预算可以分为狭义的财务预算和广义的财务预算。狭义的财务预算是指预算财务报表,广义的财务预算除了预算财务报表之外,还包括构成财务报表的各种因素的预算。这些因素涉及公司生产经营的各个方面,因此,广义的财务预算又称为全面预算。本章要讨论的财务预算指广义的财务预算。

预算就是在预测和决策的基础上,围绕公司的经营目标,以货币作为主要计量单位,对公司在未来一个时期内的资金取得和投放、各项收入和支出、经营成果及其分配等资金运动所作的计划安排。广义的财务预算,包括财务预算、业务预算和专项预算等具体的预算,财务预算与业务预算、专项预算一起构成公司的全面预算。其中,财务预算由反映公司未来一个经营期间的财务状况和经营成果的预算利润表、预算资产负债表、预算现金流量表等一整套预算财务报表及其附表所组成。

财务预算应当围绕公司的战略要求和发展规划,以业务预算、专项预算为基础,以公司价值最大化为目标,以现金流为核心进行编制。公司财务预算一般按年度编制,分季度、月份落实。

预算管理是利用预算明确公司内部不同层级、不同部门在预算期间内应实现的目标和完成的任务。公司通过对财务预算实行分级归口管理,可以将财务预算作为制订、落实内部经济责任制的工具,解决公司内部各部门、各单位的各种财务及非财务资源的分配、考核、控制,以便有效地组织和协调公司的生产经营活动,完成既定的经营目标。预算是连接公司内部不同层级和部门之间沟通的桥梁,其指标的确定是它们之间相互协调配合的结果。

(二) 财务预算的作用

财务预算本身并不是最终目的,而是充当一种在公司战略与经营绩效之间联系的工具。公司的战略、预算和绩效,三者是一个密不可分的有机整体。只有三者真正地有机联系在一起,才能高效互动,公司才可能达成其既定的战略目标。

财务预算在公司的战略、预算和绩效三者之间起着承前启后的重要作用。公司通过编制财务预算既可以最有效地分配公司有限的经济资源、组织收入、控制开支,又可以预测公司现金流量、利润、资产、负债、权益的变化情况,监控战略目标的实施进度,考核经营业绩,为及时调整不利的财务行为指明方向。具体地看,有如下作用:

(1) 战略管理。预算作为一种在公司战略与经营绩效之间联系的工具,可以将既定战略通过预算的形式加以固化和量化,以确保最终实现公司的战略目标。公司把制订、执行预算与公司战略相结合,有助于调整公司策略,提高公司战略管理的水平。

(2) 绩效考核。预算是绩效考核的基础,科学的预算目标值可以成为公司与部门绩效考核指标的比较标准。预算管理在为绩效考核提供参照值的同时,管理者也可以根据预算的实际执行结果去不断修正、优化绩效考核体系,确保考核结果更加符合实际,真正发挥评价与激励的作用。

(3) 资源分配。编制全面预算的编制过程就是公司资源的分配过程,在预算编制完成之后,就直接成为调度与分配公司资源的重要依据。

(4) 风险控制。全面预算体系可以初步揭示公司下一年度的预计经营情况,根据所反映出的预算结果,预测其中的风险点所在,并预先采取某些风险控制的防范措施,从而达到规避与化解风险的目的。

(5) 增加收入和降低成本。通过对全面财务预算体系中有关收入、成本费用因素的预测,可以为不同收入水平情况下的成本开支提供较为精确和可行的预算,还可以配合管理报告和绩效奖惩的措施,对下一年度的实际经营水平进行日常监控。当公司的收入、成本费用水平偏离预算时,公司决策者就可以根据管理报告中所反映的问题采取必要的管理措施,加以改进。

二、财务预算的形式及其编制依据

公司编制全面财务预算应当按照先业务预算、专项预算,后财务预算的流程进行,并按照公司经济业务的类型及其责任权限,编制不同形式的财务预算。下面简介不同预算的编制依据。

（一）业务预算的编制

业务预算是反映预算期内公司可能形成现金收付的生产经营活动的预算,一般包括销售或营业预算、生产预算、制造费用预算、产品成本预算、营业成本预算、采购预算和期间费用预算等,公司可根据实际情况具体编制。

1. 销售或营业预算

该预算是预算期内公司销售各种产品或者提供各种劳务可能实现的销售量或者业务量及其收入的预算,主要依据年度目标利润、预测的市场销量、劳务需求、提供的产品结构以及产品的市场价格编制。

2. 生产预算

该预算是从事工业生产的公司在预算期内所要达到的生产规模及其产品结构的预算,主要是在销售预算的基础上,依据各种产品的生产能力、各项材料消耗定额、人工消耗定额、计划价格、期初和期末存货等资料编制。为了实现有效管理,还应当进一步编制直接材料预算和直接人工预算。

3. 制造费用预算

该预算是从事工业生产的公司在预算期内为完成生产所需各种间接费用的预算,主要在生产预算的基础上,按照费用项目及其上年预算执行情况,根据预算期降低成本、费用的要求编制。

4. 产品成本预算

该预算是从事工业生产的公司在预算期内生产产品所需的生产成本、单位成本和销售成本的预算,主要依据生产预算、直接材料预算、直接人工预算和制造费用预算等汇总编制。

5. 营业成本预算

该预算是非生产型公司对预算期内为了实现营业预算而在人力、物力、财力方面必要的直接成本预算,主要依据公司有关定额、费用标准、计划价格、上年实际执行情况等资料编制。

6. 采购预算

该预算是公司在预算期内为保证生产或者经营的需要而从外部购买各类商品、各项材料、低值易耗品等存货的预算,主要根据销售或营业预算、生产预算、期初实际存货和期末存货经济存量等编制。

7. 期间费用预算

该预算是预算期内公司组织经营活动必要的管理费用、财务费用、销售（营业）费用等的预算，应当区分变动费用与固定费用、可控费用与不可控费用的性质，根据上年实际费用水平和预算期内的变化因素，结合费用开支标准和公司降低成本、费用的要求，分项目、分责任单位进行编制。

8. 营业外收支预算

该预算是预算期内公司对非营业性收支所作的预算。公司的营业外收支内容项目繁多，比如政策性补贴、对外捐赠支出以及其他营业外支出等等，公司应当根据自身的实际情况和国家有关政策规定来进行营业外收支等相关业务预算。

（二）专项预算的编制

专项预算内容繁多，一般包括专项投资预算和专项筹资预算。下面分别对专项投资预算和专项筹资预算进行讨论。

1. 专项投资预算

该预算又称资本预算，是公司在预算期内进行资本性投资活动的预算，主要包括固定资产投资预算、权益性资本投资预算和债券投资预算。

（1）固定资产投资预算是公司在预算期内购建、改建、扩建、更新固定资产进行资本投资的预算，根据公司有关投资决策资料和年度固定资产投资计划编制。公司处置固定资产所引起的现金流入，也应列入资本预算。

（2）权益性资本投资预算是公司在预算期内为了获得其他公司单位的股权及收益分配权而进行资本投资的预算，根据公司有关投资决策资料和年度权益性资本投资计划编制。公司转让权益性资本投资或者收取被投资单位分配的利润（股利）所引起的现金流入，也应列入资本预算。

（3）债券投资预算是公司在预算期内为购买国债、公司债券、金融债券等所作的预算，根据公司有关投资决策资料和证券市场行情编制。公司转让债券收回本息所引起的现金流入，也应列入资本预算。

2. 专项筹资预算

该预算是公司在预算期内进行筹资活动的预算，可以分为借款筹资预算和股权筹资预算。

（1）借款筹资预算。该预算包括各种长短期借款、经批准发行的债券预算，以及对原有借款、债券还本付息的预算。借款筹资预算主要依据公司资金需求量和资金来源结构决策资料、利息率资料，以及期初借款余额等资料编制。

（2）股权筹资预算。股权筹资预算主要根据公司资金需求量和资金来源结构决策资料、股票市场价格资料编制。股权筹资预算应包括股票发行的数量、种类、发行地点、筹资金额等方面的预算。股票发行费用，也应当在筹资预算中分项作出安排。

（三）财务预算的编制

财务预算主要以现金预算、预计资产负债表和预计损益表等形式反映。公司应当结合自身特点确定规范的财务预算编制基础表格，统一财务预算指标计算口径。

1. 现金预算

该预算是按照现金流量表主要项目内容编制的反映公司预算期内一切现金收支及其结果的预算。它以业务预算、投资预算和筹资预算为基础，是其他预算有关现金收支的汇总，主要作为公司资金头寸调控管理的依据。

2. 预算资产负债表

预算资产负债表是按照资产负债表的内容和格式编制的，综合反映公司期末财务状况的预算报表。一般根据预算期初实际的资产负债表、本期销售或营业预算、生产预算、采购预算、投资预算和筹资预算等有关资料分析编制。

3. 预算损益表

预算损益表是按照损益表的内容和格式编制的，反映公司在预算期内利润目标的预算报表。一般根据销售或营业预算、生产预算、产品成本预算或营业成本预算、产品销售成本预算、期间费用预算和其他专项预算等有关资料分析编制。

三、财务预算编制原则

（一）预算编制应关注的基本因素

虽然从理论上说，财务预算对公司生产经营有着十分重要的意义，但如果编制程序使用不当，则容易流于形式。比如，将预算编制工作全部交给财务部，并将它作为财务人员的例行职责，其他部门则很少，甚至不能直接参与预算编制工作，无法对财务预算提出改进建议，往往只是对财务部所提交的具体结果进行确认。在某些极端的情况下，业务部门是在公司预算正式公布的时候才获得信息，根本不了解预算编制的原则与假设前提。这样的预算必然缺乏可操作性，使财务预算流于形式。

为了克服公司在财务预算编制中容易产生的上述通病，首先要求公司管理者形成正确的预算管理观，并防止在实际操作过程中顾此失彼、疲于应付的现象发生。管理部门应该认识到，财务预算编制虽然由公司的财务部负责，但必须有公司的其他部门积极参与，只有这样，财务预算才能真正地发挥作用。

在管理实践中无法找出一种适合于任何行业及公司的财务预算体系。一般而言，决定或者影响一家公司采取何种具体预算编制方法的因素主要有公司的行业性质、业务特点，公司的组织架构与决策程序，公司的财务会计体系，以及公司的管理文化等。公司在编制财务预算时，应对如下一些问题有充分的认识：

（1）预算编制不应该只是编制财务预测报表，各部门还需要根据公司战略规划编制相应的运营计划和预算。

（2）预算编制不应该采取由上到下的单向命令式方式编制，而应该采用"参与式"进行编制,即要广泛吸收下级参与公司预算的编制。在预算编制过程中,公司上下各部门应该进行双向沟通与协调,并在协调中达成一致目标。

(3) 预算编制不应该只局限于财务部门,而应该将预算作为整个公司战略规划执行的一部分,要尽可能多地邀请公司内部不同机构与有关人员参加。

(4) 预算编制不应该只是年初的工作,它应当起始于上年度的第四季度,甚至,还可以提前到第三季度。为了能对下一年度的经营进行及时监控,整个预算编制的工作应该在年底前完成。从上年度第三或第四季度编制下年度公司战略规划及战略行动方案开始,到上年度底对预算方案达成一致意见止,整个阶段的工作都属于预算编制。

(5) 预算不应该是僵化的、一成不变的数据,公司应该在预算执行的年度中,根据实际情况对预算进行适当的调整,有些应采取月度滚动的做法;有些则可采取半年度调整,调整的频率应该视业务性质而定。这样,就可以将当初预算确定时未能预见到的市场或内部环境的变化因素及时纳入考虑范围。

(二) 预算编制的基本原则

总的来讲,财务预算仅仅追求财务数据上表面的逻辑严密性是不够的,更重要的是要切合公司的经营业务实际。预算真正要发挥其辅助战略目标实现的作用,不但要考虑所有直接影响公司经营绩效的因素,而且更为重要的是要与公司绩效管理体系相结合,形成一个完整的、广义上的公司业绩控制系统,只有这样,预算才能够名副其实地扮演起战略监控的角色。在预算编制时,应该正确理解"全面"两字的含义,"全面"并不是单指涵盖会计科目或财务报表方面的全面,而是影响经营绩效各个因素方面的全面。为此,公司编制财务预算应当按照内部经济活动的责任权限进行,并遵循以下基本原则:

(1) 坚持效益优先原则。这一原则要求公司在分配有限的资源的时候,要充分考虑到不同项目效益的大小,向效益大的项目倾斜。对公司不同项目效益大小的判断离不开公司的战略。因此,公司首先应具备明确的战略目标和规划,包括公司发展战略与年度战略行动计划;然后,动员内部各个部门根据战略规划编制各自的年度计划,这些计划应该涵盖收入、成本费用、资源投入和业务活动安排等多方面内容;最后,公司再在此基础上进行总量平衡,实施全面的预算管理。

(2) 坚持积极稳健原则。该原则要求公司在编制财务预算的时候既要积极,保证预算的先进性;又要稳健,确保预算的可行性。另外,在预算编制时,还要充分考虑到对财务风险的控制,力争做到以收定支。

(3) 坚持权责对等原则。这一原则要求公司应该按照权责对等的原则来分配资源和考核业绩。公司各级管理部门应该利用管理报告定期对预算执行情况进行分析、监控和决策。在经营目标执行的过程中,管理者可以借助于各种层次、不同频度的管理报告来监控经营进度,并通过高效的管理评估机制迅速采取相应的行动方案,及时解决出现的问题。若有必要,甚至可以对原有的全面预算体系和关键绩效指标体系作出必要的调整,使之更好地适应公司实际经营情况和市场环境不断变化的需要,实现公司既定的战略目标。

第二节　财务预算管理的基本内容

预算管理是利用预算明确公司内部不同层级、不同部门在预算期间内应实现的目标和完成的任务。公司财务预算管理包括预算编制的组织、财务预算的执行与控制、财务预算的调整、财务预算的分析与考核等方面的内容。

一、财务预算编制的组织

（一）财务预算组织

在财务预算的编制过程中,要广泛吸收公司各个部门和有关人员参与,为了使预算达到目的,公司还必须要健全预算的组织机构,做到事事有人负责。预算的组织机构因公司的组织形式而异,一般而言,不同部门在预算中的作用如下:

（1）公司财务预算管理工作应该由公司法定代表人负责。公司董事会或者经理办公会可以根据情况设立财务预算委员会或指定财务管理部门负责财务预算管理事宜,并对公司法定代表人负责。

（2）财务预算委员会或公司财务管理部门主要负责拟订财务预算的目标、政策,制订财务预算管理的具体措施和办法,审议、平衡财务预算方案,组织下达财务预算,协调解决财务预算编制和执行中的问题,组织审计、考核财务预算的执行情况,督促公司完成财务预算目标。

（3）公司财务管理部门在财务预算委员会或公司法定代表人的指导下,具体负责组织公司财务预算的编制、审查、汇总、上报、下达、报告等具体工作,跟踪监督财务预算的执行情况,分析财务预算与实际执行的差异及原因,提出改进管理的措施和建议。

（4）公司内部生产、投资、物资、人力资源、市场营销等职能部门具体负责本部门业务涉及的财务预算的编制、执行、分析、控制等工作,并配合财务预算委员会做好公司总预算的综合平衡、协调、分析、控制、考核等工作。其主要负责人参与公司财务预算委员会的工作,并对本部门财务预算执行结果承担责任。

（5）公司所属基层单位是公司主要的财务预算执行单位,在公司财务管理部门的指导下,负责本单位现金流量、经营成果和各项成本费用预算的编制、控制、分析工作,接受公司的检查、考核。其主要负责人对本单位财务预算的执行结果承担责任。

（二）财务预算的编制程序

公司财务预算应该按照"上下结合、分级编制、逐级汇总"的程序进行。其具体程序如下。

1. 下达目标

公司董事会或经理办公会根据公司发展战略和预算期经济形势的初步预测,在决策的基础上,一般于每年 9 月底以前提出下一年度公司财务预算目标,包括销售或营业目标、成本费用目标、利润目标和现金流量目标,并确定财务预算编制的政策,由财务预算委员会下达各公司。

2. 编制上报

公司内部各单位,应该按照公司财务预算委员会下达的财务预算目标和政策,结合自身特点以及预测的执行条件,提出详细的本单位财务预算方案,于 10 月底前上报公司财务管理部门。

3. 审查平衡

公司财务管理部门对各公司上报的财务预算方案进行审查、汇总,提出综合平衡的建议。在审查、平衡过程中,财务预算委员会应当进行充分协调,对发现的问题提出初步调整的意见,并反馈给有关公司予以修正。

4. 审议批准

公司财务管理部门在有关公司修正调整的基础上,编制出公司财务预算方案,报财务预算委员会讨论。对于不符合公司发展战略或者财务预算目标的事项,公司财务预算委员会应当责成有关公司进一步修订、调整。在讨论、调整的基础上,公司财务管理部门正式编制公司年度财务预算草案,提交董事会或经理办公会审议批准。

5. 下达执行

公司财务管理部门对董事会或经理办公会审议批准的年度总预算,一般在次年 3 月底以前,分解成一系列的指标体系,由财务预算委员会逐级下达各公司执行。

(三)财务预算的编制方法

公司财务预算应该根据不同的预算项目和需要,分别采用固定预算、弹性预算、滚动预算、零基预算、概率预算等方法进行编制。各种预算方法的基本含义如下。

1. 固定预算

固定预算是根据预算内正常的、可实现的某一业务量水平编制的预算,它一般适用于固定费用或者数额比较稳定的预算项目。

2. 弹性预算

弹性预算是以变动成本法为基础,按照量、本、利之间的依存关系编制的预算,它一般适用于与公司业务量有关的成本(费用)、利润等预算项目。

3. 滚动预算

滚动预算是随时间的推移和市场条件的变化而自行延伸并进行同步调整的预算,它一般适用于季度预算的编制。

4. 零基预算

零基预算是将预算收支的基点设定为零,对预算期内各项收入的可行性,各项支出的必要性、合理性,以及预算数额的大小,进行逐项决策,来确定收支水平的预算,它一般适用于不经常发生的或者预算编制基础变化较大的预算项目,如对外投资、对外捐赠等。

5. 概率预算

概率预算是根据各种不确定性预算项目发生变化的概率编制的预算。具体地说,是先估计不确定性项目发生各种变化的概率;其次,明确它们可能出现的最大值和最小值,并计算出期望值;最后,根据这些结果编制出预算。它一般适用于难以预测变动趋势的预算项目,如销售新产品、开拓新业务等。

二、财务预算的执行与控制

公司财务预算一经批复下达,就成为公司和各预算执行单位经济活动的纲领性文件,公司和各预算执行单位都必须认真组织实施。为了保证预算目标的实现,公司在预算执行中应该做好以下工作。

(一)预算分解

为了落实预算执行责任,公司应该将财务预算指标层层分解,使预算指标从横向和纵向落实到内部各部门、各单位、各环节和各岗位,形成全方位的财务预算执行责任体系。公司应该将财务预算作为预算期内组织、协调各项经营活动的基本依据,并将年度预算细分为季度和月度预算,以分期预算控制确保年度财务预算目标的实现。

(二)强化预算管理

为了保证预算的完成,公司必须强化现金流量的预算管理,按时组织预算资金的收入,严格控制预算资金的支付,调节资金收付平衡,控制支付风险。对于预算内的资金拨付,按照授权审批程序执行;对于预算外的项目支出,应当按例外原则进行处理,比如按照财务预算管理制度规定的程序,先申报,得到批准后再支付。对于无合同、无凭证、无手续且与完成预算无关的项目,则不予支付。

公司还应该严格执行销售或营业预算、生产和成本费用预算。在日常控制中,严格执行生产经营月度计划和成本费用的定额、定率标准,加强适时的监控。对预算执行中出现的异常情况,应责成公司有关部门及时查明原因,提出解决办法。

(三)建立财务预算报告制度

了解预算执行情况,是完成预算任务的前提。为此,公司必须建立财务预算报告制度,要求各预算执行单位定期报告财务预算的执行情况。对于财务预算执行中发生的新情况、新问题及出现偏差较大的重大项目,公司财务管理部门以及财务预算委员会应当责成有关预算执行单位查找原因,提出改进经营管理的措施和建议。

公司财务管理部门应当利用财务报表监控财务预算的执行情况,及时向预算执行单位、公司财务预算委员会以及董事会或经理办公会提供财务预算的执行进度、执行差异及其对公司财务预算目标的影响等财务信息,促使公司完成财务预算目标。

三、财务预算的调整

（一）财务预算调整的前提

虽然，作为公司纲领性文件的财务预算，一般不应该调整；但如果以下一些事件出现，使公司财务预算与现实状况差距过大，财务预算无法完成时，那么，原财务预算就必须进行调整。因为只有这样，才能保证财务预算的可行性。这些事件主要是财务预算编制的基础，包括：

（1）市场环境、经营条件、政策法规等外部条件发生重大变化。

（2）公司生产经营条件、组织形式等内部条件发生重大变化。

（3）原财务预算有严重的技术性错误。

（二）财务预算的调整方法和程序

1. 财务预算的调整方法

调整财务预算的基本方法是在公司内部建立弹性的预算机制，对于不影响财务预算目标的业务预算、资本预算、专项预算之间的调整，公司可以按照内部授权批准制度执行，鼓励预算执行单位及时采取有效的经营管理对策，保证财务预算目标的实现。

2. 财务预算的调整程序

调整财务预算的基本程序是由预算执行单位逐级向公司财务预算委员会提出书面报告，阐述财务预算执行的具体情况、客观因素变化情况及其对财务预算执行造成的影响程度，提出财务预算的调整幅度。

公司财务管理部门应当对预算执行单位的财务预算调整报告进行审核分析，集中编制公司年度财务预算调整方案，提交财务预算委员会以及公司董事会或经理办公会审议批准，然后下达执行。

（三）调整财务预算的要求

公司在进行财务预算调整决策时，一般应当充分考虑以下因素：

（1）预算调整事项不能偏离公司发展战略和年度财务预算目标。

（2）预算调整方案应当在经济上能够实现最优化。

（3）预算调整重点应当放在财务预算执行中出现的重要的、非正常的、不符合常规的关键性差异方面。

四、财务预算的分析与考核

财务预算的分析与考核是财务预算得以正确贯彻执行的重要保障。为了不使财务预算流于形式，公司必须建立财务预算分析与考核制度，深入开展财务预算与考核工作。具体地说，应该开展以下工作。

（一）定期召开财务预算执行分析会议

公司财务预算委员会要定期召开财务预算执行分析会议，充分听取预算执行单位的意见,全面掌握财务预算的执行情况,分析完成和未完成预算的原因,并着重从政策角度研究解决财务预算执行中存在的问题,纠正财务预算的执行偏差。

（二）深入开展财务预算执行分析

开展深入的财务预算执行分析,需要公司财务部门和预算执行单位的参与。

财务管理部门主要应该收集有关财务方面的信息,根据不同情况分别采用比率分析、比较分析、因素分析和平衡分析等方法,从定量与定性两个层面充分反映预算执行单位预算执行的现状、发展趋势及其存在的潜力,并在此基础上提出相应的解决措施或建议,提交董事会或经理办公会研究决定。

各预算执行单位应当充分收集业务、市场、技术、政策和法律等方面的有关信息资料,分析这些因素变化对预算执行的影响,寻找完成或未完成预算的主客观原因,并提出纠正预算执行偏差的可行措施,提交董事会或经理办公会研究决定。

（三）定期组织财务预算审计

为了维护财务预算管理的严肃性,纠正财务预算执行中存在的问题,公司财务预算委员会应当充分发挥内部审计的监督作用,定期组织财务预算审计。财务预算审计可以全面审计,也可以是抽样审计。在特殊情况下,公司还可以组织不定期的专项审计。审计工作结束后,公司内部审计机构应当形成审计报告,直接提交财务预算委员会以至董事会或者经理办公会,作为财务预算调整、改进内部经营管理和财务考核的一项重要参考。

（四）对预算执行单位进行考核

预算年度终了,公司内部预算执行单位应该向财务预算委员会上报本单位的财务预算执行报告;财务预算委员会应当向董事会或者经理办公会报告公司整体财务预算的执行情况,并依据财务预算完成情况和财务预算审计情况对预算执行单位进行考核。

公司财务预算执行考核是公司效绩评价的主要内容,它应当结合年度内部经济责任制考核进行,与预算执行单位负责人的奖惩挂钩,并作为公司内部人力资源管理的参考。当然,公司财务预算完成情况应以公司年度财务会计报告为准,但公司财务预算执行报告是股东会或董事会对公司经营班子考核的基本依据;而公司内部预算执行单位的财务预算执行报告,是公司对各预算执行单位进行财务考核的基本依据。

第三节　全面财务预算的编制原理

一、全面财务预算的编制流程

虽然,全面财务预算的编制方法随公司的性质和规模的不同而不尽相同,但其编制流程基本相似,可用图 12-1 表示。

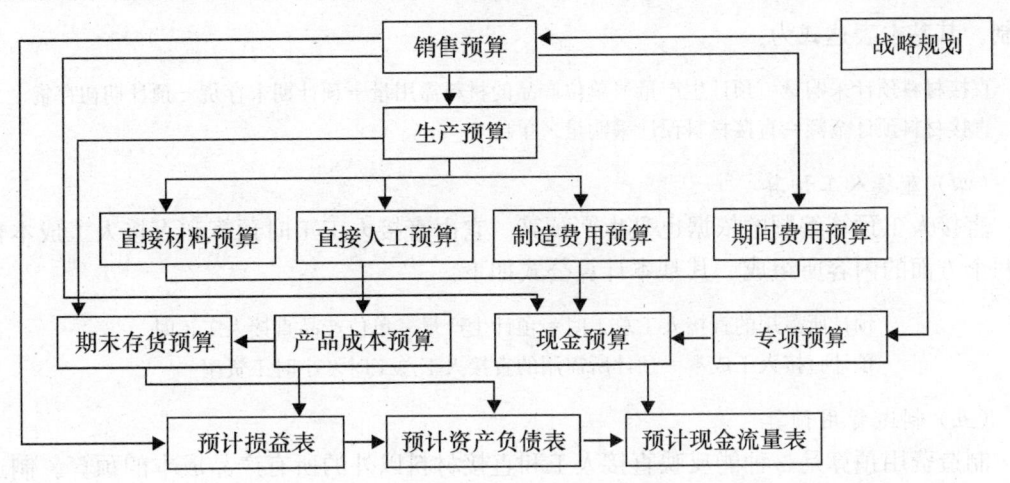

图 12-1　全面财务预算编制流程图

二、全面财务预算的编制原理

（一）销售预算

销售预算是编制全面财务预算的起点，在编制了销售预算之后，公司才能编制生产、材料采购、存货、费用等方面的预算。销售预算是以销售预测为基础的，在编制销售预算之前，公司需要对外部环境和内部条件进行分析，重点是对市场的调查，预测未来期间公司产品的销售量和销售单价。在预计公司产品销售量和销售单价之后，就可以按照如下公式确定预计的销售收入，即：

$$预计销售收入＝预计销售量×预计销售单价$$

（二）生产预算

生产预算编制的依据是销售预算和产成品存货预算。具体地说，产品的预计生产量是根据预计销售量、预计期初库存量和预计期末库存量确定的，其计算公式如下：

$$预计生产量＝预计销售量＋预计期末产成品存货－预计期初产成品存货$$

预计的产成品期初、期末存货是生产预算的重要组成部分。为了避免存货过多而形成资金的积压和浪费，以及存货不足而影响未来期间的正常销售活动给企业带来不利的影响，公司应该重视对产成品期初、期末存货的预计。

（三）直接材料预算

直接材料预算由直接材料数量预算和直接材料金额预算两个方面的内容所组成。数量预算的编制基础是生产预算，在数量预算的基础上，根据预计的单价，就可以求得预算期内直接材料金额的预算。为了避免直接材料存货不足而影响生产；或因存货过多而形成资金的积压和浪费，直接材料预算应该根据生产需要量与预算采购量之间的关系进行编制。其基本表达式为：

直接材料预计采购量＝预计生产量×单位产品的材料需用量＋预计期末存货－预计期初存货

直接材料预计金额＝直接材料预计采购量×单价

（四）直接人工预算

直接人工预算编制的依据也是生产预算。它由直接人工工时预算和直接人工成本预算两个方面的内容所组成。其基本计算公式如下：

预计所需用的直接人工总工时＝预计生产量×单位产品直接人工工时

预计直接人工成本＝预计所需用的直接人工总工时×小时工资率

（五）制造费用预算

制造费用预算是一种能反映直接人工和直接材料以外的所有产品成本的预算。制造费用预算包括全部费用预算和付现费用预算两大部分。此外，还需要将制造费用按其成本性态分为变动性制造费用、半变动制造费用和固定性制造费用。

固定性制造费用可在上年的基础上根据预期变动加以适当修正进行预计；变动性制造费用根据预计生产量乘以单位产品预定分配率进行预计；而半变动制造费用则可利用公式 $y＝a＋bx$ 进行预计。

为了给编制现金预算提供必要信息，在制造费用预算中，通常包括费用方面预期的现金支出。虽然计算费用预期费用分配率需要固定资产折旧，但由于固定资产折旧不需用现金支出，因此，在编制制造费用预算时，应将折旧这一项目从中予以扣除。在将半变动制造费用分解之后，制造费用由固定费用和变动费用之和组成。据此，制造费用预算的基本公式如下：

$$\frac{预计制造}{费用合计}＝\frac{预计固定性}{制造费用}＋\frac{预计变动性}{制造费用}＝\frac{预计固定性}{制造费用}＋\frac{预计直接}{人工小时}×\frac{变动性费用}{预定分配率}$$

预计需用现金支付的制造费用＝预计制造费用合计－折旧

（六）期末产成品存货和销售产品成本预算

编制期末产成品存货预算的目的有两个：一是为编制预计损益表提供销售产品成本数据，二是为编制预计资产负债表提供期末产成品存货数据。其编制基本步骤为先计算确定产成品单位成本，将产成品单位成本乘以预计期末产成品存货数量，即可得出预计期末产成品存货额；然后再在此基础上计算产品销售成本。即：

预计期末产成品存货额＝期末产成品存货数量×产成品单位成本

产品销售成本＝期初存货＋（直接材料采购＋直接人工＋制造费用）－期末存货

（七）销售与管理费用预算

销售与管理费用预算包括预算期内将发生的除制造费用以外的各项费用的预算。销售与管理费用预算也包括全部费用和付现费用两大部分。此外，也需要将销售与管理费用按其成本性态分为变动性销售与管理费用和固定性销售与管理费用两部分。如果费用项目比较多,那么销售费用与管理费用可以分别编制预算。

（八）现金预算

现金预算一般由现金收入、现金支出、现金多余或不足,以及资金的筹集与运用四个部分构成。其基本关系如表12-1所示。

表 12-1

现金预算四部分内容的关系

项　　　目	金　　　额
期初现金余额	
加：现金收入	
当期筹资前可得现金合计	
减：现金支出	
现金多余(不足)	
加：资金的筹集(运用)	
期末现金余额	

现金预算是企业现金管理的重要工具,它有助于企业事先对其日常的现金需要进行有计划的安排。如果没有预算,无法事先对现金进行合理的平衡、调度,就有可能使企业陷入财务困境。

（九）预计损益表

在编制完上述各种预算之后,就可以编制预计损益表了。预计损益是整个预算过程中的一个重要环节,它可以揭示公司预期的盈利目标,从而有助于经理人员及时调整经营策略。预计损益表,可以按照全部成本法和变动成本法两种方法进行编制。按照全部成本法编制预计损益表,其优点是可以与会计原则保持一致,其不足之处是在内部管理使用中不太方便。因此,如果有必要,公司还可以按照变动成本法编制损益表。

（十）预计资产负债表

预计资产负债表反映预算期末各账户的预期余额。其编制方法是在公司期初资产负债表的基础上,加减业务预算、专项预算和现金预算中的相关数字,编制出预计资产负债表。预计资产负债表可以为公司管理当局提供会计期末企业预期的财务状况信息,据此,有助于企业管理当局预测未来期间的财务状况,并采取适当的改进措施,有效地控制公司的投资与筹资风险。

第四节　全面财务预算编制方法例解

本节以腾达公司的实例说明全面财务预算的编制方法。

一、销售预算

（一）销售预算资料

1. 销售量和销售价格

预计销售价格和预计销售量如表 12-2 所示。

表 12-2

预计销售价格和预计销售量

产　品	销售单价（元/件）	预计销售数量（件）			
		第一季度	第二季度	第三季度	第四季度
甲	300	1 000	1 100	1 200	1 100
乙	400	1 200	1 300	1 400	1 500

2. 销售政策

公司销售政策为 50％现销，50％赊销。本季度赊销账款在次季度收回。上年第四季度末的应收账款余额为 400 000 元。

（二）销售预算

销售预算见表 12-3，预计现金收入如表 12-4 所示。

表 12-3

销　售　预　算　表

季　　　　度	销售产品	销售数量（件）	销售单价（元/件）	销售收入（元）
第一季度	甲	1 000	300	300 000
	乙	1 200	400	480 000
	小　计			780 000
第二季度	甲	1 100	300	330 000
	乙	1 300	400	520 000
	小　计			850 000
第三季度	甲	1 200	300	360 000
	乙	1 400	400	560 000
	小　计			920 000

（续表）

季　度	销售产品	销售数量（件）	销售单价（元/件）	销售收入（元）
第四季度	甲	1 100	300	330 000
	乙	1 500	400	600 000
	小　计			930 000
全　年	甲	4 400	300	1 320 000
	乙	5 400	400	2 160 000
	合　计			3 480 000

表 12-4

预计现金收入表

单位：元

项　目	本期发生数	实 际 现 金 收 入			
		第一季度	第二季度	第三季度	第四季度
期初数	400 000	400 000			
第一季度	780 000	390 000	390 000		
第二季度	850 000		425 000	425 000	
第三季度	920 000			460 000	460 000
第四季度	930 000				465 000
期末数	(465 000)				
合　计	3 415 000	790 000	815 000	885 000	925 000

二、生产预算

（一）生产预算资料

1. 上年度末产成品存货

上年度末产成品存货情况如表 12-5 所示。

表 12-5

上年度末产成品存货情况

产　品	数量（件）	单位成本（元/件）	总成本（元）
甲	700	190	133 000
乙	800	250	200 000
合　计			333 000

2. 本年产成品存货政策

本年甲产品的产成品存货量为下一季度销售量的 60%，乙产品的产成品存货量为下一季度销售量的 70%。

预计下一年第一季度甲产品的销售量为 1 200 件,乙产品的销售量为 1 600 件。

（二）生产预算

生产预算如表 12-6 所示。

表 12-6

生 产 预 算 表

单位：件

产品	项　　　目	第一季度	第二季度	第三季度	第四季度
甲	预计销售量	1 000	1 100	1 200	1 100
	加：期末存货	660	720	660	720
	合计	1 660	1 820	1 860	1 820
	减：期初存货	700	660	720	660
	预计生产量	960	1 160	1 140	1 160
乙	预计销售量	1 200	1 300	1 400	1 500
	加：期末存货	910	980	1 050	1 120
	合计	2 110	2 280	2 450	2 620
	减：期初存货	800	910	980	1 050
	预计生产量	1 310	1 370	1 470	1 570

三、直接材料预算

（一）直接材料预算资料

1. 直接材料消耗

甲、乙两种产品都耗用 A、B、C 三种材料,其耗用量如表 12-7 所示。

表 12-7

甲、乙产品材料耗用量

产品(件)	A 材料(千克)	B 材料(千克)	C 材料(千克)
甲	8	4	5
乙	4	10	6

2. 直接材料计划价格

A 材料单价为 5 元/千克,B 材料为 8 元/千克,C 材料为 4 元/千克。

3. 期初直接材料存货

期初直接材料存货,如表 12-8 所示。

表 12-8

期初直接材料存货

名　　称	数量(千克)	单价(元/千克)	金额(元)
A 材料	12 000	5	60 000
B 材料	20 000	8	160 000
C 材料	15 000	4	60 000
合　计			280 000

4. 本年直接材料存货政策

每季度末直接材料按下季度生产量的一定比例确定。A 材料期末存量为下季度消耗量的 100%，B 材料为下季度消耗量的 150%，C 材料为下季度消耗量的 120%。

5. 直接材料付款政策

各季度当期支付采购款项的 40%，其余 60% 在下季度支付。上年度末应付账款余额为 200 000 元。

（二）直接材料预算

直接材料预算如表 12-9、表 12-10、表 12-11、表 12-12、表 12-13 和表 12-14 所示。

表 12-9

A 直接材料预算

材料	产品	项　　目	第一季度	第二季度	第三季度	第四季度	全　年
	甲	预计生产量(件)	960	1 160	1 140	1 160	4 420
		单位消耗量(千克)	8	8	8	8	8
		消耗量小计(千克)	7 680	9 280	9 120	9 280	35 360
	乙	预计生产量(件)	1 310	1 370	1 470	1 570	5 720
		单位消耗量(千克)	4	4	4	4	4
		消耗量小计(千克)	5 240	5 480	5 880	6 280	22 880
A		消耗量合计(千克)	12 920	14 760	15 000	15 560	58 240
		加：期末库存(千克)	14 760	15 000	15 560	16 000①	61 320
		合计(千克)	27 680	29 760	30 560	31 560	119 560
		减：期初库存(千克)	12 000	14 760	15 000	15 560	57 320
		采购总数(千克)	15 680	15 000	15 560	16 000	62 240
		计划价格(元/千克)	5	5	5	5	5
		采购成本(元)	78 400	75 000	77 800	80 000	311 200

① 16 000＝(1 200×8＋1 600×4)×100%

表 12-10

B 直接材料预算

材料	产品	项　　　目	第一季度	第二季度	第三季度	第四季度	全年
	甲	预计生产量(件)	960	1 160	1 140	1 160	4 420
		单位消耗量(千克)	4	4	4	4	4
		消耗量小计(千克)	3 840	4 640	4 560	4 640	17 680
	乙	预计生产量(件)	1 310	1 370	1 470	1 570	5 720
		单位消耗量(千克)	10	10	10	10	10
		消耗量小计(千克)	13 100	13 700	14 700	15 700	57 200
B		消耗量合计(千克)	16 940	18 340	19 260	20 340	74 880
		加:期末库存(千克)	27 510	28 890	30 510	31 200①	118 110
		合计(千克)	45 850	48 150	50 850	52 000	207 250
		减:期初库存(千克)	20 000	27 510	28 890	30 510	106 910
		采购总数(千克)	25 850	20 640	21 960	21 490	100 340
		计划价格(元/千克)	8	8	8	8	8
		采购成本(元)	206 800	165 120	175 680	171 920	802 720

① 31 200＝(1 200×4＋1 600×10)×150%

表 12-11

C 直接材料预算

材料	产品	项　　　目	第一季度	第二季度	第三季度	第四季度	全年
	甲	预计生产量(件)	960	1 160	1 140	1 160	4 420
		单位消耗量(千克)	5	5	5	5	5
		消耗量小计(千克)	4 800	5 800	5 700	5 800	22 100
	乙	预计生产量(件)	1 310	1 370	1 470	1 570	5 720
		单位消耗量(千克)	6	6	6	6	6
		消耗量小计(千克)	7 860	8 220	8 820	9 420	34 320
C		消耗量合计(千克)	12 660	14 020	14 520	15 220	56 420
		加:期末库存(千克)	16 824	17 424	18 264	18 720①	71 232
		合计(千克)	29 484	31 444	32 784	33 940	127 652
		减:期初库存(千克)	15 000	16 824	17 424	18 264	67 512
		采购总数(千克)	14 484	14 620	15 360	15 676	60 140
		计划价格(元/千克)	4	4	4	4	4
		采购成本(元)	57 936	58 480	61 440	62 704	240 560

① 18 720＝(1 200×5＋1 600×6)×120%

表 12-12

直接材料期末存货金额预算

单位：元

项　　目	年　初	第一季度末	第二季度末	第三季度末	第四季度末
直接材料存货 A	12 000	14 760	15 000	15 560	16 000
直接材料存货 B	20 000	27 510	28 890	30 510	31 200
直接材料存货 C	15 000	16 824	17 424	18 264	18 720
直接材料存货金额①	280 000	358 296	375 816	394 936	404 480

① 预计期末直接材料存货金额计算过程如下：

$$358\ 296 = 14\ 760 \times 5 + 27\ 150 \times 8 + 16\ 824 \times 4$$
$$375\ 816 = 15\ 000 \times 5 + 28\ 890 \times 8 + 17\ 424 \times 4$$
$$394\ 936 = 15\ 560 \times 5 + 30\ 510 \times 8 + 18\ 264 \times 4$$
$$404\ 480 = 16\ 000 \times 5 + 31\ 200 \times 8 + 18\ 720 \times 4$$

表 12-13

直接材料采购金额预算

单位：元

材料名称	第一季度	第二季度	第三季度	第四季度	全年
A	78 400	75 000	77 800	80 000	311 200
B	206 800	165 120	175 680	171 920	719 520
C	57 936	58 480	61 440	62 704	240 560
合　　计	343 136	298 600	314 920	314 624	1 271 280

表 12-14

直接材料采购预计现金支出表

单位：元

项　　目	本期发生数	实 际 现 金 支 出			
		第一季度	第二季度	第三季度	第四季度
期初数	200 000	200 000			
第一季度	343 136	137 254	205 882		
第二季度	298 600		119 440	179 160	
第三季度	314 920			125 968	188 952
第四季度	314 624				125 850
期末数	(188 774)				
合　　计	1 282 506	337 254	325 322	305 128	314 802

四、直接人工预算

（一）直接人工预算资料

1. 工时

计划直接人工工时甲产品为 3 小时/件,乙产品为 4 小时/件。

2. 小时工资率

小时工资率为 10 元/小时。

（二）直接人工预算

直接人工预算如表 12-15 所示。

表 12-15

直接人工预算表

金额单位：元

产品	项　　目	第一季度	第二季度	第三季度	第四季度	全　年
甲	预计生产量（件）	960	1 160	1 140	1 160	4 420
	单位产品工时（小时）	3	3	3	3	3
	工时小计（小时）	2 880	3 480	3 420	3 480	13 260
乙	预计生产量（件）	1 310	1 370	1 470	1 570	5 720
	单位产品工时（小时）	4	4	4	4	4
	工时小计（小时）	5 240	5 480	5 880	6 280	22 880
合计	总工时（小时）	8 120	8 960	9 300	9 760	36 140
	小时工资（元）	10	10	10	10	10
	人工成本合计（元）	81 200	89 600	93 000	97 600	361 400

五、制造费用预算

（一）制造费用预算资料

（1）间接材料按照直接人工工时数乘以 2 元/小时。

（2）间接人工按照直接人工工时数乘以 2 元/小时。

（3）办公经费按照直接人工工时数乘以 1 元/小时。

（4）折旧费用为 10 000 元/季度。

（5）管理人员工资为 20 000 元/季度。

（6）其他固定费用为 10 000 元/季度。

（二）制造费用预算

腾达公司的制造费用预算和分摊情况分别如表 12-16 和表 12-17 所示,制造费用实际现金支付如表 12-18 所示。

表 12-16

制造费用预算表

单位：元

项　　目		第一季度 （8 120 工时）		第二季度 （8 960 工时）		第三季度 （9 300 工时）		第四季度 （9 760 工时）	
		小时 费用	合计	小时 费用	合计	小时 费用	合计	小时 费用	合计
变动 制造 费用	间接材料	2	16 240	2	17 920	2	18 600	2	19 520
	间接人工	2	16 240	2	17 920	2	18 600	2	19 520
	办公经费	1	8 120	1	8 960	1	9 300	1	9 760
	合计	5	40 600	5	44 800	5	46 500	5	48 800
固定 制造 费用	折旧		100 000		100 000		100 000		100 000
	管理人员工资		20 000		20 000		20 000		20 000
	其他固定费用		10 000		10 000		10 000		10 000
	合计		130 000		130 000		130 000		130 000
制造费用合计			170 600		174 800		176 500		178 800

假定公司的制造费用按照直接人工工时进行分摊。根据前述资料，制造费用的分摊结果如表 12-17 所示。

表 12-17

制造费用分摊表

金额单位：元

产品	项　　目	第一季度	第二季度	第三季度	第四季度	全　年
甲	工时小计	2 880	3 480	3 420	3 480	13 260
	分配比率	2 880/8 120	3 480/8 960	3 420/9 300	3 480/9 760	
	分配金额	60 508	67 891	64 906	63 752	257 057
	预计生产量	960	1 160	1 140	1 160	4 420
	单位成本	63	59	57	55	58
乙	工时小计	5 240	5 480	5 880	6 280	22 880
	分配比率	5 240/8 120	5 480/8 960	5 880/9 300	6 280/9 760	
	分配金额	110 092	106 909	111 594	115 048	443 643
	预计生产量	1 310	1 370	1 470	1 570	5 720
	单位成本	84	78	76	73	78
合　计	总工时	8 120	8 960	9 300	9 760	36 140
	制造费用合计	170 600	174 800	176 500	178 800	700 700

表 12-18

制造费用实际现金支付表

单位：元

项　　目	第一季度	第二季度	第三季度	第四季度	合　计
制造费用合计	170 600	174 800	176 500	178 800	700 700
减：折旧	100 000	100 000	100 000	100 000	400 000
实际现金支付	70 600	74 800	76 500	78 800	300 700

六、单位产品成本、期末产成品存货和销售产品成本预算

计算产品销售成本，首先需要计算期末产成品存货，期末产成品存货计价可以采用诸如加权平均法、先进先出法等方法。在采用变动成本法计算成本时，期末存货只负担当期的变动产生成本。

根据前述计算结果，可以编制单位产品成本预算表、期末产成品存货预算表和销售产品成预算表。

（一）单位产品成本预算

单位产品成本预算如表 12-19 所示。

表 12-19

单位产品成本预算表

单位：元

时　间	甲　产　品				乙　产　品			
	直接材料	直接人工	制造费用	单位生产成本	直接材料	直接人工	制造费用	单位生产成本
第一季度	92	30	63	185	124	40	84	248
第二季度	92	30	59	181	124	40	78	242
第三季度	92	30	57	179	124	40	76	240
第四季度	92	30	55	177	124	40	73	237

（二）期末产成品存货预算

期末产成品存货预算如表 12-20 所示。

表 12-20

期末产成品存货预算表

单位：元

时 间	甲 产 品			乙 产 品			合 计
	数量	单位成本	金额	数量	单价成本	金额	
年初	700	190	133 000	800	250	200 000	333 000
第一季度	960	185	177 600	1 310	248	324 880	502 480
第二季度	1 160	181	209 960	1 370	242	331 540	541 500
第三季度	1 140	179	204 060	1 470	240	352 800	556 860
年末	1 160	177	205 320	1 570	237	372 090	577 410

（三）销售产品成本预算

销售产品成本预算如表 12-21 所示。

表 12-21

销售产品成本预算表

单位：元

项 目	第一季度	第二季度	第三季度	第四季度	合 计
期初存货合计	613 000	860 776	917 316	951 796	613 000
其中：直接材料存货	280 000	358 296	375 816	394 936	280 000
产成品存货	333 000	502 480	541 500	556 860	333 000
加：本期采购	343 136	298 600	314 920	314 624	1 271 280
直接人工	81 200	89 600	93 000	97 600	361 400
制造费用	170 600	174 800	176 500	178 800	700 700
合计	1 207 936	1 423 776	1 501 736	1 542 820	1 884 280
减：期末存货合计	860 776	917 316	951 796	981 890	981 890
其中：直接材料存货	358 296	375 816	394 936	404 480	404 480
产成品存货	502 480	541 500	556 860	577 410	577 410
产品销售成本	347 160	506 460	549 940	560 930	1 964 490

当然，为了适应公司内部管理的需要，财务预算还可以按照变动成本计算法来计算成本，即变动成本直接计入产品成本，固定费用则作为期间费用直接在当期利润中扣除。编制制造费用预算时，变动制造费用预算应该根据预计生产量的变动情况，按照弹性预算方

法编制;固定费用预算则可以按照固定预算、零基预算等方法编制。

七、销售及管理费用预算

(一)销售及管理费用预算资料

(1)销售佣金按照销售收入的 2% 计算。

(2)销售运输费用按照销售收入的 3% 计算。

(3)广告费用预算金额为 60 000 元/季度。

(4)差旅费预算为 30 000 元/季度。

(5)销售及管理人员工资预算为 50 000 元/季度。

(6)折旧费用为 40 000 元/季度。

(7)办公费用预算为 40 000 元/季度。

(8)其他费用预算为 20 000 元/季度。

(二)销售及管理费用预算

腾达公司销售及管理费用预算见表 12-22,销售及管理费用实际现金支付如表 12-23 所示。

表 12-22

销售及管理费用预算表

单位:元

项 目	第一季度	第二季度	第三季度	第四季度	合 计
变动销售及管理费用					
销售佣金(2%)	15 600	17 000	18 400	18 600	69 600
运输费用(3%)	23 400	25 500	27 600	27 900	104 400
合 计	39 000	42 500	46 000	46 500	174 000
固定销售及管理费用					
广告费用	60 000	60 000	60 000	60 000	240 000
差旅费	30 000	30 000	30 000	30 000	120 000
销售及管理人员工资	50 000	50 000	50 000	50 000	200 000
折旧费	40 000	40 000	40 000	40 000	160 000
办公费用	40 000	40 000	40 000	40 000	160 000
其他费用	20 000	20 000	20 000	20 000	80 000
合 计	240 000	240 000	240 000	240 000	960 000
销售及管理费用总计	279 000	282 500	286 000	286 500	1 134 000

表 12-23

销售及管理费用实际现金支付表

单位：元

项 目	第一季度	第二季度	第三季度	第四季度	合 计
销售及管理费用	279 000	282 500	286 000	286 500	1 134 000
减：折旧	40 000	40 000	40 000	40 000	160 000
实际现金支付	239 000	242 500	246 000	246 500	974 000

八、专项预算

（一）专项预算资料

公司经过预测和决策，制订了如下的投资和筹资专项预算。（具体的专项预算资料略）

（二）专项预算

1. 长期投资预算

经过各种专项预测和决策，公司决定在本年度进行如下的长期投资：

（1）固定资产投资预算。年初在建工程余额为 500 000 元，本年度计划投资 1 000 000 元，其中第一季度投资 500 000 元，第二季度投资 300 000 元，第三季度投资 200 000 元，第四季度完工转为固定资产 1 500 000 元。

（2）长期投资预算。年初长期投资余额为 500 000 元，本年度计划在第一季度和第二季度分别再投资 250 000 元。

（3）预计长期投资的收益为第一季度 30 000 元，第二季度 10 000 元，第三季度 20 000 元，第四季度 20 000 元。全部收益均为实际的现金收入。

2. 筹资预算

（1）公司预算的最低现金余额为 50 000 元。

（2）借款政策。公司根据风险控制和追求收益的需要，确定了如下的借款筹资政策：公司计划流动比率为 170%～200%，当流动比率低于该标准时，应该减少流动负债，用长期借款筹资。在负债筹资中，先考虑流动负债筹资，再考虑长期借款筹资。在流动负债筹资中，优先使用应付账款筹资，然后再使用短期借款筹资。即根据如下公式计算流动负债和短期借款的筹资额：170%＜流动资产/流动负债余额＜200%。当每个季度现金有多余的时候，应该随时偿还长短期借款。

（3）每笔长期借款的起点为 100 000 元，按季度付息，每季度借款利息按照期初借款余额计算，长期借款的利息率为 5%。

（4）短期借款的借款起点为 1 000 元，按季度付息，每季度借款利息按照期初借款余额计算，短期借款的利息率为 2%。

九、现金预算

（一）现金收支预算

现金预算所用的资料全部来源于上述各种与现金收支有关的预算，以及尚未在前面各种预算中反映的来源于损益表的所得税、利息支出资料，以及资产负债表期初现金余额资料。

（二）现金预算

腾达公司现金预算结果如表12-24所示。

表12-24

现金收支预算表

单位：元

项　　目	第一季度	第二季度	第三季度	第四季度	合　　计
销售收入	790 000	815 000	885 000	925 000	3 415 000
减：材料采购	−337 254	−325 322	−305 128	−314 802	−1 282 506
人工成本	−81 200	−89 600	−93 000	−97 600	−361 400
制造费用	−70 600	−74 800	−76 500	−78 800	−300 700
销售及管理费用	−239 000	−242 500	−246 000	−246 500	−974 000
所得税	−51 778	−15 264	−23 532	−22 987	−113 561
经营净现金流量小计	10 168	67 514	140 840	164 311	382 833
加：投资收益	30 000	10 000	20 000	20 000	80 000
购建固定资产	−500 000	−300 000	−200 000		−1 000 000
增加长期投资	−250 000	−250 000	0	0	−500 000
投资现金净流量小计	−720 000	−540 000	−180 000	20 000	−1 420 000
减：短期借款利息	−1 245	−2 660	−3 120	−3 445	−10 470
长期借款利息	−10 000	−17 500	−22 500	−22 500	−72 500
股利	−80 000				−80 000
筹资现金净流量小计	−91 245	−20 160	−25 620	−25 945	−162 970
本期现金净流量合计	−801 077	−492 646	−64 780	158 366	−1 200 137
加：期初余额	60 000	50 923	50 277	50 497	60 000
减：最低期末现金余额	−50 000	−50 000	−50 000	−50 000	−50 863
现金多余或不足	−791 077	−491 723	−64 503	158 863	−1 191 000

（续表）

项 目	第一季度	第二季度	第三季度	第四季度	合 计
本期短期借款增减变动	192 000	92 000	65 000	−58 000	291 000
本期长期借款增减变动	600 000	400 000		−100 000	900 000
借款增减变动合计	792 000	492 000	65 000	−158 000	1 191 000
实际期末现金余额	923	277	497	863	863
加：最低期末现金余额	−50 000	−50 000	−50 000	−50 000	
实际期末现金余额	50 923	50 277	50 497	50 863	50 863

十、预计利润表

（一）预计利润表资料

编制预计利润表的资料全部来源于前面编制的各种预算，以及根据资产负债表计算的利息支出资料。

（二）预计利润表

腾达公司预计利润表如表 12-25 所示。

表 12-25

预 计 利 润 表

单位：元

项 目	第一季度	第二季度	第三季度	第四季度	合 计
销售收入	780 000	850 000	920 000	930 000	3 480 000
减：产品销售成本	347 160	506 460	549 940	560 930	1 964 490
贡献毛益	432 840	343 540	370 060	369 070	1 515 510
减：销售及管理费用	279 000	282 500	286 000	286 500	1 134 000
营业利润	153 840	61 040	84 060	82 570	381 510
减：短期借款利息支出	1 245	2 660	3 120	3 445	10 470
长期借款利息支出	10 000	17 500	22 500	22 500	72 500
加：投资收益	30 000	10 000	20 000	20 000	80 000
税前利润	172 595	50 880	78 440	76 625	378 540
减：所得税（30%）	51 778	15 264	23 532	22 987	113 561
税后利润	120 817	35 616	54 908	53 638	264 979

十一、预计资产负债表

（一）预计资产负债表资料

编制预计资产负债表的资料全部来源于前面编制的各种预算。预计资产负债表是整个预算编制中最后完成的预算。

（二）预计资产负债表

腾达公司预计资产负债表如表 12-26 所示。

表 12-26

预计资产负债表

单位：元

项　　目	年初余额	第一季度末	第二季度末	第三季度末	年末余额
库存现金	60 000	50 923	50 277	50 497	50 863
应收账款	400 000	390 000	425 000	460 000	465 000
直接材料存货	280 000	358 296	375 816	394 936	404 480
产成品存货	333 000	502 480	541 500	556 860	577 410
流动资产小计	1 073 000	1 301 699	1 392 593	1 462 293	1 497 753
长期投资	500 000	750 000	1 000 000	1 000 000	1 000 000
固定资产原值	4 000 000	4 000 000	4 000 000	4 000 000	5 500 000
累计折旧	2 000 000	2 140 000	2 280 000	2 420 000	2 560 000
固定资产净值	2 000 000	1 860 000	1 720 000	1 580 000	2 940 000
在建工程	500 000	1 000 000	1 300 000	1 500 000	
资产总计	4 072 000	4 911 699	5 412 593	5 542 293	5 437 753
短期借款	340 000	532 000	624 000	689 000	631 000
应付账款	200 000	205 882	179 160	188 952	188 774
应付股利	80 000				
流动负债小计	620 000	737 882	803 160	877 952	819 774
长期借款	800 000	1 400 000	1 800 000	1 800 000	1 700 000
负债合计	1 420 000	2 137 882	2 603 160	2 677 952	2 519 774
普通股	2 000 000	2 000 000	2 000 000	2 000 000	2 000 000
留存收益	653 000	773 817	809 433	864 341	917 979
所有者权益合计	2 653 000	2 773 817	2 809 433	2 864 341	2 917 979
负债及所有者权益总计	4 072 000	4 911 699	5 412 593	5 542 293	5 437 753

上述财务预算是以全面成本法为基础编制的固定预算。需要注意的是,财务预算有多种编制方法,公司可以根据自身的需要,选择最有利于公司管理的方法,如以变动成本法为基础编制弹性财务预算,按始终能反映整个年度预算指标的要求编制财务预算,等等。

思 考 与 练 习

一、复习思考题

1. 什么是财务预算? 编制财务预算有什么作用?

2. 财务预算有哪些基本内容?

3. 财务预算有哪些形式?

4. 不同形式预算的编制依据是什么?

5. 财务预算编制的主要原则有哪些?

6. 怎样认识财务预算管理的基本内容?

7. 编制全面财务预算需要哪些流程?

8. 全面预算的编制原理是什么?

9. 在什么情况下需要对财务预算进行调整?

10. 应如何编制预算才有利于财务预算的执行?

二、单项选择题

1. 关于预算的编制方法,下列各项中,正确的是(   )。

    A. 零基预算编制方法适用于非盈利组织编制预算时采用

    B. 固定预算编制方法适用于产出较难辨认的服务性部门费用预算的编制

    C. 固定预算编制方法适用于业务量水平较为稳定的企业预算的编制

    D. 零基预算编制方法适用于业务量水平较为稳定的企业预算的编制

2. (   )是只使用实物量计量单位的预算。

    A. 产品成本预算   B. 生产预算

    C. 管理费用预算   D. 直接材料预算

3. 某企业编制"直接材料预算",预计第四季度期初存量 600 千克,该季度生产需用量 2 400 千克,预计期末存量为 400 千克,材料单价为 11.7 元,若材料采购货款有 60% 在本季度内付清,另外 40% 在下季度付清,不考虑税收,则该企业预计资产负债表年末"应付账款"项目为(   )元。

    A. 8 800   B. 10 269

    C. 10 296   D. 13 000

4. 某企业编制"销售预算",已知上上期的含税销售收入为600万元,上期的含税销售收入为800万元,预计预算期销售收入为1 000万元,销售收入的20%于当期收现,60%于下期收现,20%于下期收现,假设不考虑其他因素,则本期期末应收账款的余额为( )万元。

    A. 760　　　　　　　　　　　　B. 860

    C. 660　　　　　　　　　　　　D. 960

5. 直接材料预算包括直接材料数量和直接材料金额两个方面的内容所组成。其数量预算的编制基础是( )。

    A. 销售预算　　　　　　　　　B. 投资决策预算

    C. 销售费用预算　　　　　　　D. 生产预算

6. 编制全面财务预算的起点是( )。

    A. 销售预算　　　　　　　　　B. 投资决策预算

    C. 销售费用预算　　　　　　　D. 生产预算

7. 根据预算内正常的、可实现的某一业务量水平编制的预算是( )。

    A. 弹性预算　　　　　　　　　B. 固定预算

    C. 滚动预算　　　　　　　　　D. 概率预算

8. 现金预算中不能反映( )。

    A. 资本性支出　　　　　　　　B. 资金的筹措

    C. 损益情况　　　　　　　　　D. 现金余缺

9. 企业编制"销售预算",上期销售收入为300万元,预计预算期销售收入为500万元,销售收入的60%会在本期收到,40%将在下期收到,则预算期的经营现金收入为( )万元。

    A. 420　　　　　　　　　　　　B. 400

    C. 300　　　　　　　　　　　　D. 120

10. 某企业编制"直接材料预算",预计第四季度期初存量300吨,该季度生产需用量500吨,预计期末存量为400吨,材料单价为100元/吨,若材料采购货款有80%在本季度内付清,另外20%在下季度付清,假设不考虑其他因素,则该企业预计资产负债表年末"应付账款"项目为( )元。

    A. 11 000　　　　　　　　　　B. 14 000

    C. 12 000　　　　　　　　　　D. 13 000

11. 下列各项中,没有直接在现金预算中得到反映的是( )。

    A. 期初期末现金余额　　　　　B. 现金筹措及运用

    C. 预算期产量和销量　　　　　D. 预算期现金余额

12. 概率预算主要适用于( )。

    A. 不经常发生的或者预算编制基础变化较大的预算项目

B. 季度预算

C. 与公司业务量有关的成本(费用)、利润等预算项目

D. 难以推测预测变动趋势的预算项目,如销售新产品、开拓新业务等

13. 整个预算程序中最后完成预算的是(   )。

  A. 预算资产负债表   B. 预算利润表

  C. 预算现金流量表   D. 以上都不是

14. (   )是以货币形式综合反映预算期内企业经营活动成果计划水平的一种财务预算。

  A. 预算资产负债表   B. 预算损益表

  C. 预算现金流量表   D. 以上都不是

三、多项选择题

1. (   )是在生产预算的基础上编制的。

  A. 直接材料预算   B. 直接人工预算

  C. 产品成本预算   D. 管理费用预算

2. (   )一起构成公司的全面预算。

  A. 财务预算   B. 业务预算

  C. 专项预算   D. 资本预算

3. 在下列各项中,被纳入现金预算的有(   )。

  A. 缴纳税金   B. 经营性现金支出

  C. 资本性现金支出   D. 股利与利息支出

4. 编制生产预算中的"预计生产量"项目时,需要考虑的因素有(   )。

  A. 预计销售量   B. 预计期初存货

  C. 预计期末存货   D. 前期实际销量

5. 专项投资预算包括(   )。

  A. 固定资产投资预算   B. 权益性资本投资预算

  C. 流动资产投资预算   D. 债券投资预算

6. 现金预算以(   )为基础。

  A. 弹性预算   B. 业务预算

  C. 投资预算   D. 筹资预算

7. 现金预算一般由(   )构成。

  A. 现金收入   B. 现金支出

  C. 现金多余或不足   D. 资金的筹集与运用

8. 业务预算是反映预算期内公司可能形成现金收付的生产经营活动的预算,一般包括(   )等。

A. 生产预算　　　　　　　　　　B. 销售预算

C. 制造费用预算　　　　　　　　D. 采购预算

9. 公司编制财务预算应当遵循的基本原则有(　　　)。

A. 效益优先原则　　　　　　　　B. 成本优先原则

C. 积极稳健原则　　　　　　　　D. 权责对等原则

四、判断题

1. 公司在编制财务预算的时候既要积极,保证预算的先进性,又要稳健,确保预算的可行性。另外,在预算编制时,还要充分考虑到对财务风险控制,力争做到以收定支。
(　　)

2. 预计生产量＝预计销售量＋预计期初产成品存货－预计期末产成品存货。(　　)

3. 直接材料预计采购量＝预计生产量×单位产品的材料需用量＋预计期末存货－预计期初存货。
(　　)

4. 根据"以销定产"原则,某期的预计生产量应当等于该期预计销售量。(　　)

5. 编制制造费用预算时,变动制造费用预算应该根据预计产生量的变动情况,按照弹性预算方法编制;固定费用预算则可以按照固定预算、零基预算等方法编制。(　　)

6. 现金预算中的现金支出包括经营现金支出、分配股利的支出以及缴纳税金的支出,但是不包括资本性支出。
(　　)

7. 销售预算是以销售预测为基础的,在编制销售预算之前,公司需要对外部环境和内部条件进行分析,重点是对市场的调查,预测未来期间公司产品的销售量和销售单价。
(　　)

8. 变动性制造费用可在上年的基础上根据预期变动加以适当修正进行预计;固定性制造费用根据预计生产量乘以单位产品预定分配率进行预计。(　　)

9. 预计损益表,可以按照全部成本法和变动成本法两种方法进行编制。按照全部成本法编制预计损益表,其优点是可以与会计原则保持一致,其不足之处是在内部管理使用中不太方便。
(　　)

10. 生产预算是规定预算期内有关产品生产数量、产值和品种结构的一种预算。
(　　)

五、预算编制题

用"第四节腾达公司的资料"按照变动成本法重新编制腾达公司的全面预算。

第十三章　公司财务制度设计

【本章提要】　本章首先对公司财务制度设计的法规依据进行了介绍,然后对财务制度设计中的分权与集权、财务制度的基本内容等方面的问题进行了讨论,最后还对内部控制制度设计的若干问题进行了理论分析。

【学习目标】　通过本章学习,要求掌握和了解如下内容：(1) 了解公司财务制度设计的法规依据。(2) 了解财务分权与集权的优缺点。(3) 了解公司风险评估的基本目的与方法。(4) 掌握公司财务制度的主要内容。(5) 掌握公司内部控制制度的主要内容。

第一节　公司财务制度设计的法规依据

为规范公司财务行为,加强公司的财务工作,发挥财务在公司经营管理和提高经济效益中的作用,公司应该制订相应的财务制度。

公司财务制度从管理权限上划分,有广义和狭义之分。广义的财务制度是指约束整个公司财务行为的财务制度,其基本内容包括公司董事会、总经理、公司财务部门、公司各个部门的财务权限,公司财务部门的职能,公司财务部门和人员组成,不同财务部门和岗位的职责,对各种财务活动的具体规定,以及违规处罚等方面的内容。狭义的财务制度是指约束公司财务部门的财务制度,其基本内容包括公司财务部门的职能、公司财务部门和人员组成、不同财务部门和岗位的职责、对各种财务活动的具体规定,以及违规处罚等方面的内容。

公司财务制度从内容上划分,有专门的财务制度,也有财务与会计混合在一起的财务会计制度。就我国目前的公司状况而言,多数公司的财务与会计制度混合在一起。

公司财务制度是公司的重要管理制度,建立公司财务制度首先是《公司法》的要求。在《公司法》第164条中明文规定："公司应当依照法律、行政法规和国务院财政部门的规定建立本公司的财务、会计制度。"在我国,除《公司法》专门用一章的篇幅对公司财务与会计工作进行了规范之外,国家的有关行政法规也相应的对公司财务与会计工作提出了要求。这些规定均是公司建立财务制度的法律依据。本节将对我国主要的财务会计工作法规进行介绍。

一、《公司法》的规定

《公司法》为了规范公司的财务与会计行为,在第 8 章公司财务、会计第 164 条规定:公司应当依照法律、行政法规和国务院财政部门的规定建立本公司的财务、会计制度。

(一)编制财务会计报告的规定

公司应当在每一会计年度终了时编制财务会计报告,并依法经会计师事务所审计。财务会计报告应当依照法律、行政法规和国务院财政部门的规定制作。

有限责任公司应当依照公司章程规定的期限将财务会计报告送交各股东。股份有限公司的财务会计报告应当在召开股东大会年会的 20 日前置备于本公司,供股东查阅;公开发行股票的股份有限公司必须公告其财务会计报告。

(二)利润分配的规定

公司分配当年税后利润时,应当提取利润的 10% 列入公司法定公积金。公司法定公积金累计额为公司注册资本的 50% 以上的,可以不再提取。公司的法定公积金不足以弥补以前年度亏损的,在依照前款规定提取法定公积金之前,应当先用当年利润弥补亏损。公司从税后利润中提取法定公积金后,经股东会或者股东大会决议,还可以从税后利润中提取任意公积金。

公司弥补亏损和提取公积金后所余税后利润,有限责任公司依照规定的分配顺序进行分配;股份有限公司按照股东持有的股份比例分配,但股份有限公司章程规定不按持股比例分配的除外。

股东会、股东大会或者董事会违反前述规定,在公司弥补亏损和提取法定公积金之前向股东分配利润的,股东必须将违反规定分配的利润退还公司。公司持有的本公司股份不得分配利润。

(三)资本公积金的规定

股份有限公司以超过股票票面金额的发行价格发行股份所得的溢价款以及国务院财政部门规定列入资本公积金的其他收入,应当列为公司资本公积金。公司的公积金用于弥补公司的亏损、扩大公司生产经营或者转为增加公司资本。但是,资本公积金不得用于弥补公司的亏损。

法定公积金转为资本时,所留存的该项公积金不得少于转增前公司注册资本的 25%。

(四)聘用会计师事务所的规定

公司聘用、解聘承办公司审计业务的会计师事务所,依照公司章程的规定,由股东会、股东大会或者董事会决定。公司股东会、股东大会或者董事会就解聘会计师事务所进行表决时,应当允许会计师事务所陈述意见。公司应当向聘用的会计师事务所提供真实、完整的会计凭证、会计账簿、财务会计报告及其他会计资料,不得拒绝、隐匿、谎报。

（五）设置会计账簿的规定

公司除法定的会计账簿外，不得另立会计账簿。对公司资产，不得以任何个人名义开立账户存储。

二、《企业财务通则》的规定

为了加强企业财务管理，规范企业财务行为，保护企业及其相关方的合法权益，推进现代企业制度建设，我国财政部还根据有关法律、行政法规的规定，专门制定了《企业财务通则》。该通则于1993年制订，并于2006年进行了修订，新《企业财务通则》自2007年1月1日起施行。

（一）总则

1. 财务通则的适用范围

《企业财务通则》第2条规定在中华人民共和国境内依法设立的具备法人资格的国有及国有控股企业适用本通则。金融企业除外。其他企业参照执行。

2. 财务通则的基本内容

国有及国有控股企业（以下简称企业）应当确定内部财务管理体制，建立健全财务管理制度，控制财务风险。企业财务管理应当按照制定的财务战略，合理筹集资金，有效营运资产，控制成本费用，规范收益分配及重组清算财务行为，加强财务监督和财务信息管理。

3. 企业财务的主管机关

财务通则第四条规定，财政部负责制定企业财务规章制度。各级财政部门负责对企业财务的指导、管理、监督。各级人民政府及其部门、机构，企业法人、其他组织或者自然人等企业投资者（以下统称投资者），企业经理、厂长或者实际负责经营管理的其他领导成员（以下统称经营者），依照法律、法规、财务通则通则和企业章程的规定，履行企业内部财务管理职责。各级人民政府及其部门、机构出资的企业，其财务关系隶属同级财政机关。

（二）企业财务管理体制

1. 基本要求

财务通则第8条规定企业实行资本权属清晰、财务关系明确、符合法人治理结构要求的财务管理体制。企业应当按照国家有关规定建立有效的内部财务管理级次。建立财务决策制度，明确决策规则、程序、权限和责任等。建立财务决策回避制度。对投资者、经营者个人与企业利益有冲突的财务决策事项，相关投资者、经营者应当回避。企业应当建立财务风险管理制度，明确经营者、投资者及其他相关人员的管理权限和责任，按照风险与收益均衡、不相容职务分离等原则，控制财务风险。企业应当建立财务预算管理制度，以现金流为核心，按照实现企业价值最大化等财务目标的要求，对资金筹集、资产营运、成本控制、收益分配、重组清算等财务活动，实施全面预算管理。

2. 投资者财务管理职责

投资者的财务管理职责主要包括：① 审议批准企业内部财务管理制度、企业财务战略、财务规划和财务预算。② 决定企业的筹资、投资、担保、捐赠、重组、经营者报酬、利润分配等重大财务事项。③ 决定企业聘请或者解聘会计师事务所、资产评估机构等中介机构事项。④ 对经营者实施财务监督和财务考核。⑤ 按照规定向全资或者控股企业委派或者推荐财务总监。

投资者应当通过股东（大）会、董事会或者其他形式的内部机构履行财务管理职责，可以通过企业章程、内部制度、合同约定等方式将部分财务管理职责授予经营者。

3. 经营者财务管理职责

经营者的财务管理职责主要包括：① 拟订企业内部财务管理制度、财务战略、财务规划，编制财务预算。② 组织实施企业筹资、投资、担保、捐赠、重组和利润分配等财务方案，诚信履行企业偿债义务。③ 执行国家有关职工劳动报酬和劳动保护的规定，依法缴纳社会保险费、住房公积金等，保障职工合法权益。④ 组织财务预测和财务分析，实施财务控制。⑤ 编制并提供企业财务会计报告，如实反映财务信息和有关情况。⑥ 配合有关机构依法进行审计、评估、财务监督等工作。

（三）资金筹集的规定

1. 资本金筹资规定

对资本金筹资规定，《企业财务通则》作了如下规定：企业可以接受投资者以货币资金、实物、无形资产、股权、特定债权等形式的出资。其中，特定债权是指企业依法发行的可转换债券、符合有关规定转作股权的债权等。但企业接受投资者非货币资产出资时，法律、行政法规对出资形式、程序和评估作价等有规定的，依照其规定执行。企业接受投资者商标权、著作权、专利权及其他专有技术等无形资产出资的，应当符合法律、行政法规规定的比例。

企业依法以吸收直接投资、发行股份等方式筹集权益资金的，应当拟订筹资方案，确定筹资规模，履行内部决策程序和必要的报批手续，控制筹资成本。企业筹集的实收资本，应当依法委托法定验资机构验资并出具验资报告。企业应该依据验资报告等向投资者出具出资证明书，确定投资者的合法权益。企业筹集的实收资本，在持续经营期间可以由投资者依照法律、行政法规以及企业章程的规定转让或者减少，投资者不得抽逃或者变相抽回出资。除《公司法》等有关法律、行政法规另有规定外，企业不得回购本企业发行的股份。企业依法回购股份，应当符合有关条件和财务处理办法，并经投资者决议。

对投资者实际缴付的出资超出注册资本的差额（包括股票溢价），企业应当作为资本公积管理。经投资者审议决定后，资本公积用于转增资本。国家另有规定的，从其规定。企业从税后利润中提取的盈余公积包括法定公积金和任意公积金，可以用于弥补企业亏损或者转增资本。法定公积金转增资本后留存企业的部分，以不少于转增前注册资本的25％为限。

企业增加实收资本或者以资本公积、盈余公积转增实收资本,由投资者履行财务决策程序后,办理相关财务事项和工商变更登记。

2. 负债筹资规定

企业依法以借款、发行债券、融资租赁等方式筹集债务资金的,应当明确筹资目的,根据资金成本、债务风险和合理的资金需求,进行必要的资本结构决策,并签订书面合同。

企业筹集资金用于固定资产投资项目的,应当遵守国家产业政策、行业规划、自有资本比例及其他规定。

企业筹集资金,应当按规定核算和使用,并诚信履行合同,依法接受监督。

(四)资产(投资)运营的规定

1. 原则性规定

《企业财务通则》第4章对资产运营作了原则性的规定:企业应当根据风险与收益均衡等原则和经营需要,确定合理的资产结构,并实施资产结构动态管理。企业应当建立内部资金调度控制制度,明确资金调度的条件、权限和程序,统一筹集、使用和管理资金。企业支付、调度资金,应当按照内部财务管理制度的规定,依据有效合同、合法凭证,办理相关手续。企业向境外支付、调度资金应当符合国家有关外汇管理的规定。

企业集团可以实行内部资金集中统一管理,但应当符合国家有关金融管理等法律、行政法规规定,并不得损害成员企业的利益。

2. 流动资金管理的规定

企业应当建立合同的财务审核制度,明确业务流程和审批权限,实行财务监控。加强应收款项的管理,评估客户信用风险,跟踪客户履约情况,落实收账责任,减少坏账损失。

企业应当建立健全存货管理制度,规范存货采购审批、执行程序,根据合同的约定以及内部审批制度支付货款。企业选择供货商以及实施大宗采购,可以采取招标等方式进行。

3. 固定资产管理的规定

企业应当建立固定资产购建、使用、处置制度。企业自行选择、确定固定资产折旧办法,并由投资者审议批准。固定资产折旧办法一经选用,不得随意变更。确需变更的,应当说明理由,经投资者审议批准。企业购建重要的固定资产、进行重大技术改造,应当经过可行性研究,按照内部审批制度履行财务决策程序,落实决策和执行责任。企业在建工程项目交付使用后,应当在一个年度内办理竣工决算。

4. 对外投资管理的规定

企业对外投资应当遵守法律、行政法规和国家有关政策的规定,符合企业发展战略的要求,进行可行性研究,按照内部审批制度履行批准程序,落实决策和执行的责任。

企业对外投资应当签订书面合同,明确企业投资权益,实施财务监管。依据合同支付投资款项,应当按照企业内部审批制度执行。

5. 无形资产管理的规定

企业通过自创、购买、接受投资等方式取得的无形资产,应当依法明确权属,落实有关经营、管理的财务责任。无形资产出现转让、租赁、质押、授权经营、连锁经营、对外投资等情形时,企业应当签订书面合同,明确双方的权利义务,合理确定交易价格。

6. 对外担保管理的规定

企业对外担保应当符合法律、行政法规及有关规定,根据被担保单位的资信及偿债能力,按照内部审批制度采取相应的风险控制措施,并设立备查账簿登记,实行跟踪监督。

7. 资产减值及资产处理的规定

企业应当建立各项资产损失或者减值准备管理制度。各项资产损失或者减值准备的计提标准,一经选用,不得随意变更。对计提损失或者减值准备后的资产,企业应当落实监管责任。能够收回或者继续使用以及没有证据证明实际损失的资产,不得核销。

企业发生的资产损失,应当及时予以核实、查清责任,追偿损失,按照规定程序处理。企业重组中清查出的资产损失,经批准后依次冲减未分配利润、盈余公积、资本公积和实收资本。

企业以出售、抵押、置换、报废等方式处理资产时,应当按照国家有关规定和企业内部财务管理制度规定的权限和程序进行。其中,处理主要固定资产涉及企业经营业务调整或者资产重组的,应当根据投资者审议通过的业务调整或者资产重组方案实施。

8. 关联交易的规定

企业发生关联交易的,应当遵守国家有关规定,按照独立企业之间的交易计价结算。投资者或者经营者不得利用关联交易非法转移企业经济利益或者操纵关联企业的利润。

(五)成本控制的规定

1. 原则性规定

《企业财务通则》第5章对成本控制的基本原则作了规范:企业应当建立成本控制系统,强化成本预算约束,推行质量成本控制办法,实行成本定额管理、全员管理和全过程控制。企业实行费用归口、分级管理和预算控制,应当建立必要的费用开支范围、标准和报销审批制度。

2. 研究费用处理的规定

企业技术研发和科技成果转化项目所需经费,可以通过建立研发准备金筹措,据实列入相关资产成本或者当期费用。符合国家规定条件的企业集团,可以集中使用研发费用,用于企业主导产品和核心技术的自主研发。

企业依法实施安全生产、清洁生产、污染治理、地质灾害防治、生态恢复和环境保护等所需经费,按照国家有关标准列入相关资产成本或者当期费用。

3. 销售折扣处理的规定

企业发生销售折扣、折让以及支付必要的佣金、回扣、手续费、劳务费、提成、返利、进场费、业务奖励等支出的,应当签订相关合同,履行内部审批手续。企业开展进出口业务收取或者支付的佣金、保险费、运费,按照合同规定的价格条件处理。企业向个人以及非经营单位支付费用的,应当严格履行内部审批及支付的手续。

4. 薪酬及奖励处理的规定

企业可以根据法律、法规和国家有关规定,对经营者和核心技术人员实行与其他职工不同的薪酬办法,属于本级人民政府及其部门、机构出资的企业,应当将薪酬办法报主管财政机关备案。企业应当按照劳动合同及国家有关规定支付职工报酬,并为从事高危作业的职工缴纳团体人身意外伤害保险费,所需费用直接作为成本(费用)列支。经营者可以在工资计划中安排一定数额,对企业技术研发、降低能源消耗、治理"三废"、促进安全生产、开拓市场等作出突出贡献的职工给予奖励。

5. 社会保险等其他费用处理的规定

企业应当依法为职工支付基本医疗、基本养老、失业、工伤等社会保险费,所需费用直接作为成本(费用)列支。已参加基本医疗、基本养老保险的企业,具有持续盈利能力和支付能力的,可以为职工建立补充医疗保险和补充养老保险,所需费用按照省级以上人民政府规定的比例从成本(费用)中提取。超出规定比例的部分,由职工个人负担。

企业为职工缴纳住房公积金以及职工住房货币化分配的财务处理,按照国家有关规定执行。

职工教育经费按照国家规定的比例提取,专项用于企业职工后续职业教育和职业培训。

工会经费按照国家规定比例提取并拨缴工会。

企业不得承担属于个人的下列支出:① 娱乐、健身、旅游、招待、购物、馈赠等支出。② 购买商业保险、证券、股权、收藏品等支出。③ 个人行为导致的罚款、赔偿等支出。④ 购买住房、支付物业管理费等支出。⑤ 应由个人承担的其他支出。

(六) 收益分配的规定

《企业财务通则》在第 6 章中对企业收益分配作了详细规定。

1. 对收益的规定

投资者、经营者及其他职工履行本企业职务或者以企业名义开展业务所得的收入,包括销售收入以及对方给予的销售折扣、折让、佣金、回扣、手续费、劳务费、提成、返利、进场费、业务奖励等收入,全部属于企业。

企业应当建立销售价格管理制度,明确产品或者劳务的定价和销售价格调整的权限、程序与方法,根据预期收益、资金周转、市场竞争、法律规范约束等要求,采取相应的价格策略,防范销售风险。

企业出售股权投资,应当按照规定的程序和方式进行。股权投资出售底价,参照资产评估结果确定,并按照合同约定收取所得价款。在履行交割时,对尚未收款部分的股权投资,应当按照合同的约定结算,取得受让方提供的有效担保。

上市公司国有股减持所得收益,按照国务院的规定处理。

2. 亏损处理的规定

企业发生的年度经营亏损,依照税法的规定弥补。税法规定年限内的税前利润不足弥补的,用以后年度的税后利润弥补,或者经投资者审议后用盈余公积弥补。

3. 收益分配顺序的规定

企业年度净利润,除法律、行政法规另有规定外,按照以下顺序分配:① 弥补以前年度亏损。② 提取 10%法定公积金。法定公积金累计额达到注册资本 50% 以后,可以不再提取。③ 提取任意公积金。任意公积金提取比例由投资者决议。④ 向投资者分配利润。企业以前年度未分配的利润,并入本年度利润,在充分考虑现金流量状况后,向投资者分配。属于各级人民政府及其部门、机构出资的企业,应当将应付国有利润上缴财政。

国有企业可以将任意公积金与法定公积金合并提取。股份有限公司依法回购后暂未转让或者注销的股份,不得参与利润分配;以回购股份对经营者及其他职工实施股权激励的,在拟订利润分配方案时,应当预留回购股份所需利润。

企业弥补以前年度亏损和提取盈余公积后,当年没有可供分配的利润时,不得向投资者分配利润,但法律、行政法规另有规定的除外。

4. 其他分配

企业经营者和其他职工以管理、技术等要素参与企业收益分配的,应当按照国家有关规定在企业章程或者有关合同中对分配办法作出规定,并区别以下情况处理:① 取得企业股权的,与其他投资者一同进行企业利润分配。② 没有取得企业股权的,在相关业务实现的利润限额和分配标准内,从当期费用中列支。

（七）清算重组的规定

1. 重组的规定

《企业财务通则》第 7 章对企业重组进行了规定:企业通过改制、产权转让、合并、分立、托管等方式实施重组,对涉及资本权益的事项,应当由投资者或者授权机构进行可行性研究,履行内部财务决策程序,并组织开展以下工作:

(1) 清查财产,核实债务,委托会计师事务所审计。

(2) 制订职工安置方案,听取重组企业的职工、职工代表大会的意见或者提交职工代表大会审议。

(3) 与债权人协商,制订债务处置或者承继方案。

(4) 委托评估机构进行资产评估,并以评估价值作为净资产作价或者折股的参考依据。

(5) 拟订股权设置方案和资本重组实施方案,经过审议后履行报批手续。

2. 清算的规定

企业被责令关闭、依法破产、经营期限届满而终止经营的,或者经投资者决议解散的,应当按照法律、法规和企业章程的规定实施清算。清算财产变卖底价,参照资产评估结果确定。国家另有规定的,从其规定。

企业清算结束,应当编制清算报告,委托会计师事务所审计,报投资者或者人民法院确认后,向相关部门、债权人以及其他的利益相关人通告。其中,属于各级人民政府及其部门、机构出资的企业,其清算报告应当报送主管财政机关。

企业解除职工劳动关系,按照国家有关规定支付的经济补偿金或者安置费,除正常经营期间发生的列入当期费用以外,应当区别以下情况处理:① 企业重组中发生的,依次从未分配利润、盈余公积、资本公积、实收资本中支付。② 企业清算时发生的,以企业扣除清算费用后的清算财产优先清偿。

（八）信息管理的规定

《企业财务通则》第8章对信息管理作了规定:企业可以结合经营特点,优化业务流程,建立财务和业务一体化的信息处理系统,逐步实现财务、业务相关信息一次性处理和实时共享。

企业应当建立财务预警机制,自行确定财务危机警戒标准,重点监测经营性净现金流量与到期债务、企业资产与负债的适配性,及时沟通企业有关财务危机预警的信息,提出解决财务危机的措施和方案。

企业应当按照有关法律、行政法规和国家统一的会计制度的规定,按时编制财务会计报告,经营者或者投资者不得拖延、阻挠。按照规定向主管财政机关报送月份、季度、年度财务会计报告等材料,不得在报送的财务会计报告等材料上作虚假记载或者隐瞒重要事实。主管财政机关应当根据企业的需要提供必要的培训和技术支持。企业对外提供的年度财务会计报告,应当依法经过会计师事务所审计。国家另有规定的,从其规定。

企业应当在年度内定期向职工公开以下信息:① 职工劳动报酬、养老、医疗、工伤、住房、培训、休假等信息。② 经营者报酬实施方案。③ 年度财务会计报告审计情况。④ 企业重组涉及的资产评估及处置情况。⑤ 其他依法应当公开的信息。

（九）财务监督

《企业财务通则》第9章对财务监督作了规定:企业应当依法接受主管财政机关的财务监督和国家审计机关的财务审计。经营者在经营过程中违反财务通则有关规定的,投资者可以依法追究经营者的责任。

企业应当建立、健全内部财务监督制度企业设立监事会或者监事人员的,监事会或者监事人员依照法律、行政法规、本通则和企业章程的规定,履行企业内部财务监督职责。

经营者应当实施内部财务控制,配合投资者或者企业监事会以及中介机构的检查、审计工作。

企业和企业负有直接责任的主管人员和其他人员违反财务通则相关规定的,县级以上主管财政机关可以责令限期改正、予以警告,有违法所得的,没收违法所得,并可以处以不超过违法所得3倍、但最高不超过3万元的罚款;没有违法所得的,可以处以1万元以下的罚款。

企业在财务活动中违反财政、税收等法律、行政法规的,依照《财政违法行为处罚处分条例》(国务院令第 427 号)及有关税收法律、行政法规的规定予以处理、处罚。

主管财政机关以及政府其他部门、机构有关工作人员,在企业财务管理中滥用职权、玩忽职守、徇私舞弊或者泄露国家机密、企业商业秘密的,依法进行处理。

三、《内部会计控制规范——基本规范》的规定

财政部为了促进各单位内部会计控制建设,加强内部会计监督,维护社会主义市场经济秩序,根据《中华人民共和国会计法》等法律法规,于 2001 年制定了《内部会计控制规范——基本规范(试行)》。该规范要求"各单位应当根据国家有关法律法规和本规范,结合部门或系统的内部会计控制规定,建立适合本单位业务特点和管理要求的内部会计控制制度,并组织实施。"

(一)内部会计控制基本目标的规定

内部会计控制应当达到以下基本目标:

(1)规范单位会计行为,保证会计资料真实、完整。

(2)堵塞漏洞、消除隐患,防止并及时发现、纠正错误及舞弊行为,保护单位资产的安全、完整。

(3)确保国家有关法律法规和单位内部规章制度的贯彻执行。

(二)内部会计控制应当遵循的基本原则的规定

内部会计控制应当遵循以下基本原则:

(1)内部会计控制应当符合国家有关法律法规和本规范,以及单位的实际情况。

(2)内部会计控制应当约束单位内部涉及会计工作的所有人员,任何个人都不得拥有超越内部会计控制的权力。

(3)内部会计控制应当涵盖单位内部涉及会计工作的各项经济业务及相关岗位,并应针对业务处理过程中的关键控制点,落实到决策、执行、监督、反馈等各个环节。

(4)内部会计控制应当保证单位内部涉及会计工作的机构、岗位的合理设置及其职责权限的合理划分,坚持不相容职务相互分离,确保不同机构和岗位之间权责分明、相互制约、相互监督。

(5)内部会计控制应当遵循成本效益原则,以合理地控制成本达到最佳的控制效果。

(6)内部会计控制应随着外部环境的变化、单位业务职能的调整和管理要求的提高,不断修订和完善。

(三)内部会计控制主要内容的规定

内部会计控制的内容主要包括:货币资金、实物资产、对外投资、工程项目、采购与付款、筹资、销售与收款、成本费用、担保等经济业务的会计控制。

(四)内部会计控制主要方法的规定

内部会计控制的方法主要包括:不相容职务相互分离控制、授权批准控制、会计系统控制、预算控制、财产保全控制、风险控制、内部报告控制、电子信息技术控制等。

（五）内部会计控制检查的规定

内部会计控制的检查是指由专门机构或者指定专门人员具体负责内部会计控制执行情况的监督检查，确保内部会计控制的贯彻实施。内部会计控制检查的主要职责是：

（1）对内部会计控制的执行情况进行检查和评价。

（2）写出检查报告，对涉及会计工作的各项经济业务、内部机构和岗位在内部控制上存在的缺陷提出改进建议。

（3）对执行内部会计控制成效显著的内部机构和人员提出表彰建议，对违反内部会计控制的内部机构和人员提出处理意见。

（六）内部会计控制各种配套文件的规定

为了更好地配合内部会计控制规范的实施，财政部还专门制定了一系列相关文件，这些文件包括《内部会计控制规范——货币资金（试行）》、《内部会计控制规范——担保（试行）》、《内部会计控制规范——对外投资（试行）》、《内部会计控制规范——采购与付款（试行）》、《内部会计控制规范——销售与收款（试行）》、《内部会计控制规范——工程项目（试行）》等等，这些规范都是公司设计财务制度的重要参考文献。

第二节　财务制度设计中的分权与集权

设计企业财务制度需要充分考虑企业的特征，影响企业财务制度的企业特征主要有企业目标、企业的组织结构、企业规模的大小、企业行业特征、企业风险特征，以及生产经营活动的复杂性，等等。这些都是影响企业内部财务环境的因素，这些因素最终会影响到企业财务制度的设计。

一、企业分权与集权的影响

企业分权与集权的状况直接影响到企业财务制度的设计。在分权体制下，企业的各个部门和基层单位的财权较大；而在集权体制下，企业的财权主要集中在公司上层，基层的财权较小。这是进行财务制度设计必须考虑的问题。

随着企业规模的增大，财务管理究竟是应该集权还是分权，通常是企业财务管理中的一个难题。分权，可能会造成下属部门或企业的本位主义膨胀，忽视企业整体利益，各个部门经常会为了自身利益而争夺资源，使企业整体的资金使用效益降低，财务风险增大；集权，又可能造成企业积极性降低，自主性减少，从而导致利润下降，成本费用长期在某一特定水平上徘徊。

不管企业是采用集权财务管理还是采用分权财务管理，其最终目的都是为了提高经济效益，防范风险，增加企业价值。在国际经济日趋一体化的今天，企业的规模日益扩大，地域分布越来越广，涉及的行业越来越多，内部管理层级越来越复杂。这样，企业就不得不面对分地域、分层级、分行业管理的问题，与此相适应的财务管理的分权与集权问题就显得日益突出。企业对财务管理的期望往往是一方面要求有流畅的管理，另一方面又要求有高度的控制；或者说既要求有高度的风险防范机制，又要求有高效的运作机制。但从理论上讲，高度的风险防范机制与高效的运作机制存在一定的矛盾，控制必然会在一定程度上降低灵活性，这就使企业在实际的财务管理操作中存在很大的困难。

从理论上分析，采用集权管理，企业可能会获得如下的好处：成本费用可以降到一定程度，货币资金统一管理，资金使用效率提高，借款减少，存货降低并因此引起储存成本降低，企业决策较易执行，利润相对稳定等。但同时也容易造成以下坏处：企业各基层单位的积极性降低，成本费用虽有下降空间但却无法下降，利润在一定水平上停滞不前，工作效率始终无法达到最高水平，容易因责任不清造成责任真空等。

相反的，如果采用分权管理，企业可能会得到如下好处：责任明确，积极性增强，成本降低，利润提高等。但同时也带来如下的危险：各个责任单位的本位主义上升，在追求局部利益的时候，损害了企业整体利益，导致企业陷入困境乃至失败。

财务集权与分权同一个企业的性质有关，一般而言，属于单一的生产销售型企业，其资金使用较为集中，跨地域不大、材料采购集中，可以采用集权的财务管理模式。如果属于多元化经营的企业，随着企业内部行业差异、地域差异和文化差异增大，采取适度分权式的财务管理模式则是不可避免的。当然，在现实中，每一个企业都不可能采用绝对集权和绝对分权的财务管理模式，而是集权和分权的结合体。只不过一些企业的分权程度较大，一些企业的分权程度较小而已。

虽然集权有若干好处，但在集权的同时，任何企业都要有一定程度的放权，才能保证企业生产经营活动的正常进行。一般而言，集权和分权可以具体到不同的事项上来考察，企业应该对资金筹集、物资采购、会计核算标准、固定资产投资等重大事项实行集权管理；而对日常的财务收支、具体的核算组织则应该采用分权管理。

企业要能把握住财务管理集权与分权的"度"，使集权与分权能有机配合。而要控制集权与分权的"度"，就必须明确财务审批者的权、责、利，如果这个尺度把握得好，就可以使集权与分权并存而不产生矛盾。清晰地界定企业各层次、各部门、各分支机构的权、责、利，形成其各自有效的分权。由此，企业各层次、各部门、各分支机构权、责、利就会集中统一到总公司的整体目标上，也就形成了有效的集权。

另外，对财务的分权必须要建立相应的控制和监督机制，明确各个岗位的职责。只要监督机制有效到位，财务分权对企业生产经营的潜在风险就是可以控制的。

二、企业分权与集权的制度规定

（一）公司章程中的规定

企业分权与集权的程度首先在公司章程中进行了规定，公司章程规定了股东会对董事会的授权，董事会只能在授权范围内从事相应的财务活动。企业分权与集权程度受公司风险特征的影响。一般而言,风险大的公司要求集权,而风险较小的公司则可以适度分权。这是公司在制订公司章程时需要深入讨论和分析的问题。当然,公司章程中关于分权或集权的规定必须符合有关公司法规的要求。

(二)公司经理工作细则的规定

除公司章程规定了股东会对董事会的授权之外,公司董事会还要制订公司经理工作细则,授权公司经理从事财务活动的权限,这些权限主要是经理对公司资金管理、资产运作及经济合同方面的权限。在公司经理工作细则中要明确规定如下一些主要内容:

(1)总经理享有单项金额在多少以下的资产处置权和投资决策权。

(2)公司对外正常的业务性的经济合同,在多少金额以内的由总经理签署,在多少金额以上的由法定代表人授权总经理或副总经理签署。

(3)对涉及超过权限金额以上的公司重大资产处置和投资决策,由总经理提出方案,经董事长批准后,由总经理签发实施。

总经理的绩效评价由董事会负责组织考核。

(三)公司内部各级管理权限的规定

公司总经理需要制订公司内部的各种管理文件,这些管理文件均需要详细规定不同部门和不同管理人员所拥有的权限。这些规定通常以公司财务制度的形式出现,属于狭义财务制度设计的范围。其基本内容包括如下:

(1)财务部门规范管理。具体包括财务部门工作概述,财务部门工作规范管理等方面的内容。

(2)财会人员规范管理。一般应该包括财务会计人员概述,财务会计人员岗位职责等方面的内容。

(3)资金规范管理。具体包括资金控制范围、要点与流程,货币资金规范管理等方面的内容。

(4)固定资产规范管理。具体包括固定资产控制要点,固定资产规范管理等方面的内容。

(5)投资规范管理。具体包括投资程序与要点,投资规范管理等方面的内容。

(6)财务预算规范管理。具体包括财务预算内容与程序,财务预算规范管理等方面的内容。

(7)财务控制规范管理。具体包括会计控制制度的设计原则与方法,财务控制规范管理等方面的内容。

(8)成本核算规范管理。具体包括成本与成本制度,成本核算规范管理等方面的内容。

在具体财务制度设计上,需要充分考虑如下一些因素:公司董事会及其所属委员会、监事会的设置和分工情况;公司的组织结构;公司的管理哲学和经营风格;公司责任的分配与授权;公司人力资源政策与考核员工的能力。

第三节　内部控制制度设计

公司的内部控制制度不仅与财务制度密切相关,而且是公司的重要制度之一,只有建立和健全了内部控制体系,公司才能规避风险,取得经营方面的成功。为了加强和规范企业内部控制,提高企业经营管理水平和风险行为防范能力,促进企业可持续发展,维护社会主义市场经济秩序和社会公众利益,根据国家有关法律法规,财政部会同证监会、审计署、银监会、保监会制定了《企业内部控制基本规范》,自 2009 年 7 月 1 日起在上市公司范围内施行,并鼓励非上市的大中型企业执行。公司应当对本公司内部控制的有效性进行自我评价,披露年度自我评价报告,并可聘请具有证券、期货业务资格的会计师事务所对内部控制的有效性进行审计。下面简述公司内部控制的基本理论和方法。

一、公司风险评估

公司进行内部控制制度设计前必须对公司的风险进行评估,它是设计公司内部控制制度最关键的工作之一。下面简述公司风险评估的基本理论和方法。

（一）目标的设定

风险是不能实现目标的可能性。有目标才有风险,没有目标也就无所谓有风险。因此,公司财务目标的设定是公司风险评估的先决条件。管理层必须先制订财务目标,然后才能够辨析完成或达到该目标的风险,并采取相关的管理风险的行动。

公司财务目标多种多样,按照本书前面关于公司财务目标的分类,公司财务目标主要可以分为利润最大化目标、企业价值最大化目标、股东财富最大化目标等类型。当然,公司财务目标除因公司内部的要求产生之外,还会因外界的需要而产生,比如考虑社会效益的目标等。

（二）风险辨析的基本方法

辨析公司风险的基本方法是反复测试,具体地说,就是通过改变公司的内部和外部因素,看在各种因素变化之后对公司财务目标完成情况的影响。外部因素包括科技发展、顾客的需求或预期改变、竞争、新的法律和行政命令、自然灾害、经济环境改变等等;内部因素包括生产经营的条件、聘用员工的素质、培训方法及激励制度、经理人员的责任改变、董事会或监事会决策效率等等。

随着企业外部环境和内部条件的变化,企业的活动必须随之变化。风险评估中最基本的内容,就是如何辨认已发生的改变,并分析采取不同行动的后果。通过反复的测试,公司对不同风险对完成目标影响的认识就会逐渐深化,从而为控制风险制订合理和有效的管理措施提供了先决条件。将这些管理措施形成文件,就成为公司的管理制度。

二、内部控制的基本内容

辨别企业风险不是目的，避免或减少潜在的威胁和损失才是风险评估的目的。公司应该针对各种风险事先制定出控制不利活动的内部控制制度。有了内部控制制度，公司的管理层才能依照制度发出各种必要的指令，控制可能出现或已经出现的风险；公司中的各个部门和员工也才能按照制度的规定主动或被动地控制风险。

内控制度是确保公司管理层指令得以执行的政策及程序，内控制度的具体内容包括核准、授权、验证、调节、复核营业绩效、保障资产安全及职务分工等。管理层、业务执行和操作层均在不同的层面按照制度的规定进行控制活动。

（一）授权控制与分工控制

授权控制与分工控制是相互联系在一起的。企业授权控制就是要求企业明确规定涉及财务相关工作的授权批准的范围、权限、程序、责任等内容，企业内部的各级管理层必须在授权范围内行使职权和承担责任，经办人员也必须在授权范围内办理业务。分工即指将责任划分，再将不相容职务分派给不同的员工，以降低错误或不当行为的风险。

（二）内部管理控制

内部管理控制制度是为确保企业经营方针、政策的贯彻执行，确保企业财务活动的合法性、会计信息的真实性和可靠性、财产物资的安全性和完整性，以及确保实现组织目标而实施的方法、措施和制度的总称。总的来讲，其内容由基础控制、实物控制和纪律控制三大部分组成。具体内容包括：

（1）经济决策控制。

（2）经济活动合法性与效益性控制。

（3）组织控制。

（4）人事控制。

（5）业务操作与质量控制。

（6）安全控制等等。

（三）事前与事后控制

事前控制与事后控制是按照业务发生时间的角度来划分的。事前控制，又称预防性控制，是试图制止或尽量减少错误或舞弊现象发生而预先采取有关措施所进行的一种控制，其目的是使有关部门或人员遵循既定的程序和制度，尽量减少错弊发生的机会。事后控制，又称察觉性控制，是为了查明并加以纠正已经发生的错弊而实施的控制。虽然事后控制比事前控制的代价高，但是整个控制体系中必不可少的环节。

（四）主导性控制与补偿性控制

主导性控制与补偿性控制是从业务的不同角度进行的控制。主导性控制，是为了实现控制目标而事先设置的对防范错弊发生起主导性作用的控制措施。例如，为保证经济业务记录的完整性而规定按顺序连续编制记账凭证号码就属于主导性控制。补偿性控制,是为了在一定程度上弥补主导性控制的缺陷而设置的控制措施。如在经济业务的记录中,若有的凭证没有连续编号,就可以通过核对原始凭证与记账凭证的经济内容和金额、核对会计凭证的合计金额与会计账的发生额、核对有关明细账与总账的发生额和余额等来确保业务记录的相对完整,避免重大业务事项的遗漏。"核对"相对于"连续编号"而言,就属于补偿性控制。

（五）集中控制、分散控制和分层控制

集中控制、分散控制和分层控制是对内部控制按照不同集权程度进行的分类。集中控制,是在企业内部建立一个统一的控制中心(一般指企业最高管理者),由该中心对企业的某些经济业务活动实施控制。集中控制可以保证整体活动的统一性,但往往容易形成信息反馈的滞后效应,贻误决策时机,从而影响内部控制的实施效果。分散控制,是由组织的各分系统针对各自的业务活动分别进行的控制。分层控制,是在组织结构设计的基础上,经过适当授权所实施的控制,这是一种把集中控制和分散控制结合起来的控制方式。

（六）实物控制

实物控制的主要目的是保护设备、存货、证券、现金和其他资产的实体安全,其基本方法是定期盘点并与控制记录所显示的金额相比较。

（七）绩效指标控制

绩效指标控制的主要目的是通过考评不同部门或人员的业绩来刺激其完成各项经营任务。绩效指标控制的基本方法是把不同的几套数据资料相互比较,分析它们之间的关系,得出被考评者的业绩完成情况的结论,并将这些信息反馈给被考评者,促使其纠正偏差。

三、企业内部控制评价

不断地对企业内部控制有效性进行评价,发现企业内部控制的不足,寻找更有效的内部控制方法,在内部控制体系中占有重要的位置。

（一）内部控制评价的含义

所谓内部控制评价,是指由企业董事会和管理层实施的,对企业内部控制有效性进行评价,形成评价结论,出具评价报告的过程。企业董事会及其审计委员会负责领导本企业的内部控制评价工作。监事会对董事会实施内部控制评价进行监督。企业可以授权内部审计部门负责组织和实施内部控制评价工作。具备条件的企业,可以设立专门的内部控制评价机构。

内部控制有效性是指企业建立与实施内部控制能够为控制目标的实现提供合理的保证。企业应当根据国家有关法律法规和《企业内部控制基本规范》的要求,结合企业实际情况,对战略目标、经营管理的效率和效果目标、财务报告及相关信息真实完整目标、资产安全目标、合法合规目标等单个或整体控制目标的实现进行评价。

企业内部控制评价,一般包括年度评价和专项评价。年度评价是指企业根据内部控制目标,对企业某一年度建立与实施内部控制的有效性进行的评价;专项评价是指企业在特定时点对特定范围的内部控制的有效性进行的评价。

（二）内部控制评价的基本原则

内部控制评价的基本原则包括:

（1）风险导向原则。内部控制评价应当以风险评估为基础,根据风险发生的可能性和对企业单个或整体控制目标造成的影响程度来确定需要评价的重点业务单元、重要业务领域或流程环节。

（2）一致性原则。内部控制评价应当采用统一可比的评价方法和标准,保证评价结果的可比性。

（3）公允性原则。内部控制评价应当以事实为依据,评价结果应当有适当的证据支持。

（4）独立性原则。内部控制评价机构的确定及评价工作的组织实施应当保持相应的独立性。

（5）成本效益原则。内部控制评价应当以适当的成本实现科学有效的评价。

（三）内部控制评价的内容和标准

内部控制评价主要是对与实现整体控制目标相关的内部环境、风险评估、控制活动、信息与沟通、内部监督等内部控制要素进行全面系统、有针对性的评价。

1. 内部控制设计有效性和运行有效性的评价

内部控制设计有效性是指为实现控制目标所必需的内部控制要素都存在并且设计恰当;内部控制运行有效性是指现有内部控制按照规定程序得到了正确执行。具体包括

（1）对信息系统的有效性进行评价,包括信息系统一般控制评价和信息系统应用控制评价。检查信息系统是否有利于企业内部控制目标的实现,并以此评价信息系统的安全性、可靠性和合理性。

（2）对应用的业务流程控制评价,应用控制评价应当结合企业业务流程特点,着重考虑信息系统中与业务流程相关的控制点,并以此评价相关应用系统操作数据的真实性、准确性和合规性。

2. 单位内部控制评价

企业集团对被评价单位内部控制的有效性进行评价,应当至少涉及下列内容:

（1）被评价单位内部控制是否在风险评估的基础上涵盖了企业层面的风险和所有重要的业务流程层面的风险。

（2）被评价单位内部控制设计的方法是否适当,内部控制建设的时间进度安排是否科学、阶段性工作要求是否合理。

（3）被评价单位内部控制设计和运行的组织是否有效,人员配备、职责分工和授权是否合理。

（4）被评价单位是否开展内部控制自查并上报有关自查报告。

（5）被评价单位是否建立有利于促进内部控制各项政策措施落实和问题整改的机制。

（6）被评价单位在评价期间是否出现过重大风险事故。

（四）内部控制评价的程序和方法

1. 内部控制评价程序

企业应当按照制定评价方案、实施评价活动、编制评价报告等程序开展内部控制评价。内部控制评价机构应当根据企业整体控制目标，制定内部控制评价工作方案，明确评价目的、范围、组织、标准、方法、进度安排和费用预算等内容，报管理层和董事会审批。内部控制评价范围的确定应当遵循风险导向、自上而下的原则来确定需要评价的分支机构、重要业务单元、重点业务领域或流程环节。

2. 内部控制评价方法

内部控制评价机构应当根据审批通过的评价方案组织实施内部控制评价工作，通过适当的方法收集、确认、分析相关信息，确定与实现整体控制目标相关的风险及细化控制目标，并在此基础上辨识与细化控制目标相对应的控制活动，然后针对控制活动进行必要的测试，获取充分、相关、可靠的证据对内部控制的有效性进行评价，并做出书面记录。

内部控制评估和测试的方法主要包括：① 个别访谈法。② 调查问卷法。③ 比较分析法。④ 标杆法。⑤ 穿行测试法。⑥ 抽样法。⑦ 实地查验法。⑧ 重新执行法。⑨ 专题讨论会法。

企业应当根据通过评估和测试获取与内部控制有效性相关的证据，并合理保证证据的充分性和适当性。证据的充分性是指获取证据的数量应当能合理保证相关控制的有效；证据的适当性是指获取的证据应当与相关控制的设计与运行有关，并能可靠地反映控制的实际运行状况。

内部控制评价机构应当根据评估结果和经核实的证据，确认内部控制缺陷，出具评价结论，编制评价报告，报送管理层和董事会审阅。

（五）内部控制评价的缺陷认定和评价报告

1. 缺陷认定

内部控制评价应对内部控制缺陷进行分类分析。内部控制缺陷一般可分为设计缺陷和运行缺陷。设计缺陷是指缺少为实现控制目标所必需的控制，或现存控制设计不适当、即使正常运行也难以实现控制目标。运行缺陷是指现存设计完好的控制没有按设计意图运行，或执行者没有获得必要授权或缺乏胜任能力以有效地实施控制。

对内部控制评价过程中发现的问题，需要从定量和定性等方面进行衡量；判断是否构成内部控制缺陷。存在未实现规定的控制目标、未执行规定的控制活动、突破规定的权限、不能及时提供控制运行有效的相关证据等情况时，应当认定内部控制存在设计或运行缺陷。

内部控制缺陷按照影响整体控制目标实现的严重程度,可以分为一般缺陷、重要缺陷和重大缺陷(也称实质性漏洞,以下统称重大缺陷)。重大缺陷,是指一个或多个一般缺陷的组合,可能严重影响内部整体控制的有效性,进而导致企业无法及时防范或发现严重偏离整体控制目标的情形。重要缺陷,是指一个或多个一般缺陷的组合,其严重程度低于重大缺陷,但导致企业无法及时防范或发现偏离整体控制目标的严重程度依然重大,须引起企业管理层关注。在进行评价时,内部控制评价机构和管理层应当合理确定相关目标发生偏差的可容忍水平,从而对严重偏离的情形予以确定。

2. 评价报告

企业应当结合年末控制缺陷的整改结果,编制年度内部控制评价报告。内部控制评价报告至少应当包括下列内容:

(1) 内部控制评价的目的和责任主体。

(2) 内部控制评价的内容和所依据的标准。

(3) 内部控制评价的程序和所采用的方法。

(4) 衡量重大缺陷严重偏离的定义,以及确定严重偏离的方法。

(5) 被评估的内部控制整体目标是否有效的结论。

(6) 被评估的内部控制整体目标如果无效,存在的重大缺陷及其可能的影响。

(7) 造成重大缺陷的原因及相关责任人。

(8) 所有在评估过程中发现的控制缺陷,以及针对这些缺陷的补救措施及补救措施的实施计划等。

企业应当定期对内部控制整体有效性进行评价、出具评价报告,并向董事会、监事会和管理层报告内部控制设计与运行环节存在的主要问题以及将要采取的整改措施。内部控制评价报告是完善内部控制、提高经营管理水平和风险防范能力的重要依据。

企业对于内部控制评价报告中列示的问题,应当采取适当的措施进行改进,并追究相关人员的责任,对相关单位、部门或人员实施适当的奖励和惩戒。

思 考 与 练 习

一、复习思考题

(1) 我国现行的公司财务制度设计的主要法规依据有哪些?

(2) 公司章程对财务制度设计有什么影响?

(3) 财务分权与集权各有什么优缺点?

(4) 公司财务制度应该包括哪些主要的内容?

(5) 什么是内部控制制度?它与财务制度有什么区别和联系?

(6) 公司对风险进行评估的基本前提是什么?应该如何评估风险?

（7）公司内部控制可以按照什么标准进行分类？

二、单项选择题

1. 公司的所有者权益中,不能用于弥补亏损的是(　　)。

    A. 留存收益　　　　　　　　　　　B. 法定盈余公积

    C. 任意盈余公积　　　　　　　　　D. 资本公积

2. 长期负债的应计利息支出,与购建固定资产或者无形资产有关的,在资产尚未交付使用或者虽已交付使用但尚未办理竣工决算以前,应计入(　　)。

    A. 财务费用　　　　　　　　　　　B. 资产价值

    C. 开办费　　　　　　　　　　　　D. 清算损益

3. 企业可以自主选择采用集权管理或者是分权管理,下列关于集权和分权的说法中,不正确的是(　　)。

    A. 在企业分权的体制下,企业的各个部门和基层单位的财权较大,而在集权体制下,企业的财权主要集中在公司上层,基层的财权较小

    B. 一般而言,属于单一的生产销售型企业,其资金使用较为集中,跨地域不大、材料采购集中,可以采用集权的财务管理模式

    C. 一般而言,风险大的公司要求分权,而风险较小的公司则可以适度集权

    D. 企业都不可能采用绝对集权和绝对分权的财务管理模式,而是集权和分权的结合体

4. 内部控制应当在兼顾全面的基础上突出重点,针对重要业务与事项、高风险领域与环节采取更为严格的控制措施,确保不存在重大缺陷。该项规定属于(　　)。

    A. 合法性原则　　　　　　　　　　B. 全面性原则

    C. 重要性原则　　　　　　　　　　D. 有效性原则

5. 公司章程不得规定由(　　)决定聘用、解聘承办公司审计业务的会计师事务所。

    A. 监事会　　　　　　　　　　　　B. 股东会

    C. 董事会　　　　　　　　　　　　D. 股东大会

三、多项选择题

1. 《公司法》对公司财务工作作了一系列规定,关于这些规定的说法中,正确的是(　　)。

    A. 公司持有的本公司股份不得分配利润,除非经股东大会2/3以上同意。

    B. 法定公积金转为资本时,所留存的该项公积金不得少于转增前公司注册资本的25%

    C. 公司应当向聘用的会计师事务所提供真实、完整的会计凭证、会计账簿、财务会计报告及其他会计资料,不得拒绝、隐匿、谎报

　　D. 公司除法定的会计账簿外,不得另立会计账簿。对公司资产,不得以任何个人名义开立账户存储

2. 下列各项中,可以列为企业的成本、费用的有(　　)。
　　A. 企业为生产经营商品和提供劳务等发生的各项直接支出,包括直接工资、直接材料、商品进价以及其他直接支出
　　B. 企业的为购置和建造固定资产、购入无形资产和其他资产的支出
　　C. 企业被没收的财物;各项罚款、赞助、捐赠支出
　　D. 企业为生产经营商品和提供劳务而发生的各项间接费用

3. 从理论上分析,企业采用集权管理的优点是(　　)。
　　A. 成本费用可以降到一定程度,货币资金统一管理,资金使用效率提高
　　B. 借款减少,存货降低并因此引起储存成本降低
　　C. 企业决策较易执行,利润相对稳定
　　D. 权责明确,便于管理

4. 内部控制的基本要素包括(　　)。
　　A. 内部环境和风险评估　　　　　B. 控制措施和监督检查
　　C. 信息与沟通　　　　　　　　　D. 集权分权和防范舞弊

5. 风险评估主要包括(　　)。
　　A. 目标设定　　　　　　　　　　B. 风险识别
　　C. 风险分析　　　　　　　　　　D. 风险应对

四、判断题

1. 公司分配当年税后利润时,应当提取弥补亏损后利润的10%列入公司法定公积金。公司法定公积金累计额为公司注册资本的50%以上的,可以不再提取。　　(　　)

2. 企业筹集的资本金,企业依法享有经营权,在企业经营期内,投资者可以依法转让,也可以向公司申请抽回。　　(　　)

3. 企业发生的年度亏损,可以用下一年度的利润弥补;下一年度利润不足弥补的,可以在3年内用所得税前利润延续弥补。　　(　　)

4. 分权可能会造成下属部门或企业的本位主义膨胀,忽视企业整体利益,各个部门经常会为了自身利益而争夺资源,使企业整体的资金使用效益降低。　　(　　)

5. 营业收入是指企业在生产经营活动中,由于销售商品、提供劳务等取得的收入。企业发生的销售退回、销售折让、销售折扣,不得冲减当期营业收入。　　(　　)

附录一

复利终值系数表：$(1+i)^t$

t	1%	2%	3%	4%	5%	6%	7%	8%	9%	10%
1	1.0100	1.0200	1.0300	1.0400	1.0500	1.0600	1.0700	1.0800	1.0900	1.1000
2	1.0201	1.0404	1.0609	1.0816	1.1025	1.1236	1.1449	1.1664	1.1881	1.21
3	1.0303	1.0612	1.0927	1.1249	1.1576	1.1910	1.2250	1.2597	1.2950	1.3310
4	1.0406	1.0824	1.1255	1.1699	1.2155	1.2625	1.3108	1.3605	1.4116	1.4641
5	1.0510	1.1041	1.1593	1.2167	1.2763	1.3382	1.4026	1.4693	1.5386	1.6105
6	1.0615	1.1262	1.1941	1.2653	1.3401	1.4185	1.5007	1.5869	1.6771	1.7716
7	1.0721	1.1487	1.2299	1.3159	1.4071	1.5036	1.6058	1.7138	1.8280	1.9487
8	1.0829	1.1717	1.2668	1.3686	1.4775	1.5938	1.7182	1.8509	1.9926	2.1436
9	1.0937	1.1951	1.3048	1.4233	1.5513	1.6895	1.8385	1.9990	2.1719	2.3579
10	1.1046	1.2190	1.3439	1.4802	1.6289	1.7908	1.9672	2.1589	2.3674	2.5937
11	1.1157	1.2434	1.3842	1.5395	1.7103	1.8983	2.1049	2.3316	2.5804	2.8531
12	1.1268	1.2682	1.4258	1.6010	1.7959	2.0122	2.2522	2.5182	2.8127	3.1384
13	1.1381	1.2936	1.4685	1.6651	1.8856	2.1329	2.4098	2.7196	3.0658	3.4523
14	1.1495	1.3195	1.5126	1.7317	1.9799	2.2609	2.5785	2.9372	3.3417	3.7975
15	1.1610	1.3459	1.5580	1.8009	2.0789	2.3966	2.7590	3.1722	3.6425	4.1772
16	1.1726	1.3728	1.6047	1.8730	2.1829	2.5404	2.9522	3.4259	3.9703	4.5950
17	1.1843	1.4002	1.6528	1.9479	2.2920	2.6928	3.1588	3.7000	4.3276	5.0545
18	1.1961	1.4282	1.7024	2.0258	2.4066	2.8543	3.3799	3.9960	4.7171	5.5599
19	1.2081	1.4568	1.7535	2.1068	2.5270	3.0256	3.6165	4.3157	5.1417	6.1159
20	1.2202	1.4859	1.8061	2.1911	2.6533	3.2071	3.8697	4.6610	5.6044	6.7275
21	1.2324	1.5157	1.8603	2.2788	2.7860	3.3996	4.1406	5.0338	6.1088	7.4002
22	1.2447	1.5460	1.9161	2.3699	2.9253	3.6035	4.4304	5.4365	6.6586	8.1403
23	1.2572	1.5769	1.9736	2.4647	3.0715	3.8197	4.7405	5.8715	7.2579	8.9543
24	1.2697	1.6084	2.0328	2.5633	3.2251	4.0489	5.0724	6.3412	7.9111	9.8497
25	1.2824	1.6406	2.0938	2.6658	3.3864	4.2919	5.4274	6.8485	8.6231	10.8347
26	1.2953	1.6734	2.1566	2.7725	3.5557	4.5494	5.8074	7.3964	9.3992	11.9182
27	1.3082	1.7069	2.2213	2.8834	3.7335	4.8223	6.2139	7.9881	10.2451	13.1100
28	1.3213	1.7410	2.2879	2.9987	3.9201	5.1117	6.6488	8.6271	11.1671	14.4210
29	1.3345	1.7758	2.3566	3.1187	4.1161	5.4184	7.1143	9.3173	12.1722	15.8631
30	1.3478	1.8114	2.4273	3.2434	4.3219	5.7435	7.6123	10.0627	13.2677	17.4494
35	1.4166	1.9999	2.8139	3.9461	5.5160	7.6861	10.6766	14.7853	20.4140	28.1024
40	1.4889	2.2080	3.2620	4.8010	7.0400	10.2857	14.9745	21.7245	31.4094	45.2593
45	1.5648	2.4379	3.7816	5.8412	8.9850	13.7646	21.0025	31.9204	48.3273	72.8905
50	1.6446	2.6916	4.3839	7.1067	11.4674	18.4202	29.4570	46.9016	74.3575	117.3909

11%	12%	13%	14%	15%	16%	17%	18%	19%	20%
1.1100	1.1200	1.1300	1.1400	1.1500	1.1600	1.1700	1.1800	1.1900	1.2000
1.2321	1.2544	1.2769	1.2996	1.3225	1.3456	1.3689	1.3924	1.4161	1.44
1.3676	1.4049	1.4429	1.4815	1.5209	1.5609	1.6016	1.6430	1.6852	1.7280
1.5181	1.5735	1.6305	1.6890	1.7490	1.8106	1.8739	1.9388	2.0053	2.0736
1.6851	1.7623	1.8424	1.9254	2.0114	2.1003	2.1924	2.2878	2.3864	2.4883
1.8704	1.9738	2.0820	2.1950	2.3131	2.4364	2.5652	2.6996	2.8398	2.9860
2.0762	2.2107	2.3526	2.5023	2.6600	2.8262	3.0012	3.1855	3.3793	3.5832
2.3045	2.4760	2.6584	2.8526	3.0590	3.2784	3.5115	3.7589	4.0214	4.2998
2.5580	2.7731	3.0040	3.2519	3.5179	3.8030	4.1084	4.4355	4.7854	5.1598
2.8394	3.1058	3.3946	3.7072	4.0456	4.4114	4.8068	5.2338	5.6947	6.1917
3.1518	3.4785	3.8359	4.2262	4.6524	5.1173	5.6240	6.1759	6.7767	7.4301
3.4985	3.8960	4.3345	4.8179	5.3503	5.9360	6.5801	7.2876	8.0642	8.9161
3.8833	4.3635	4.8980	5.4924	6.1528	6.8858	7.6987	8.5994	9.5964	10.6993
4.3104	4.8871	5.5348	6.2613	7.0757	7.9875	9.0075	10.1472	11.4198	12.8392
4.7846	5.4736	6.2543	7.1379	8.1371	9.2655	10.5387	11.9737	13.5895	15.4070
5.3109	6.1304	7.0673	8.1372	9.3576	10.7480	12.3303	14.1290	16.1715	18.4884
5.8951	6.8660	7.9861	9.2765	10.7613	12.4677	14.4265	16.6722	19.2441	22.1861
6.5436	7.6900	9.0243	10.5752	12.3755	14.4625	16.8790	19.6733	22.9005	26.6233
7.2633	8.6128	10.1974	12.0557	14.2318	16.7765	19.7484	23.2144	27.2516	31.9480
8.0623	9.6463	11.5231	13.7435	16.3665	19.4608	23.1056	27.3930	32.4294	38.3376
8.9492	10.8038	13.0211	15.6676	18.8215	22.5745	27.0336	32.3238	38.5910	46.0051
9.9336	12.1003	14.7138	17.8610	21.6447	26.1864	31.6293	38.1421	45.9233	55.2061
11.0263	13.5523	16.6266	20.3616	24.8915	30.3762	37.0062	45.0076	54.6487	66.2474
12.2392	15.1786	18.7881	23.2122	28.6252	35.2364	43.2973	53.1090	65.0320	79.4968
13.5855	17.0001	21.2305	26.4619	32.9190	40.8742	50.6578	62.6686	77.3881	95.3962
15.0799	19.0401	23.9905	30.1666	37.8568	47.4141	59.2697	73.9490	92.0918	114.476
16.7386	21.3249	27.1093	34.3899	43.5353	55.0004	69.3455	87.2598	109.5893	137.371
18.5799	23.8839	30.6335	39.2045	50.0656	63.8004	81.1342	102.967	130.411	164.845
20.6237	26.7499	34.6158	44.6931	57.5755	74.0085	94.9271	121.501	155.189	197.814
22.8923	29.9599	39.1159	50.9502	66.2118	85.8499	111.065	143.371	184.675	237.376
38.5749	52.7996	72.0685	98.1002	133.176	180.314	243.504	327.997	440.701	590.668
65.0009	93.0510	132.782	188.884	267.864	378.721	533.869	750.378	1 051.67	1 469.77
109.530	163.988	244.641	363.679	538.769	795.444	1 170.48	1 716.7	2 509.65	3 657.26
184.565	289.002	450.736	700.233	1 083.66	1 670.70	2 566.22	3 927.4	5 988.91	9 100.44

（续表）

t	22%	24%	26%	28%	30%	32%	34%	36%	38%	40%
1	1.2200	1.2400	1.2600	1.2800	1.3000	1.3200	1.3400	1.3600	1.3800	1.4000
2	1.4884	1.5376	1.5876	1.6384	1.69	1.7424	1.7956	1.8496	1.9044	1.9600
3	1.8158	1.9066	2.0004	2.0972	2.1970	2.3000	2.4061	2.5155	2.6281	2.7440
4	2.2153	2.3642	2.5205	2.6844	2.8561	3.0360	3.2242	3.4210	3.6267	3.8416
5	2.7027	2.9316	3.1758	3.4360	3.7129	4.0075	4.3204	4.6526	5.0049	5.3782
6	3.2973	3.6352	4.0015	4.3980	4.8268	5.2899	5.7893	6.3275	6.9068	7.5295
7	4.0227	4.5077	5.0419	5.6295	6.2749	6.9826	7.7577	8.6054	9.5313	10.5414
8	4.9077	5.5895	6.3528	7.2058	8.1573	9.2170	10.3953	11.7034	13.1532	14.7579
9	5.9874	6.9310	8.0045	9.2234	10.6045	12.1665	13.9297	15.9166	18.1515	20.6610
10	7.3046	8.5944	10.0857	11.8059	13.7858	16.0598	18.6659	21.6466	25.0490	28.9255
11	8.9117	10.6571	12.7080	15.1116	17.9216	21.1989	25.0123	29.4393	34.5677	40.4957
12	10.8722	13.2148	16.0120	19.3428	23.2981	27.9825	33.5164	40.0375	47.7034	56.6939
13	13.2641	16.3863	20.1752	24.7588	30.2875	36.9370	44.9120	54.4510	65.8306	79.3715
14	16.1822	20.3191	25.4207	31.6913	39.3738	48.7568	60.1821	74.0534	90.8463	111.120
15	19.7423	25.1956	32.0301	40.5648	51.1859	64.3590	80.6440	100.713	125.368	155.568
16	24.0856	31.2426	40.3579	51.9230	66.5417	84.9538	108.063	136.969	173.008	217.795
17	29.3844	38.7408	50.8510	66.4614	86.5042	112.139	144.804	186.278	238.751	304.914
18	35.8490	48.0386	64.0722	85.0706	112.455	148.024	194.038	253.338	329.476	426.880
19	43.7358	59.5679	80.7310	108.890	146.192	195.391	260.011	344.540	454.677	597.630
20	53.3576	73.8641	101.721	139.380	190.050	257.916	348.414	468.574	627.454	836.683
21	65.0963	91.5915	128.169	178.406	247.065	340.449	466.875	637.261	865.886	1 171.36
22	79.4175	113.574	161.492	228.360	321.184	449.393	625.613	866.674	1 194.92	1 639.90
23	96.8894	140.831	203.480	292.300	417.539	593.199	838.321	1 178.68	1 648.99	2 295.86
24	118.205	174.631	256.385	374.144	542.801	783.023	1 123.35	1 603.00	2 275.61	3 214.20
25	144.210	216.542	323.045	478.905	705.641	1 033.59	1 505.29	2 180.08	3 140.34	4 499.88
26	175.936	268.512	407.037	612.998	917.333	1 364.34	2 017.09	2 964.91	4 333.67	6 299.83
27	214.642	332.955	512.867	784.638	1 192.53	1 800.93	2 702.90	4 032.28	5 980.47	8 819.76
28	261.864	412.864	646.212	1 004.34	1 550.29	2 377.22	3 621.88	5 483.90	8 253.05	12 347.7
29	319.474	511.952	814.228	1 285.55	2 015.38	3 137.94	4 853.32	7 458.10	11 389.2	17 286.7
30	389.758	634.820	1 025.93	1 645.51	2 620.00	4 142.07	6 503.45	10 143.0	15 717.1	24 201.4
35	1 053.40	1 861.05	3 258.14	5 653.91	9 727.86	16 599.2	28 097.5	47 191.3	78 662.6	130 161
40	2 847.04	5 455.91	10 347.2	19 426.7	36 118.9	66 520.8	121 392	219 561	393 698	700 037
45	7 694.71	15 994.7	32 860.5	66 749.6	134 106	266 579	524 464	1 021 529	1 970 420	3 764 970
50	20 796.6	46 890.4	104 358	229 349	497 929	1 068 308	2 265 895	4 752 754	9 861 757	20 248 916

附录二

复利现值系数表：$1/(1+i)^t$

t	1%	2%	3%	4%	5%	6%	7%	8%	9%	10%
1	0.9901	0.9804	0.9709	0.9615	0.9524	0.9434	0.9346	0.9259	0.9174	0.9091
2	0.9803	0.9612	0.9426	0.9246	0.9070	0.8900	0.8734	0.8573	0.8417	0.8264
3	0.9706	0.9423	0.9151	0.8890	0.8638	0.8396	0.8163	0.7938	0.7722	0.7513
4	0.9610	0.9238	0.8885	0.8548	0.8227	0.7921	0.7629	0.7350	0.7084	0.6830
5	0.9515	0.9057	0.8626	0.8219	0.7835	0.7473	0.7130	0.6806	0.6499	0.6209
6	0.9420	0.8880	0.8375	0.7903	0.7462	0.7050	0.6663	0.6302	0.5963	0.5645
7	0.9327	0.8706	0.8131	0.7599	0.7107	0.6651	0.6227	0.5835	0.5470	0.5132
8	0.9235	0.8535	0.7894	0.7307	0.6768	0.6274	0.5820	0.5403	0.5019	0.4665
9	0.9143	0.8368	0.7664	0.7026	0.6446	0.5919	0.5439	0.5002	0.4604	0.4241
10	0.9053	0.8203	0.7441	0.6756	0.6139	0.5584	0.5083	0.4632	0.4224	0.3855
11	0.8963	0.8043	0.7224	0.6496	0.5847	0.5268	0.4751	0.4289	0.3875	0.3505
12	0.8874	0.7885	0.7014	0.6246	0.5568	0.4970	0.4440	0.3971	0.3555	0.3186
13	0.8787	0.7730	0.6810	0.6006	0.5303	0.4688	0.4150	0.3677	0.3262	0.2897
14	0.8700	0.7579	0.6611	0.5775	0.5051	0.4423	0.3878	0.3405	0.2992	0.2633
15	0.8613	0.7430	0.6419	0.5553	0.4810	0.4173	0.3624	0.3152	0.2745	0.2394
16	0.8528	0.7284	0.6232	0.5339	0.4581	0.3936	0.3387	0.2919	0.2519	0.2176
17	0.8444	0.7142	0.6050	0.5134	0.4363	0.3714	0.3166	0.2703	0.2311	0.1978
18	0.8360	0.7002	0.5874	0.4936	0.4155	0.3503	0.2959	0.2502	0.2120	0.1799
19	0.8277	0.6864	0.5703	0.4746	0.3957	0.3305	0.2765	0.2317	0.1945	0.1635
20	0.8195	0.6730	0.5537	0.4564	0.3769	0.3118	0.2584	0.2145	0.1784	0.1486
21	0.8114	0.6598	0.5375	0.4388	0.3589	0.2942	0.2415	0.1987	0.1637	0.1351
22	0.8034	0.6468	0.5219	0.4220	0.3418	0.2775	0.2257	0.1839	0.1502	0.1228
23	0.7954	0.6342	0.5067	0.4057	0.3256	0.2618	0.2109	0.1703	0.1378	0.1117
24	0.7876	0.6217	0.4919	0.3901	0.3101	0.2470	0.1971	0.1577	0.1264	0.1015
25	0.7798	0.6095	0.4776	0.3751	0.2953	0.2330	0.1842	0.1460	0.1160	0.0923
26	0.7720	0.5976	0.4637	0.3607	0.2812	0.2198	0.1722	0.1352	0.1064	0.0839
27	0.7644	0.5859	0.4502	0.3468	0.2678	0.2074	0.1609	0.1252	0.0976	0.0763
28	0.7568	0.5744	0.4371	0.3335	0.2551	0.1956	0.1504	0.1159	0.0895	0.0693
29	0.7493	0.5631	0.4243	0.3207	0.2429	0.1846	0.1406	0.1073	0.0822	0.0630
30	0.7419	0.5521	0.4120	0.3083	0.2314	0.1741	0.1314	0.0994	0.0754	0.0573
35	0.7059	0.5000	0.3554	0.2534	0.1813	0.1301	0.0937	0.0676	0.0490	0.0356
40	0.6717	0.4529	0.3066	0.2083	0.1420	0.0972	0.0668	0.0460	0.0318	0.0221
45	0.6391	0.4102	0.2644	0.1712	0.1113	0.0727	0.0476	0.0313	0.0207	0.0137
50	0.6080	0.3715	0.2281	0.1407	0.0872	0.0543	0.0339	0.0213	0.0134	0.0085

t	11%	12%	13%	14%	15%	16%	17%	18%	19%	20%
1	0.9009	0.8929	0.8850	0.8772	0.8696	0.8621	0.8547	0.8475	0.8403	0.8333
2	0.8116	0.7972	0.7831	0.7695	0.7561	0.7432	0.7305	0.7182	0.7062	0.6944
3	0.7312	0.7118	0.6931	0.6750	0.6575	0.6407	0.6244	0.6086	0.5934	0.5787
4	0.6587	0.6355	0.6133	0.5921	0.5718	0.5523	0.5337	0.5158	0.4987	0.4823
5	0.5935	0.5674	0.5428	0.5194	0.4972	0.4761	0.4561	0.4371	0.4190	0.4019
6	0.5346	0.5066	0.4803	0.4556	0.4323	0.4104	0.3898	0.3704	0.3521	0.3349
7	0.4817	0.4523	0.4251	0.3996	0.3759	0.3538	0.3332	0.3139	0.2959	0.2791
8	0.4339	0.4039	0.3762	0.3506	0.3269	0.3050	0.2848	0.2660	0.2487	0.2326
9	0.3909	0.3606	0.3329	0.3075	0.2843	0.2630	0.2434	0.2255	0.2090	0.1938
10	0.3522	0.3220	0.2946	0.2697	0.2472	0.2267	0.2080	0.1911	0.1756	0.1615
11	0.3173	0.2875	0.2607	0.2366	0.2149	0.1954	0.1778	0.1619	0.1476	0.1346
12	0.2858	0.2567	0.2307	0.2076	0.1869	0.1685	0.1520	0.1372	0.1240	0.1122
13	0.2575	0.2292	0.2042	0.1821	0.1625	0.1452	0.1299	0.1163	0.1042	0.0935
14	0.2320	0.2046	0.1807	0.1597	0.1413	0.1252	0.1110	0.0985	0.0876	0.0779
15	0.2090	0.1827	0.1599	0.1401	0.1229	0.1079	0.0949	0.0835	0.0736	0.0649
16	0.1883	0.1631	0.1415	0.1229	0.1069	0.0930	0.0811	0.0708	0.0618	0.0541
17	0.1696	0.1456	0.1252	0.1078	0.0929	0.0802	0.0693	0.0600	0.0520	0.0451
18	0.1528	0.1300	0.1108	0.0946	0.0808	0.0691	0.0592	0.0508	0.0437	0.0376
19	0.1377	0.1161	0.0981	0.0829	0.0703	0.0596	0.0506	0.0431	0.0367	0.0313
20	0.1240	0.1037	0.0868	0.0728	0.0611	0.0514	0.0433	0.0365	0.0308	0.0261
21	0.1117	0.0926	0.0768	0.0638	0.0531	0.0443	0.0370	0.0309	0.0259	0.0217
22	0.1007	0.0826	0.0680	0.0560	0.0462	0.0382	0.0316	0.0262	0.0218	0.0181
23	0.0907	0.0738	0.0601	0.0491	0.0402	0.0329	0.0270	0.0222	0.0183	0.0151
24	0.0817	0.0659	0.0532	0.0431	0.0349	0.0284	0.0231	0.0188	0.0154	0.0126
25	0.0736	0.0588	0.0471	0.0378	0.0304	0.0245	0.0197	0.0160	0.0129	0.0105
26	0.0663	0.0525	0.0417	0.0331	0.0264	0.0211	0.0169	0.0135	0.0109	0.0087
27	0.0597	0.0469	0.0369	0.0291	0.0230	0.0182	0.0144	0.0115	0.0091	0.0073
28	0.0538	0.0419	0.0326	0.0255	0.0200	0.0157	0.0123	0.0097	0.0077	0.0061
29	0.0485	0.0374	0.0289	0.0224	0.0174	0.0135	0.0105	0.0082	0.0064	0.0051
30	0.0437	0.0334	0.0256	0.0196	0.0151	0.0116	0.0090	0.0070	0.0054	0.0042
35	0.0259	0.0189	0.0139	0.0102	0.0075	0.0055	0.0041	0.0030	0.0023	0.0017
40	0.0154	0.0107	0.0075	0.0053	0.0037	0.0026	0.0019	0.0013	0.0010	0.0007
45	0.0091	0.0061	0.0041	0.0027	0.0019	0.0013	0.0009	0.0006	0.0004	0.0003
50	0.0054	0.0035	0.0022	0.0014	0.0009	0.0006	0.0004	0.0003	0.0002	0.0001

（续表）

22%	24%	26%	26%	30%	32%	34%	36%	38%	40%
0.8197	0.8065	0.7937	0.7813	0.7692	0.7576	0.7463	0.7353	0.7246	0.714
0.6719	0.6504	0.6299	0.6104	0.5917	0.5739	0.5569	0.5407	0.5251	0.510
0.5507	0.5245	0.4999	0.4768	0.4552	0.4348	0.4156	0.3975	0.3805	0.364
0.4514	0.4230	0.3968	0.3725	0.3501	0.3294	0.3102	0.2923	0.2757	0.260
0.3700	0.3411	0.3149	0.2910	0.2693	0.2495	0.2315	0.2149	0.1998	0.186
0.3033	0.2751	0.2499	0.2274	0.2072	0.1890	0.1727	0.1580	0.1448	0.133
0.2486	0.2218	0.1983	0.1776	0.1594	0.1432	0.1289	0.1162	0.1049	0.095
0.2038	0.1789	0.1574	0.1388	0.1226	0.1085	0.0962	0.0854	0.0760	0.068
0.1670	0.1443	0.1249	0.1084	0.0943	0.0822	0.0718	0.0628	0.0551	0.048
0.1369	0.1164	0.0992	0.0847	0.0725	0.0623	0.0536	0.0462	0.0399	0.035
0.1122	0.0938	0.0787	0.0662	0.0558	0.0472	0.0400	0.0340	0.0289	0.025
0.0920	0.0757	0.0625	0.0517	0.0429	0.0357	0.0298	0.0250	0.0210	0.018
0.0754	0.0610	0.0496	0.0404	0.0330	0.0271	0.0223	0.0184	0.0152	0.013
0.0618	0.0492	0.0393	0.0316	0.0254	0.0205	0.0166	0.0135	0.0110	0.009
0.0507	0.0397	0.0312	0.0247	0.0195	0.0155	0.0124	0.0099	0.0080	0.006
0.0415	0.0320	0.0248	0.0193	0.0150	0.0118	0.0093	0.0073	0.0058	0.005
0.0340	0.0258	0.0197	0.0150	0.0116	0.0089	0.0069	0.0054	0.0042	0.003
0.0279	0.0208	0.0156	0.0118	0.0089	0.0068	0.0052	0.0039	0.0030	0.002
0.0229	0.0168	0.0124	0.0092	0.0068	0.0051	0.0038	0.0029	0.0022	0.002
0.0187	0.0135	0.0098	0.0072	0.0053	0.0039	0.0029	0.0021	0.0016	0.001
0.0154	0.0109	0.0078	0.0056	0.0040	0.0029	0.0021	0.0016	0.0012	0.001
0.0126	0.0088	0.0062	0.0044	0.0031	0.0022	0.0016	0.0012	0.0008	0.001
0.0103	0.0071	0.0049	0.0034	0.0024	0.0017	0.0012	0.0008	0.0006	0.000
0.0085	0.0057	0.0039	0.0027	0.0018	0.0013	0.0009	0.0006	0.0004	0.000
0.0069	0.0046	0.0031	0.0021	0.0014	0.0010	0.0007	0.0005	0.0003	0.000
0.0057	0.0037	0.0025	0.0016	0.0011	0.0007	0.0005	0.0003	0.0002	0.000
0.0047	0.0030	0.0019	0.0013	0.0008	0.0006	0.0004	0.0002	0.0002	0.000
0.0038	0.0024	0.0015	0.0010	0.0006	0.0004	0.0003	0.0002	0.0001	0.000
0.0031	0.0020	0.0012	0.0008	0.0005	0.0003	0.0002	0.0001	0.0001	0.000
0.0026	0.0016	0.0010	0.0006	0.0004	0.0002	0.0002	0.0001	0.0001	0.000
0.0009	0.0005	0.0003	0.0002	0.0001	0.0001	0.0000	0.0000	0.0000	0.000
0.0004	0.0002	0.0001	0.0001	0.0000	0.0000	0.0000	0.0000	0.0000	0.000
0.0001	0.0001	0.0000	0.0000	0.0000	0.0000	0.0000	0.0000	0.0000	0.000
0.0000	0.0000	0.0000	0.0000	0.0000	0.0000	0.0000	0.0000	0.0000	0.000

附录三

年金终值系数表：$[(1+i)^t-1]/i$

t	1%	2%	3%	4%	5%	6%	7%	8%	9%	10%
1	1.0000	1.0000	1.0000	1.0000	1.0000	1.0000	1.0000	1.0000	1.0000	1.0000
2	2.0100	2.0200	2.0300	2.0400	2.0500	2.0600	2.0700	2.0800	2.0900	2.1000
3	3.0301	3.0604	3.0909	3.1216	3.1525	3.1836	3.2149	3.2464	3.2781	3.3100
4	4.0604	4.1216	4.1836	4.2465	4.3101	4.3746	4.4399	4.5061	4.5731	4.6410
5	5.1010	5.2040	5.3091	5.4163	5.5256	5.6371	5.7507	5.8666	5.9847	6.1051
6	6.1520	6.3081	6.4684	6.6330	6.8019	6.9753	7.1533	7.3359	7.5233	7.7156
7	7.2135	7.4343	7.6625	7.8983	8.1420	8.3938	8.6540	8.9228	9.2004	9.4872
8	8.2857	8.5830	8.8923	9.2142	9.5491	9.8975	10.2598	10.6366	11.0285	11.4359
9	9.3685	9.7546	10.1591	10.5828	11.0266	11.4913	11.9780	12.4876	13.0210	13.5795
10	10.4622	10.9497	11.4639	12.0061	12.5779	13.1808	13.8164	14.4866	15.1929	15.9374
11	11.5668	12.1687	12.8078	13.4864	14.2068	14.9716	15.7836	16.6455	17.5603	18.5312
12	12.6825	13.4121	14.1920	15.0258	15.9171	16.8699	17.8885	18.9771	20.1407	21.3843
13	13.8093	14.6803	15.6178	16.6268	17.7130	18.8821	20.1406	21.4953	22.9534	24.5227
14	14.9474	15.9739	17.0863	18.2919	19.5986	21.0151	22.5505	24.2149	26.0192	27.9750
15	16.0969	17.2934	18.5989	20.0236	21.5786	23.2760	25.1290	27.1521	29.3609	31.7725
16	17.2579	18.6393	20.1569	21.8245	23.6575	25.6725	27.8881	30.3243	33.0034	35.9497
17	18.4304	20.0121	21.7616	23.6975	25.8404	28.2129	30.8402	33.7502	36.9737	40.5447
18	19.6147	21.4123	23.4144	25.6454	28.1324	30.9057	33.9990	37.4502	41.3013	45.5992
19	20.8109	22.8406	25.1169	27.6712	30.5390	33.7600	37.3790	41.4463	46.0185	51.1591
20	22.0190	24.2974	26.8704	29.7781	33.0660	36.7856	40.9955	45.7620	51.1601	57.2750
21	23.2392	25.7833	28.6765	31.9692	35.7193	39.9927	44.8652	50.4229	56.7645	64.0025
22	24.4716	27.2990	30.5368	34.2480	38.5052	43.3923	49.0057	55.4568	62.8733	71.4027
23	25.7163	28.8450	32.4529	36.6179	41.4305	46.9958	53.4361	60.8933	69.5319	79.5430
24	26.9735	30.4219	34.4265	39.0826	44.5020	50.8156	58.1767	66.7648	76.7898	88.4973
25	28.2432	32.0303	36.4593	41.6459	47.7271	54.8645	63.2490	73.1059	84.7009	98.3471
26	29.5256	33.6709	38.5530	44.3117	51.1135	59.1564	68.6765	79.9544	93.3240	109.182
27	30.8209	35.3443	40.7096	47.0842	54.6691	63.7058	74.4838	87.3508	102.723	121.100
28	32.1291	37.0512	42.9309	49.9676	58.4026	68.5281	80.6977	95.3388	112.968	134.210
29	33.4504	38.7922	45.2189	52.9663	62.3227	73.6398	87.3465	103.966	124.135	148.631
30	34.7849	40.5681	47.5754	56.0849	66.4388	79.0582	94.4608	113.283	136.308	164.494

11%	12%	13%	14%	15%	16%	17%	18%	19%	20%
1.0000	1.0000	1.0000	1.0000	1.0000	1.0000	1.0000	1.0000	1.0000	1.0000
2.1100	2.1200	2.1300	2.1400	2.1500	2.1600	2.1700	2.1800	2.1900	2.2000
3.3421	3.3744	3.4069	3.4396	3.4725	3.5056	3.5389	3.5724	3.6061	3.6400
4.7097	4.7793	4.8498	4.9211	4.9934	5.0665	5.1405	5.2154	5.2913	5.3680
6.2278	6.3528	6.4803	6.6101	6.7424	6.8771	7.0144	7.1542	7.2966	7.4416
7.9129	8.1152	8.3227	8.5355	8.7537	8.9775	9.2068	9.4420	9.6830	9.9299
9.7833	10.0890	10.4047	10.7305	11.0668	11.4139	11.7720	12.1415	12.5227	12.9159
11.8594	12.2997	12.7573	13.2328	13.7268	14.2401	14.7733	15.3270	15.9020	16.4991
14.1640	14.7757	15.4157	16.0853	16.7858	17.5185	18.2847	19.0859	19.9234	20.7989
16.7220	17.5487	18.4197	19.3373	20.3037	21.3215	22.3931	23.5213	24.7089	25.9587
19.5614	20.6546	21.8143	23.0445	24.3493	25.7329	27.1999	28.7551	30.4035	32.1504
22.7132	24.1331	25.6502	27.2707	29.0017	30.8502	32.8239	34.9311	37.1802	39.5805
26.2116	28.0291	29.9847	32.0887	34.3519	36.7862	39.4040	42.2187	45.2445	48.4966
30.0949	32.3926	34.8827	37.5811	40.5047	43.6720	47.1027	50.8180	54.8409	59.1959
34.4054	37.2797	40.4175	43.8424	47.5804	51.6595	56.1101	60.9653	66.2607	72.0351
39.1899	42.7533	46.6717	50.9804	55.7175	60.9250	66.6488	72.9390	79.8502	87.4421
44.5008	48.8837	53.7391	59.1176	65.0751	71.6730	78.9792	87.0680	96.0218	105.931
50.3959	55.7497	61.7251	68.3941	75.8364	84.1407	93.4056	103.740	115.266	128.117
56.9395	63.4397	70.7494	78.9692	88.2118	98.6032	110.285	123.414	138.166	154.740
64.2028	72.0524	80.9468	91.0249	102.444	115.380	130.033	146.628	165.418	186.688
72.2651	81.6987	92.4699	104.768	118.810	134.841	153.139	174.021	197.847	225.026
81.2143	92.5026	105.491	120.436	137.632	157.415	180.172	206.345	236.438	271.031
91.1479	104.603	120.205	138.297	159.276	183.601	211.801	244.487	282.362	326.237
102.174	118.155	136.831	158.659	184.168	213.978	248.808	289.494	337.010	392.484
114.413	133.334	155.620	181.871	212.793	249.214	292.105	342.603	402.042	471.981
127.999	150.334	176.850	208.333	245.712	290.088	342.763	405.272	479.431	567.377
143.079	169.374	200.841	238.499	283.569	337.502	402.032	479.221	571.522	681.853
159.817	190.699	227.950	272.889	327.104	392.503	471.378	566.481	681.112	819.223
178.397	214.583	258.583	312.094	377.170	456.303	552.512	669.447	811.523	984.068
199.021	241.333	293.199	356.787	434.745	530.312	647.439	790.948	966.712	1 181.88

（续表）

t	22%	24%	26%	28%	30%	32%	34%	36%	38%	40%
1	1.0000	1.0000	1.0000	1.0000	1.0000	1.0000	1.0000	1.0000	1.0000	1.0000
2	2.2200	2.2400	2.2600	2.2800	2.3000	2.3200	2.3400	2.3600	2.3800	2.4000
3	3.7084	3.7776	3.8476	3.9184	3.9900	4.0624	4.1356	4.2096	4.2844	4.3600
4	5.5242	5.6842	5.8480	6.0156	6.1870	6.3624	6.5417	6.7251	6.9125	7.1040
5	7.7396	8.0484	8.3684	8.6999	9.0431	9.3983	9.7659	10.1461	10.5392	10.9456
6	10.4423	10.9801	11.5442	12.1359	12.7560	13.4058	14.0863	14.7987	15.5441	16.3238
7	13.7396	14.6153	15.5458	16.5339	17.5828	18.6956	19.8756	21.1262	22.4509	23.8534
8	17.7623	19.1229	20.5876	22.1634	23.8577	25.6782	27.6333	29.7316	31.9822	34.3947
9	22.6700	24.7125	26.9404	29.3692	32.0150	34.8953	38.0287	41.4350	45.1354	49.1526
10	28.6574	31.6434	34.9449	38.5926	42.6195	47.0618	51.9584	57.3516	63.2869	69.8137
11	35.9620	40.2379	45.0306	50.3985	56.4053	63.1215	70.6243	78.9982	88.3359	98.7391
12	44.8737	50.8950	57.7386	65.5100	74.3270	84.3204	95.6365	108.437	122.904	139.235
13	55.7459	64.1097	73.7506	84.8529	97.6250	112.303	129.153	148.475	170.607	195.929
14	69.0100	80.4961	93.9258	109.612	127.913	149.240	174.065	202.926	236.438	275.300
15	85.1922	100.815	119.347	141.303	167.286	197.997	234.247	276.979	327.284	386.420
16	104.935	126.011	151.377	181.868	218.472	262.356	314.891	377.692	452.652	541.988
17	129.020	157.253	191.735	233.791	285.014	347.309	422.954	514.661	625.659	759.784
18	158.405	195.994	242.585	300.252	371.518	459.449	567.758	700.939	864.410	1 064.70
19	194.254	244.033	306.658	385.323	483.973	607.472	761.796	954.277	1 193.89	1 491.58
20	237.989	303.601	387.389	494.213	630.165	802.863	1 021.81	1 298.82	1 648.56	2 089.21
21	291.347	377.465	489.110	633.593	820.215	1 060.78	1 370.22	1 767.39	2 276.02	2 925.89
22	356.443	469.056	617.278	811.999	1 067.28	1 401.23	1 837.10	2 404.65	3 141.90	4 097.24
23	435.861	582.630	778.771	1 040.36	1 388.46	1 850.62	2 462.71	3 271.33	4 336.83	5 737.14
24	532.750	723.461	982.251	1 332.66	1 806.00	2 443.82	3 301.03	4 450.00	5 985.82	8 033.00
25	650.955	898.092	1 238.64	1 706.80	2 348.80	3 226.84	4 424.38	6 053.00	8 261.43	11 247.20
26	795.165	1 114.63	1 561.68	2 185.71	3 054.44	4 260.43	5 929.67	8 233.09	11 401.77	15 747.08
27	971.102	1 383.15	1 968.72	2 798.71	3 971.78	5 624.77	7 946.76	11 198.0	15 735.4	22 046.9
28	1 185.74	1 716.10	2 481.59	3 583.34	5 164.31	7 425.70	10 649.7	15 230.3	21 715.9	30 866.7
29	1 447.61	2 128.96	3 127.80	4 587.68	6 714.60	9 802.92	14 271.5	20 714.2	29 969.0	43 214.3
30	1 767.08	2 640.92	3 942.03	5 873.23	8 729.99	12 940.9	19 124.9	28 172.3	41 358.2	60 501.1

附录四

年金现值系数表：$[1-1/(1+i)^t]/i$

t	1%	2%	3%	4%	5%	6%	7%	8%	9%	10%
1	0.9901	0.9804	0.9709	0.9615	0.9524	0.9434	0.9346	0.9259	0.9174	0.9091
2	1.9704	1.9416	1.9135	1.8861	1.8594	1.8334	1.8080	1.7833	1.7591	1.7355
3	2.9410	2.8839	2.8286	2.7751	2.7232	2.6730	2.6243	2.5771	2.5313	2.4869
4	3.9020	3.8077	3.7171	3.6299	3.5460	3.4651	3.3872	3.3121	3.2397	3.1699
5	4.8534	4.7135	4.5797	4.4518	4.3295	4.2124	4.1002	3.9927	3.8897	3.7908
6	5.7955	5.6014	5.4172	5.2421	5.0757	4.9173	4.7665	4.6229	4.4859	4.3553
7	6.7282	6.4720	6.2303	6.0021	5.7864	5.5824	5.3893	5.2064	5.0330	4.8684
8	7.6517	7.3255	7.0197	6.7327	6.4632	6.2098	5.9713	5.7466	5.5348	5.3349
9	8.5660	8.1622	7.7861	7.4353	7.1078	6.8017	6.5152	6.2469	5.9952	5.7590
10	9.4713	8.9826	8.5302	8.1109	7.7217	7.3601	7.0236	6.7101	6.4177	6.1446
11	10.3676	9.7868	9.2526	8.7605	8.3064	7.8869	7.4987	7.1390	6.8052	6.4951
12	11.2551	10.5753	9.9540	9.3851	8.8633	8.3838	7.9427	7.5361	7.1607	6.8137
13	12.1337	11.3484	10.6350	9.9856	9.3936	8.8527	8.3577	7.9038	7.4869	7.1034
14	13.0037	12.1062	11.2961	10.5631	9.8986	9.2950	8.7455	8.2442	7.7862	7.3667
15	13.8651	12.8493	11.9379	11.1184	10.3797	9.7122	9.1079	8.5595	8.0607	7.6061
16	14.7179	13.5777	12.5611	11.6523	10.8378	10.1059	9.4466	8.8514	8.3126	7.8237
17	15.5623	14.2919	13.1661	12.1657	11.2741	10.4773	9.7632	9.1216	8.5436	8.0216
18	16.3983	14.9920	13.7535	12.6593	11.6896	10.8276	10.0591	9.3719	8.7556	8.2014
19	17.2260	15.6785	14.3238	13.1339	12.0853	11.1581	10.3356	9.6036	8.9501	8.3649
20	18.0456	16.3514	14.8775	13.5903	12.4622	11.4699	10.5940	9.8181	9.1285	8.5136
21	18.8570	17.0112	15.4150	14.0292	12.8212	11.7641	10.8355	10.0168	9.2922	8.6487
22	19.6604	17.6580	15.9369	14.4511	13.1630	12.0416	11.0612	10.2007	9.4424	8.7715
23	20.4558	18.2922	16.4436	14.8568	13.4886	12.3034	11.2722	10.3711	9.5802	8.8832
24	21.2434	18.9139	16.9355	15.2470	13.7986	12.5504	11.4693	10.5288	9.7066	8.9847
25	22.0232	19.5235	17.4131	15.6221	14.0939	12.7834	11.6536	10.6748	9.8226	9.0770
26	22.7952	20.1210	17.8768	15.9828	14.3752	13.0032	11.8258	10.8100	9.9290	9.1609
27	23.5596	20.7069	18.3270	16.3296	14.6430	13.2105	11.9867	10.9352	10.0266	9.2372
28	24.3164	21.2813	18.7641	16.6631	14.8981	13.4062	12.1371	11.0511	10.1161	9.3066
29	25.0658	21.8444	19.1885	16.9837	15.1411	13.5907	12.2777	11.1584	10.1983	9.3696
30	25.8077	22.3965	19.6004	17.2920	15.3725	13.7648	12.4090	11.2578	10.2737	9.4269

t	11%	12%	13%	14%	15%	16%	17%	18%	19%	20%
1	0.9009	0.8929	0.8850	0.8772	0.8696	0.8621	0.8547	0.8475	0.8403	0.8333
2	1.7125	1.6901	1.6681	1.6467	1.6257	1.6052	1.5852	1.5656	1.5465	1.5278
3	2.4437	2.4018	2.3612	2.3216	2.2832	2.2459	2.2096	2.1743	2.1399	2.1065
4	3.1024	3.0373	2.9745	2.9137	2.8550	2.7982	2.7432	2.6901	2.6386	2.5887
5	3.6959	3.6048	3.5172	3.4331	3.3522	3.2743	3.1993	3.1272	3.0576	2.9906
6	4.2305	4.1114	3.9975	3.8887	3.7845	3.6847	3.5892	3.4976	3.4098	3.3255
7	4.7122	4.5638	4.4226	4.2883	4.1604	4.0386	3.9224	3.8115	3.7057	3.6046
8	5.1461	4.9676	4.7988	4.6389	4.4873	4.3436	4.2072	4.0776	3.9544	3.8372
9	5.5370	5.3282	5.1317	4.9464	4.7716	4.6065	4.4506	4.3030	4.1633	4.0310
10	5.8892	5.6502	5.4262	5.2161	5.0188	4.8332	4.6586	4.4941	4.3389	4.1925
11	6.2065	5.9377	5.6869	5.4527	5.2337	5.0286	4.8364	4.6560	4.4865	4.3271
12	6.4924	6.1944	5.9176	5.6603	5.4206	5.1971	4.9884	4.7932	4.6105	4.4392
13	6.7499	6.4235	6.1218	5.8424	5.5831	5.3423	5.1183	4.9095	4.7147	4.5327
14	6.9819	6.6282	6.3025	6.0021	5.7245	5.4675	5.2293	5.0081	4.8023	4.6106
15	7.1909	6.8109	6.4624	6.1422	5.8474	5.5755	5.3242	5.0916	4.8759	4.6755
16	7.3792	6.9740	6.6039	6.2651	5.9542	5.6685	5.4053	5.1624	4.9377	4.7296
17	7.5488	7.1196	6.7291	6.3729	6.0472	5.7487	5.4746	5.2223	4.9897	4.7746
18	7.7016	7.2497	6.8399	6.4674	6.1280	5.8178	5.5339	5.2732	5.0333	4.8122
19	7.8393	7.3658	6.9380	6.5504	6.1982	5.8775	5.5845	5.3162	5.0700	4.8435
20	7.9633	7.4694	7.0248	6.6231	6.2593	5.9288	5.6278	5.3527	5.1009	4.8696
21	8.0751	7.5620	7.1016	6.6870	6.3125	5.9731	5.6648	5.3837	5.1268	4.8913
22	8.1757	7.6446	7.1695	6.7429	6.3587	6.0113	5.6964	5.4099	5.1486	4.9094
23	8.2664	7.7184	7.2297	6.7921	6.3988	6.0442	5.7234	5.4321	5.1668	4.9245
24	8.3481	7.7843	7.2829	6.8351	6.4338	6.0726	5.7465	5.4509	5.1822	4.9371
25	8.4217	7.8431	7.3300	6.8729	6.4641	6.0971	5.7662	5.4669	5.1951	4.9476
26	8.4881	7.8957	7.3717	6.9061	6.4906	6.1182	5.7831	5.4804	5.2060	4.9563
27	8.5478	7.9426	7.4086	6.9352	6.5135	6.1364	5.7975	5.4919	5.2151	4.9636
28	8.6016	7.9844	7.4412	6.9607	6.5335	6.1520	5.8099	5.5016	5.2228	4.9697
29	8.6501	8.0218	7.4701	6.9830	6.5509	6.1656	5.8204	5.5098	5.2292	4.9747
30	8.6938	8.0552	7.4957	7.0027	6.5660	6.1772	5.8294	5.5168	5.2347	4.9789

（续表）

11%	12%	13%	14%	15%	16%	17%	18%	19%	20%
0.8197	0.8065	0.7937	0.7813	0.7692	0.7576	0.7463	0.7353	0.7246	0.714
1.4915	1.4568	1.4235	1.3916	1.3609	1.3315	1.3032	1.2760	1.2497	1.224
2.0422	1.9813	1.9234	1.8684	1.8161	1.7663	1.7188	1.6735	1.6302	1.589
2.4936	2.4043	2.3202	2.2410	2.1662	2.0957	2.0290	1.9658	1.9060	1.849
2.8636	2.7454	2.6351	2.5320	2.4356	2.3452	2.2604	2.1807	2.1058	2.035
3.1669	3.0205	2.8850	2.7594	2.6427	2.5342	2.4331	2.3388	2.2506	2.168
3.4155	3.2423	3.0833	2.9370	2.8021	2.6775	2.5620	2.4550	2.3555	2.263
3.6193	3.4212	3.2407	3.0758	2.9247	2.7860	2.6582	2.5404	2.4315	2.331
3.7863	3.5655	3.3657	3.1842	3.0190	2.8681	2.7300	2.6033	2.4866	2.379
3.9232	3.6819	3.4648	3.2689	3.0915	2.9304	2.7836	2.6495	2.5265	2.414
4.0354	3.7757	3.5435	3.3351	3.1473	2.9776	2.8236	2.6834	2.5555	2.438
4.1274	3.8514	3.6059	3.3868	3.1903	3.0133	2.8534	2.7084	2.5764	2.456
4.2028	3.9124	3.6555	3.4272	3.2233	3.0404	2.8757	2.7268	2.5916	2.469
4.2646	3.9616	3.6949	3.4587	3.2487	3.0609	2.8923	2.7403	2.6026	2.478
4.3152	4.0013	3.7261	3.4834	3.2682	3.0764	2.9047	2.7502	2.6106	2.484
4.3567	4.0333	3.7509	3.5026	3.2832	3.0882	2.9140	2.7575	2.6164	2.489
4.3908	4.0591	3.7705	3.5177	3.2948	3.0971	2.9209	2.7629	2.6206	2.492
4.4187	4.0799	3.7861	3.5294	3.3037	3.1039	2.9260	2.7668	2.6236	2.494
4.4415	4.0967	3.7985	3.5386	3.3105	3.1090	2.9299	2.7697	2.6258	2.496
4.4603	4.1103	3.8083	3.5458	3.3158	3.1129	2.9327	2.7718	2.6274	2.497
4.4756	4.1212	3.8161	3.5514	3.3198	3.1158	2.9349	2.7734	2.6285	2.498
4.4882	4.1300	3.8223	3.5558	3.3230	3.1180	2.9365	2.7746	2.6294	2.498
4.4985	4.1371	3.8273	3.5592	3.3254	3.1197	2.9377	2.7754	2.6300	2.499
4.5070	4.1428	3.8312	3.5619	3.3272	3.1210	2.9386	2.7760	2.6304	2.499
4.5139	4.1474	3.8342	3.5640	3.3286	3.1220	2.9392	2.7765	2.6307	2.499
4.5196	4.1511	3.8367	3.5656	3.3297	3.1227	2.9397	2.7768	2.6310	2.500
4.5243	4.1542	3.8387	3.5669	3.3305	3.1233	2.9401	2.7771	2.6311	2.500
4.5281	4.1566	3.8402	3.5679	3.3312	3.1237	2.9404	2.7773	2.6313	2.500
4.5312	4.1585	3.8414	3.5687	3.3317	3.1240	2.9406	2.7774	2.6313	2.500
4.5338	4.1601	3.8424	3.5693	3.3321	3.1242	2.9407	2.7775	2.6314	2.500

参 考 文 献

[1] 熊楚熊. 股份公司理财学原理[M]. 广州：广东高等教育出版社,1993.

[2] 熊楚熊. 公司理财学原理[M]. 北京：中国财政经济出版社,1995.

[3] 熊楚熊. 公司筹资策略[M]. 深圳：海天出版社,2001.

[4] 熊楚熊. 公司投资策略[M]. 深圳：海天出版社,2001.

[5] 熊楚熊,刘传兴. 公司理财学原理[M]. 北京：清华大学出版社,2005.

[6] 熊楚熊,赵晋琳,刘昱熙. 公司理财学教程[M]. 北京：机械工业出版社,2009.

[7] Ross, Westerfield, Tordan. Fundamentals of corporate finance. 3th ed. Richard D. Iwin Inc. ,1995.

[8] Lawrence L Gitman. Foundations of managerial finance [M]. 4th ed. Harper College Publishers,1995.